马克思主义理论系列教材

当代中国国家治理概论

张占斌　薛伟江◎主编

中共中央党校出版社

图书在版编目（CIP）数据

当代中国国家治理概论/张占斌,薛伟江主编.--北京：中共中央党校出版社,2021.6（2022.3 重印）

ISBN 978-7-5035-7165-7

Ⅰ.①当… Ⅱ.①张… ②薛… Ⅲ.①国家—行政管理—研究—中国 Ⅳ.① D630.1

中国版本图书馆 CIP 数据核字（2021）第 126286 号

当代中国国家治理概论

策划统筹	冯　研
责任编辑	李俊可
责任印制	陈梦楠
责任校对	魏学静
出版发行	中共中央党校出版社
地　　址	北京市海淀区长春桥路 6 号
电　　话	（010）68922815（总编室）　　（010）68922233（发行部）
传　　真	（010）68922814
经　　销	全国新华书店
印　　刷	北京盛通印刷股份有限公司
开　　本	710 毫米 ×1000 毫米　1/16
字　　数	422 千字
印　　张	26.25
版　　次	2021 年 6 月第 1 版　　2022 年 3 月第 2 次印刷
定　　价	78.00 元

微　信 ID：中共中央党校出版社　　　邮　箱：zydxcbs2018@163.com

版权所有·侵权必究
如有印装质量问题，请与本社发行部联系调换

"马克思主义理论系列教材"编委会

主　任：张占斌

副主任：牛先锋　辛　鸣　陈曙光　薛伟江

编　委：（按姓氏笔画排列）

王　慧　王　巍　王中汝　王文轩

王虎学　王海滨　王海燕　王淑娟

牛先锋　毕照卿　朱正平　刘莹珠

李双套　李海青　邱耕田　辛　鸣

张　严　张占斌　张丽丝　张雪琴

陈江生　陈曙光　赵　培　唐爱军

黄　锟　崔丽华　蒋　茜　韩庆祥

薛伟江

序　　言

中共中央党校（国家行政学院）马克思主义学院是党中央批准成立的全国重要马克思主义理论教学研究机构，在教育战线尤其是干部教育领域发挥着重要而独特的作用。2015年12月11日，习近平总书记在全国党校工作会议上指出："中央批准中央党校成立马克思主义学院，就是坚持党校姓'马'姓'共'之举。"校（院）委会对马克思主义学院建设提出明确要求，要着力把学院建成一流的马克思主义教学基地、一流的马克思主义研究高地、一流的马克思主义思想阵地；在用马克思主义理论教学育人方面走在前列，在研究阐释21世纪马克思主义、当代中国马克思主义方面走在前列，在加强思想理论引领、构建中国特色话语体系方面走在前列；进而在国内乃至国际上产生重要的政治影响力、学术影响力、社会影响力。

为贯彻落实中央和校（院）委会关于马克思主义学院建设的要求，学院在教育培训、科研咨询、理论引领、智库建设和研究生教育等方面持续努力，一直在探索有自己特色的发展道路，制定了五年发展规划，也有不少感悟和收获。在为迎接新中国成立70周年编写出版的"马克思主义理论研究丛书"（共22本）的基础上，根据《中国共产党党校（行政学院）工作条例》"建立与教学布局相适应的党校（行政学院）教材体系"的具体要求，结合自身实际，组织编写出版适合党政干部和研究生教育的"马克思主义理论系列教材"，力争体现并达到"国家标准、党校特色"，作为向中国共产党100周年华诞的献礼。

马克思主义理论学科是中国哲学社会科学体系中的基础性、支柱性、引领性学科,是整个学科体系的灵魂,是"学科的学科"。教材建设既是学科建设的基础性工作,也是提高教学质量的奠基性工程。这套"马克思主义理论系列教材"一共包括10本,涵盖了马克思主义理论的主要二级学科,特别是突出回应了马克思主义理论研究中的一系列重大理论和现实问题,分别是《马克思主义基本原理概论》《马克思主义中国化概论》《当代中国国家治理概论》《当代国外马克思主义概论》《21世纪马克思主义概论》《新时代政治经济学概论》《马列经典著作精选导读》《马克思主义社会发展理论简史》《当代意识形态问题概论》《当代资本主义概论》,力争体现集学理性、研究性、前沿性、时代性于一体的教材特点,力争体现本领域的最新研究进展和前沿研究成果。

"马克思主义理论系列教材"是马克思主义学院全体教研人员集体努力、共同合作的成果。参与这套丛书编写的人员以马克思主义学院教研人员为主,同时适当吸收了校内外、党校系统的同行知名专家学者。这套丛书设立编委会,每本教材设立编写组,由编写人员组成;实行双主编制,每本教材均由学院一位具有正高职称的院领导和一位负责具体事务的同志担任主编,共同负责拟定写作提纲、组织编写队伍和人员分工、督促写作进度、控制写作质量等。当然,我们深知这套教材的编写出版是一次尝试和探路,由于时间紧张,编者的水平有限,难免存在这样或那样的瑕疵,还请各位读者不吝赐教,您的建议和意见将是我们进一步努力修订、完善的动力所在。

"马克思主义理论系列教材"从设想、谋划到写作、出版,得到了中共中央党校(国家行政学院)分管日常工作的副校(院)长李书磊同志、中共中央党校(国家行政学院)分管日常工作的原副校(院)长何毅亭同志、副校(院)长甄占民同志的关心和指导,校(院)兄弟单位教务部、科研部、研究生院等部门也提供了具体支持,校(院)许多专家学者都参与了教材的审读和修改。在此一并表示衷心感谢!

目　　录

绪　论　当代马克思主义国家学说的标志性成果 ……………… 何毅亭　1

一、创造性发展马克思主义国家政权学说，强调全面实现国家治理体系和治理能力现代化 …………………………………… 1

二、创造性地发展马克思主义政党学说，强调党是最高政治领导力量 ……………………………………………………………… 3

三、创造性发展马克思主义人民观，强调用制度建设保障人民当家作主 ………………………………………………………… 5

四、创造性发展马克思主义法治学说，强调走中国特色社会主义法治道路 ……………………………………………………… 8

五、创造性发展马克思主义发展学说，强调促进人的全面发展和各项社会事业全面进步 ………………………………… 10

第一章　国家治理总论 ………………………………………… 13

第一节　国家治理的概念界定 ………………………………… 15

一、国家 ……………………………………………………… 15

二、治理 ……………………………………………………… 20

三、国家治理现代化 ………………………………………… 23

第二节　国家治理的制度体系 ………………………………… 30

一、制度体系的主要特征 …………………………………… 31

二、制度体系的四梁八柱 …………………………………… 36

三、制度体系的完善发展 …………………………………… 40

第三节　国家治理的逻辑架构　　44
一、治理理念　　44
二、治理主体　　46
三、治理内容　　50
四、治理方式　　52

第二章　国家治理源流论　　55

第一节　马克思主义国家学说的创立和发展　　57
一、马克思恩格斯创立马克思主义国家学说　　57
二、列宁捍卫和发展马克思主义国家学说　　61
三、马克思主义国家学说在苏联的实践　　66

第二节　中国共产党对马克思主义国家学说的创新发展　　68
一、中国共产党局部执政治理的基本经验　　68
二、中国社会主义国家制度的建立　　71
三、中国社会主义国家政权的基本形式　　74
四、中国特色社会主义国家的发展道路　　77
五、新时代国家治理现代化的提出　　79

第三节　中华传统文化的国家治理智慧　　82
一、中华传统文化的重要特质是国家治理　　83
二、中华传统文化中国家治理思想的基本特点　　84
三、借鉴中华传统文化的国家治理智慧　　87

第三章　国家治理主体论　　91

第一节　党的全面领导　　93
一、党的领导是中国特色社会主义最本质特征　　94
二、党的领导制度是我国的根本领导制度　　97
三、把党的领导落实到国家治理各领域各方面各环节　　98

四、坚持和加强党对基层社会治理的领导　　100
　　五、坚持和完善党的领导制度体系　　101

第二节　坚持人民在国家治理中的主体地位　　106
　　一、坚持以人民为中心的立场　　107
　　二、激发人民创造　　109
　　三、接受人民监督　　110
　　四、增进人民群众福祉　　112

第三节　建设人民满意的服务型政府　　115
　　一、完善国家行政体制　　116
　　二、优化政府职责体系　　119
　　三、优化政府组织结构　　123
　　四、发挥中央和地方两个积极性　　127

第四节　建设社会治理共同体　　130
　　一、社会治理是国家治理的重要方面　　131
　　二、建设社会治理共同体的基本准则和关键　　133
　　三、坚持共建共治共享　　135

第四章　国家治理战略论　　141

第一节　国家治理现代化的战略安排　　143
　　一、中国特色社会主义的深刻内涵　　144
　　二、中国特色社会主义与国家治理现代化的内在关系　　145
　　三、国家制度建设和国家治理体系完善的互动关系　　147
　　四、国家治理现代化的总体目标　　149

第二节　以实现社会主义现代化强国为战略目标　　151
　　一、决胜全面建成小康社会　　152
　　二、开启全面建设社会主义现代化国家新征程　　153

三、全面建设社会主义现代化强国的历史方位 ———— 154

四、全面建设社会主义现代化强国对国家治理现代化的
战略要求 ———— 159

第三节　以全面深化改革为根本动力 ———— 161
一、全面深化改革是协调推进"四个全面"的根本动力 ———— 161
二、坚持全面深化改革的基本要求 ———— 164
三、新时代继续坚持改革创新精神完善制度体系 ———— 168

第四节　以全面依法治国为重要保障 ———— 172
一、全面依法治国是协调推进"四个全面"的法治保障 ———— 172
二、中国特色社会主义法治的主要内容和显著优势 ———— 174
三、坚持和完善中国特色社会主义法治体系的目标要求 ———— 178
四、坚持和完善中国特色社会主义法治体系的体制
机制保障 ———— 181

第五节　以全面从严治党为政治保证 ———— 183
一、全面从严治党是协调推进"四个全面"的关键 ———— 183
二、把握全面从严治党向纵深发展的着力点 ———— 186
三、坚持制度治党、依规治党 ———— 188

第六节　引领全球治理与构建人类命运共同体 ———— 190
一、中国参与全球治理的历程与经验 ———— 190
二、推进合作共赢的开放体系建设 ———— 194
三、积极参与全球治理体系改革和建设 ———— 198
四、构建人类命运共同体 ———— 201

第五章　国家治理实践论 ———— 207

第一节　政治治理 ———— 209
一、坚定不移走中国特色社会主义政治发展道路 ———— 209
二、健全人民当家作主制度体系 ———— 211

三、发挥社会主义协商民主重要作用　　219
　　　四、巩固和发展爱国统一战线　　223

第二节　经济治理　　227
　　　一、推动社会主义基本经济制度的体系创新　　228
　　　二、坚持公有制为主体、多种所有制经济共同发展　　229
　　　三、完善按劳分配为主体、多种分配方式并存的
　　　　　分配制度　　233
　　　四、建设更高水平的社会主义市场经济体制　　237
　　　五、着力建设现代化经济体系　　241

第三节　文化治理　　244
　　　一、坚持马克思主义在意识形态领域的指导地位　　244
　　　二、以社会主义核心价值观引领文化建设　　247
　　　三、完善坚持正确导向的舆论引导工作机制　　251

第四节　社会治理　　255
　　　一、加强普惠性、基础性、兜底性民生建设　　255
　　　二、健全共建共治共享的社会治理制度　　257
　　　三、坚决打赢脱贫攻坚战　　258

第五节　生态治理　　261
　　　一、建构生态文明建设的长效保障机制　　261
　　　二、实施最严格的生态环境保护　　262
　　　三、建立自然资源的高效利用制度　　266
　　　四、加强生态系统的保护和修复　　269
　　　五、严明生态环境的保护责任　　270

第六章　国家治理保障论　　275
　第一节　加强党对国家治理现代化的领导　　277

一、强化制度意识维护制度权威　　277
　　二、着力提高制度执行力　　283
　　三、加强制度自信宣传教育　　286
　　四、建设高素质专业化干部队伍　　290

第二节　坚持总体国家安全观　　292
　　一、坚持底线思维、统筹发展与安全　　292
　　二、防范化解重大风险　　298
　　三、有效应对突发事件　　301

第三节　坚持党对人民军队的绝对领导　　305
　　一、人民军队最高领导权和指挥权属于党中央　　305
　　二、健全人民军队党的建设制度保障　　307
　　三、在军队建设各领域全过程贯彻党的绝对领导　　309

第四节　坚持"一国两制"和推进祖国统一　　313
　　一、全面准确贯彻"一国两制"方针　　313
　　二、不断完善"一国两制"制度体系　　316
　　三、坚定推进祖国和平统一进程　　319

第五节　坚持和完善独立自主的和平外交政策　　322
　　一、健全党的对外工作领导体制机制　　322
　　二、坚定不移走和平发展道路　　325
　　三、推动构建新型国际关系　　328
　　四、完善全方位外交布局　　332
　　五、坚定不移维护世界和平、促进共同发展　　335

第七章　国家治理成效论　　339

第一节　中国之制与中国之治　　341
　　一、制度是治国之重器　　341

二、中国之治来之不易 ... 344
　　三、中国之治的制度密码 ... 346

第二节　制度优势与治理效能 ... 349
　　一、国家治理的两大奇迹 ... 349
　　二、国家制度的显著优势 ... 352
　　三、制度优势转化为治理效能 ... 357

第三节　制度坚守与制度自信 ... 360
　　一、制度自信的历史逻辑 ... 360
　　二、制度自信的现实逻辑 ... 362
　　三、制度自信的理论逻辑 ... 364
　　四、制度自信的人民逻辑 ... 365
　　五、制度自信的世界视野 ... 367

第四节　制度选择与制度评价 ... 368
　　一、制度选择的依据 ... 369
　　二、制度评价的标准 ... 370
　　三、保持制度定力 ... 374

第五节　统筹疫情防控与经济社会发展 ... 377
　　一、应对疫情防控的根本遵循 ... 377
　　二、应对疫情检验了国家治理能力 ... 381
　　三、完善和发展国家治理体系 ... 384

第六节　减贫成就与治理经验 ... 386
　　一、中国减贫取得历史性成就 ... 387
　　二、中国减贫的实践经验 ... 391
　　三、形成了符合中国国情的扶贫开发制度体系 ... 394

后　记 ... 400

绪　　论

当代马克思主义国家学说的标志性成果

何毅亭

党的十九届四中全会审议通过了《中共中央关于坚持和完善中国特色社会主义制度　推进国家治理体系和治理能力现代化若干重大问题的决定》(以下简称《决定》),系统总结了中国特色社会主义制度和国家治理体系的优势,明确了支撑中国特色社会主义制度和国家治理体系的"四梁八柱",提出了坚持和完善中国特色社会主义制度、推进国家治理体系和治理能力现代化的总要求和总目标。《决定》是马克思主义国家学说与中国实践相结合的产物,是当代马克思主义国家学说的标志性成果,是对习近平新时代中国特色社会主义思想的不断完善和创新发展。

一、创造性发展马克思主义国家政权学说,强调全面实现国家治理体系和治理能力现代化

马克思和恩格斯认为,国家政权是阶级统治的工具,是为统治阶级的利益而服务的。无产阶级要获得解放,就必须要建立符合自己阶级意志的政权,社会主义国家不能简单搬用资本主义的国家政权,而必须打碎旧的国家机器,建立新的社会主义性质的国家政权,实行无产阶级专政。列宁继承和发展了

马克思主义关于无产阶级专政的学说，认为在资本主义向社会主义过渡时期，"国家就不可避免地应当是新型民主的（对无产阶级和一般穷人是民主的）和新型专政的（对资产阶级是专政的）国家"。在列宁的指导和带领下，苏俄/苏联建立了世界上最早的无产阶级专政的全国性国家政权。

在马克思主义国家学说的指引下，中国共产党借鉴国内外历史经验，进行了国家政权建设的历史性探索，先后提出和实践了"工农民主专政""各革命阶级联合专政""人民民主专政"等政权原则和理论，领导了新中国的成立和新民主主义国家政权的建立，领导了新民主主义国家政权向社会主义国家政权的历史性转变。党的十一届三中全会把党和国家的工作重点转移到现代化建设上来，伴随着改革开放的推进，我们在坚持国家政权专政职能的同时，更加强调社会主义经济建设、民主建设、法治建设，更加注重国家政权在推进经济、社会等各领域建设中的作用。

党的十八大以来，以习近平同志为核心的党中央为马克思主义国家学说增加了新的时代内涵，党的十九届四中全会专题研究"坚持和完善中国特色社会主义制度、推进国家治理体系和治理能力现代化"这一事关全局的历史性课题，并作出了影响深远的重大《决定》，这是对马克思主义国家学说和人民民主专政理论的重大发展，是马克思主义国家学说与我国现实国情相结合的历史性创造。

第一，丰富和发展了马克思主义国家学说中关于马克思主义意识形态指导地位的学说。人类社会发展史表明，任何国家和社会都有占统治地位的意识形态，社会主义国家和社会也是这样。《决定》把坚持马克思主义在意识形态领域的指导地位明确为党和国家一项根本制度，正是从国家制度和国家治理层面牢牢掌握意识形态工作领导权、管理权、话语权的重大举措，反映了以习近平同志为核心的党中央对新时代意识形态工作和意识形态安全的高度重视。

第二，丰富和发展了马克思主义国家学说中关于国家政权治理职能的学说。马克思主义的创始人虽然也指出国家政权具有社会管理职能，但更侧重论述国家政权的政治统治职能。改革开放以后，党更加重视和强调国家管理经济社会的职能。以习近平同志为核心的党中央提出国家治理体系和治理能力现代化这一时代课题，党的十八大以来，统筹推进"五位一体"总体布局，把国家职能范围进一步扩大到经济、政治、文化、社会和生态文明建设各个方面，展现了国家治理实践的生动篇章。从统治到管理，从管理再到治理，丰富和完善了马克思主义国家政权治理职能学说。

第三，丰富和发展了马克思主义国家学说中关于国家制度的学说。马克思主义国家观是从国体和政体两个方面来认识国家制度的，国体是国家的性质，规定了各阶级在国家中的主体地位，政体是政权的组织形式，规定了国家政权的组织结构和实施国家权力的组织形式。党的十八大以来，党不断深化对国家制度的认识，提出了"根本政治制度""基本政治制度""基本经济制度"等概念，并阐述了这些概念的内涵。《决定》进一步明确提出了"根本制度、基本制度、重要制度"的概念，既有各自独立的内涵，又相互协调紧密联系，形成了一个系统完备的体系，共同支撑中国特色社会主义制度大厦，为推进国家治理体系和治理能力现代化奠定了制度基础，使马克思主义国家制度学说更为系统和完善。

第四，丰富和发展了马克思主义国家学说关于把制度优势转化为国家治理效能的学说。全会强调要把我国制度优势更好转化为国家治理效能，突出了制度与效能的紧密关系。制度是基础和前提，效能是结果和保障。一方面要不断完善中国特色社会主义制度和国家治理体系，确保正确方向引领；另一方面又要注重在好的制度和国家治理体系下提高国家治理能力，充分发挥国家治理体系的效能。

二、创造性地发展马克思主义政党学说，强调党是最高政治领导力量

马克思主义认为，无产阶级运动必须由马克思主义政党来领导。马克思恩格斯指出："共产党人始终代表着整个运动的利益"，"他们没有任何同整个无产阶级的利益不同的利益"。"在实践方面，共产党是各国工人政党中最坚决的、始终起推动作用的部分；在理论方面，他们胜过其他无产阶级群众的地方在于他们了解无产阶级运动的条件、进程和一般结果。"[1] 俄国十月革命胜利后，列宁提出党要对苏维埃国家的全部政策实行"总的领导和指导"，强

---

[1]《马克思恩格斯选集》第 1 卷，人民出版社 2012 年版，第 413 页。

调党对国家生活的领导权。

从共产国际的历史经验看,共产党的强有力领导,是无产阶级解放和社会主义事业兴旺发达的根本保证。巴黎公社失败的一个重要原因,就在于缺乏以马克思主义为指导的无产阶级政党的领导。巴黎公社的领导者,大部分是蒲鲁东主义者和布朗斯基主义者,没有采取强有力的无产阶级专政措施。俄国十月革命的成功、苏东剧变的教训,都表明了党的领导的极端重要性。

从我们党的历史看,党在革命、建设、改革各个历史时期的巨大成功,无不是党的坚强有力领导的结果。新民主主义革命时期,我们先后建立起党领导的工农苏维埃政权、抗日根据地"三三制"政权,实行党的一元化领导。毛泽东指出:"实行一元化的领导很重要,要建立领导核心。"新中国成立后,我们在宪法中明确了中国共产党在人民民主统一战线中的领导地位,把党的领导融入国家制度。毛泽东强调:"工、农、商、学、兵、政、党这七个方面,党是领导一切的。"改革开放和现代化建设新时期,邓小平指出,领导制度问题更具有根本性、全局性、稳定性、长期性,具有关系到党和国家是否改变颜色的决定性意义。实践证明,坚持和完善党的领导,是新中国成立70年来谱写中华民族壮丽史诗的制胜密码,是事关坚持和完善中国特色社会主义制度、推进国家治理体系和治理能力现代化的根本保证。

党的十八大以来,我们明确中国特色社会主义最本质的特征是中国共产党领导,中国特色社会主义制度的最大优势是中国共产党领导,党是最高政治领导力量。党的十八届三中全会明确国家治理体系是在党领导下管理国家的制度体系,国家制度体系的核心是坚持党的领导。党的十九大报告提出了"坚持和加强党的全面领导""完善坚持党的领导的体制机制"新要求。党的十九届二中全会要依法建立党统一领导的反腐败工作机构,构建集中统一、权威高效的国家监察体系,实现对所有行使公权力的公职人员监察全覆盖。党的十九届三中全会提出"完善坚持党的全面领导的制度""要建立健全党对重大工作的领导体制机制"。习近平总书记指出:"我国社会主义政治制度优越性的一个突出特点是党总揽全局、协调各方的领导核心作用,形象地说是'众星捧月',这个'月'就是中国共产党。"突出坚持和完善党的领导制度,抓住了国家治理的关键和根本,是对马克思主义政党学说和国家学说的重大贡献。

党的十九届四中全会《决定》突出强调党的领导制度是我国的根本领导制度，突出强调党的领导制度在我国国家制度中的统领地位，在多个方面创造性地发展马克思主义政党思想。

一是第一次把提出"坚持党的集中统一领导，坚持党的科学理论，保持政治稳定，确保国家始终沿着社会主义方向前进的显著优势"，把坚持党的集中统一领导置于13个方面显著优势之首，作为其他显著优势的根本依据。阐明了党的领导和党的领导制度是创造"中国之治"的制胜法宝。

二是第一次把"坚持和完善党的领导制度体系，提高党科学执政、民主执政、依法执政水平"置于13个方面的制度的第一条，作为其他各项制度的统领，强调"必须坚持党政军民学、东西南北中，党是领导一切的，坚决维护党中央权威，健全总揽全局、协调各方的党的领导制度体系，把党的领导落实到国家治理各领域各方面各环节"。

三是第一次对党的领导制度体系作出科学阐释，提出建立不忘初心、牢记使命的制度，完善坚定维护党中央权威和集中统一领导的各项制度，健全党的全面领导制度，健全为人民执政、靠人民执政各项制度，健全提高党的执政能力和领导水平制度，完善全面从严治党制度，并对每项制度作出许多创新性制度安排。凸显了党的领导体系在中国特色社会主义制度体系和国家治理体系中的重要地位，是中国特色社会主义事业发展的"定海神针"。

四是第一次就党的领导贯穿于治国理政各个方面作出系统的制度安排。全会既要把党的领导贯彻和体现到改革发展稳定、内政外交国防、治党治国治军等各个领域，又要始终在党的领导下坚持和完善中国特色社会主义制度。可以说，全会把党的领导的制度要求体现到了国家治理各领域各方面各环节。

三、创造性发展马克思主义人民观，强调用制度建设保障人民当家作主

马克思恩格斯在《神圣家族》中明确提出，"历史活动是群众的事业"，决定历史发展的是"行动着的群众"。这一观点科学地阐明了历史的真正创造者是最广大的人民群众，确立了人民群众创造历史的主体地位，实现了历史观上的伟大变革。恩格斯在《路德维希·费尔巴哈和德国古典哲学的终结》中

再次强调,是人民自己创造了自己的历史,历史发展的真正动力是人民群众,而不是某些个别英雄人物或者某种外在于人的"观念"。马克思主义第一次把人民性的思想建立在历史唯物主义的科学基础之上,真正科学地认识和系统地阐明了人民的性质、地位和历史作用,强调人民群众是历史的创造者,是推动社会发展的决定性力量,必须让人民成为国家制度的制定者和国家权力的拥有者,最终明确了人民成为国家制度的根本原则。

中国共产党自成立之日起,始终坚持马克思主义的人民性思想,坚持以唯物史观作为自己的科学依据,用历史唯物主义的基本原理来分析历史发展的基本矛盾和基本规律,牢牢把握马克思主义关于人民群众创造历史的基本观点,坚持无产阶级的鲜明立场,始终把代表、维护和实现好人民群众的根本利益作为自身的根本任务,始终以全心全意为人民服务为根本宗旨。人民性贯穿于中国共产党在革命、建设和改革开放时期的各个阶段,生动诠释着马克思主义与人民群众相结合而焕发出的强大生机活力,有着最丰富的思想内涵。中国特色社会主义进入新时代,坚持以人民为中心的发展思想是习近平新时代中国特色社会主义思想最温暖的底色,这一科学理论坚持党性与人民性的统一,体现了博大的人民情怀。

在继承优良传统的基础上,党的十九届四中全会《决定》创新性地发展了马克思主义的人民观,将制度建设贯穿其中,是当代马克思主义国家观的标志性成果。在思想认识上,将人民放在治国理政的最高位置;在实践创新上,紧紧围绕人民群众的美好生活需要,通过制度建设让人民立场这个党的最根本的政治立场长期化稳定化,将人民性永恒地融入中国共产党治国理政的全部过程之中。

一是创新性地发展了马克思主义国家学说中关于政党初心的学说,解决了为人民执政、依靠人民执政的制度安排问题。列宁指出,"无产阶级的运动是绝大多数人的,为绝大多数人谋利益的独立的运动,共产党没有任何同整个无产阶级的利益不同的利益"。中国共产党人的初心和使命,就是为中国人民谋幸福,为中华民族谋复兴。《决定》提出建立不忘初心、牢记使命的制度,通过制度安排确保党始终坚持人民主体地位,坚持立党为公、执政为民,着力防范脱离群众的危险,为确保党和国家长治久安提供了坚实的制度保障。通过不断的制度创新,把党的群众路线贯彻到治国理政全部活动之中,确保党始终顺应时代潮流、符合发展规律、体现人民愿望,得到人民衷心拥护,党深深植根于人民群众,永葆生机活力。

二是创新性地发展了马克思主义国家观学说中关于人民当家作主的学说,丰富了中国特色社会主义人民当家作主的制度体系。恩格斯在《家庭、私有制和国家的起源》中论述,剥削阶级国家的公共权力不仅与大众分离,而且日益脱离;不仅与社会异化,而且越来越对抗。与之相对,社会主义国家的公共权力始终处于社会力量的监督之下,不是凌驾于社会之上。《决定》明确了关于中国民主政治发展的根本制度、基本制度和重要制度。通过坚持和完善人民代表大会制度这一根本政治制度,支持和保证人民通过人民代表大会行使国家权力;通过坚持和完善中国共产党领导的多党合作和政治协商制度,展现我国新型政党制度优势,发挥人民政协作为政治组织和民主形式的效能;通过坚持和完善民族区域自治制度,保障少数民族合法权益,巩固和发展平等团结互助和谐的社会主义民族关系;通过健全充满活力的基层群众自治制度,在城乡社区治理、基层公共事务和公益事业中广泛实行群众自我管理、自我服务、自我教育、自我监督,拓宽人民群众反映意见和建议的渠道,着力推进基层直接民主制度化、规范化、程序化。有事多商量、遇事多商量、做事多商量,《决定》明确了坚持社会主义协商民主的重要制度,通过统筹推进政党协商、人大协商、政府协商、政协协商、人民团体协商、基层协商以及社会组织协商,广开言路,集思广益,在尊重多样性中寻求一致性,找到全社会意愿和要求的最大公约数,画出最大同心圆。

三是创新性地发展了马克思主义国家观学说中关于权力监督的学说,将权力关进制度的笼子里,用制度管人、管事、管权。国家的一切权力属于人民,受人民监督。恩格斯在为《法兰西内战》撰写的"导言"中说:"工人阶级取得统治权以后,不但不能继续运用旧的国家机器来进行管理,还要防范自己的代表和官吏由社会公仆变为社会主人。"《决定》指出,权力的运行离不开人民的监督,把权力关进制度的笼子,要让人民监督权力,让权力在阳光下运行。通过制度建设强化自上而下的组织监督,改进自下而上的民主监督,发挥同级相互监督作用,加强对党员领导干部的日常管理监督。完善权力配置和运行制约机制,坚持权责法定,坚持权责透明,推动用权公开,完善党务、政务、司法和各领域办事公开制度,建立权力运行可查询、可追溯的反馈机制，确保党和人民赋予的权力始终用来为人民谋幸福。是否坚持人民主体地位，是马克思主义政党同其他一切政党的根本区别之一。我国是工人阶级领导的、以工农联盟为基础的人民民主专政的社会主义国家，国家一切权力属于人民。党要始终体现人民意志、保障人民权益、激发人民创造活力，必须用制度体系保证人民当家作主。

四、创造性发展马克思主义法治学说，强调走中国特色社会主义法治道路

马克思强调"社会不是以法律为基础的。那是法学家们的幻想。相反地，法律应该以社会为基础"[①] "社会本身——是所有权、建立在所有权基础上的法律的根源"[②]。他在《资本论》第一卷中指出："法的关系，是一种反映经济关系的意志关系。这种法权关系或意志关系的内容是由这种关系本身决定的。"马克思进一步指出，"每种生产方式都产生出它所特有的法的关系、统治形式"。在法权关系价值取向上，马克思强调"交换价值制度，或者更确切地说，货币制度事实上是自由和平等的制度"。列宁在创建世界上第一个社会主义国家的历史背景下，对建设社会主义法制也进行了实践探索。

新中国成立后，中国共产党创造性地运用马克思主义国家学说，为建设社会主义国家制度进行了不懈努力，在废除旧法统的同时积极探索推进社会主义法治建设，逐步确立并巩固了我们国家的国体、政体、根本政治制度、基本政治制度、基本经济制度和各方面的重要制度。改革开放后，党和国家高度重视法治建设，强调有法可依、有法必依、执法必严、违法必究，开启了我国法治建设的新局面。

党的十八大以来，党中央明确提出全面依法治国重大论断，坚持党的领导、人民当家作主、依法治国有机统一，坚定科学立法、严格执法、公正司法、全民守法深入推进，法治国家、法治政府、法治社会建设相互促进，中国特色社会主义法律体系日益健全、法治体系不断完善，全社会法治观念明

---

① 《马克思恩格斯全集》第6卷，人民出版社1961年版，第291—292页。
② 《马克思恩格斯全集》第26卷，人民出版社1972年版，第368页。

显增强，中国法治建设迈出历史性步伐、取得了历史性成就。党的十九届四中全会更进一步提出："建设中国特色社会主义法治体系、建设社会主义法治国家是坚持和发展中国特色社会主义的内在要求。"明确了依法治国是实现国家治理体系和治理能力现代化的必然要求，创造性地发展了马克思主义法治学说，在依法治国方面形成了一系列标志性成果。

一是坚持党领导的中国特色社会主义法治道路。习近平总书记明确指出："我们要坚持的中国特色社会主义法治道路，本质上是中国特色社会主义道路在法治领域的具体体现；我们要发展的中国特色社会主义法治理论，本质上是中国特色社会主义理论体系在法治问题上的理论成果；我们要建设的中国特色社会主义法治体系，本质上是中国特色社会主义制度的法律表现形式。"全面依法治国一定要保持正确方向，要有坚强有力的政治保证。坚持中国特色社会主义法治道路，最根本的是坚持中国共产党的领导。党的领导是中国特色社会主义最本质的特征，是社会主义法治最根本的保证。坚持中国共产党对依法治国的领导，要把党的领导贯彻落实到依法治国全过程，坚持党领导立法、保证执法、支持司法、带头守法。在我国，法是党的主张和人民意愿的统一体现，党领导人民制定宪法法律，党领导人民实施宪法法律，党自身必须在宪法法律范围内活动，这就是党的领导力量的体现。全党在宪法法律范围内活动，这是我们党的高度自觉，也是坚持党的领导的具体体现，党和法、党的领导和依法治国是高度统一的。

二是坚持法治建设为了人民、依靠人民。《决定》创造性地提出："坚持法治建设为了人民、依靠人民，加强人权法治保障，保证人民依法享有广泛的权利和自由、承担应尽的义务，引导全体人民做社会主义法治的忠实崇尚者、自觉遵守者、坚定捍卫者。"马克思在谈民主制国家的时候，特别强调："不是人为法律而存在，而是法律为人而存在；在这里法律是人的存在，而在其他国家形式中，人是法定的存在。"① 民主制国家的类型或许很多，人民当家作主的性质与特点让中国社会当之无愧位列其中。正因为如此，人民的权利权益不仅是中国法治的出发点，也是中国法治的重要着力点。我们要依法保障全体公民享有广泛的权利，保障公民的人身权、财产权、基本政治权利等各

---

① 《马克思恩格斯全集》第 3 卷，人民出版社 2002 年版，第 40 页。

项权利不受侵犯，保证公民的经济、文化、社会等各方面权利得到落实。排斥最广大群众在外的、少数精英群体自娱自乐的法治模式在中国社会不具有政治合法性，也注定得不到最大多数群众的支持。中国特色社会主义法治要把保障每一个中国人个体的权利落到实处，就一定要先保障个体背后群体的权利。如果人民群众作为一个整体在社会中的地位不能从政治层面上得到切实的认可与保障，个体的权利也就成了无源之水、无本之木。这也就是为什么中国特色社会主义法治道路把坚持人民主体地位作为重要原则提了出来的原因所在。

三是坚持依宪治国、依宪执政。"依法治国首先要坚持依宪治国，依法执政首先要坚持依宪执政。"这是中国共产党全面依法治国的根本认识。维护宪法权威，就是维护党和人民共同意志的权威；捍卫宪法尊严，就是捍卫党和人民共同意志的尊严；保证宪法实施，就是保证人民根本利益的实现。中国共产党人高度重视发挥宪法在治国理政中的重要作用，坚定维护宪法尊严和权威，推动宪法完善和发展，这是我国宪法保持生机活力的根本原因所在。新中国成立以来，党领导人民制定宪法法律，领导人民实施宪法法律，同时明确要求党自身必须在宪法法律范围内活动。任何公民、社会组织和国家机关都必须以宪法法律为行为准则，依照宪法法律行使权利或权力，履行义务或职责，都不得有超越宪法法律的特权，一切违反宪法法律的行为都必须予以追究。

四是坚持共同推进、一体建设。全面依法治国是一个系统工程，需要各方面力量各环节协同努力。我国的法治建设必须坚持依法治国、依法执政、依法行政共同推进，坚持法治国家、法治政府、法治社会一体建设。加快形成完备的法律规范体系、高效的法治实施体系、严密的法治监督体系、有力的法治保障体系，加快形成完善的党内法规体系，全面推进科学立法、严格执法、公正司法、全民守法，推进法治中国建设。

五、创造性发展马克思主义发展学说，强调促进人的全面发展和各项社会事业全面进步

人的全面发展是马克思主义的主题，是马克思主义的最高价值追求和鲜明特质。在马克思生活的那个时代，资本主义取得了相当大的成就，空前地解放了社会生产力，但是资本主义的发展并没有能够使人获得实际解放，反

而使人处于深刻的异化状态。马克思主义的产生，就是为了彻底解决阻碍人全面发展的制度性障碍，进而促进人的自由全面发展，是关于无产阶级和全人类解放的科学。在《1844年经济学哲学手稿》中，马克思提出"异化劳动"概念，并指出对人的自我异化的扬弃即合乎人性的人的复归，就是人的全面自由发展。在《德意志意识形态》中，马克思恩格斯坚持历史唯物主义观点，以"现实的人"作为研究社会问题的出发点，论证了人的全面发展的基本内涵与必然性，并从根源上探讨了实现人的全面发展的最根本条件，即生产力的发展、私有制和旧式分工的废除。在《共产党宣言》中，马克思恩格斯明确提出：在无产阶级所追求的未来"自由人联合体"新社会里、"每个人的自由的全面发展是一切人自由全面发展的条件"，并称这是"新社会的本质"。无产阶级要实现的全人类解放，也就是要在生产力高度发展及人与人之间普遍交往的基础上实现人的全面自由发展。我们建设有中国特色社会主义的各项事业，我们进行的一切工作，既要着眼于人民现实的物质文化生活需要，同时又要着眼于促进人民素质的提高，也就是要努力促进人的全面发展。这是马克思主义关于建设社会主义新社会的本质要求。

实现人的全面发展历来是中国共产党的重要使命和最高价值追求。中国共产党从成立的那一天起，就秉承着马克思主义推进人的自由全面发展的基本思想，新中国的70年就是不断推进人的全面发展的历程。新中国成立后，我们建立了人民当家作主的国体政体，逐步确立了社会主义基本制度，消除了一切可能导致人们地位不平等的体制机制，为中国人民的全面发展提供了政治基础和制度保证。但是，没有生产力的巨大发展，人的全面发展只能成为一句空话。在总结社会主义建设正反经验的基础上，邓小平同志提出，"贫穷不是社会主义，社会主义的本质是解放生产力，发展生产力，消灭剥削，消除两极分化，最终达到共同富裕"。由此，我们确立"一个中心、两个基本点"的基本路线，开创了中国特色社会主义建设的伟大道路，使中国人民由站起来走向了富起来，为我国人民的全面发展奠定了强大的物质基础。

党的十八大以来，以习近平同志为核心的党中央把中国特色社会主义人的全面发展的认识和实践提升到了更高水平和境界，开创了马克思主义人的全面发展理论与实践的新境界。

第一，《决定》为促进人的全面发展和社会各项事业全面进步提供了科学的指导思想和战略安排。《决定》强调坚持"以人民为中心"的发展思想，强化人民主体地位，坚持马克思主义在意识形态领域指导地位的根本制度，统筹推进"五位一体"总体布局，协调推进"四个全面"战略布局，把增进人民福祉、促进人的全面发展作为发展的出发点和落脚点。

第二，《决定》为促进人的全面发展和社会各项事业全面进步提供了坚实的制度保证。《决定》全面总结党领导人民在我国国家制度建设和国家治理方面的基本经验，系统阐述坚持和完善中国特色社会主义制度、推进国家治理体系和治理能力现代化的重大意义、总体要求、科学内涵、实践途径，从制度形态上科学回答了新时代坚持和发展什么样的中国特色社会主义、怎样坚持和发展中国特色社会主义的根本问题。

第三，《决定》对社会主义基本经济制度内涵作出重要拓展和深化，为生产力发展奠定坚实基础。社会主义基本经济制度是经济制度体系中具有长期性和稳定性的部分，对经济制度属性和经济发展方式具有决定性影响。改革开放以来，我们党深刻总结国内外正反两方面经验，从我国社会主义初级阶段的基本国情出发，解放思想、实事求是，实现了从单一的公有制经济向公有制为主体、多种所有制经济共同发展的转变，实现了从单一的按劳分配方式向按劳分配为主体、多种分配方式并存的转变，实现了从高度集中的计划经济体制向社会主义市场经济体制的转变，极大地解放和发展了社会生产力，创造了经济快速发展的奇迹。《决定》第一次把分配方式和社会主义市场经济体制纳入基本经济制度范畴，既体现了社会主义制度优越性，又同我国社会主义初级阶段社会生产力发展水平相适应，是党的一个重大理论创新。

第四，《决定》重申了人类命运共同体思想，体现了中国共产党对人的自由全面发展思想的新诠释、新推进。中国共产党人促进人类全面发展的价值取向，既具有人类文明发展的历史底蕴，又反映了人类文明发展的新趋势。从中国共产党的性质与使命而言，中国共产党不仅要为中国人民谋幸福，也要为人类进步事业而奋斗。习近平总书记站在时代发展的高度，把握人类进步大势，着眼人类发展和世界前途，提出"天下一家"和"构建人类命运共同体"的发展理念，就是要以促进人的全面发展思想开展文明交流，消弭人类之间的文明隔阂，以促进人的全面发展思想加强文明互鉴共存，克服某些人群的文明优越，战胜人类之间的文明冲突。

第一章

国家治理总论

国家治理，即治理国家、治世安邦，它是一切治国理政活动的总和，是维系一国运转、实现发展稳定等治国理政目标的行为的总和。党的十八大以来，以习近平同志为核心的党中央系统地思考国家治理问题，提出"国家治理现代化"的重大命题，明确坚持和完善中国特色社会主义制度、推进国家治理体系和治理能力现代化的重要目标，为当代中国国家治理指明了发展方向，提供了基本遵循。[①]

第一节 国家治理的概念界定

一、国家

国家是现代世界政治社会最基础的单元，是政治社会组织发展的核心形式。每个人都生活在国家之中，它是人生存与认同的政治基础，影响着一切人类活动。

（一）传统中国"国家"的语义与观念

国家概念很早就出现在中国古代典籍之中。《中庸》有言："国家将兴，必有祯祥。"其中，"國"在甲骨文中为"或"。《说文解字》中将"或"解作："从口，从戈以守一。一，地也。"即"或"由口、一、戈三部分组成，分别代

[①] 习近平：《关于〈中共中央关于坚持和完善中国特色社会主义制度　推进国家治理体系和治理能力现代化若干重大问题的决定〉的说明》，新华网，2019年11月5日。

表人口、土地和守卫之意。后在外加"口",近城墙、沟壑之形。"口象城形,以戈守之,国之义也"。在词源学意义上,国是守卫的共同土地区域。因此上古中国,"国"通"城""邑"。在先秦文献中,"国"主要包含三层意思,一是国都,即"城";二是与"野"相对,以国都为中心,连通四郊六乡;三是包括国与野在内的整个国土。

先秦时期"国"与"家"是两个概念,在历史进程中经历了从分到合的过程。"国"主要是指古代"王侯封地""诸侯封国","若其功大,使之开国为诸侯。"① 与此对应,"家"在先秦指诸侯国中的"大夫封地"。"国诸侯之国,家谓卿大夫之家。"时至战国,随着大夫地位的不断上升,诸侯的国和大夫的家范围越发接近。当周天子统治逐渐衰落、诸侯国纷纷兴起争霸天下之际,"国家"一词开始兴起。

国家概念出现的过程体现了"家国同构"的传统中国国家观。国家,其机理实际是"家—国",从"家"这一伦理性的"自然生长""安身立命"之地,以血缘关系为圆心不断外扩、同构放大,最终"化家为国""由孝而忠",构成"国家"。这是儒家以血缘和伦理建构的国家想象。《孟子·离娄上》言:"天下之本在国,国之本在家,家之本在身。"由此形成了中国古代宪制"家国同构"的基本模式,"齐家治国平天下";小"家"是大"国"的缩影,"国政"是"家政"的扩大。

相对而言,西方古典国家模式以"城邦"为基点。亚里士多德言"人是政治的动物",实际指"人是城邦的动物"。可以说,古希腊"城国"(City-State)与传统中国"家国"(Family-State)的差异,从轴心时代开始就奠定了中西政治文明不同的历史走向。城邦是"合作式"的"社会",而"家国"是"伦理性"的"共同体"。西方国家在这一观念维度上演进,从希腊城邦国家,到罗马帝国与共和国,再到中世纪封建国家,近代早期的绝对君主制国家,最终进化为"现代民族国家"。

中国国家观念有着自身的演进逻辑。自秦建立大一统帝国,"国家"观念正式形成。这时"国家"和"天下"几乎同义,后者更具普世和道德意味,

---

① 《周礼》言,"大宰之职,掌建邦之六典,以佐王治邦国"。郑玄注曰:"大曰邦,小曰国,邦之所居,亦曰国。"

而前者更为具象，侧重江山社稷、皇帝统治的范围以及政权机构——朝廷三层含义。这一观念成为传统中国延续两千年的"国家"观念主脉，即"普天之下莫非王土"的"王朝国家"观。宋代在四邻游牧民族的压力下，传统中国"天下观"遭受挫折，逐渐有了较为清晰的"自我意识"，产生了具有一定现代性的"中国国家意识"。其时疆域、国境虽在变动，但以文化为中国的中国国家观念逐渐生成，形成了一种具有延续性和主体性的"中国观念"。现代国家观念的真正出现源自清末西方的冲击，从天下观到万国观，近代国人开始认识到"中国"是世界格局中的万国之一。

（二）现代国家的概念与形式特征

古今中西，无论"王朝国家"抑或"民族国家"，国家含义大致类似，概指一定疆域内国民与政制的总和。《西方哲学英汉对照辞典》将国家界定为"在一拥有由它的公民或臣民构成大量人口的领土内运行的一套有组织的机构及其制度。它有一个法律体系控制社会的活动和调节属于它的个人和集团冲突的要求，这一法律体系受到独占的合法强制的支援。就国家的消极功能而言，它保卫其领土完整不受外来侵犯，维持秩序和维持它的公民的安全。一个国家承认其他国家的平等主权"[①]。

中文的"国家"对应三种英文表达，囊括了三层含义：(1)地理意义上的"country"，侧重国家的领土和疆域因素，指具有相对固定边界和范围的地理共同体，是自然与人文风物的"国土"；(2)政权意义上的"state"，意为确定领土边界内借助强制机制对人民合法使用权威的政治共同体，是法律与政治意义上的"国制"；(3)民族意义上的"nation"，是以人口和民族为基础的社会共同体，强调国家的民族内涵，是血脉、文化与共同体意义上的"国族"。

就形式而言，现代国家主要包含以下要件：

（1）领土。国家首先存在于一定较为明确的领土范围内。国家也正是在这一疆域内主张其主权和统治权。领土是一个国家的生存空间，更是其公共生活的实现领域，被看作是国家的首要标识。

（2）国民。每个国家中都有以共同语言、心理、文化为特征而居住于其

[①] 《西方哲学英汉对照辞典》，人民出版社2001年版，第952页。

上的人群，他们具有集体身份，即由人口构成的身份共同体，表现为一种集体的身份认同。通过这一身份，他们享有权利、承担义务、互惠合作。

（3）主权。国家拥有统一的主权，它在一国内具有最高性和至上性，表现在对内和对外两个方面。对内主权是指国家内部事务具有排他性的最高统治权，以确立政治秩序，维护安全与和平；对外主权是指国家在对外事务上具有独立自主的决定权。它是国家区别于其他政治统治实体的实质性标志，也是现代国家的本质特征。

（4）政府。国家运转必须拥有一套政治权力的制度化安排和组织化力量，即"政府"。政府铺设一套官僚机构，行使政治统治和公共管理职能。国家是一种拟制的共同体，但要维护其权威、运用其权力、垄断其暴力，需要借助实实在在的系统和组织，这就形成了实际拥有、掌控和运用国家权力的政治组织。这一组织在大多数国家是政府，政府通过制度和人的安排来分配政治资源、行使政治权力。

（5）合法垄断暴力。国家最大限度地拥有资源和武力，剥夺了私人使用暴力的正当性，其目的是保卫国土免受外敌入侵和维护国内秩序的稳定。国家能够按照自己的意愿实施强制，根源就在于它垄断了暴力，唯此才能发布命令、施加义务、定纷止争、进行统治、建立秩序。当然，国家对于暴力的垄断背后有着"正当性"根基，比如传统中国的"天命观"或者当代政治的"同意观"。

（三）马克思主义国家观

马克思主义国家理论深刻揭示了国家的起源、演变、本质与职能。

马克思主义认为，国家是一种历史现象，原始社会没有国家，国家是私有制出现后阶级矛盾不可调和的产物。恩格斯在《家庭、私有制和国家的起源》一书中经典地指出："国家是社会在一定发展阶段上的产物；国家是表示：这个社会陷入了不可解决的自我矛盾，分裂为不可调和的对立面而又无力摆脱这些对立面。而为了使这些对立面，这些经济利益互相冲突的阶级，不致在无谓的斗争中把自己和社会消灭，就需要有一种表面凌驾于社会之上的力量，这种力量应当缓和冲突，把冲突保持在'秩序'的范围以内；这种从社会中产生又自居于社会之上并且日益同社会相脱离的力量，就是国家。"①

马克思主义是通过追溯国家的起源来分析国家本质的，即通过与原始社会氏族组织的对比来界定国家。相比较而言，国家具备两个突出特点：（1）氏族组织以血缘关系划分居民，国家按地区划分居民。氏族以血缘为基础、以亲属联系为单位组织管理居民；而国家对居民的管理以居住地域联系为基础。当成员之间关系发生变化，其组织的社会结构和治理结构也相应发生变化。（2）专门强制性权力机构的设立。当氏族社会的阶级矛盾不可调和之时，就会设立强制机构，由专人管理，并以强制力——即军队、警察、监狱等强制机关——为后盾。

在与原始社会的对比中，马克思主义经典作家明确揭示了国家的本质。马克思主义认为，国家是在阶级冲突中产生的，是"一个阶级用以压迫另一个阶级的有组织的暴力"。恩格斯写道："到目前为止，一切社会形式为了保存自己都需要暴力，甚至有一部分是通过暴力建立的。这种具有组织形式的暴力叫做国家。"②由此可见，第一，国家的产生基于统治阶级意志；第二，国家政权始终掌握在统治阶级手中；第三，国家权力始终用来为统治阶级服务。

因此，国家的职能本质上是阶级统治。马克思主义认为，国家是上层建筑的重要组成部分，它为经济基础服务，是维护统治阶级经济利益的工具。国家使整个社会服从于统治阶级的意志，对内镇压被剥削阶级的反抗、调和阶级矛盾，对外保卫领土完整和本国统治阶级的利益不受外来侵犯。

但与此同时，马克思主义认为，国家同样具有"社会管理职能"。国家不仅是阶级矛盾的产物，也是从社会中分化出的管理机构。国家管理权的出现，将阶级冲突和矛盾控制在一定范围内和形式下，使社会免于解体，并维护社会公共利益。因此，恩格斯把这种力量称为"第三种力量"。

这说明了国家内部职能中政治统治和社会管理是辩证统一的，二者相辅相成：社会职能的执行取决于政治统治，而政治统治的维持又必须以某种社会职能为基础。③国家随着阶级出现而出现，但国家的形成，既是阶级斗争和冲突的必然产物，也是控制这种冲突和矛盾的产物。此时国家权力能反作用

---

① 《马克思恩格斯选集》第 4 卷，人民出版社 1972 年版，第 166 页。
② 《马克思恩格斯全集》第 20 卷，人民出版社 1971 年版，第 681 页。
③ 王沪宁主编：《政治的逻辑：马克思主义政治学原理》，上海人民出版社 2004 年版，第 143 页。

于社会，对社会具有能动性。

从起源和历史进程来看，国家是阶级统治的工具，但马克思主义认为："无产阶级国家是新型国家。""无产阶级国家不是原来意义上的国家。"① 马克思主义认为，无产阶级必须通过暴力革命打碎资产阶级国家后替代它。虽然无产阶级国家仍具有国家的一般特征，比如运用国家机器来镇压阶级敌人的反抗，但它已经不是原来意义上的国家。首先，其阶级属性不同。无产阶级国家不再是少数剥削阶级压迫多数劳动者的工具，这是与以往国家的本质不同。其次，它具有过渡性质，是从国家到无国家的过渡。列宁写道："马克思认为，第一，无产阶级所需要的只是逐渐消亡的国家，即组织得能立刻开始消亡而且不能不消亡的国家；第二，劳动者所需要的国家，就是'组织成为统治阶级的无产阶级'。"② 所以，马克思主义认为，无产阶级国家是工人阶级领导的以工农联盟为基础的国家；它的基本特征是新型民主和新型专政的统一。

二、治理

国家治理中，国家是既是主体又是对象，治理是联系主体与对象的行为，包含统治、管理、合作、自治等一系列活动。治理这一概念很早就出现在中国，传统中国面对超大疆域多元复杂大国的客观局面，政治社会的枢纽性问题一直是以"治为务"。太史公曰："夫阴阳、儒、墨、名、法、道德，此务为治者也。"③ 传统中国政治一直围绕这一核心议题展开，也取得了巨大成就，找到了有效治理的方式，形成了一套完全自发、自我逻辑、自成体系的体制与模式，具有"原型意义"。

（一）"治理"的词源与词义

在传统中国典籍中，"治"与"理"同样是两个概念。④

---

① 王沪宁主编：《政治的逻辑：马克思主义政治学原理》，上海人民出版社 2004 年版，第 123—125 页。
② 《列宁选集》第 3 卷，人民出版社 1972 年版，第 190 页。
③ 《史记·太史公自序》。
④ 此处的古义考察，参见卜宪群：《中国古代"治理"探义》，《政治学研究》2018 年第 3 期。

"治"本义是水的名称。《说文·水部》云,"治,水出东莱曲城阳丘山南,入海。"《汉书·地理志上》云,"阳丘山,治水所出,南至沂入海。"治在上古中国首先是由"治"这一水名演化、延伸而来。从名词"治水"到动词"治水"的变迁,暗含了东方国家大规模组织协调的治理能力与治水之间的相关性。

春秋时期,"治"引申为管理、整治政务事务。《老子》云,"以正治国,以奇用兵,以无事取天下。"《国语·齐语六》有言,"若必治国家者,则非臣之所能也。若必治国家者,则其管夷吾乎!"《管子·任法》:"君臣上下贵贱皆从法,此谓为大治""故上令而下应,主行而臣从,此治之道也。"这时,"治"进入政治领域,与国家政务事务的管理、整治相关。

"理"的本义是攻玉的方法。《说文·玉部》释,"理,治玉也"。段玉裁注曰,"《战国策》:郑人谓玉之未理者为璞,是理为剖析也。玉虽至坚,而治之得鳃理以成器不难,谓之理。凡天下一事一物,必推其情至于无憾而后即安。是之谓天理,是之谓善治。"朱骏声在《说文通训定声·颐部》中释"理"为"顺玉之文而剖析之。"

"理"的引申义同样是从先秦时期开始形成的。其时"理"由攻玉引申出三种含义,一是正土地疆域。《诗·小雅·信南山》:"我疆我理,南东其亩。"郑玄注,"疆,画经界也;理,分地理也。《左传·成公二年》:"先王疆理天下,物土之宜而布其利。"杨伯峻注:"疆,画分经界;理,分其地理。"二为职官。《左传·昭公十三年》:"行理之名,无月不至。"杜预注:"行理,使人通聘者。"三为按照事物规律、道理行事。《管子·正第》:"能服信政,此谓正纪,能服日新,此为行理。"《战国策·齐策四》:"事有必至,理有固然。"由此可见,在先秦思想家和政治家那里,理已演变为遵循规则、规律、道理、秩序行事之义。

"治"从一条水的本义引申为管理、治理之义,理从沿着玉石纹路切割的本义引申出按照规则、规律行事。至战国晚期,治与理合二为一,形成"治理"一词。荀子曰:"然后明分职,序事业,材技官能,莫不治理,则公道达而私门塞矣,公义明而私事息矣。"韩非子言,"是故夫至治之国,善以止奸为务。是何也?其法通乎人情,关乎治理也。"至此,传统中国"治理"之义基本固定,意指按照某种规律、规则管理国家,最终达到一种秩序井然的

"治"的状态。"凡事治则条理秩然"。

（二）当代西方治理概念的误用

当代西方语境中，治理突出了"共治"和"自治"的维度，暗含"无须政府的公共管理"之意。但此种理解实为一种误读。不仅在中文中，即便在西方语义中，治理概念本意亦为对国家公共事务的处理，包含支配、影响、调控等维度。

从词源学上考察，治理（governance）的词根是govern，意为"具有权威的统治"。该词来自法文"governer"、意大利语"governare"或西班牙语"gobernar"，它们皆源于拉丁文"gubernare"，有指挥、统治、指导之意。再往前追溯，其词源是希腊语"kybernan"，是航海领域的词汇，意为"掌控或驾驶船只""像领航员一样指挥"，即"掌舵"之意。14世纪晚期"govern"扩展为"治理"一词，来自法文"gouvernance"，即统治、指挥的行为或状态，含义是管理、控制、统治、命令某个事物或某个实体（包括国家）的行为和方式。

由此可见，认为治理是"无须政府的公共管理"或者是"社会共治"，其实是一种误解。在西方，治理的原意同样是以国家为中心的管理、管制，并非"去国家中心主义"的，也不单指自治。但是到了20世纪60年代，在新自由主义意识形态的影响下出现了范式的转移和误用。事实上，当前西方治理理论已出现回归。最典型的就是福山，作为曾经西方模式和历史终结论的重要鼓吹者，近年来他就明确反对将治理作过度意识形态化的解读。在2013年《何为治理》一文中，福山将治理定义为"政府制定和执行规则的能力以及提供服务的能力"。

（三）当代中国语境下的"治理"

当代中国语境下的"治理"是一个广义概念，即治国理政之意，指按照一定制度、准则和规律管理、处理社会事务和公共事务。就主体而言，它包括政党、政府以及各类社会组织、市场主体和公民个体等，侧重点在执政党与各级政府；就对象而言，它囊括了整个国家政治、经济、社会、文化、环境等所有领域的政务与事务；就方式而言，既有管制、管理与命令、指挥等强制方式，也有协商、自治、协作、引导等方式；就目标而言，即社会稳定、经济发展、国家长治久安。习近平总书记明确指出，国家治理的目标是实现"党和国家事业发展、人民幸福安康、社会和谐稳定、国家长治久安"。

当代中国的治理概念侧重以下几个维度。

第一，侧重公权力运用而非自治的维度。西方治理概念侧重自治与共治，而中国语境下的治理是一个广义概念，即治国理政之意。它仍注重在国家维度内理解治理，强调公权力的主导，通过公共权力的配置和运作与社会进行互动。其中，最重要的是执政党和各级行政政府在治理中发挥的作用与功能。

第二，侧重治理的后果而非手段。当代中国语境下，它与狭义的"统治、管理"也有所不同。当下对这一概念的使用并未着重强调方式本身，而是表征了某种秩序井然、治理良好的状态，是良序与发展的代名词。它是一个"后果主义""效果主义"的词汇，非侧重"手段—方式"的考量。

第三，当代中国"治理"与中国传统对"治"的理解是贯通的，本质上关涉"治乱兴衰"中的"治"与"兴"的概念，治理即"追求""治"这一状态，它与"乱"和"衰"相对。传统中国国家治理，一直以"治为务"。其大多数时刻面临的首要问题一直是"如何将一个大国整合与组织起来"，以维系复杂多元大国其帝国版图的历史地理极限。"千古一治"是传统中国的历史政治主题。可以说，当代中国再度强调"国家治理"，是对传统中国政道与治道的延续与呼应。正如习近平总书记指出的，"我国今天的国家治理体系，是在我国历史传承、文化传统、经济社会发展的基础上长期发展、渐进改进、内生性演化的结果。"[①]

三、国家治理现代化

国家治理现代化是当代中国面临的一个重大命题。建立"现代化国家"是中国共产党的核心目标和使命。相对于传统"四个现代化"的提法，工业、农业、国防和科技等"器物"层面的现代化，取决于"治理现代化"的程度。"坚持和完善中国特色社会主义制度、推进国家治理体系和治理能力现代化"

[①] 《习近平谈治国理政》，外文出版社2014年版，第105页。

是当代中国国家治理的总目标。这一重要论断指明了当代中国"国家治理现代化"的要义。

（一）国家治理体系

当代中国国家治理体系是指在中国共产党领导下管理国家的制度体系。它是一整套紧密联系、相互协调的国家制度和法律制度的总和，包括经济、政治、文化、社会、生态文明和党的建设各个领域的体制机制。

中国国家治理体系的基础是中国特色社会主义制度。党的十九届四中全会《决定》指出："我国国家治理一切工作和活动都依照中国特色社会主义制度展开，我国国家治理体系和治理能力是中国特色社会主义制度及其执行能力的集中体现。"

"经国序民，正其制度。"国家治理以制度为基础，国家治理体系首先是一套制度体系。古人云："凡将立国，制度不可不察也。"制度具有根本性、全局性、稳定性和长远性。它是国家治理活动运转的基础，意在保证党、国家、社会各项事务的制度化、规范化、程序化。习近平总书记高度重视制度建设，明确指出"制度优势是一个国家的最大优势，制度竞争是国家间最根本的竞争。制度稳则国家稳"[1]。

不同制度产生不同的体制运转方式和制度效果。中国国家治理体系建构在中国特色社会主义制度基础上。中国之治的核心密码是"中国之制"。中国特色社会主义制度和国家治理体系"为党和国家事业发展、为人民幸福安康、为社会和谐稳定、为国家长治久安提供一整套更完备、更稳定、更管用的制度体系"[2]。它事关党和国家事业兴旺发达、国家长治久安、人民幸福安康等重大问题，为当代中国发展进步提供了根本保障。它是在长期实践探索中形成的，是被实践证明了的科学制度体系，具有显著优势。

中国特色社会主义制度和国家治理体系是一套严密完整、系统集成的制度体系，包括党的领导制度体系、人民当家作主制度体系、中国特色社会主

---

[1] 习近平：《坚持和完善中国特色社会主义制度推进国家治理体系和治理能力现代化》，《求是》2020年第1期。

[2] 习近平：《坚持和完善中国特色社会主义制度推进国家治理体系和治理能力现代化》，《求是》2020年第1期。

义法治体系、中国特色社会主义政府治理体系、社会主义基本经济制度、社会主义先进文化制度、民生保障制度、社会治理制度、生态文明制度体系、党对人民军队的绝对领导制度、"一国两制"制度体系、对外事务制度、党和国家监督体系等。其中，起四梁八柱作用的是根本制度、基本制度、重要制度，而具有统领地位的是党的领导制度。

国家治理体系的根基是制度，同时也包含一系列结构性要素，共同构成完整的治理体系。这些结构性要素包含诸主体功能与权限的配置状况，如党委、政府、社会、市场、企业、公民等的权力责任体系与行为机制；治理体系的纵向结构包括中央与地方、党委政府与基层组织的层级结构关系；横向结构如政治与经济、社会、文化等领域的互动关系；还包括治理行为、制度与观念形态间的关联程度和互构方式。它们在一起构成了整体性的治理系统，其要素排列、组合、功能与权重的差异决定了治理体系的运转方式与状况。当然，要素结构权重与运行方式仍是由制度规定的。

（二）国家治理能力

国家治理能力是运用国家制度和法律制度管理社会各方面事务的能力，是"中国特色社会主义制度的执行能力"，其意义在于"把我国制度优势更好转化为国家治理效能"。因此，国家治理能力是将制度变为现实、实现制度目标的能力，核心是"制度执行能力及其效率"。

正如习近平总书记所言："国家治理体系和治理能力是一个国家的制度和制度执行能力的集中体现。"[1]前者是国家制度的集成和总和，后者则是这套制度集成和总和的执行能力。二者不可分割：国家治理体系是国家治理能力的制度基础，治理能力的提升有赖于更为完善的治理体系；同时，没有高效的治理能力，再好的制度也难以发挥作用。但是不是国家治理体系越完善，国家治理能力自然而然就越强。很多国家有着完善的制度，但是制度在现实中得不到落实或有效运行，是治理能力的缺陷。

制度的生命力在于执行。提升治理能力，必须健全权威高效的制度执行机制，加强对制度执行的监督，坚决杜绝做选择、搞变通、打折扣的现象，

---

[1]《习近平谈治国理政》，外文出版社2014年版，第91页。

要加强对制度执行的监督，切实把我国制度优势转化为治理效能。

国家治理能力包含几个重要维度，它们是执行能力和执行效率的基础：

第一，监管规制能力。社会合作总有纠纷、冲突与侵害，以及越轨、逃逸、腐败等行为。社会管制能力是提供安全、维持秩序、保证共存、防止侵害的基础性能力。

第二，组织整合能力。现代社会是由多元个体组成的共同体，往往也是多民族共同体，通过政治统治制度、意识形态制度、市场合作制度、基层组织制度能实现有效整合，防止一盘散沙、基层失控、民族分裂，实现国家的有效整合。

第三，动员引领能力。社会是一个合作系统，合力完成经济、政治与社会目标须有整体行动，因此需要通过调动资源、政治动员、营造氛围、推广实施来达到组织维系、同频共振、行动统一的目标，完成重大、巨型的集体合作任务，发挥公权力的社会引领能力。

第四，资源汲取能力。"巧妇难为无米之炊。"社会合作并非简单的个体活动，有大量公共事务，同时也产生大量社会成本。这个成本须共同负担，以完成对内治理、发展以及对外防御的任务。因此国家治理的关键还在于财政、税收和物质资源调配能力等。

第五，公共产品供给能力。汲取资源，目的是提供有效的公共产品，包括物质性的公共安全、公共秩序、公共卫生、基础教育、基础设施、清洁环境等，以及精神性的认同、参与、社会平等以及公平正义等。有的国家公共产品供给能力较弱，甚至连基础的安全、秩序以及基本卫生、教育都难以有效提供。

（三）国家治理现代化

当代中国语境下的国家治理现代化并非一个抽象概念，而是拥有一套抽象的"现代标准"，它是一个与中国现实与历史、国情与体制高度结合的概念。习近平总书记明确指出："衡量一个社会制度是否科学、是否先进，主要看是否符合国情、是否有效管用、是否得到人民拥护。"[①] 认知当代中国语境

[①] 习近平：《坚持、完善和发展中国特色社会主义国家制度与法律制度》，《求是》2019年第23期。

的国家治理现代化，主要需回答两个层次的问题：如何理解国家治理现代化，如何推进国家治理现代化？

如何理解国家治理现代化？

第一，它是推进中国现代化进程所需要的治理。习近平总书记明确指出，治理制度和治理体系"必须适应国家现代化总进程，提高党科学执政、民主执政、依法执政水平，提高国家机构履职能力，提高人民群众依法管理国家事务、经济社会文化事务、自身事务的能力，实现党、国家、社会各项事务治理制度化、规范化、程序化，不断提高运用中国特色社会主义制度有效治理国家的能力"①。这一论述表明，国家治理现代化理念提出的背景是面向中国的国家现代化进程。

第二，它是被中国现代化实践证明行之有效的治理。中国近当代的现代化历程正反两方面的经验表明，中国共产党领导的国家制度和国家治理体系，在过去的历史进程中成功地推进了中国的现代化进程，而在此前尝试的各种治理体制和方式都失败了。当代中国国家治理现代化，它不是抽象的，而是指这套被中国近当代现代化实践证明了的行之有效的治理体系。党的十八大以来，这套现代化的国家治理体系为政治稳定、经济发展、文化繁荣、民族团结、人民幸福、社会安宁、国家统一提供了有力保障。"评价一个国家政治制度是不是民主的、有效的，主要要看国家领导层能否依法有序更替，全体人民能否依法管理国家事务和社会事务、管理经济和文化事业，人民群众能否畅通表达利益要求，社会各方面能否有效参与国家政治生活，国家决策能否实现科学化、民主化，各方面人才能否通过公平竞争进入国家领导和管理体系，执政党能否依照宪法法律规定实现对国家事务的领导，权力运用能否得到有效制约和监督。"②"实践证明，中国特色社会主义制度和国家治理体系是以马克思主义为指导、植根中国大地、具有深厚中华文化根基、深得人民拥护的制度和治理体系。"③"中国特色社会主义制度和国家治理体系经过长期实

---

① 《习近平在省部级主要领导干部学习贯彻十八届三中全会精神全面深化改革专题研讨班开班式上发表重要讲话强调完善和发展中国特色社会主义制度推进国家治理体系和治理能力现代化》，新华社，2019年8月29日。
② 习近平：《在庆祝全国人民代表大会成立六十周年大会上的讲话》，《求是》2019年第18期。
③ 《中共中央关于坚持和完善中国特色社会主义制度 推进国家治理体系和治理能力现代化若干重大问题的决定》，人民网，2019年11月5日。

践检验，来之不易，必须倍加珍惜。""实践证明，我们党把马克思主义基本原理同中国具体实际结合起来，在古老的东方大国建立起保证亿万人民当家作主的新型国家制度，使中国特色社会主义制度成为具有显著优越性和强大生命力的制度，保障我国创造出经济快速发展、社会长期稳定的奇迹。"①

第三，它是未来进一步推进中国现代化进程和破解各种风险与挑战所需要的治理体系。着眼未来，不断继续推进国家治理现代化的目标，是实现国家的进一步现代化，保持经济快速发展和社会长期稳定，最终通过这套现代化的治理体系"持续推动拥有近十四亿人口大国进步和发展、确保拥有五千多年文明史的中华民族实现'两个一百年'奋斗目标进而实现伟大复兴"②。而在这一现代化进程中，我们将会面临各种新的风险和挑战；历史和实践也证明了的治理体系不能故步自封，要不断自我调适与完善，让制度更加成熟持久，以应对现代化进程中的风险和挑战。"当今世界正经历百年未有之大变局，我国正处于实现中华民族伟大复兴关键时期。顺应时代潮流，适应我国社会主要矛盾变化，统揽伟大斗争、伟大工程、伟大事业、伟大梦想，不断满足人民对美好生活新期待，战胜前进道路上的各种风险挑战。"③国家治理现代化是能够应对这些新的风险和挑战的治理。

第四，它是能为其他发展中国家走向现代化提供经验和借鉴的治理体系。这一现代化治理体系，同样也能"为发展中国家走向现代化提供了全新选择，为人类探索建设更好社会制度贡献中国智慧和中国方案"④。它"拓展了发展中国家走向现代化的途径，给世界上那些既希望加快发展又希望保持自身独立性的国家和民族提供了全新选择，为解决人类问题贡献了中国智慧和中国方案"⑤。

如何推进国家治理现代化？

---

① 习近平:《坚持、完善和发展中国特色社会主义国家制度与法律制度》,《求是》2019 年第 23 期。
② 《中共中央关于坚持和完善中国特色社会主义制度　推进国家治理体系和治理能力现代化若干重大问题的决定》,人民网,2019 年 11 月 5 日。
③ 《中共中央关于坚持和完善中国特色社会主义制度　推进国家治理体系和治理能力现代化若干重大问题的决定》,人民网,2019 年 11 月 5 日。
④ 习近平:《坚持、完善和发展中国特色社会主义国家制度与法律制度》,《求是》2019 年第 23 期。
⑤ 习近平:《决胜全面建成小康社会　夺取新时代中国特色社会主义伟大胜利——在中国共产党第十九次全国代表大会上的报告》,人民出版社 2017 年版。

一是坚持和巩固当代中国国家治理体系。当代中国国家治理体系是被历史和实践证明了的能够推进中国现代化进程的治理体系，具有巨大优越性。在未来推进中国现代化的进程中，要继续坚持和巩固这套治理体系和方式。党的十九届四中全会全面系统总结了当前治理体系十三个方面的巨大优势，特别是党的领导优势，以及起四梁八柱作用的根本制度、基本制度、重要制度。它们是推进国家治理现代化的制度基础。"系统总结我国国家制度和国家治理体系的发展成就和显著优势，目的就是推动全党全国各族人民坚定制度自信，使我国国家制度和国家治理体系多方面的显著优势更加充分地发挥出来。长期保持并不断增强这些优势，是我们在新时代坚持和完善中国特色社会主义制度、推进国家治理体系和治理能力现代化的努力方向。"[1]

二是不断完善和发展国家治理体系、提升国家治理能力。习近平总书记明确指出，"我们说坚定制度自信，不是要固步自封，而是要不断革除体制机制弊端，让我们的制度成熟而持久。"[2] "万物得其本者生，百事得其道者成。"随着中国特色社会主义进入新时代，我国发展处于新的历史方位，社会主要矛盾已经转化为人民日益增长的美好生活需要和不平衡不充分的发展之间的矛盾，国家治理面临许多新任务新要求，必然要求中国特色社会主义制度和国家治理体系更加完善、不断发展。"我们提出的国家制度和国家治理体系建设的目标必须随着实践发展而与时俱进，既不能过于理想化、急于求成，也不能盲目自满、故步自封。"[3]

具体而言，国家治理体系完善和发展的方向包括：一是更加成熟定型、稳定延续。面对现代化任务，国家治理体系要更加成熟定型，保持制度的稳定性和延续性，保证对党、国家、社会各项事务治理制度化、规范化、程序化。二是更加系统完备、科学规范。随着国家治理现代化进程的推进，要构建更加"系统完备、科学规范、运行有效的制度体系。"让制度体系更加科学

---

[1] 习近平：《坚持和完善中国特色社会主义制度推进国家治理体系和治理能力现代化》，《求是》2020年第1期。

[2] 《习近平在省部级主要领导干部学习贯彻十八届三中全会精神全面深化改革专题研讨班开班式上发表重要讲话强调完善和发展中国特色社会主义制度推进国家治理体系和治理能力现代化》，新华社，2019年8月29日。

[3] 习近平：《坚持和完善中国特色社会主义制度推进国家治理体系和治理能力现代化》，《求是》2020年第1期。

合理、高效协同,强化系统性、协调性,加强系统治理、依法治理、综合治理、源头治理。三是急需先立。加快建立健全国家治理急需的制度机制和满足人民日益增长的美好生活需要必备的制度。要及时总结实践中的好经验好做法,成熟的经验和做法可以上升为制度、转化为法律。四是补短板、强弱项。在治理现代化过程中,还存在不少短板和弱项,要不断补短板、堵漏洞、强弱项,实现治理体系的系统完备、良性运转。

在此基础上,国家治理现代化还要求治理具备,第一,蕴含现代价值,治理活动体现民主法治、公平正义、平等尊重、保障公民权益的现代理念。第二,运用现代方式。现代治理相对于传统治理基于血缘、人情、关系的人格化治理方式,是一种"非人格化""理性化"的治理方式,要运用法治化、制度化机制推进理性化规则的落实。第三,应用现代技术,现代治理要善于运用现代科技,借助 AI、大数据、现代物流、现代信息等方式提升治理效率和客观性。第四,聚焦现代任务。现代治理要将重心落于现代社会更需要、现代人更注重的经济发展、社会公平、精神富足和公共福祉之上。

第二节 国家治理的制度体系

中国特色社会主义制度是党和人民在长期实践探索中形成的科学制度体系,我国国家治理一切工作和活动都依照中国特色社会主义制度展开,我国国家治理体系和治理能力是中国特色社会主义制度及其执行能力的集中体现。中国特色社会主义制度体系由根本制度、基本制度、重要制度三个层面13个方面的制度构成,涵盖了中国共产党治党治国治军各个方面,涵盖了内政外交国防等各个领域,构成了系统完备、科学规范、运行有效的科学制度体系。中国特色社会主义制度是特色鲜明、富有效率的,但还不是尽善尽美、成熟定型的。中国特色社会主义事业不断发展,中国特色社会主义制度也要不断发展。

一、制度体系的主要特征

中国特色社会主义制度是在长期实践探索中形成的,是人类制度文明史上的伟大创造,开创了人类政治文明的崭新阶段。中国特色社会主义制度具有内生性、原创性、正义性、优越性等鲜明特征。

(一)内生性

一个国家选择什么样的国家制度,不是由哪个政党或政治领袖的主观意志决定的,而是由这个国家的历史传承、文化传统、经济社会发展水平决定的,是长期发展、渐进改进、内生性演化的结果。

中国特色社会主义制度是党和人民在长期实践探索中形成的科学制度体系,是根源于本国历史文化传统和现实国情的制度模式,它不是凭空产生的,更不是外来制度的"飞来峰"。中国是一个国情极为独特的国家,960万平方公里的超大国土面积,14亿多人口的超大人口规模,纵贯5000年的超长历史纵深,未曾断裂的文化血脉,多民族多宗教的复杂社会结构,坎坷多舛的独特历史命运,在全世界是独一无二的。治理这样的国家,我们能照谁的模式办?谁又能告诉我们怎么办?设计我国的社会主义制度,要坚持从国情出发、从实际出发,不能割断历史,不能枉顾国情,不能设想搬来一座制度上的"飞来峰"。

中国特色社会主义制度和国家治理体系的形成不是一蹴而就的,而是在坚持马克思主义基本原理又着眼当下经济社会发展需要、承继本国历史文化特色又借鉴世界先进制度文明的基础上,一步步内生演化、自我改进的结果。任何一种制度都不可能适应一切时代、适用一切国家,每个民族的政治制度都一定会带有本民族的独特基因,都一定要与本民族的水土相服。习近平总书记指出,"照抄照搬他国的政治制度行不通,会水土不服,会画虎不成反类犬,甚至会把国家前途命运葬送掉"[①]。中国特色社会主义制度是科学社会主义基本原理同中国具体实际相结合的产物,是科学社会主义一般形态在当代中国落地生根结出的时代果实。中国特色社会主义制度是中华民族制度发展史上的卓越成果,是中国革命、建设、改革的必然产物,从新中国成立到三大

---

① 习近平:《在庆祝全国人民代表大会成立60周年大会上的讲话》,《人民日报》2014年9月6日。

改造完成所奠定的社会主义制度基础，从党的十一届三中全会开启的社会主义体制改革到党的十八大推动中国特色社会主义制度更加完善、国家治理体系和治理能力现代化水平明显提高，经历了从建立、发展、完善到逐步成熟定型的漫长过程，为国家稳定发展和人民幸福安康提供了有力保障。

过去70多年来，我们的制度建设向世界说明了一个道理：治理一个国家，推动一个国家实现现代化，并不是只有西方制度模式这一条道，各国完全可以走出自己的道路来。中国共产党的领导和社会主义制度，是我们治国理政的本根。我们推进国家治理体系和治理能力现代化，绝不是西方化、资本主义化。在坚定中国特色社会主义制度自信上，我们就是要咬定青山不放松，任尔东南西北风。

（二）原创性

中国特色社会主义制度是中国共产党和中国人民的伟大创造，它既不同于西方资本主义制度的模板，也不同于苏联高度集中的社会主义制度母版，它是人类制度文明史上一种全新的制度，是具有自主知识产权的原创性制度文明。

中国特色社会主义制度的原创性体现在：它创造了一套以社会主义为性质定向的成套制度体系，动摇了资本主义制度文明和制度体系的普世地位；它创造了一套一党领导、多党参政合作的新型政党制度，打破了西方政党制度的唯一性；它创造了一套以人民利益为价值取向的制度体系，不同于资本逻辑操控的西方制度；它创造了一套民主与集中有机结合的制度体系，超越了党争纷沓、相互倾轧的西方民主制度；它创造了一套公有制与多种所有制共同发展、按劳分配与多种分配方式并存、社会主义与市场经济有机结合的基本经济制度，超越了以彻底私有化、完全市场化、非调控化（自由化）为政治—经济哲学基础的西方基本经济制度；它创造了一套以和平外交为主轴的外交政策，摆脱了西方制度的霸权逻辑和"修昔底德陷阱"。这种原创性说明，中国特色社会主义制度不是舶来品、飞来峰，而是马克思主义国家学说、制度学说的创造性实践，是具有自主知识产权的中国创造。

（三）正义性

正义是社会主义制度的首要价值，中国特色社会主义制度是捍卫社会正义的根本制度安排,是维护广大人民根本利益的可靠制度载体和坚实制度倚靠,是"保证亿万人民当家作主的新型国家制度"①。

社会制度的正义追寻与社会正义的制度安排是一个历久弥坚的课题。原始社会解体以来,奴隶社会、封建社会属于人的依赖性阶段,资本主义社会属于物的依赖性阶段,它们本质上都是少数人统治多数人的阶段,是非正义的社会制度。资本主义制度维护的是资本的"正义",而不是人民的正义。在资本主义制度下,"资本"是真正的主人,资本逻辑是社会的主导逻辑,权力受命于资本、受制于资本,也服务于资本,这就决定了资产阶级制度除了代表"资本"的利益,没有别的选择。在极少数人和绝大多数人的利益拉锯中,在资本逻辑和人民逻辑的利益博弈中,在经济发展和生命健康的利益冲突中,在党派选举与社会正义的激烈对弈中,在人民形式上有权、实际上无权的民主悖论中,资本主义制度除了服从"资本"的逻辑,没有更高的逻辑。2020年,全球新冠肺炎疫情大考背后的制度逻辑值得深思。

社会主义制度的建立,使人类第一次近距离触摸到公平正义,人民第一次成为自己命运的主人。社会主义制度代表人民、依靠人民、服务人民,本质是以每个人的自由全面发展为目标追求的社会形式,在人类制度文明史上第一次科学回答了"制度代表谁、为了谁、依靠谁、服务谁"这个首要的基本问题,第一次解决了制度正义的问题。在中国特色社会主义制度框架里,人民是真正的主人,代表人民利益是这种制度的最高利益所在。我国是工人阶级领导的、以工农联盟为基础的人民民主专政的社会主义国家,国家的一切权力属于人民。始终代表最广大人民的根本利益,保证人民当家作主,是我国国家制度和国家治理体系的本质属性,也是中国特色社会主义制度和国家治理体系区别于西方资本主义制度和治理体系的根本所在。在极少数人和绝大多数人的利益拉锯中,我们站在最大多数人的一边;在资本逻辑和人民逻辑的利益博弈中,我们站在人民的一边;在经济发展和生命健康的利益冲突中,我们选择人民至上、生命至上;在人民形式上有权、实际上无权的民主悖论中,我们始终追求实质正义(比如新冠肺炎疫情抗疫中,中国受到免职等处理的干部数千人,美国唯一被免职的是为民代言的舰长)。总之,社会

---

① 习近平:《坚持、完善和发展中国特色社会主义国家制度与法律制度》,《求是》2019年第23期。

主义制度始终有自己的坚守和定力，自觉选择站在正义的一边，始终成为捍卫社会正义的坚实制度倚靠。

中国特色社会主义制度的创立源于人民的正义理想，中国特色社会主义制度的发展完善也是基于人民的正义愿景。在中国特色社会主义制度体系中，党的领导制度体系确保党的先锋队性质和为人民服务的宗旨永不变色，人民当家作主制度体系确保国家的一切权力属于人民，中国特色社会主义法治体系确保实现社会公平正义，中国特色社会主义行政体制确保一切行政机关为人民服务、对人民负责、受人民监督等。2020年7月，哈佛大学肯尼迪政府学院发布调查报告《理解中国共产党韧性：中国民意长期调查》，该报告显示，从2003年到2016年，中国民众对中央、省（直辖市）、市县、乡镇四级政府的满意度均有所提升。2016年，中国民众对中央政府的满意度高达93.1%，对省（直辖市）、市县、乡镇政府的满意度分别为81.7%、73.9%和70.2%。整体而言，政府层级越高，民众满意度越高。此外，从满意度提升方面来看，乡镇政府的民众满意度提升最为明显，从2003年的43.6%升至70.2%。美国皮尤中心最新民调显示，2019年度中国民众对政府的满意度超过86%，为全球最高，远高于世界平均水平的47%。政府满意度折射出来的正是人民对中国特色社会主义制度和国家治理体系的高度认可和充分信赖。2020年上半年，面对新冠肺炎疫情的大考，中国和欧美国家交出了两份对比鲜明的答卷，为究竟哪种制度能够代表人民利益这一争论给出了清晰的时代注脚。

（四）优越性

世界上没有适用一切社会的制度模式，符合自己国情和传统的制度就是最好的制度。各个国家选择什么样的国家制度，是由这个国家的现实国情、文化传统和历史命运决定的，应当由各个国家的人民说了算。习近平总书记反复强调："一个国家的发展道路合不合适，只有这个国家的人民才最有发言权。"①

评价一个制度好不好，实践是最高标准。当今世界存在着两个根本不同的制度体系，一个是社会主义制度，一个是资本主义制度，以西方的制度模式为标准评判中国是不恰当的。邓小平早就指出，"我们评价一个国家的政治

---

① 《习近平谈治国理政》，外文出版社2014年版，第315页。

体制、政治结构和政策是否正确，关键看三条：第一是看国家的政局是否稳定；第二是看能否增进人民的团结，改善人民的生活；第三是看生产力能否得到持续发展"[①]，也就是看能否实现一个国家的稳定、和谐、发展的有机统一。习近平总书记也指出，每个国家制度有其特定的历史文化根源，我们秉持各国自主选择的制度观，不能要求千篇一律，不能定于一尊，也不能脱离特定的社会条件来抽象地评判。

中国特色社会主义制度是被实践证明了的好制度。习近平总书记指出，中国特色社会主义是不是好，要看事实，要看中国人民的判断，而不是看那些戴着有色眼镜的人的主观臆断。改革开放以来，中国的发展成就惊艳世界，从一穷二白到经济总量稳居世界第二位，从百姓温饱不足到进入世界上中等收入国家行列，从物资短缺到成为世界第一货物贸易大国，从落后于时代到逐步赶上时代、引领时代，中华民族迎来了从站起来、富起来到强起来的伟大飞跃。中国在这么短的时间内经历了这么大的制度变革、这么快的经济增长，中国用几十年时间走完了发达国家几百年走过的工业化历程，把不可能变成了可能。中国经济快速发展奇迹和社会长期稳定奇迹，在一定意义上说，就是中国特色社会主义制度的奇迹。历史和实践告诉我们，中国特色社会主义制度和国家治理体系是一套行得通、真管用、有效率的制度和治理体系，是实现社会主义现代化、创造人民美好生活的唯一制度选择。

中国特色社会主义制度以比西方制度更少的代价、更快的速度，取得了更大的成果，中国的成功从根本上说就是中国特色社会主义制度的胜利。这一制度拓展了发展中国家走向现代化的途径，给那些既希望加快发展又希望保持自身独立性的国家和民族提供了全新的制度方案、治理模式；展现了"中国之治"的美好图景，给那些正处于经济停滞、民族分裂、政局动荡中的国家和人民提供了重要启迪；激活了世界社会主义运动的生机活力，在全世界高高举起了中国特色社会主义伟大旗帜，指明了摆脱全球资本统治的全新出路，推动世界社会主义运动进入新阶段。正如邓小平希望的那样，"我们的制度将一天天完善起来，它将吸收我们可以从世界各国吸收的进步因素，成为世界上最好的制度"[②]。

[①] 《邓小平文选》第 3 卷，人民出版社 1993 年版，第 213 页。

[②] 《邓小平文选》第 2 卷，人民出版社 1994 年版，第 337 页。

二、制度体系的四梁八柱

中国特色社会主义制度体系由根本制度、基本制度、重要制度三个不同层面的制度构成,具体包括党的领导制度体系、人民当家作主制度体系、中国特色社会主义法治体系、中国特色社会主义政府治理体系、社会主义基本经济制度、繁荣发展社会主义先进文化的制度、统筹城乡的民生保障制度、共建共治共享的社会治理制度、生态文明制度体系、党对人民军队的绝对领导制度、"一国两制"制度体系、党对外事工作领导体制、党和国家监督体系。这13个方面的制度构成了中国特色社会主义制度的总体图谱,涵盖了中国共产党治党治国治军各个方面,涵盖了内政外交国防等各个领域,构成了系统完备、科学规范、运行有效的科学制度体系。在这个制度体系中,各项制度内在贯通、相互支撑,形成一个严密完整、多层集合的制度系统。其中,起着四梁八柱作用的是根本制度、基本制度和重要制度,其他各领域的具体制度构成制度之网上的扭结和制度子系统,它们共同搭建起中国特色社会主义制度的完整框架。

(一)根本制度

所谓根本制度,是指那些体现中国特色社会主义本质特征和国家性质、从根本上保证中国特色社会主义方向、在中国特色社会主义制度中起决定性作用的制度。如党的领导制度、人民民主专政制度、人民代表大会制度、马克思主义在意识形态领域指导地位的根本制度、党对人民军队的绝对领导制度等。

坚持和完善党的领导根本制度。中国共产党领导是中国特色社会主义最本质的特征,是中国特色社会主义制度的最大优势。在当代中国国家治理体系中,中国共产党是最高政治领导力量,党的领导制度是党和国家各领域各方面制度的"纲",处于统筹、统领、统率地位,是我国最重要最根本的制度。

坚持和完善人民民主专政根本制度。人民民主专政作为中华人民共和国的国体、作为我国根本的国家制度,是马克思列宁主义国家学说在中国创造性运用和发展的产物。我国是工人阶级领导的、以工农联盟为基础的人民民主专政的社会主义国家，鲜明表达了坚持人民民主专政这一国家根本制度的坚定意志。

坚持和完善人民代表大会根本制度。人民代表大会制度是符合中国国情、体现社会主义国家性质、保证人民当家作主的根本制度，是支撑国家治理体系和治理能力的根本制度。作为国家政治制度体系和国家政权组织体系的根基，人民代表大会制度实现了国体与政体、民主与效率的有机统一，是坚持党的领导、人民当家作主、依法治国有机统一的根本制度安排，集中体现了我国社会主义民主政治的特点和优势。

坚持和完善马克思主义在意识形态领域指导地位根本制度。马克思主义以科学的世界观和方法论揭示了人类社会发展规律，是我们立党立国的根本指导思想。中国共产党是在马克思主义指引下成长和发展起来的，党的先进性和纯洁性是在马克思主义思想理论的先进性和科学性滋养下形成和丰富起来的，党的团结统一和强大战斗力是在马克思主义这个全党共同思想基础上凝聚和强大起来的。归根到底一句话：党领导的中国革命、建设、改革的全部成就，都是在马克思主义和马克思主义中国化成果指引下取得的。党的十九届四中全会把马克思主义在意识形态领域的指导地位上升为一项根本制度，客观反映了马克思主义传入中国后发挥的伟大历史作用，用制度形态确立了马克思主义指导思想在中国特色社会主义制度中的根本制度地位，这是具有重大意义的。

坚持和完善党对人民军队的绝对领导根本制度。党对人民军队的绝对领导是中国特色社会主义的本质特征，是党和国家的重要政治优势，是人民军队的建军之本、强军之魂。党的十九届四中全会把"坚持党指挥枪"作为我国国家制度和国家治理体系的一个显著优势，把"党对人民军队的绝对领导"上升为中国特色社会主义一项根本制度并作出科学部署，这对于巩固党的执政地位、保证人民当家作主、实现党和国家长治久安具有重大而深远的意义。

（二）基本制度

所谓基本制度，是指那些体现我国社会主义性质，规定着国家政治生活、经济生活基本原则，对国家经济社会发展具有重大影响的制度。如中国共产党领导的多党合作和政治协商制度、民族区域自治制度、基层群众自治制度、社会主义基本经济制度等。

坚持和完善中国共产党领导的多党合作和政治协商基本政治制度。中国共产党领导的多党合作和政治协商基本政治制度，是近代以来中国人民长期奋斗历史逻辑、理论逻辑、实践逻辑的必然结果，是我国社会主义政治制度的特有形式和独特优势，是中国共产党、中国人民和各民主党派、无党派人士的伟大政治创造。

坚持和完善民族区域自治基本政治制度。民族区域自治基本政治制度，就是在国家统一领导下，各少数民族聚居的地方实行区域自治，设立自治机关，行使自治权的制度。这一基本政治制度是中国共产党解决我国民族问题的创造性制度安排。

坚持和完善基层群众自治基本政治制度。基层群众自治基本政治制度，就是人民群众在党的领导下对农村村级、城市社区公共事务和公益事业以及企事业单位实行民主管理的制度。

坚持和完善社会主义基本经济制度。社会主义基本经济制度主要包括生产资料所有制、分配方式和资源配置方式三个基本要素，是经济制度体系中具有长期性和稳定性的部分，对经济制度属性和经济发展方式具有决定性影响。党的十九届四中全会把按劳分配为主体、多种分配方式并存和社会主义市场经济体制上升为社会主义基本经济制度，这是对社会主义基本经济制度内涵作出的重大拓展和深化，也是用制度形态对改革开放40多年来我国经济体制改革伟大实践成果和巨大成就的充分肯定，具有重大理论意义和实践意义。

（三）重要制度

中国特色社会主义重要制度，是由中国特色社会主义根本制度、中国特色社会主义基本制度派生的国家治理各领域各方面的主体性制度，具体讲就是建立在根本制度、基本制度之上的关于法律法治、行政管理、文化建设、民生保障、社会治理、生态文明、"一国两制"、对外事务、党和国家监督等方面的主体性制度。中国特色社会主义重要制度，连接国家治理体系的顶层即根本制度、基本制度，向下延伸到社会生产生活的方方面面，使国家治理的总体要求、总体目标和一系列政策举措落实落细，使中国特色社会主义制度优势和国家治理体系的功能作用得到充分发挥。

坚持和完善中国特色社会主义法治重要制度。建设中国特色社会主义法治体系，建设社会主义法治国家，是坚持和发展中国特色社会主义的内在要求。坚持和完善中国特色社会主义法治重要制度，就要全面推进科学立法、严格执法、公正司法、全民守法制度建设和党内法规制度建设。

坚持和完善中国特色社会主义政府治理重要制度。政府治理体系是国家制度和国家治理体系的重要组成部分。党的十九届四中全会把"坚持和完善中国特色社会主义行政体制，构建职责明确、依法行政的政府治理体系"作为国家制度和国家治理体系建设的重大任务，反映了推进国家治理体系和治理能力现代化的必然要求。

坚持和完善中国特色社会主义文化重要制度。中国特色社会主义文化是国家治理体系和治理能力现代化的深厚支撑。弘扬中国特色社会主义文化，不仅要靠教育引导和实践养成，而且要靠制度和体制机制来保障。

坚持和完善统筹城乡的民生保障重要制度。坚持和完善统筹城乡的民生保障制度，是践行党全心全意为人民服务根本宗旨的具体体现，是适应我国社会主要矛盾转化、满足人民对美好生活需要的必然选择。

坚持和完善共建共治共享的社会治理重要制度。坚持和完善共建共治共享的社会治理重要制度，是坚持和完善中国特色社会主义制度、推进国家治理体系和治理能力现代化的重要任务。总的目标是完善党委领导、政府负责、民主协商、社会协同、公众参与、法治保障、科技支撑的社会治理体系，建设人人有责、人人尽责、人人享有的社会治理共同体，确保人民安居乐业、社会安定有序，建设更高水平的平安中国。

坚持和完善生态文明重要制度。生态文明建设是关系中华民族永续发展的千年大计，是实现中华民族伟大复兴的战略安排。生态文明建设是一场涉及生产方式、生活方式和价值观念的革命性变革，必须有一整套完备、稳定、管用的制度体系来保障，着力破解制约生态文明建设的体制机制障碍。

坚持和完善"一国两制"重要制度。"一国两制"是中央治理香港、澳门两个特别行政区的基本制度，也是解决台湾问题、实现祖国和平统一的重要制度。香港回归22年、澳门回归20年的历史表明，"一国两制"是中国特色社会主义一个伟大创举，是香港、澳门保持长期繁荣稳定的最佳制度安排。

坚持和完善外事工作重要制度。外事工作在党治国理政全部工作中居于极为重要的位置，外事工作制度在中国特色社会主义制度体系中是极为重要的组成部分。党的十八大以来，以习近平同志为核心的党中央主动谋划、开拓进取，走出了一条中国特色大国外交新路，对外工作取得历史性成就。

坚持和完善党和国家监督重要制度。党和国家监督体系是党在长期执政条件下实现自我净化、自我完善、自我革新、自我提高的重要制度保障。党的十九届四中全会第一次明确了党和国家监督体系在中国特色社会主义制度和国家治理体系中的重要定位，明确提出必须健全党统一领导、全面覆盖、权威高效的监督体系，表明我们党对长期执政条件下勇于进行自我革命的认识达到一个新的高度。

三、制度体系的完善发展

知常明变者赢，守正创新者进。中国特色社会主义制度继承了我国守正创新的优秀传统，既在根本方向上和大政方针上坚持自己的方向和立场，又根据时代发展和实践的需要进行改革创新，做到理论创新、实践创新和制度创新相统一。

保持制度定力不等于因循守旧。经济不断发展，社会不断进步，人民生活不断改善，上层建筑就要适应新的要求不断进行改革。这是人类社会发展的一条普遍规律。随着国家的发展和改革的深入，我们面临新情况新问题将会更多，"我们全面深化改革，不是因为中国特色社会主义制度不好，而是要使它更好；我们说坚定制度自信，不是要固步自封，而是要不断革除体制机制弊端，让我们的制度成熟而持久。"[①]我们需要破除一切不合时宜的思想观念和体制机制弊端，突破利益固化的藩篱，使国家制度更加成熟而持久，使国家治理更加和谐而有序。

制度定型不等于制度固化，制度创新不等于推倒重来。习近平总书记在中央党校省部级主要领导干部学习贯彻十八届三中全会精神专题研讨班开班式上指出："我国国家治理体系需要改进和完善，但怎么改、怎么完善，我们

---

① 《习近平关于全面深化改革论述摘编》，中央文献出版社 2014 年版，第 22 页。

要有主张、有定力"①。我们要坚持能改的坚决改,不能改的过多长时间也不能改。比如,我们实行社会主义市场经济,无论怎么强调市场的作用,也不能改掉社会主义的性质,不能忘了发挥政府的宏观调控作用,这正是社会主义市场经济制度优越于资本主义市场经济的地方。

中国特色社会主义事业不断发展,中国特色社会主义制度也要不断发展。中国特色社会主义制度是特色鲜明、富有效率的,但还不是尽善尽美、成熟定型的。完善发展中国特色社会主义制度,主要从四个方面入手。

(一)坚持和完善现有制度

人类社会制度进化只有进行时,没有终点站。全面深化改革的本质是社会主义制度自我完善和发展,而不是对社会主义制度改弦易张。改什么、不改什么,我们有定力;有些不能改的,再过多长时间也是不改。新中国成立以来特别是改革开放以来,我们逐步形成了一系列符合国情、行之有效的中国特色社会主义制度体系,必须长期坚持。改革开放已经过去了40多年,改革领域由易到难,由浅入深,由农村到城市,由经济体制到其他各方面体制,中国发生了天翻地覆的变化。同时,我们的改革是有方向、有立场、有原则的,不管怎么改、怎么变,新中国成立初期搭建起来的四梁八柱始终没有改,这就是:中国共产党的领导地位没有改,人民代表大会制度没有改,人民民主专政制度没有改,共产党领导的多党合作和政治协商制度没有改,民族区域自治制度没有改,党对军队的绝对领导没有改,公有制的主体地位没有改,马克思主义在意识形态领域的指导地位没有改,共同富裕的奋斗目标和共产主义的远大理想没有改,这是我们的制度定力,该坚持的必须旗帜鲜明地坚持,在制度问题上绝不能犯颠覆性错误。

坚持不等于固化,完善是最好的坚持。十九届四中全会《决定》提出13个"坚持和完善",说明这13个方面制度都存在进一步完善发展的空间。尤其是涉及各大制度内部的具体制度和体制机制,还存在不少完善空间和薄弱环节,有些方面甚至成为制约发展和稳定的瓶颈。"补短板"就是要把各方面制度、体制机制、操作程序等都完善起来,搞好集成总装,构建系统完备、

---

① 《习近平谈治国理政》,外文出版社2014年版,第105页。

科学规范、运行有效的制度体系，使中国特色社会主义制度优势更加鲜明、制度效能更加彰显。

（二）从实际出发制定新的制度

任何国家，各方面体制、机制和具体制度从来不是主观臆想出来的，而是调节社会矛盾、规范社会秩序的产物。社会各个领域、各个方面都充满着矛盾，经济领域有经济领域的矛盾，政治领域有政治领域的矛盾，文化领域有文化领域的矛盾，不存在无矛盾的社会。旧的矛盾解决了，新的矛盾又会产生，旧的体制、机制和具体制度不管用、不够用或者不能用了，就需要根据社会矛盾运动的现实状况建立新的制度。社会矛盾新旧更替，各方面制度推陈出新，是社会发展进化中的常态现象。

坚持和完善中国特色社会主义制度、推进国家治理体系和治理能力现代化，既要保持国家制度和国家治理体系的稳定性和延续性，又要从实际出发抓紧制定各方面急需的制度，以满足人民对美好生活的新期待，以适应经济社会发展的新要求，以保障国家长治久安的大目标，以顺应国际时势百年未有之大变局。习近平总书记指出："我们要在坚持好、巩固好已经建立起来并经过实践检验的根本制度、基本制度、重要制度的前提下，坚持从我国国情出发，继续加强制度创新，加快建立健全国家治理急需的制度、满足人民日益增长的美好生活需要必备的制度。"[①]比如，党的十八大以来，以习近平同志为核心的党中央着眼党和国家长治久安，从政治和全局高度推进监督制度改革，建立集中统一、权威高效的党和国家监督体系；着眼建设美丽中国，着眼解决人与自然的矛盾，建立最严格的生态环境保护制度，建立资源高效利用制度，健全生态保护和修复制度，建立生态环境保护责任制度等，这些制度都是应对新的社会矛盾的产物，都是适应实际需要的结果。

（三）将成熟经验做法上升为制度

经验，是历史积淀的宝贵财富，凭经验吃饭多少是带有合理性的。制度，在一定意义上就是经验的理性化、条理化，是理性化、条理化了的经验。但

[①] 习近平：《坚持、完善和发展中国特色社会主义国家制度与法律制度》，《求是》2019年第23期。

是，全凭经验也是靠不住的。好的经验只有上升为理论、外化为制度、转化为体制机制，才能管全局、管根本、管长远。缺乏制度保障的狭隘经验主义在现实中行不通、走不远。

中国特色社会主义事业是前无古人的开创性事业，中国特色社会主义制度也没有可供套用的现成模板，只能在摸索中前进。及时总结成功经验、成熟做法和改革成果，将其上升为制度规定，作为制度固定下来，不断发展完善中国特色社会主义制度和国家治理体系，这是我们党治国理政的一个重要经验。习近平总书记在中央政治局第十七次集体学习时强调，我们"要及时总结实践中的好经验好做法，成熟的经验和做法可以上升为制度、转化为法律"。[①] 在十九届四中全会《决定》中，我们党在总结长期历史经验特别是党的十八大以来新鲜经验的基础上，建立了不忘初心、牢记使命的制度，把坚持马克思主义在意识形态领域的指导地位明确为一项根本制度等，这些制度都是我们党治国理政经验的升华。

（四）调整制度的层级和位阶

中国特色社会主义制度作为一个有机整体，不同层次的制度在国家治理过程中发挥着不同的作用。随着中国特色社会主义事业的发展，我们对中国特色社会主义制度的认识也在深化，越来越接近实践本身的要求和制度本身的逻辑，有必要及时调整制度的层级和位阶。比如，党的十九届四中全会首次提出"党的领导制度体系"这个重大概念，并且明确其在我国国家制度和国家治理体系中的统领地位。还比如，党的十九届四中全会首次对社会主义基本经济制度内涵作出重要拓展，将按劳分配为主体、多种分配方式并存的分配制度和社会主义市场经济体制纳入基本经济制度范畴，升级为一项基本制度等。

党的十九届四中全会《决定》首次根据制度的重要性和地位，把中国特色社会主义制度中起四梁八柱作用的制度区分为根本制度、基本制度、重要制度。三个层次的位阶区分，标志着我们党对国家制度和国家治理体系的认识更加系统化、整体化、规范化。根本制度起着统领性和方向性的作用，它指引国家在正确的轨道上运行；基本制度具有结构性和稳定性功能，它体现

---

① 习近平：《坚持、完善和发展中国特色社会主义国家制度与法律制度》，《求是》2019年第23期。

中国国情并保持政治经济发展性质，彰显中国的特色制度安排；重要制度具有灵活性和适应性特征，它根据时代和社会发展需要而设定和调整，保证国家大政方针的具体实施。中国特色社会主义制度体系是一个层次分明、功能完整的系统结构，各层级制度之间相互依存、相互衔接、相互协调，以根本制度为统领，以基本制度和重要制度为支撑，共同为国家治理和社会主义现代化建设保驾护航。

历史不会终结，制度改革发展完善的空间也不会自我封闭。进入新时代，中国特色社会主义制度建设的时间表路线图已经明确，关键在落实。我们必须以开拓进取精神拼搏奋斗，久久为功，善做善成，把党的十九届四中全会描绘的宏伟蓝图绘就在中华大地上，为坚持和完善中国特色社会主义制度写出新的时代篇章，为实现"两个一百年"奋斗目标提供根本制度保障。

第三节　国家治理的逻辑架构

当代中国国家治理拥有一套结构性的治理逻辑架构，包含治理理念、治理主体、治理对象、治理方式和治理机制等诸多要素。这一逻辑架构是国家治理体系的基础，也是国家治理能力的依托。

一、治理理念

治理理念是治理体系、制度、行为背后所蕴含的价值立场和治理活动所坚持的基本原则。它具有普遍性和规范性，既为治理活动设定目标与方向，又对治理行为进行指导、指引和规范。一国国家治理的理念和原则决定了其治理行为、制度与方式。就当代中国而言，国家治理主要秉持以下理念：

第一，坚持党的领导。"中国特色社会主义最本质的特征是中国共产党领导，中国特色社会主义制度的最大优势是中国共产党领导"。党的领导是当代中国国家治理要坚持的首要原则。它是国家治理的"压舱石"，既是国家治理的坚强保障，又是推动国家治理的核心力量。"党政军民学、东西南北中，党是领导一切的。"在国家治理中，党收集、提炼人民意愿，为国家治理设定方向和目标；在治理过程中，党发挥总揽全局、协调各方的作用，进行领导、管理和监督，保障国家治理任务得到落实。因此，国家治理是在党的领导下推进各项制度建设、推动各项事业发展的活动，要坚决维护党中央权威，把党的领导落实到国家治理各领域各方面各环节。

第二，坚持以人民为中心。中国国家治理的出发点和落脚点都是人民。"始终代表最广大人民根本利益，保证人民当家作主，体现人民共同意志，维护人民合法权益，是我国国家制度和国家治理体系的本质属性，也是我国国家制度和国家治理体系有效运行、充满活力的根本所在。"[1]我国国家制度和治理体系植根于人民之中，体现人民意志、保障人民权益、激发人民活力。国家治理要始终着眼于实现好、维护好、发展好最广大人民根本利益，着力保障和改善民生，不断增强人民群众获得感、幸福感、安全感。

第三，坚持社会主义道路。中国国家治理取得巨大成就的基础是始终坚持社会主义道路。新中国成立70年来，中国国家治理始终坚持社会主义方向和道路，形成了中国特色社会主义制度，为当代中国经济发展奇迹和社会稳定奇迹提供了根本的制度保障，从根本上改变了中国的发展面貌和人民的前途命运。因此，在推进国家治理现代化的进程中，要倍加珍惜这一得到长期实践检验的治理体系和国家制度，始终坚持正确的政治方向，不走封闭僵化的老路，不走改旗易帜的邪路，坚定不移走中国特色社会主义道路。

第四，坚持从中国实际出发。"一个国家选择什么样的国家制度和国家治理体系，是由这个国家的历史文化、社会性质、经济发展水平决定的。"[2]中国国家治理的巨大成就和道路选择根源于"实事求是"、从实际出发。正是由于坚持从中国实际出发，将马克思主义普遍原理与中国国情结合，我们才在中国共产党的领导下取得了革命、建设和改革开放的辉煌胜利，形成了以马克思主义为指导、植根中国大地、具有深厚中华文化根基、深得人民拥护的制度和治理体系。习近平总书记明确指出："衡量一个社会制度是否科学、是否

---

[1] 习近平：《坚持和完善中国特色社会主义制度 推进国家治理体系和治理能力现代化》，《求是》2020年第1期。

[2] 习近平：《坚持和完善中国特色社会主义制度 推进国家治理体系和治理能力现代化》，《求是》2020年第1期。

先进，主要看是否符合国情、是否有效管用、是否得到人民拥护。"[①]国家治理现代化要始终坚持从实际出发，不超越国情、不超越阶段、不照搬照抄、不封闭僵化，形成对我国行得通、真管用、有效率的国家治理体系和制度，并使之具有鲜明的中国特色、民族特色、时代特色。

第五，推动社会公平正义。"公平正义是中国特色社会主义的内在要求。"随着时代的发展和社会进步，我国已处于新的历史方位，社会主要矛盾已经转化为人民日益增长的美好生活需要和不平衡不充分的发展之间的矛盾，特别是在民主、法治、公平、正义、安全、环境等方面的要求日益增长。新时代人民群众对于治理需求主要是"公平正义"，它是现代秩序、稳定和发展的内在要素和社会基础。因此，公平正义是现代国家治理的核心价值追求，国家治理要以促进社会公平正义、增进人民福祉为基准，切实保障公平正义和人民权利，不断完善社会公平正义法治保障制度，推动改革发展成果更多更公平惠及全体人民。

二、治理主体

中国国家治理是一个广义概念，它包含管理、合作、自治等多种治理行为，覆盖政治、经济、文化、社会等治国理政的多个领域，自然需要多主体共同参与治理，在各自领域发挥不同功能与作用。

国家治理包含国家、社会和市场三大"场域"。其一，国家是由公权力主导的领域，执政党和政府在国家公共事务范畴内起支配作用，通过统治、管理、指挥、指导等行为维护国家安全和政治秩序，推动经济发展和社会公平正义。其二，社会是平等主体之间社会合作与经济交往的民间领域，主要由公民自发组织协调，但国家负有维系秩序、惩治犯罪、保护权益的职责，发挥兜底性和保障性作用。其三，市场是经济活动和商品交易的空间，它在经济交往中发挥决定性作用。其主体是各类企业组织和参与经济活动的公民个人，他们在市场中从事各种生产、交换、消费等活动。国家经济治理特别是发展中国家的经济治理，需要政府在市场中发挥积极作用，不仅负担市场监

---

① 习近平：《坚持、完善和发展中国特色社会主义国家制度与法律制度》，《求是》2019年第23期。

管、保护产权、执行合同的职责，也要积极组织市场、支持市场、服务市场、提升营商环境等。

具体而言，当代中国国家治理的主体主要包括执政党、政府、社会组织、市场主体、公民个体等，形成"党委领导、政府负责、社会协同、市场自主、公众参与"的共建共治共享治理格局。

第一，党委领导。"党政军民学、东西南北中，党是领导一切的。"在整个国家治理中，中国共产党居于领导地位，是国家治理方向任务与活动开展的根本保障。党委要发挥总揽全局、协调各方的领导作用，在各个环节和各个领域牵头抓总、统筹协调、督办落实。

当代中国国家治理需要执政党的坚强领导。中国国家治理的基本语境是"复杂中国的国家治理"。复杂中国至少包含四个维度，其一，巨型国家。中国幅员辽阔、人口众多，是一个超大型国家。世界上综合具备如此地理、人口等客观要素的国家并不多。其二，多元社会。这里的多元，指的是民族多元、宗教多元、文化习俗多元、区域差异多元、发展阶段多元，还叠加了现代社会的观念多元和利益多元。其三，国际竞争激励。国际领域还存在着弱肉强食的半丛林化自然状态，一个地缘位置重要、文化迥异、人口众多的大国正在迅速发展壮大，即便自身安心发展，也必然遭到干扰、挑战和威胁。其四，现代转型。中国依旧处于从传统农业社会向现代工业、后工业社会转型的"三千年未有之变局"中，任务仍是追赶发展。要言之，复杂中国的国家治理面临的根本任务是：追赶条件下多元巨型国家的有效治理，这就需要强大而稳定的政治权威保证发展和秩序。而这一政治权威落在了中国共产党身上。首先，现代政治都是政党政治。现代政治中大众参与的渠道就是政党。无论中西，政党都是政治活动的主角。但不同国家情况并不同。在中国，从历史角度看，中国共产党带领广大人民推翻专制与侵略，成立新中国，通过自我牺牲在历史中获得了人民的认可；从现实角度看，中国共产党领导下的新中国，都取得了不容否认、举世瞩目的治理成就，它彰显了执政权威的执政能力；就政党类型而言，中国共产党是一个"兼容并蓄型"政党，既有广泛的代表性，又有强有力的大众动员能力，既有利益整合能力，又有政策转化能力，还有象征性认同功能。这些因素综合构成了中国共产党执政的深厚基础，在此基础上获得的广泛认同，为实现有效治理注入了强大力量。

中国国家治理取得巨大成就正是得益于这一整套执政党领导下的有效治理体系。这种组织体系囊括五级政党机构和所有基层组织，同时覆盖了经济、政治、意识形态、社会治理等各个领域，并以组织化形式进入立法机关、政府机关、监察机关、司法机关、社会群团等机构，通过党委党组的组织领导、政策贯彻、干部选拔任命、学习教育活动和监督考核等具体机制实施制度化领导，拥有一套完整的党的领导制度。这套体制中，横向各个系统集中于党对经济、政治、文化、社会等领域的领导之上；而纵向党的内部又存在自上而下的集中统一领导；纵横交错中权威最终集中于党中央。

第二，政府负责。国家治理中，政府是掌握公权力的正式行政机构，是社会生活的主要管理者，承担着按照党和国家决策部署推动经济社会发展、管理社会事务、服务人民群众的重大职责。在党委领导下，政府要做好执行法律和政策的工作，履行好监管、组织、服务、执法等各项职能。

在党的领导下，我国自上而下完整建立了一套层级严密的政府治理体制。纵向看从中央、省、市到区县、乡镇完整建立起五级组织，形成了一套覆盖力较强的正式官僚组织架构；横向看，它又覆盖了财税、治安、工商、环境、教科文卫等各个领域。这套完整搭建、深入基层、有效联动的政府组织架构是国家治理的"基础设施"，为有效治理搭建了制度基础。比较而言，不少非洲国家税收名目繁多，但实际上难以真正收到税款，主要税源仅是关税，因为作为进出口税的关税相对好收；而其他税费的收缴，首先需要一套深入基层的税收征管组织与队伍，以及掌握个人和一个个经营主体真实财产、收入和经营状况的信息采集系统。

第三，社会协同。随着时代发展，国家治理事务越发丰富、复杂，单纯依靠公权力管理服务可能力所不及或效果有限，国家治理中的社会协同将发挥越来重要的作用。社会有效协同的国家治理体系中，群团组织往往发挥桥梁纽带作用，引领群众投身到社会治理实践中。同时，公益性、服务性、互助性社会组织也应参与到治理之中，开展志愿服务、救助帮扶、化解矛盾等公共事务。

在我国，各类群团组织、社会组织已经与国家治理体系形成了协同联动的治理格局：政党和政府组织借助社会自治性组织进一步向基层延伸，搭建了更为严密的治理网络，对治理能力的提升起到了关键作用。其主要方式有三：一是将村、社区等基层自治性组织体制与官方连接，主要通过政党体制和半官方指挥系统实现；二是把乡、村特别是社区再作划分，更为细密地铺设组织，建立各种"网格"，如街长制、巷长制、河长制等，把管理区域尽可能压缩到最小；三是组建起受官方领导和指导的各种"群众性组织"，由官方组织并负责部分经费，典型的如辅警、协警、西城大妈、朝阳群众等"非编制性"协管力量。相比较而言，大多数国家的治理体系远未如此细密深入，特别是一般不会延伸渗透到更小的基层单位。发达国家基层治理更多交由自治性组织和社会团体；而对于诸多后发国家，"厚植"网络往往受制于国家能力和财力。

第四，市场协作。现代生活有诸多面向、诸多系统，但经济系统是最基础、最重要、最多元的场域，经济是现代生活的元单位。人类的生活世界首先在经济领域，劳作、创造、交易、合作、财富和享受于其中。它是人类社会进入商工文明以来共同生活的压倒性目标，表明了物质需求及进一步的享受在现代人类生活中的基础性地位。因此，现代国家治理中，经济活动占据重要地位。改革开放以来，我国将经济建设设定为国家治理的中心任务，明确"发展才是硬道理"，这是国家治理取得巨大成就重要的执政理念基础。因此现代国家治理中市场主体发挥着愈发重要的作用，他们在生产、消费、交换、分配中互惠合作，形成自发秩序。

与此同时，市场主体在国家治理的其他领域也开始展现更多效用。随着市场经济的不断推进，我国企业发展在科技攻关、物资供应、物流调配、信息共享、数据管理、网络平台、定点配送等方面取得长足进步，这些是社会治理能力的基础性要素。比如从此次新冠肺炎疫情防控工作中就可明显看出，发挥好企业作用既能降低公共财政成本，又能显著提高治理效率和防控能力。因此在社会治理和应急管理中要建构企业参与治理的组织体系与联动网络，形成激励机制，完善公共服务购买机制，鼓励企业积极参与社会治理工作。

第五，公民参与。在国家治理中，公民既是对象，也是主体。我国"以人民为中心"的国家治理观决定了其为国家治理的出发点与落脚点，国家治理的目标是保护公民基本权益、落实人民主体地位、发挥人民主体作用、让人民真正做主。

国家治理过程中，公民的首要职责是自治，在守法守规中做好自我管理、实现自我发展。其次，公民应积极参与社会治理，进行社会合作、互助与服务，履行社会责任。再次，在具体社会治理过程中，人民群众是主体力量，需创新完善人民群众参与社会治理的组织形式，完善群众参与社会治理的制度化渠道。最后，现代社会公民在国家治理中最重要的责任是进行利益表达和民主监督，以确保国家治理符合人民意愿和公共利益。因此国家应通过有效制度保障人民群众真实畅通的利益和意愿表达，以及进行民主监督的权利。

三、治理内容

党的十九届四中全会《决定》指出，党的十八大以来"党领导人民统筹推进'五位一体'总体布局、协调推进'四个全面'战略布局，推动中国特色社会主义制度更加完善、国家治理体系和治理能力现代化水平明显提高，为政治稳定、经济发展、文化繁荣、民族团结、人民幸福、社会安宁、国家统一提供了有力保障。"[①] 这一论述表明，当代中国国家治理是一个广义概念，包括政治、经济、文化、社会、生态文明、军事、外事等各方面的内容。

党的十九届四中全会系统总结了中国特色社会主义制度13个方面的显著优势，并就进一步推进国家治理体系和治理能力现代化提出了13个方面的目标和任务，它们是当代中国国家治理的主要内容。梳理下来，主要包括以下九大领域。

第一，政党领域，其目标是坚持党的领导地位，完善党的执政方式。治理任务是坚决维护党中央权威，坚持党的全面领导；要健全总揽全局、协调各方的党的领导制度体系，把党的领导落实到国家治理各领域各方面各环节；提高党科学执政、民主执政、依法执政水平，提高党的执政能力和领导水平；进一步全面从严治党，加强对权力的制约和监督。

第二，政治领域，其目标是发展社会主义民主政治，完善社会主义法治

---

① 《中共中央关于坚持和完善中国特色社会主义制度　推进国家治理体系和治理能力现代化若干重大问题的决定》，人民网，2019年11月5日。

体系，构建职责明确、依法行政的政府治理体系。治理任务是坚持人民主体地位，健全民主制度，丰富民主形式，拓宽民主渠道，确保人民依法通过各种途径和形式管理国家事务。继续推进全面依法治国，坚持法治国家、法治政府、法治社会一体化建设；健全社会公平正义法治保障制度，加强对法律实施的监督。不断提高行政效能，健全强有力的行政执行系统；不断完善国家行政体制，优化政府职责体系，优化政府组织结构；实现政府为人民服务、对人民负责、受人民监督，建设人民满意的服务型政府。

第三，经济领域，目标是推动经济高质量发展。治理任务是充分发挥市场在资源配置中的决定性作用，更好发挥政府作用，加快建设现代化经济体系；加快完善社会主义市场经济体制，完善科技创新体制机制，建设更高水平开放型经济新体制；营造各种所有制主体依法平等使用资源要素、公开公平公正参与竞争、同等受到法律保护的市场环境。

第四，文化领域，目标是繁荣社会主义文化。治理任务是坚定文化自信，把握社会主义先进文化前进方向，激发全民族文化创造活力，凝聚全民族的精神力量；坚持马克思主义在意识形态领域指导地位的根本制度，坚持以社会主义核心价值观引领文化；进行正确导向的舆论引导工作；文化创作生产要使社会效益放在首位、社会效益和经济效益相统一。

第五，社会领域，目标是发展民生、增加人民福祉、满足人民日益增长的美好生活需要。治理任务一方面是不断增进人民福祉、促进人的全面发展；努力实现幼有所育、学有所教、劳有所得、病有所医、老有所养、住有所居、弱有所扶；进行普惠性、基础性、兜底性民生建设，保障群众基本生活。另一方面是保持社会稳定，加强和创新社会治理。实现人民安居乐业、社会安定有序；建构人人有责、人人尽责、人人享有的社会治理共同体；正确处理新形势下人民内部矛盾，完善社会治安防控体系，保证社会公共安全。

第六，生态文明领域，目标是促进人与自然和谐共生。治理任务是践行绿水青山就是金山银山的理念，建设美丽中国；坚持节约优先、保护优先、自然恢复为主的方针，坚定走生产发展、生活富裕、生态良好的文明发展道路；实行最严格的生态环境保护，高效利用资源，进行生态保护和修复制度，严明生态环境保护责任。

第七，军事领域，目标加强党对人民军队的绝对领导制度，实现新时代的强军目标。治理任务是确保人民军队最高领导权和指挥权属于党中央；确保人民军队忠实履行新时代使命任务，永葆人民军队的性质、宗旨、本色；全面推进国防和军队现代化；把人民军队全面建成世界一流军队。

第八，"一国两制"领域，目标是坚持和完善"一国两制"制度体系，推进祖国和平统一。治理任务是落实中央依照宪法和基本法对特别行政区行使全面管治权，维护香港、澳门长期繁荣稳定；不断加强对特别行政区维护国家安全法律制度的执行；坚定推进祖国和平统一进程，促进两岸交流合作、深化两岸融合发展，团结广大台湾同胞共同反对"台独"，促进统一。

第九，外交领域，目标是坚持独立自主的和平外交政策，推动构建人类命运共同体。治理任务是坚定不移维护国家主权、安全、发展利益；坚定不移维护世界和平、促进共同发展，实现合作共赢；完善全方位外交布局；进一步扩大开放，积极参与全球治理。

四、治理方式

中国国家治理是一项系统工程。习近平总书记明确指出，国家治理要"坚持党的领导、人民当家作主、依法治国有机统一，坚持解放思想、实事求是，坚持改革创新，突出坚持和完善支撑中国特色社会主义制度的根本制度、基本制度、重要制度，着力固根基、扬优势、补短板、强弱项，构建系统完备、科学规范、运行有效的制度体系，加强系统治理、依法治理、综合治理、源头治理，把我国制度优势更好转化为国家治理效能，为实现'两个一百年'奋斗目标、实现中华民族伟大复兴的中国梦提供有力保证"[①]。这一重要论述指明了国家治理的主要方式，即坚持党的领导、人民当家作主和依法治国统一，坚持科学执政、民主执政、依法执政，加强系统治理、依法治理、综合治理、源头治理。就具体治理方式而言，主要包括：

第一，政治引领。"旗帜鲜明讲政治"是中国国家治理的根本特征，它在

---

① 《中共中央关于坚持和完善中国特色社会主义制度 推进国家治理体系和治理能力现代化若干重大问题的决定》，人民网，2019年11月5日。

国家治理中具有引领性、决定性、根本性作用，是国家治理方向和任务的根本保障。政治不是空洞的，必须以国家的大政方针、根本利益为导向，坚持党中央的集中统一领导，坚决落实中央的要求与部署、严格执行各项党规与法律，防止各行其是、各自为政。政治引领国家治理要求把政治建设贯穿于国家治理全过程和各方面。

第二，法治保障。法治是治国理政的基本方式，是现代治理文明的重要标志。法律，为国家治理行为和公民交往行为划定界限，是社会公共生活运转的"语法"，它用规则及其刚性执行将国家治理的各个领域贯穿起来，保障国家运转和权力运行。要通过科学立法、严格执法、公正司法、全民守法实现治理在法治轨道上运转，推进依法治国、依法执政、依法行政。国家治理法治化要求办事依法、遇事找法、解决问题用法、化解矛盾靠法；谋划工作要运用法治思维，处理问题要运用法治方式；做到在法治之下、而不是法治之外、更不是法治之上想问题、作决策、办事情；特别要善于运用法治思维和法治方式深化改革、推动发展、化解矛盾、维护稳定。

第三，德治教化。国家治理要坚持依法治国和以德治国相结合。这是传统中国国家治理的智慧和经验。法安天下，德润人心。法律是成文的道德，道德是内心的法律。国家治理需要法律和道德协同发力，法律有效实施有赖于道德支持。德治要求重视发挥道德的教化作用，提高全社会文明程度，用社会主义先进文化陶冶道德情操，用道德滋养法治精神。同时要以社会主义核心价值观为统领，让社会和谐稳定和国家长治久安建立在更高的道德水准之上，也使国家治理更有文化价值、民族特色和中国风格。

第四，自治基础。国家治理的大多数内容需要通过社会自治来实现，社会自治是国家治理的基础。这是以人民为中心的治理观的内在要求，也是我国宪法规定的一项基本政治制度。在基层社会自治中，要以党组织为领导、村（居）委会为主导、人民群众为主体建构新型基层社会治理框架，明确基层自治权界，丰富基层民主协商实现形式，让群众的事情群众自己定、群众的事情群众自主办，将基层共治的同心圆越画越大。

第五，智治支撑。智能化是国家治理方式现代化的重要手段，是现代治理的主要表现形式。智治要求善于运用大数据、云计算、人工智能、信息互动平台等方式进行治理，发挥其具体治理环节的关键作用，提升精准化、智慧化、客观化程度，用科技提升执法水平与效率，并保障制度刚性；善于运用"大数据+网格化"方式,做好基层社会治理。因此,要加快推进国家治理智能化建设,打造数据驱动、人机协同、跨界融合的智能化治理新模式;深入推进智能治理基础建设,切实解决数据壁垒、重复建设、重建轻用等突出问题,推进智能治理深度应用,用智能化助推决策科学化、防控一体化、服务便捷化。

第二章

国家治理源流论

第一节 马克思主义国家学说的创立和发展

马克思恩格斯以历史唯物主义看待国家问题,深入研究国家起源、国家本质、国家职能等基本问题,研究无产阶级专政理论,创立了马克思主义国家学说。列宁领导十月革命胜利,建成了世界上第一个社会主义国家,捍卫和发展了马克思主义国家学说,开启了社会主义国家治理的实践探索。马克思主义学说为社会主义国家治理奠定了理论基础,是指导中国特色社会主义国家治理的行动指南。

一、马克思恩格斯创立马克思主义国家学说

马克思恩格斯国家学说是马克思主义的重要组成部分,随着马克思主义的形成、发展而建立起来。

马克思恩格斯起初都加入过青年黑格尔派,这时他们在国家理论上用理性主义反对封建君主专制,虽有一定的进步性,但总的来说还是唯心主义的。1842年马克思在《莱茵报》工作期间,发表《关于林木盗窃法的辩论》。在替农民做辩护的过程中,他认识到是林木所有者左右着议会,左右着法律。不是国家决定市民社会,而是市民社会决定国家。他开始深入研究黑格尔关于国家和法的理论,从阶级本质、经济关系方面认识国家和法,1843年完成了《黑格尔法哲学批判》。这时的马克思已经不像过去那样从精神出发去研究问题,而是从实际出发去进行思考。1844年2月马克思恩格斯各在《德法年鉴》上发表了两篇文章,马克思在《论犹太人问题》中区分了"政治解放和人类

解放",在《〈黑格尔法哲学批判〉导言》中则提出了"无产阶级历史使命"的思想,恩格斯在《国民经济学批判大纲》中指出私有制是资本主义社会一切政治经济矛盾的根源,无情地批判了整个资本主义社会制度。这些文章的发表,标志着马克思恩格斯从唯心主义到唯物主义、从革命民主主义到共产主义的转变。

1844年8月马克思恩格斯在巴黎会晤后,他们在一切理论领域显示出意见完全一致,他们合写或分别写作了一系列著作,创立了新的国家观。在《德意志意识形态》中,他们说明了市民社会对国家的基础作用,揭示了国家的阶级本质。《共产党宣言》第一次较为系统和完整地阐明了马克思主义的基本原理。它的发表标志着马克思主义的诞生,也标志着马克思主义国家观的形成。

1848年欧洲革命期间,马克思恩格斯直接投身于革命斗争,及时地总结了这次革命的经验教训,发展了马克思主义的国家学说。在《1848至1850年法兰西阶级斗争》中,明确提出"推翻资产阶级,工人阶级专政"的口号,全面论述了无产阶级专政的任务。在《路易·波拿巴的雾月十八日》中,提出无产阶级要取得革命的胜利,要建立自己阶级的专政,必须打碎维护剥削制度的旧的国家机器。这是马克思主义国家学说中的一个最重要的、最基本的思想。

1871年巴黎公社失败后,马克思恩格斯总结巴黎公社的经验,在同各种机会主义的论战中,进一步丰富了他们的国家学说。他们提出,工人阶级不能简单地掌握现成的国家机器,并应用它达到自己的目的,而必须打碎或加以改造。他们论述了用以代替打碎的旧的国家机器的无产阶级新型国家问题,对无产阶级国家应采取什么样的国家形式作了回答。他们认为,必须坚持无产阶级专政,才能达到无产阶级彻底解放的目的。

马克思逝世后,恩格斯对国家问题作了进一步研究,对马克思主义的国家学说进行了系统的阐述和发挥。他撰写了《家庭、私有制和国家的起源》等著作,阐明了国家是一个历史的范畴,指出国家必须具有特殊的武装部队以及监狱等物质附属物,说明国家是阶级剥削、阶级压迫的工具,全面论述了国家与经济基础的关系。

马克思恩格斯创立的新国家观,实现了在国家问题上的思想革命,为无产阶级革命和社会主义国家治理提供了理论指导。其主要内容包括：

关于社会决定国家的思想。马克思主义认为，市民社会是国家的基础，国家性质受社会的客观条件的影响和制约。国家的性质是由市民社会的性质所决定的，有什么样的市民社会，就有什么样的国家，市民社会的发展，必然带来国家性质的演变。"法的关系正像国家的形式一样，既不能从它们本身来理解，也不能从所谓人类精神的一般发展来理解，相反，它们根源于物质的生活关系，这种物质的生活关系的总和，黑格尔按照十八世纪英国人和法国人的先例，概括为'市民社会'，而对市民社会的解剖应该到政治经济学中去寻求"①。在市民社会物质生活中，经济生活是占据主导地位的，国家问题归根结底应该从社会的经济生活条件中得到解释。同时，国家也具有相对独立性，对经济的发展具有反作用。这种反作用表现在它可以促进或阻碍经济的发展。

关于国家起源的思想。"国家是社会在一定发展阶段上的产物；国家承认：这个社会陷入了不可解决的自我矛盾，分裂为不可调和的对立面而又无力摆脱这些对立面。而为了使这些对立面，这些经济利益互相冲突的阶级，不致在无谓的斗争中把自己和社会消灭，就需要有一种表面上凌驾于社会之上的力量，这种力量应当缓和冲突，把冲突保持在'秩序'的范围以内；这种从社会中产生但又自居于社会之上并且日益同社会相异化的力量，就是国家。"②马克思主义认为，国家是一个历史和阶级的范畴，它不是从来就有的，是社会经济发展的产物。它是在私有制和阶级产生之后，当阶级矛盾达到不可调和的地步和程度而产生的。

关于国家本质的思想。马克思主义从阶级专政来定义国家，认为国家不是一个真正的社会共同体，是一种虚幻的共同体，隐藏在共同体这种外观形式之后的是国家的阶级本质。他们认为，人类有史以来的一切国家都是阶级的国家，国家的实质是阶级专政。国家的产生是基于统治阶级的意志，国家政权始终掌握在统治阶级手中，始终是为统治阶级利益服务的。国家是一种有组织的暴力。国家的产生与暴力是分不开的，国家建立特殊的武装队伍以

---

① 《马克思恩格斯选集》第 2 卷，人民出版社 2012 年版，第 2 页。
② 《马克思恩格斯选集》第 4 卷，人民出版社 2012 年版，第 186—187 页。

及监狱等物质附属物，它是阶级压迫的工具。"它是当时独自代表整个社会的那个阶级的国家：在古代是占有奴隶的公民的国家，在中世纪是封建贵族的国家，在我们的时代是资产阶级的国家"①。

关于国家职能的思想。国家的本质是统治阶级统治和压迫被统治阶级的机器，这一阶级本质决定了国家职能的性质、内容和形式。国家的职能包括内部职能和外部职能，外部职能主要是防御外来侵略、保卫国家安全，内部职能主要是政治统治职能和社会管理职能。实现政治统治是国家的根本属性，政治统治到处都以执行某种社会职能为基础，只有如此，政治统治才能持续下去。国家发挥社会管理职能，是为了更好地实行政治统治，履行社会职能归根结底是为统治阶级服务的。"现代的国家政权不过是管理整个资产阶级的共同事务的委员会罢了"②。

关于无产阶级专政的思想。"工人阶级不能简单地掌握现成的国家机器，并运用它来达到自己的目的。"③无产阶级要想获得自身的解放，必须打碎资产阶级的国家机器，建立自己的阶级统治——无产阶级专政。无产阶级专政国家仍然具有国家的一般特征，仍然要运用国家机器镇压阶级敌人的反抗，但它已经不是原来意义上的国家了，是新型国家。"工人革命的第一步就是使无产阶级上升为统治阶级，争得民主。"④无产阶级取得政权之后，以社会的名义占有生产资料，并利用政权的力量实现对社会的改造和增加生产力的总量，实现向无阶级社会的过渡。

关于国家消亡的思想。"随着阶级的消失，国家也不可避免地要消失。在生产者自由平等的联合体的基础上按新方式来组织生产的社会，将把全部国家机器放到它应该去的地方，即放到古物陈列馆去，同纺车和青铜斧陈列在一起。"⑤随着生产力的高度发展，阶级和阶级差别消失之后，国家作为阶级压迫的工具也将自行消亡。马克思恩格斯认为，社会主义是所有国家走向消亡的过渡阶段。社会主义为国家把生产资料由少数人占有变成全社会所共有，

---

① 《马克思恩格斯选集》第3卷，人民出版社2012年版，第812页。
② 《马克思恩格斯选集》第1卷，人民出版社2012年版，第402页。
③ 《马克思恩格斯选集》第1卷，人民出版社2012年版，第386页。
④ 《马克思恩格斯选集》第1卷，人民出版社2012年版，第421页。
⑤ 《马克思恩格斯选集》第4卷，人民出版社2012年版，第190页。

劳动者成为生产过程的管理者和社会的主人，全体人民取得了平等的政治地位，这样，无产阶级国家第一次真正成为整个社会的代表。因此，原来意义上的国家，作为阶级压迫工具的作用就消失了，国家将自行消亡。当然，国家消亡是一个很长的历史过程，只有经过一个相当长的从有国家到无国家的过渡阶段，才能逐步实现国家消亡。

"哲学家们只是用不同的方式解释世界，而问题在于改变世界。"[1] 马克思恩格斯是思想家，更是革命家。他们的国家观是为了解决人类解放问题而建立的，是为无产阶级夺取政权和进行政治统治服务的。马克思主义国家学说，指引我们认识国家现象、把握国家发展趋势，更指引坚持和发展中国特色社会主义制度，推进国家治理体系和治理能力现代化。

二、列宁捍卫和发展马克思主义国家学说

19世纪后期，第二次工业革命推动了资本主义国家生产力的大发展，加速了资本积累和集中，将自由竞争的资本主义推向垄断资本主义，世界资本主义进入了帝国主义时代。列宁的《帝国主义是资本主义的最高阶段》等著作，提出了"帝国主义是无产阶级革命的前夜"的光辉论断。

1914年爆发的第一次世界大战，给欧洲各国带来严重灾难，人民群众生活痛苦不堪，激起了无产阶级和广大人民群众的奋起反对垄断资本统治和帝国主义战争。欧洲许多国家出现了无产阶级革命形势，东方殖民地半殖民地的民族解放运动也在迅速发展。革命高潮的到来，把革命的根本问题——国家政权问题提上了日程。列宁认为，"国际无产阶级革命正在显著地发展，这个革命对国家的态度问题，已经具有实践的意义了"；"这个问题是要向群众说明，为了使自己从资本的枷锁下解放出来，他们在最近的将来应当做些什么"[2]。列宁在与当时流行的形形色色的机会主义和无政府主义的斗争中，写成《国家与革命》，系统阐发了马克思主义国家学说，进一步发展了无产阶级革命和无产阶级专政理论。

---

[1] 《马克思恩格斯选集》第1卷，人民出版社2012年版，第136页。
[2] 《列宁选集》第3卷，人民出版社1995年版，第109—110页。

列宁揭示了国家产生和发展的一般规律。在国家起源上，他指出："国家是阶级矛盾不可调和的产物和表现。在阶级矛盾客观上不能调和的地方、时候和条件下，便产生国家。反过来说，国家的存在证明阶级矛盾不可调和。"[1]"国家的特征就是存在着把权力集中在自己手中的特殊阶级。"[2]在国家本质上，他提出国家的本质是统治阶级维护统治的工具。在国家消亡问题上，列宁在马克思恩格斯国家学说的基础上，描绘了国家消亡的大致过程：首先，资产阶级国家向无产阶级半国家的过渡，也就是无产阶级专政的国家。其次，无产阶级半国家向非政治国家的转变，进入社会主义阶段。最后，国家完全消亡，进入共产主义高级阶段。

列宁分析了资本主义国家的实质。资产阶级国家的实质依然是资产阶级专政的国家。他指出："我们决不应该忘记，即使在最民主的资产阶级共和国里，人民仍然摆脱不了当雇佣奴隶的命运。"[3]他告诫人们不要迷信资产阶级民主制，"民主共和制是资本主义所能采用的最好的政治外壳，所以资本一掌握这个最好的外壳，就能十分巩固十分可靠地确立自己的权力，以致在资产阶级民主共和国中，无论人员、无论机构、无论政党的任何更换，都不会使这个权力动摇。"他认为，"资产阶级的议会，甚至是最民主共和国中的最民主的议会，只要国内还存在着资本家的所有制和资本家的政权，就总是一小撮剥削者压迫千百万劳动群众的机器"[4]。"资产阶级议会是别人的机构，是资产阶级压迫无产者的工具，是敌对阶级即剥削者少数的机构"[5]。"每隔几年决定一次究竟由统治阶级中的什么人在议会里镇压人民、压迫人民——这就是资产阶级议会制的真正本质"[6]。

列宁强调必须打碎资产阶级国家机器。任何国家都是对被压迫阶级实行镇压的特殊力量，暴力机关只有用暴力革命才能摧毁。列宁指出："官吏和常备军是资产阶级社会身上的'寄生物'，是使这个社会分裂的内部矛盾所产生

---

[1] 《列宁选集》第3卷，人民出版社1995年版，第114页。
[2] 《列宁全集》第1卷，人民出版社1984年版，第381页。
[3] 《列宁选集》第3卷，人民出版社1995年版，第126页。
[4] 《列宁选集》第3卷，人民出版社1995年版，第120页。
[5] 《列宁全集》第35卷，人民出版社1985年版，第248页。
[6] 《列宁选集》第3卷，人民出版社1995年版，第120页。

的寄生物,而且正是'堵塞'生命的毛孔的寄生物。"① 资本主义国家是为资产阶级统治服务的,是统治无产阶级的工具。无产阶级和劳动人民为了谋取自身的解放,必须用暴力打碎资产阶级旧的国家机器。

列宁强调无产阶级专政的思想。针对机会主义者的错误主张,列宁特别强调过渡时期始终坚持无产阶级专政的必要性。他指出:"从资本主义向共产主义过渡,当然不能不产生非常丰富和多样的政治形式,但本质必然是一样的:都是无产阶级专政。"② 无产阶级专政是新型民主和新型专政的国家政权。无产阶级成为统治阶级掌握国家政权后,首先要大规模地扩大民主制度,使广大劳动群众都能够平等地、普遍地参与国家事务和社会事务的管理。列宁指出:"摆脱议会制的出路,当然不在于取消代表机构和选举制,而在于把代表机构由清谈馆变为'工作'机构。"因为"没有代表机构,我们不可能想象什么民主,即使是无产阶级民主"③。列宁根据马克思主义的基本原理和俄国无产阶级政权的具体实际探索出了符合俄国革命形势和文化传统的政权形式——苏维埃,成为人类历史上最高形式的民主。苏维埃吸收了议会制和直接选举制的优势,使人民选举的代表具有立法和执法的双重职能。苏维埃是工农阶级先锋队发动和领导的广大群众的组织,它鼓励群众自下而上地参加国家的全部政治生活。当然,无产阶级的国家政权还要对压迫者、剥削者实行强力镇压,粉碎他们的反抗,保卫新生的无产阶级政权。

列宁所阐释的国家理论,不仅为俄国的无产阶级革命提供了有力的指导,也对世界无产阶级革命的发展起到了非常重要的促进作用。更为难能可贵的是,列宁在领导苏维埃俄国社会主义现代化建设过程中,对社会主义国家治理问题提出了一系列重要思想。

一是必须坚持党的总领导。列宁认为,无产阶级革命胜利后,党由领导人民夺取政权转变为组织人民实行对国家的管理,执政党对国家生活的领导是总的领导,即主要是政治上思想上的领导。为了实现党"总的领导",党必须做好以下五个方面的工作:第一,以马克思主义理论为指导,认真研究本国的特点,制定符合本国实际的战略和策略。这是党的主要职能。第二,

---

① 《列宁选集》第3卷,人民出版社1995年版,第135页。
② 《列宁选集》第3卷,人民出版社1995年版,第140页。
③ 《列宁选集》第3卷,人民出版社1995年版,第149—152页。

积极自觉地在人民群众中开展思想政治工作，并把此项工作与党的中心工作有机地结合起来，通过耐心说服教育，使人民群众认识到党的战略和策略的正确性。这是党的基本任务。第三，从政治立场、业务素质、管理才能及在群众中的威信等方面考察和挑选好干部，为党的战略和策略的实施提供组织保证。第四，做好党员的全面素质教育，增强党员的党性，促使战斗在不同岗位上的党员同志能够充分发挥党员的模范带头作用，以确保党的战略和策略能够得到切实的执行。第五，加强党对苏维埃政权监察机构的领导，最大限度地发挥中央监察委员会的监督功能，保证党的战略和策略有执行也有监督[1]。

二是必须发挥人民主体作用。列宁认为，"新政权是大多数人的专政，它完全是靠广大群众的信任，完全是靠不加任何限制、最广泛、最有力地吸引全体群众参加政权来维持的"[2]。对于苏维埃国家的共产党人来说，"重要的就是普遍吸收所有的劳动者来管理国家"。尽管"这是一项艰巨的任务。但是，社会主义不是少数人，不是一个党所能实施的。只有千百万人学会亲自做这件事的时候，他们才能实施社会主义"[3]。

三是必须实行法治。在立法方面，他主张废除资产阶级旧法制，建立社会主义新法制。他提出了三条基本原则："人民的利益是最高的法律"；"法制统一"；"法随形势发展而不断立、改、废"。在执法守法方面，列宁指出，法令"如果不认真地执行，很可能完全变成儿戏而得到完全相反的结果"[4]。他要求"集中全力，认真地切实实现那些已经成为法令（可是还没有成为事实）的改造原则"[5]。在法律监督方面，他强调，"究竟用什么来保证法令的执行呢？第一，对法令的执行加以监督。第二，对不执行法令加以惩罚。"[6]为了将法律监督落到实处，列宁提出了建立社会主义新型法律监督体系的基本设想：第一，明确人民检察机关的职能和任务。检察院是法律监督的专门机关，其主要职能是监督法律的实施，任务是维护法律应有的权威和法制的统一。检察

---

[1]《列宁全集》第43卷，人民出版社1987年版，第64页。
[2]《列宁全集》第39卷，人民出版社1986年版，第378页。
[3]《列宁全集》第34卷，人民出版社1985年版，第49页。
[4]《列宁全集》第37卷，人民出版社1986年版，第365页。
[5]《列宁全集》第34卷，人民出版社1985年版，第164页。
[6]《列宁全集》第2卷，人民出版社1984年版，第358页。

院与法院有着各自不同的职责范围,因此两者要搞好分工与合作。第二,明确检察机关的领导体制。检察机关不宜实行中央和地方"双重"领导,而应实行"地方检察人员只能由中央机关任命,只受中央机关领导"的垂直领导体制[①]。第三,加强法律监督机关的自身建设。一要依着国家机关工农化的思路,通过选举的办法挑选"极其认真而又精明干练的"人参加法律监督机关的工作;二要对原有的工农检查院进行改造,将其与中央监察委员会结合起来,以提高工农检查院的质量和威信。

四是必须培养一支优秀的干部队伍。他强调,"宁可数量少些,但要质量高些",要用三年或五年甚至更长的时间把优秀人才选拔到国家机关中来,要"把具有真正现代素质的人才,即同西欧优秀人才相比并不逊色的人才集中到工农检查院里来"[②]。同时,他还要求所有党员干部特别是青年认真学习,他认为:"只有了解人类创造的一切财富以丰富自己的头脑,才能成为共产主义者。"[③] 他强调,"我们一定要给自己提出这样的任务:第一是学习,第二是学习,第三还是学习"[④]。

五是必须加强文化道德建设。列宁认为,"苏维埃政权在原则上实行了高得无比的无产阶级民主,对全世界作出实行这种民主的榜样,可是这种文化上的落后却限制了苏维埃政权的作用并使官僚制度复活。"[⑤] 他提出,"要使整个苏维埃建设获得成功,就必须使文化和技术教育进一步上升到更高的阶段。"[⑥] "应该使培养、教育和训练现代青年的全部事业,成为培养青年的共产主义道德的事业。"[⑦] 在列宁看来,共产主义事业是共产主义道德的实践基础;共产主义道德是共产主义事业的精神支撑。

列宁的这些论述,不仅是对马克思主义的重大理论贡献,而且对苏联的国家治理实践具有直接现实的指导意义。在21世纪的今天,依然对我们的国家治理具有指引作用。

---

① 《列宁全集》第43卷,人民出版社1987年版,第194—198页。
② 《列宁选集》第4卷,人民出版社2012年版,第784页。
③ 《列宁全集》第39卷,人民出版社1986年版,第299页。
④ 《列宁选集》第4卷,人民出版社2012年版,第786页。
⑤ 《列宁全集》第36卷,人民出版社1985年版,第150页。
⑥ 《列宁全集》第38卷,人民出版社1986年版,第176页。
⑦ 《列宁选集》第4卷,人民出版社2012年版,第288页。

三、马克思主义国家学说在苏联的实践

列宁领导俄国十月革命胜利后,俄国先后采用"战时共产主义"、新经济政策,后来建立起高度集中的计划经济体制。1936年,第八次苏维埃代表大会通过新宪法,规定苏联是共产党领导的工农社会主义国家,它的经济基础是社会主义经济制度和生产资料的社会主义所有制,它的政治基础是各级劳动者代表苏维埃。新宪法的颁布标志着社会主义基本制度在苏联的确立,也标志着斯大林创建的高度集中的政治经济体制的形成。

苏联的社会主义制度,在经济上表现为建立了全民所有制和集体所有制这两种形式的公有制,社会主义公有制在国民经济中占统治地位,并在此基础上实行了按劳分配原则;在政治上表现为确立并坚持苏联共产党的领导地位,形成了以工人阶级为领导、以工农联盟为基础的苏维埃政权,对无产阶级和其他劳动人民实行广泛的民主,依靠无产阶级专政来保卫社会主义制度。在思想文化上,表现为坚持无产阶级世界观——马克思列宁主义在苏联意识形态中的指导地位。

苏联社会主义制度的建立,在人类历史上第一次消灭人剥削人的制度,宣告了一种新的社会制度的诞生,推动了人类历史进入探索社会主义发展道路的新时期;促进了苏联经济和整个社会生活的快速发展,也为苏联军民夺取反法西斯战争胜利发挥了重要作用,为人类和平进步作出了巨大贡献;鼓舞了反帝反殖民的民族解放运动,推动了马克思主义的传播发展,推动了社会主义从一国到多国的发展;改变了世界格局,苏联成为与资本主义抗衡的重大力量。

斯大林在领导苏联社会主义建设进程中,逐步形成了一套高度集中的计划经济政治体制,即"苏联模式"。其主要特征如下。

经济方面。在所有制上,实行单一的生产资料公有制,包括全民所有制和集体所有制,并明确集体所有制是低级形式,要尽快向全民所有制过渡,个体小私有制经济没有合法地位。由于脱离生产力发展水平,片面追求单一国家所有制,忽视多种经济成分发展,挫伤了广大劳动者的生产积极性和创造性,经济缺乏活力和效率。在经济体制上,实行自上而下的指令性计划体制。它以国家政权为核心,以党中央为领导者,以各级党组织为执行者,以

国家工业发展为目的，以行政命令为管理方式，以行政手段为运作方式。它限制商品货币关系，否定价值规律和市场机制的作用，用行政命令甚至暴力手段管理经济，把一切经济活动置于事无巨细、无所不在的指令性计划之下，统得过多、管得过严，企业缺乏经营自主权和生产自主权。在经济发展战略上，以重工业为主，实行外延式粗放增长。它片面发展重工业，忽视轻工业和农业的发展，人民日常生活用品和消费品长期匮乏，严重影响了人民生活水平的提高。

政治方面。国家权力集中于党，党的权力高度集中于中央政治局和书记处，而党从中央到地方的各级组织，大多数情况下又是集中到少数人乃至个人手中。党和国家融合为一，党政不分，党直接发布政令，管理国家事务。中央高度集权，地方缺乏自主权。片面强调阶级斗争和无产阶级专政，忽视民主和法治建设。干部由上级委派，领导终身任职，监督机制极不健全，形成个人高度集权，并衍生出个人崇拜、官僚主义和形形色色的特权现象，损害了党和国家的正常民主生活。国家安全机关凌驾于党和国家之上，不受其监督，不受法律制约，成为领导人控制社会的工具。

文化方面。苏联对文化领域实行严格的意识形态控制，混淆学术问题和政治问题的界限，把学术问题政治化。运用行政命令手段管理思想文化工作，文化生活整齐划一，教条主义严重，个人崇拜盛行。

对外关系方面。在强调无产阶级国际主义的同时，又把苏联自身利益凌驾于兄弟国家的利益和主权之上。奉行大党主义、大国主义，试图把各国革命运动纳入捍卫苏联的框架下，追求确立苏共和苏联的"盟主""领袖"地位。以社会主义阵营的老大哥自居，加强对其他共产党和国家的控制，干涉兄弟党和国家的内部事务，对违反其意志的国家予以严惩。

这种高度集中的政治经济体制，具有强大的组织和动员能力，在发展工业化、应对外部环境威胁等方面具有优势，在特定历史阶段也发挥了应有的作用。但其高度集权的特征，导致地方和企业缺乏自主权，社会缺乏活力，人民群众缺乏积极性，阻碍经济社会发展。

苏联模式对东欧国家社会主义产生了巨大影响，对新中国的社会主义制度建立也有巨大影响。斯大林去世后，苏东一些国家进行过一定程度的调整与改革，也取得了一定成效，但最终也没能摆脱苏联模式的影响。历史和现实原因相互交织、推波助澜，在苏联戈尔巴乔夫"新思维"的指导和影响下，苏东国家的改革偏离了正确方向，终于导致苏联解体、东欧剧变，使世界社会主义遭受了重大挫折。中国则从"以俄为师"到"以苏为鉴"，经过长期努力，成功探索出一条中国特色社会主义道路，中国特色社会主义制度和治理体系也得以不断完善和发展。

第二节　中国共产党对马克思主义国家学说的创新发展

马克思主义是关于人类社会发展的科学理论。马克思主义的基本原理要求各国必须把一般规律和本国国情相结合，探索符合本国国情的发展道路。中国共产党是中国的共产党，中国有自己独特的国情。中国共产党要在中国实现自己的历史使命，就必须把马克思主义国家学说同中国的国情相结合，走适合中国国情的中国道路，建立适合中国国情的国家制度，进行适合中国国情的国家治理。自建党以来，中国共产党把马克思主义国家学说同中国具体实际相结合，不断探索实践，不断开拓创新，建立了人民民主专政的国家政权，建立了社会主义制度，找到了中国特色社会主义道路，形成和发展了由党的领导、人民当家作主、依法治国和经济、政治、文化、社会、生态文明、军事、外交等方面制度构成的一整套中国特色社会主义制度和国家治理体系。这是中国共产党成功运用马克思主义国家学说的伟大成果，也是从国家制度创建、国家政权形式、国家发展道路、国家治理现代化等方面对马克思主义国家学说的重大发展。

一、中国共产党局部执政治理的基本经验

中国共产党在领导人民进行新民主主义革命过程中，有两次局部执政的实践：第一次是土地革命战争时期在中央苏区成立中华苏维埃共和国临时中央政府；第二次是抗日战争时期在陕甘宁边区和各根据地，建立抗日民主政权。中国共产党局部执政时期探索形成的治理模式，不仅从理论和实践层面

丰富和发展了马克思主义国家治理学说,也为今天实现国家治理现代化提供了十分丰富而宝贵的历史经验。

坚持党的集中统一领导,是中国共产党局部执政最根本,也是最重要的一条基本经验。中华苏维埃共和国时期,建立健全地方和军队的组织体系,地方以乡为单位建立党支部,村建立党小组;红军以连为单位建立党支部,班排建立党小组;在中央、省、县、区各级苏维埃政府和群众团体中建立党团。实现了党组织建设"一竿子插到底"和全覆盖,为党的集中统一领导提供了组织保证。抗日民主政权时期,中共中央于1942年9月1日作出决定强调:党"应该领导一切其他组织,如军队、政府与民众团体。"[1]决定指出要实现党的一元化领导,由此增强了党的团结,提高了党的战斗力。

中国共产党局部执政的一个重要标志就是建立自己的政权,因此政权建设就显得十分重要。中华苏维埃共和国实行各级工农兵代表大会制度,选举产生工农民主政府。临时中央政府对地方政权建设给予高度关注,1931年和1933年,先后颁布《地方苏维埃政府的暂行组织条例》《中华苏维埃共和国地方苏维埃暂行组织法(草案)》。到1935年1月中央根据地内先后建立的县级苏维埃政府有250多个。各级苏维埃政府是精干、高效的政府。临时中央政府各个部包括部长在内,一般只有3至5人,个别大的部也只有八九人。据统计,1933年秋,中央根据地所辖江西等4个省,共60个县,两级政府共有干部约1800人,乡级苏维埃政府仅有干部1万人左右。[2]

抗日民主政权建设是中国共产党领导抗日根据地首要的、根本的任务。根据地政权是共产党领导的抗日民族统一战线性质的政权,各根据地努力贯彻这一精神,加强政权建设,积极贯彻执行"三三制"政权制度;试行民族区域自治等。

依宪治国,依法治国理政,体现了中国共产党局部执政期间强烈的法治意识和自觉的法治精神。中华苏维埃第一次全国代表大会制定颁布了《中华苏维埃共和国宪法大纲》,大会还通过了《中华苏维埃共和国土地法》《中华苏维埃共和国劳动法》《中华苏维埃共和国经济政策》等。中华苏维埃共和国临

---

[1] 中央档案馆:《中共中央文件选集》第12册,中央党校出版社1986年版,第124页。
[2] 中共中央党史研究室:《中国共产党历史》第1卷(1921—1949)上册,中共党史出版社2011年版,第360页。

时中央政府在 3 年左右的时间里先后颁布了 120 多部法律、法令，它们涵盖了苏维埃国家的根本法、行政法规、刑法、民法、婚姻法、经济法等，初步形成了具有鲜明革命色彩的法律体系。为苏维埃政府"依法治国"提供了扎实的法律文献依据。

延安时期中国共产党领导的各抗日根据地在总结土地革命战争时期的经验基础上，结合抗日统一战线的实际，相继制定颁布了参议会组织条例、各级政府组织条例、选举条例、减租减息条例、改善工人生活条例、婚姻条例、保证人权财权条例、惩治贪污条例等。这标志着抗日根据地法制建设初具规模。

特别注意廉政建设。无论是苏维埃政权还是抗日民主政权，都十分重视反腐倡廉。中华苏维埃共和国临时中央政府成立后，就把反腐肃贪作为一项重要的斗争任务列入议事日程。1933 年 12 月 15 日，中华苏维埃共和国中央执行委员会发布《关于惩治贪污浪费行为的第二十六号训令》，对苏维埃机关、国营企业及公共团体的工作人员，做了严格的廉洁行为规定；组建成立中央工农检察人民委员会部和临时最高法庭等机构，为反腐倡廉工作提供组织保证；为了预防腐败，加强制度建设，建立了包括司法监督、党政监督、审计监督、舆论监督、群众监督在内的监督机制等；1932 年春，中央苏区开展了以反贪污浪费为主要内容的节俭经济运动，经过努力，形成了"只有苏维埃是空前的真正的廉洁政府"的大好局面。

延安时期，中国共产党公开提出建设廉洁政府的政治纲领，使反贪廉政建设更加纲领化、制度化和法规化。1938 年 8 月 15 日，陕甘宁边区政府公布《惩治贪污暂行条例》；1941 年 5 月 1 日，中共中央政治局批准公布的《陕甘宁边区施政纲领》规定："厉行廉洁政治，严惩公务人员之贪污行为，禁止任何公务人员假公济私之行为，共产党员有犯法者从重治罪。"纲领中特别指出："共产党员有犯法者从重治罪"。陕甘宁边区政府和各抗日根据地对于贪污行为和腐败分子坚持做到零容忍。

领导根据地人民进行卓有成效的经济建设。苏维埃政权将经济建设作为战争动员的重要组成部分。先后组建了财政部、国民经济部、国家银行、对外贸易局等经济领导部门，以及公司企业和大量的合作社等生产机构，领导开展全面经济建设。大力发展农业生产是苏维埃政府经济建设中头等重要的任务，与此同时，发展手工业，建立厂矿企业；设置对外贸易机构；此外，根据地的交通、邮电以及财政金融等工作也得到一定发展。

延安时期中国共产党领导抗日民主根据地军民，大力进行经济建设工作。在农村实行减租减息政策，动员农民开垦荒地，兴修水利，发动农民组织劳动互助，积极推广优良品种，指导农民改良耕作技术等；同时，也注意发展工业生产和做好金融流通工作。抗日根据地经济建设一个重要举措是在中共中央号召下开展大生产运动。大生产运动不仅支持了敌后的艰苦抗战，培养了广大干部与群众自力更生、艰苦奋斗优良作风，同时也积累了"一些经济建设的经验"。

切实加强党的自身建设。苏维埃政权时期党的组织建设、思想建设、作风建设等进一步加强。在艰苦的斗争环境中，苏区干部与根据地群众形成了"有盐同咸，无盐同淡"密切关系。"苏区干部好作风，自带干粮去办公。日穿草鞋干革命，夜走山路访贫农。"这是根据地群众对苏区干部优良作风的由衷赞誉。

1939年10月毛泽东强调党的建设是一项"伟大工程"。在党中央领导下各抗日根据地大力整顿党的组织，建立健全各种制度，加强对党员的马克思列宁主义教育，加大干部培训力度等。各抗日根据地尤其是陕甘宁边区的共产党人，通过领导人民进行抗日斗争的实践和党的建设经验的积累，以高尚的执政品质和优良作风修养，形成了中共党史上著名的"延安作风"和"延安精神"，赢得了人民给予的"只见公仆不见官"高度评价！

中国共产党领导新民主主义革命局部执政时期，还卓有成效地领导开展了文化教育建设，以及社会建设、生态文明建设等，在当时取得了比较好的成效，也积累了一些基本经验。

二、中国社会主义国家制度的建立

中国共产党以马克思主义为理论基础，始终坚守为中国人民谋幸福、为中华民族谋复兴的初心和使命。为此，中国共产党面临的首要问题是如何赢得革命胜利取得全国政权、如何建立崭新的社会主义制度。中国共产党不懈努力，探索出了通过新民主主义革命取得建立新政权、通过过渡时期的社会主义改造建立社会主义新制度的理论和实践，走出了一条符合中国国情的建立社会主义国家的道路，为马克思主义建立社会主义国家的理论增添了崭新内容。

马克思恩格斯在《共产党宣言》中就明确提出："共产党人的最近目的是和其他一切无产阶级政党的最近目的一样的：使无产阶级形成为阶级，推翻资产阶级的统治，由无产阶级夺取政权。"[①] 1871年3月建立的巴黎公社，就是在以工人为主体的巴黎人民起义革命风暴中夺取政权的首次尝试，被马克思称赞为"具有世界历史意义的新起点"。1917年列宁领导的俄国十月革命，也是通过以无产阶级为主体的城市武装起义夺取政权，开创了人类历史新纪元。至于在中国这样经济文化落后的东方大国，无产阶级如何夺取政权、进而如何建立社会主义制度，在马克思恩格斯的时代还没有提上议程。1920年7月，列宁在共产国际二大上明确要求应该从理论上说明"落后国家可以不经过资本主义发展阶段而过渡到苏维埃制度，然后经过一定的发展阶段过渡到共产主义"，[②] 但当时共产国际没能很好回答这一问题。对于这个问题，中国共产党以创造性的理论和实践作出了科学回答。

旧中国是一个极端落后的半殖民地半封建国家，这一社会性质决定了中国革命历史进程必须分为民主主义和社会主义两个步骤。由于俄国十月革命后的国际国内条件，其第一步已不是旧民主主义革命，而是无产阶级领导的新民主主义革命。以毛泽东同志为主要代表的中国共产党人深刻研究中国革命的特点和中国革命的规律，创立了新民主主义革命理论，提出了新民主主义革命的总路线和基本纲领。新民主主义革命理论认为，中国要摆脱半殖民地半封建的历史境地，推翻帝国主义、封建主义、官僚资本主义三座大山，只能走一条新民主主义的革命道路。新民主主义革命的总路线是新民主主义革命理论的集中表现，它的表述是：无产阶级领导的，人民大众的，反对帝国主义、封建主义和官僚资本主义的革命。新民主主义革命的对象是帝国主义、封建主义和官僚资本主义，革命的主要动力是工人阶级、农民阶级、城

---

① 《马克思恩格斯选集》第1卷，人民出版社1995年版，第285页。
② 《列宁专题文集——论资本主义》，人民出版社2009年版，第281页。

市小资产阶级和民族资产阶级。新民主主义的政治、经济和文化纲领是新民主主义革命路线的具体化，是新民主主义理论体系的重要组成部分。新民主主义的政治纲领，就是要推翻帝国主义和封建主义的统治，建立一个工人阶级领导的、以工农联盟为基础的、各革命阶级联合专政的新民主主义共和国。新民主主义的经济纲领就是要没收封建地主的土地归农民所有，没收官僚资产阶级的垄断资本归新民主主义国家所有，保护民族工商业。新民主主义的文化纲领就是要建设无产阶级领导的、人民大众的、反帝反封建的文化，就是民族的、科学的、大众的文化。

新民主主义革命的理论和实践，坚持马克思主义无产阶级领导权的原理，从中国国情和中国革命实际出发，提出各革命阶级联合专政的理论，科学阐明了中国革命的规律，开辟了中国特色的革命道路。新民主主义革命的理论和实践是马克思主义基本原理和中国革命实际相结合的产物，发展了马克思主义的国家学说，也为实现新民主主义向社会主义的转变奠定了坚实基础。

新民主主义革命胜利之后，中国共产党面临着领导新民主主义中国向社会主义中国转变的历史重任。1952年9月，毛泽东提出从现在开始用10—15年时间逐渐由新民主主义社会过渡到社会主义社会的设想。1953年12月，毛泽东亲自修改审定中共中央宣传部关于过渡时期总路线的学习和宣传提纲，形成了对过渡时期总路线完整准确的表达："从中华人民共和国成立到社会主义改造基本完成，这是一个过渡时期。党在过渡时期的总路线和总任务，是要在一个相当长的时期内逐步实现国家的社会主义工业化，并逐步实现国家对农业、手工业和资本主义工商业的社会主义改造。"党在过渡时期总路线的核心内容是实现国家的社会主义工业化和实现国家对农业、手工业和资本主义工商业的社会主义改造，即"一化三改造""一体两翼"。社会主义工业化是总路线的主体，是要大力发展社会主义生产力；社会主义改造是总路线的两翼，是要解决生产关系的问题，以解放被束缚的生产力，促进社会主义生产力的快速发展，实现社会主义工业化。这是一条社会主义建设和社会主义改造同时并举的总路线。

中国共产党创造性地开辟了一条适合中国国情、具有中国特色的社会主义改造道路，实现了社会主义改造的顺利进行，并促进了生产力的发展。采取积极引导、稳步前进、逐步过渡的方式，按照自愿互利、典型示范、国家帮助、说服教育等原则，实现了和平过渡，既保证了社会的稳定，避免了社会动荡和生产力的破坏，又使被改造对象逐步提高觉悟、愿意接受改造变成社会主义劳动者，极大地促进了社会主义事业的发展。社会主义改造按照从低级到高级逐步过渡的方式，在历史上第一次实现了马克思列宁关于资产阶级和平赎买的设想。社会主义改造的胜利和社会主义制度的建立，是我国历史上最伟大的制度变革，为解放生产力、在我国开展大规模的社会主义建设奠定了可靠的基础。

三、中国社会主义国家政权的基本形式

无产阶级专政是科学社会主义和马克思主义国家学说的重要原则。马克思恩格斯明确提出，无产阶级夺取政权以后不能简单地运用现成的国家机器来达到自己的目的，必须打碎旧的国家机器，建立无产阶级专政的国家机器。1871年的法国巴黎公社在推翻资产阶级统治的基础上建立起工人阶级的政府，即无产阶级专政的政权。1917年俄国十月革命推翻了资产阶级临时政府，建立起无产阶级专政的苏维埃政权。中国共产党坚持理论与实践相结合的原则，在领导中国革命的过程中，从中国国情出发，把马克思主义关于无产阶级专政的基本原理同中国革命的具体实践结合起来，在"工农民主专政""各革命阶级联合专政"的成功经验基础上，建立了人民民主专政的国家政权，丰富和发展了无产阶级专政的理论和实践。

人民民主专政是指工人阶级领导的、以工农联盟为基础的、对人民实行民主和对敌人实行专政的国家制度，它是无产阶级专政理论在中国具体历史条件下的产物。

马克思恩格斯根据资本主义国家（主要是英国）无产阶级占人口大多数的实际情况，提出无产阶级的政治统治应当是大多数人的统治。因此，他们在《共产党宣言》中提出了由无产阶级掌握国家政权的设想。列宁第一次提出"无产阶级专政是劳动者的先锋队——无产阶级同人数众多的非无产阶级的劳动阶层（小资产阶级、小业主、农民、知识分子等等）或同他们的大多数结成的特种形式的阶级联盟"，[①] 即"工农民主联盟"。在对待资产阶级的态

[①] 《列宁全集》第36卷，人民出版社1985年版，第343页。

度问题上,马克思恩格斯主张"剥夺剥夺者"。列宁曾设想过,无产阶级专政建立以后,必须对资产阶级实行统治和压迫,但一般可以不限制和剥夺资产阶级选举权。但是这一设想在十月革命胜利后的俄国并没有实现。因此,列宁提出的"特种形式的阶级联盟"中并未包括资产阶级,同马克思恩格斯一样,把资产阶级作为无产阶级专政的对象。

人民民主专政是中国共产党的创造,有着更为广泛的群众基础。毛泽东早在《论联合政府》一文中就指出:新中国应当"建立一个以全国绝大多数人民为基础而在工人阶级领导之下的统一战线的民主联盟的国家制度"。[①] 这种民主联盟,包括两个不同阶级关系的联盟:一个是以工人阶级同其他劳动阶级主要是农民阶级结成的巩固的工农联盟。我国原是一个经济文化非常落后的半殖民地半封建国家,农民占全国人口的绝大多数。他们长期受帝国主义和封建势力的残酷剥削和压迫,是革命的主力军。所以,工农联盟是最基本的,是这个专政的领导力量和基础力量。另一个是工农劳动人民与以民族资产阶级为代表的非劳动人民的联盟。毛泽东指出,人民民主专政还要求团结尽可能多的能够同我们合作的城市小资产阶级和民族资产阶级的代表人物,他们的知识分子和政治派别,并同他们结成第二个政治联盟。民族资产阶级在我国是一个特殊的阶级,它在民主革命时期是革命的动力之一,并在革命政权中占有一定的地位;在社会主义时期,民族资产阶级作为一个剥削阶级,无疑是社会主义革命的对象,但由于民族资产阶级拥护宪法、接受社会主义改造,所以是按照人民内部矛盾处理的。在生产资料私有制的社会主义改造完成以后,他们之中的绝大多数成员逐渐地转为自食其力的拥护社会主义的劳动者,他们作为人民的一部分不仅享有同其他人民一样的宪法规定的选举权及其他民主权利,而且他们的成员及其代表人物还参加国家的政治、经济、文化事业的组织和管理工作。这样来处理同民族资产阶级的关系,是我们党对马克思主义的无产阶级专政学说的一个重大贡献。在新时代,我国人民民主专政要在巩固工农联盟的基础上,进一步发展包括全体社会主义劳动者、社会主义事业的建设者、拥护社会主义的爱国者、拥护祖国统一和致力于中华民族伟大复兴的爱国者的广泛的爱国统一战线,增强全国人民的大团结。

---

① 《毛泽东选集》第3卷,人民出版社1991年版,第1005页。

这就使我国的人民民主专政的国家政权具有更加广泛、更加深厚的阶级基础和群众基础。

我国人民民主专政的组织形式为人民代表大会制度，这是在总结新民主主义革命时期政权建设经验的基础上创造出来的。毛泽东在《新民主主义论》中指出：新民主主义共和国"采取全国人民代表大会、省人民代表大会、县人民代表大会、区人民代表大会直到乡人民代表大会的系统，并由各级代表大会选举政府"[①]。"只有民主集中制的政府，才能充分地发挥一切革命人民的意志，也才能最有力量地反对革命的敌人"[②]。1954年9月召开第一届全国人民代表大会第一次会议，以宪法形式正式确立了人民代表大会制度。中华人民共和国的一切权力属于人民。人民行使国家权力的机关是全国人民代表大会和地方各级人民代表大会。全国人民代表大会和地方各级人民代表大会都由民主选举产生，对人民负责，受人民监督。国家行政机关、监察机关、审判机关、检察机关都由人民代表大会产生，对它负责，受它监督。全国人民代表大会是最高国家权力机关；地方各级人民代表大会是地方国家权力机关。人民代表大会制度是我国的根本政治制度，我国人民通过人民代表大会统一行使国家权力。人民代表大会制度是按照民主集中制原则组织起来的，既有利于全国人民参加国家管理，也有利于在民主的基础上有效地处理国家事务。

人民代表大会制度是体现人民当家作主、行使管理国家权力的政治制度。60多年的实践证明，这种制度是符合我国的实际情况和人民民主专政政权性质的，是行之有效的。另外，在人民民主专政的内部，还存在着民主协商机构和统一战线组织——中国人民政治协商会议。人民政协成立于1949年9月，在第一届全国人民代表大会召开之前代行全国人民代表大会的职权。在这以后，人民政协作为民主协商机关和统一战线组织继续存在。它是发扬人民民主、联系各方面人民群众的重要组织形式。这既是我国人民民主专政的鲜明特点，也是我国人民民主专政的独特优点。

毛泽东在《论人民民主专政》一文中强调指出："总结我们的经验，集中到一点，就是工人阶级（经过共产党）领导的以工农联盟为基础的人民民主

---

① 《毛泽东选集》第2卷，人民出版社1991年版，第637页。
② 《毛泽东选集》第2卷，人民出版社1991年版，第638页。

专政。这个专政必须和国际革命力量团结一致。这就是我们的公式，这就是我们的主要经验，这就是我们的主要纲领。"[①] 新中国成立 70 多年来的实践证明，它也是我们进行社会主义革命和社会主义现代化建设的主要经验和纲领。人民民主专政的国家制度庄严地载入了中华人民共和国的宪法，这是全国人民团结的基础，是实现国家繁荣富强、人民幸福的保证，是我们必须要坚持的。

四、中国特色社会主义国家的发展道路

建立了新的国家政权、建立了新的社会主义制度，中国共产党面临着如何领导中国社会主义建设的时代问题。这个问题，马克思恩格斯并没有具体回答过，这并不属于他们时代的问题。这个问题，以苏联为代表的其他社会主义国家探索过，取得了巨大的成就，但也存在着严重的问题。中国共产党不能照搬书本理论，也不能照搬他国经验，只能坚持实事求是的基本原则，从中国国情出发，探索符合中国国情的发展道路。经过长期的实践探索，中国共产党终于找到了一条中国特色社会主义发展道路，为中国的社会主义建设指明了正确方向，对马克思主义关于社会主义国家发展和国家建设的理论增添了新的宝贵经验和理论。

中国特色社会主义道路，就是在中国共产党领导下，立足基本国情，以经济建设为中心，坚持四项基本原则，坚持改革开放，解放和发展社会生产力，建设社会主义市场经济、社会主义民主政治、社会主义先进文化、社会主义和谐社会、社会主义生态文明，促进人的全面发展，逐步实现全体人民共同富裕，建设富强、民主、文明、和谐、美丽的社会主义现代化强国，实现中华民族伟大复兴。

中国特色社会主义道路的选择不是一蹴而就的，而是经历了漫长而曲折的历史过程，是我们党在领导中国革命、社会主义建设和改革开放的长期实践中，将马克思列宁主义基本原理同中国具体实际和时代特征相结合的产物。回顾近代中国社会的发展，从试图以民主革命来救亡图存，到资本主义道路探索的失败，继而由新民主主义社会向社会主义社会的转变，再到走中国特

---

① 《毛泽东选集》第 4 卷，人民出版社 1991 年版，第 1480 页。

色社会主义道路，以及改革开放后所取得的新成就，使我们深刻地认识到，坚持和发展中国特色社会主义道路，是实现强国富民、民族复兴的必由之路。

社会主义制度建立后，以毛泽东为主要代表的中国共产党人，开始领导全国各族人民在中国这样一个社会生产力水平十分落后的国家进行社会主义建设。他们从中国国情出发，为建设社会主义进行了艰辛的探索，在短短十几年内取得了旧中国几十年所不可能取得的成就，为中国社会主义现代化打下了坚实的基础。在探索中国革命道路进程中获得了一种经验性的认识：那就是解决中国的一切问题，都必须从中国的实际出发。所以，当发现照搬苏联模式带来的诸多问题后，毛泽东就明确提出了"以苏为鉴"，要探索适合中国国情的社会主义建设道路。并在他之后的一系列著作中，反映出我们党对中国社会主义建设的初步认识和思考，这对后来中国特色社会主义道路的开创产生了深远的影响。

任何新生事物的成长与发展都不是一帆风顺的，中国的社会主义是一项前无古人的事业，在发展过程中也经历了艰难曲折。"文化大革命"时期路线方向的失误给党和国家造成了严重创伤，使得当时中国的国民经济面临严峻局面。而当时，全球范围内新科技革命蓬勃兴起，世界各国现代化进程加速，中国又一次落在了时代大潮的后面，向社会主义现代化建设迈进的步伐有所缓慢。

党的十一届三中全会以来，中国历经了又一次转折。以邓小平同志为代表的中国共产党人继续探索新的道路，义无反顾地带领人民走上了新征程，进入改革开放新时期。中国共产党在重新确立马克思主义思想路线的基础上，总结历史经验，同时开始了对"什么是社会主义、怎样建设社会主义"问题的新探索、新思考。依据对国情、世情的正确判断，我们党逐步实现了从"以阶级斗争为纲"到"以经济建设为中心"的转变，从封闭半封闭到改革开放的转变，从高度集中的计划经济体制到社会主义市场经济体制的转变。随着这些转变的推进，我们党形成了"一个中心、两个基本点"的基本路线，形成了社会主义现代化建设的总体布局，确立了全面建设小康社会、实现社会主义现代化的战略目标。党的十八大以来，以习近平同志为代表的中国共产党人统筹推进"五位一体"总体布局，协调推进"四个全面"战略布局，取得了中国特色社会主义发展的历史性成就，科学回答了"新时代坚持和发展什么样的中国特色社会主义、怎样坚持和发展中国特色社会主义"这个重大问题，为中华民族伟大复兴和中国特色社会主义的未来描绘了宏伟蓝图。

中国社会主义事业取得的成就，源于中国特色社会主义道路的正确选择。中国在未来要继续扬帆远航，就必须要坚持和发展适合中国国情的中国特色社会主义发展道路。正如习近平同志指出的："独特的文化传统，独特的历史命运，独特的基本国情，注定了我们必然要走适合自己特点的发展道路。"他人的经验，可以知晓借鉴，但无须顶礼膜拜。马克思恩格斯确立的科学社会主义基本原则，反映了社会主义的本质要求，但社会主义的实现途径和具体道路，则要同中国实际紧密结合。建设中国特色社会主义，不是搞变通的资本主义，而是社会主义在中国的独特样式。新中国成立70多年和改革开放40多年的历史证明，走自己的路，走出了小康富裕，走出了中国新貌。新时代改革开放再出发，就是要继续走自己的路，走与科学社会主义相贯通、与人类文明进步相融会的路。

改革开放是坚持和发展中国特色社会主义的必由之路，新时代坚持和发展中国特色社会主义，就必须将改革开放进行到底。党的十八届三中全会明确提出全面深化改革总目标是完善和发展中国特色社会主义制度、推进国家治理体系和治理能力现代化，这就从根本上规定了全面深化改革的方向和原则。完善制度要落实到推进治理上，推进治理要有利于完善制度。新时代改革开放再出发，就是要在改什么、怎么改的问题上，把这一总目标作为根本尺度。习近平总书记指出："该改的、能改的我们坚决改，不该改的、不能改的坚决不改"。[①] 这就要求改革既要勇涉"深水区"，又要防止跌入"深陷阱"。决不能以改革之名，将党和国家安身立命的根基改没了，将全体人民当家作主的依托改丢了，将事实证明行之有效的法宝改错了。

五、新时代国家治理现代化的提出

中国特色社会主义进入新时代，中国特色社会主义道路继续向前，改革开放的力度进一步扩大。新时代的改革是全面深化改革，全面深化改革的对象不再仅仅是具体领域的小修小补，而是对中国特色社会主义制度体系进行

[①]《习近平重要讲话金句》，人民网—《人民日报（海外版）》2018年12月19日。

整体完善，以建构成熟定型有效的社会主义制度，实现国家治理的制度化、规范化、程序化。党的十八届三中全会明确指出，全面深化改革的总目标是完善和发展中国特色社会主义制度，推进国家治理体系和治理能力现代化。党的十九届四中全会专题研究坚持和完善中国特色社会主义制度、推进国家治理体系和治理能力现代化，全面系统部署了国家治理体系和治理能力现代化的任务目标。"国家治理体系和治理能力现代化"的提出，是中国共产党适应时代要求、回答时代命题提出的重大理论和实践，是当代马克思主义中国化的重要成果，是对马克思主义国家学说的重大发展。

恩格斯在《家庭、私有制和国家的起源》中指出："国家是社会在一定发展阶段上的产物；国家是表示：这个社会陷入不可解决的自我矛盾，分裂为不可调和的对立面而又无力摆脱这些对立面。而为了使这些对立面，这些经济利益互相冲突的阶级，不致在无谓的斗争中把自己和社会消灭，就需要有一种表面上凌驾于社会之上的力量，这种力量应当缓和冲突，把冲突保持在'秩序'的范围以内，这种从社会中产生但又自居于社会之上并且日益同社会脱离的力量，就是国家。"[①] 长期以来，我们侧重把国家视为阶级统治的工具，强调了国家的统治专政职能，而往往忽视了国家的国家治理职能，即国家同时也要维护社会秩序、促进经济发展、提高人民生活水平。

在社会主义建设时期，阶级斗争在一定范围内仍将长期存在，但国家的治理功能更加突出。社会主义制度建立之后，社会的主要矛盾已经由阶级斗争转变为人民群众日益增长的物质文化生活需要和落后的社会生产之间的矛盾，特别是改革开放以来，经济建设成为党和国家的中心工作。党和国家承担起组织经济建设、政治建设、社会建设、文化建设、生态文明建设等各方面工作的职能。应该说，在这样一个时代，国家的治理功能越来越重要。特别是随着经济社会发展的深入，新的经济社会问题层出不穷，国家治理体系本身也存在这样那样的不足，这些都对国家的治理能力提出了挑战。中国共产党提出国家治理现代化的命题，切中了时代发展的肯綮。

中国共产党讲国家治理现代化，并不是传统社会主义的全能政府模式，也不是西方国家的自由治理模式，而是完善中国特色社会主义的国家治理体

---

① 《马克思恩格斯选集》第 4 卷，人民出版社 1995 年版，第 170 页。

系和治理能力。随着时代的进步，我国计划经济时期全能政府的管理模式已经不能适应社会发展状况，我们在改革过程中逐渐转变治理方式，逐步实现政府的有效限权、放权和分权，构建起国家与社会各有其职的协同治理模式。但同时，我们也没有滑向资本主义、自由主义的轨道。自由主义的治理理念强调治理的自治化、扁平化、多元化、多中心化、去国家化、去政府化，在许多国家造成政府权威的下降，其极端化则是放弃政府对经济社会发展的应有职能。党的十九届四中全会提出要完善党委领导、政府负责、民主协商、社会协同、公众参与、法治保障、科技支撑的社会治理体系，建设人人有责、人人尽责、人人享有的社会治理共同体。这表明中国的国家治理是中国共产党领导下的国家治理，是政府、社会和市场共同参与、各尽其责的国家治理，是自上而下和自下而上相结合的国家治理。

中国共产党讲国家治理现代化，强调了国家治理体系的制度化和国家治理体系在实践中的落实运用。习近平同志指出："国家治理体系和治理能力是一个国家制度和制度执行能力的集中体现。国家治理体系是在党领导下管理国家的制度体系，包括经济、政治、文化、社会、生态文明和党的建设等各领域体制机制、法律法规安排，也就是一整套紧密相连、相互协调的国家制度；国家治理能力则是运用国家制度管理社会各方面事务的能力，包括改革发展稳定、内政外交国防、治党治国治军等各个方面。国家治理体系和治理能力是一个有机整体，相辅相成，有了好的国家治理体系才能提高治理能力，提高国家治理能力才能充分发挥国家治理体系的效能。"[①]只有系统完备、科学规范、运行有效的制度体系才能为国家治理提供可靠保证。1992年，邓小平提出，"恐怕再有30年的时间，我们才会在各方面形成一整套更加成熟、更加定型的制度。"[②]实现邓小平提出的目标，必须从当下抓起。中国特色社会主义进入新时代，中国共产党确立了新的改革目标，即坚持和完善中国特色社会主义制度、推进国家治理体系和治理能力现代化的总体目标是，到我们党成立一百年时，在各方面制度更加成熟更加定型上取得明显成效；到2035年，各方面制度更加完善，基本实现国家治理体系和治理能力现代化；到新中国

---

① 《习近平谈治国理政》，外文出版社2014年版，第91页。
② 《邓小平文选》第3卷，人民出版社1993年版，第372页。

成立一百年时，全面实现国家治理体系和治理能力现代化，使中国特色社会主义制度更加巩固、优越性充分展现。

中国共产党讲国家治理现代化，实际上就是坚持和完善中国特色社会主义制度，就是与时俱进推动中国特色社会主义制度充满活力和不断向前发展。党的十九届四中全会指出，中国特色社会主义制度是党和人民在长期实践探索中形成的科学制度体系，我国国家治理一切工作和活动都依照中国特色社会主义制度展开，我国国家治理体系和治理能力是中国特色社会主义制度及其执行能力的集中体现。全会在党的历史上第一次明确总结了我国国家制度和国家治理体系具有的多方面显著优势，第一次明确归纳了中国特色社会主义的根本制度、基本制度和重要制度，第一次全面系统地部署了如何坚持和完善各个领域的制度体系，包括党的领导制度体系、人民当家作主制度体系、中国特色社会主义法治体系、中国特色社会主义行政体制、社会主义基本经济制度、繁荣发展社会主义先进文化的制度、统筹城乡的民生保障制度、共建共治共享的社会治理制度、生态文明制度体系、党对人民军队的绝对领导制度、"一国两制"制度体系、独立自主的和平外交政策、党和国家监督体系等。这就为我们在新时代坚持和巩固什么、发展和完善什么奠定了基调，为我们如何推进国家治理体系和治理能力现代化指明了方向。

第三节 中华传统文化的国家治理智慧

党的十九届四中全会公报指出："实践证明，中国特色社会主义制度和国家治理体系是以马克思主义为指导、植根中国大地、具有深厚中华文化根基、深得人民拥护的制度和治理体系，是具有强大生命力和巨大优越性的制度和治理体系，是能够持续推动拥有近十四亿人口大国进步和发展、确保拥有五千多年文明史的中华民族实现'两个一百年'奋斗目标进而实现伟大复兴的制度和治理体系。"[1]党中央的这个重大论断说明，当代中国的国家治理体系

---

[1] 《中国共产党第十九届中央委员会第四次全体会议文件汇编》，人民出版社2019年版，第4页。

有着深厚的中华文化根基，中华优秀传统文化中的某些理念和政治智慧，不仅滋养了中国古代的国家统治与社会管理，其合理性内核也被吸收到当代国家治理的思想结构中。

一、中华传统文化的重要特质是国家治理

中华传统文化博大精深。研究中华传统文化，离不开对中国丰富的政治文化的探究，而传统政治文化中一大重要的研究主题是治国理政。钱穆先生曾指出，中国的文化精神偏重在人文界。尤其是儒家的抱负，一向着重修身齐家治国平天下。要研究中国传统文化，绝不该忽略中国传统政治。国家治理是一个现代政治文明意义上的概念。虽然中国古代的治政理念与西方的国家治理概念有诸多差异，并且有着长达两千多年的具有封建专制色彩的统治，社会结构独特而稳定。但这不意味着中国传统政治文化与治理思想都是封建的落后的糟粕，事实上，在大浪淘沙的现代化历练过程中，中华优秀传统文化中所蕴含的丰富的治国理政智慧和思想道德修养，在中西文明互鉴下越发彰显出超越性的人文价值，是当代国家治理思想的重要来源之一。

在中国传统文化中，儒家文化长期处于主导地位，政治哲学是儒家思想的重要内容。冯友兰先生对战国诸子的思想作出评价，认为战国时期的思想家以谈论国家政治为主，形成了较为系统的治国思想。从狭义的方面来说，中国思想发展史也就是中国政治发展史。传统政治发展过程中反映出的一个重要特点是将行政权力视为高于一切的存在事物，它能够支配整个社会。因此，古代社会反映出来的思想观念主要与政治理念相关，经济、教育、文化等方面的思想观念都带有鲜明的政治色彩。

治国理政是中国传统政治哲学的重要研究对象。西汉时期著名史学家司马谈曾在《论六家要旨》中指出："易大传天下一致而百虑，同归而殊途"。夫阴阳、儒、名、法、道德，此务为治者也，直所从言之异路，有省不省耳。在司马谈看来，"治"主要是指治理、管理政治国家。同样，到了后汉时期，著名史学家班固在《汉书·艺文志》中提到"治国之方略"和"治世之道术"，这里的"治"也是强调治理或管理国家。其实，古代政治文化中，"政"与"治"某种程度上是相通的，在表达的语义方面常常也是一致的，如"不在其

位,不谋其政",这里所讲的"政"与"治"是一个含义,即指政治治理、国家治理,就是要建立正当合理的政治体制机制,通过制度维系社会秩序,约束不正当的政治行为,从而有效治理国家政治问题,维护社会安定发展。

总之,诸子思想百家争鸣、见解独到,但他们都围绕一个核心话题"治道"来展开论述。朱熹曾言:"能使人兴起者,圣人之心;能遂某人其之兴起者,圣人之政也",揭示了中国传统政治文化政治发展的价值趋向。中国传统政治文化中的治国理政思想深刻影响着现代国人的民族心理和性格,对于当今中国实现国家治理现代化发展具有重要的现实意义。

二、中华传统文化中国家治理思想的基本特点

习近平总书记指出:"治理国家和社会,今天遇到的很多事情都可以在历史上找到影子,历史上发生过的很多事情也都可以作为今天的镜鉴";"中华传统文化源远流长、博大精深,中华民族形成和发展过程中产生的各种思想文化,记载了中华民族在长期奋斗中开展的精神活动、进行的理性思维、创造的文化成果,反映了中华民族的精神追求,其中最核心的内容已经成为中华民族最基本的文化基因。"[①]

在五千年的文明传承中,中华传统文化形成了一些具有独特意味的文化特质。一是历史悠久,在五千年历史传承中文化始终没有中断,是世界最古老的古文明之一。二是中华传统文化在传统社会形态框架内形成较少变化的超级稳定的社会结构中发挥了重要作用。从秦汉到晚清两千年的封建社会,虽然文化形态上丰富多姿、色彩斑斓,但社会结构基本上未有大的变化,或者变化较少。三是中华传统文化是一体多元的文化形态。从地域上看,既有黄河文明,也有长江文明。从思想形态上看,则形成了以儒家文化为主,儒、释、道多元文化互补相互促进的发展格局。四是中国文化具有极大的包容性,而且同化能力极强。孔子曰:"夷狄之入中国,则中国之。"不同于世界上其他国家诉求民族认同,中国追求的是文化认同。自古以来,中国就有一种文

---

① 习近平:《牢记历史经验历史教训历史警示 为国家治理能力现代化提供有益借鉴》,《人民日报》2014年10月14日。

化中心主义，如"远人不服，必修文德以来之"，而非种族中心主义的传统，所谓"华夏""夷狄"之分主要取决于文化上的认同，这一教化传统深深地积淀在中华民族的文化心理结构中，形成了中国文化精神中最具有凝聚力的"和"——和合、中和的思想，而不是具有强烈攻击性和侵略性的价值取向。

在漫长的历史长河中，我们的祖先在国家治理上积累了丰富的经验，留下了宝贵的物质文化、制度文化与精神文化遗产。从政治国家的发展历程来看，中国是一个政治体系稳定的国家，中国传统国家治理理念具有科学性、合理性、实践性的理论特征，形成了大一统、德主刑辅、伦理本位等国家治理的思想。

首先，大一统的国家理念。我国历史上统一多民族国家形成的时间比较早，这是我国历史发展道路决定的，不是某一个人的主观选择。各种因素导致我国历史上也出现过多次分裂，但最终还是走向统一。这说明，统一得人心，是趋势，是潮流，符合我国国情。世界历史上也出现过不少盛极一时的强盛帝国，但最终都走向分崩离析，根本原因在于它们缺少我们这样共同的经济联系和文化认同。历史反复证明，统一多民族国家的完整与安定是国家治理的前提条件。任何分裂与动荡，都会导致国家与人民陷入灾难。孟子认为，"定于一"的战略战术是社会和平稳定发展的手段与目的，必须结束分裂状态，实现国家统大一统。从国家结构上看，无论是先秦的内外服制、分封制，还是秦汉以后的中央集权制，大都在王朝初期均已完成，特别是中国在封建社会早期就确立了单一制的中央集权国家结构。在治理体系上，则形成了天下大同、要在中央、民惟邦本、华夷一家、协和万邦、天人合一等一系列治理理念与措施。这种大一统思想，是中华文明传承了数千年的优秀传统文化，是构建中国特色社会主义制度体系与治理体系的深厚历史资源，对人们的政治思想观念和价值选择方式影响深远。

其次，德主刑辅的治理理念。自秦汉开始，中国社会就已形成德治和法治相结合的社会治理理念。虽然在后续朝代中，由于统治者和当时社会状况的不同而在具体实践过程中侧重点不同，但总体而言，在中国政治传统和社会治理过程中，德治和法治在维护社会秩序与调整社会关系方面发挥着重要作用。德治与法治从最初的对立状态走向结合，成为中国政治文化中的主要理念，成为不可或缺的治国之道。春秋时期，社会动乱，礼崩乐坏，这就激发了人们去思考如何治理国家，各大学派为此提出了不同的治国之道。其中，儒家将"礼""仁"看成治国理政的核心指导思想，希望通过道德的引导和法礼的规范培养百姓们的荣辱道德观。孔子主张德法并治，既要运用刑法又要充分合理地发挥德治的作用。在列国历经战乱纷争之后，各国为了招纳贤士，采取文化开放政策，儒法两家学派由对立走向融合。儒家学派的代表孔子在主张礼乐思想的同时，强调法制的惩戒作用，明确提出儒法并治的思想。汉代思想家董仲舒继承发展了孔子的儒法并治思想，提出德主刑辅、德法并治，并将其贯穿于治国理政的具体措施中，上升为统治者的治国之道。唐朝时期在德法并治上更加严格，如果某一行为违背了约定俗成的道德标准轻者要受到相应的处罚，重者视为犯罪行为而予以严厉惩罚。此后，宋元明清各代都继承发展了德法并治的理念

再次，伦理作为治国的重要政治准则。纲常伦理也是中国古代社会的重要治国之道。儒家思想认为，家庭、社会、国家都是基于血缘关系形成、建立的，尤其是家庭成员对家族的孝悌忠诚度，可以将之放大到国家社会层面，从而为政治制度罩上具有血缘关系的人情因素，实现家国统一。以伦理为本位的治理理念本质上是制度治理，强调把以血缘为主的氏族社会和以地缘关系为主的政治国家结合起来，同时将父权与皇权结合起来，在讲求学道忠义结合的前提下，要求人们对政治国家的发展充满责任感和正义感，真正做到孝亲、爱国。伦理本位的政治制度思想深刻影响了中国政治制度的实行与政治关系的建构。

德治是中国古代社会治理的基本原则，道德几乎贯穿于家国治理的全部领域。无论是"内圣外王""修齐治平"，还是"诚意正心""见贤思齐"，都要求执政者加强道德修养，以增强信任度和说服力。中国古代执政者非常重视政治生态建设。《礼记》说："上好是物，下必有甚者矣。上之所好恶，不可不慎也。"形成浓厚的道德氛围，是对有权力者的无形约束。宋代有位政治家吕本中在《从政遗规·官箴》谈论官吏人员的基本职责时指出："事君如事亲，事官长如事兄，与同僚如家人，待群吏如奴仆，爱百姓如妻子，处官事如家事，然后能尽吾之心。如有毫末不至，皆吾心有所不尽也。"也就是说，将人们在社会中形成与建立的家庭伦理关系，推及到人民与国家、君主与官吏之间建构家庭伦理关系。同时，每个人都有权利根据自己的职业和社会身份确定自

己应尽的社会义务，这种义务体现在对社会、君主、社会成员的善意负责上。当然，这种伦理本位思想不仅体现在上下级的关系层面上，也体现在具体实践中君主和上级做到恪尽本分，礼敬臣子，爱护百姓。

中国古代执政者十分看重"用一贤则群贤毕至"的道德效应，通过识人用人把政治理想濡化为社会共识、转化为德政善治。正如司马光所说："德者人之所严，而才者人之所爱。爱者易亲，严者易疏，是以察者多蔽于才而遗于德。"儒家倡导孝道政治，主张在选拔任用人才时要考察官员的个人品德与忠孝素养。"禹政于德"的政治伦理理念有利于为国家和广大百姓选出正直廉洁、德行出众的官吏，促进社会形成重视名节和道德素养等的好风气，从而遏制贪污腐败、以权谋私的现象发生。传统社会的政治关系与社会关系以家庭为范本，为国家治理提供了一部既包含政治准则又设定了社会制度的综合法典。伦理始于家庭，但不限于家庭这一层次。汉代将伦理制度付诸实践，伦理道德成为"举孝廉"（选拔政治人才）的重要考核标准，这有助于实现天下为公、选贤与能、讲信修睦、国家社会良性治理的繁荣局面。

三、借鉴中华传统文化的国家治理智慧

2014年2月17日，习近平总书记在省部级主要领导干部学习贯彻党的十八届三中全会精神全面深化改革专题研讨班开班式上的讲话中指出：一个国家选择什么样的治理体系，是由这个国家的历史传承、文化传统、经济社会发展水平决定的，是由这个国家的人民决定的。[①]我国今天的国家治理体系，是在我国历史传承、文化传统、经济社会发展的基础上长期发展、渐进改进、内生性演化的结果。中华民族是一个兼容并蓄、海纳百川的民族，在漫长历史进程中，不断学习他人的好东西，把他人的好东西转化成我们自己的东西，这才形成我们的民族特色。今天，我们在推进国家治理体系和治理能力的现代化过程中，必须积极汲取中华优秀传统文化，努力实现其创造性转化、创新性发展。

---

① 《习近平在省部级主要领导干部学习贯彻十八届三中全会精神全面深化改革专题研讨班开班式上发表重要讲话》，《人民日报》2014年2月18日。

积极借鉴我国历史上的国家治理经验必须坚持符合最广大人民的根本利益。国家治理有一个以谁为主体、为了谁的问题,建设富强民主文明和谐的社会主义现代化国家,实现中华民族伟大复兴,是近代以来中国人民最伟大的梦想,是中华民族的最高利益和根本利益。最高利益不同,治理的制度体系就不同;治理的主体是谁、根本利益为了谁不同,治理的方向和目标也会不同。世界上没有"放之四海而皆准"的治理体系,关键是各国如何根据国情、根据人民的意愿选择决定自己的道路。走中国特色社会主义道路,推进国家治理体系和治理能力现代化,符合最广大人民群众的根本利益。因此,离开中国特色社会主义道路,离开人民的主体性、主动性、创造性,离开最广大人民的根本利益要求,我们推进国家治理体系和治理能力现代化的命题就成为无源之水、无本之木。

积极借鉴我国历史上的国家治理经验必须坚持党的领导和社会主义制度。推进国家治理体系和治理能力现代化,是坚持党的领导、人民当家作主、依法治国有机统一的治理,是坚持中国国情和中国基本经济政治制度相结合基础上的治理,而不是治理的西化。橘生淮南则为橘,生于淮北则为枳。古人的观察雄辩地说明,由于各国历史传承和文化传统不同,经济社会发展水平相异,在一个国家成功的制度,到另一个国家不一定成功。因此,在引进和吸收西方国家治理理论时,要警惕治理的西化以及由此带来的价值观侵袭。要立足当代中国的基本国情,不能盲目"嫁接"和"移植"西方国家治理制度。要树立与当前政治、经济、社会、文化发展水平相适应的价值理念和目标体系,以提高党的执政能力为目标,以革除体制机制弊端为重点,不断改进和完善我国的国家治理体系。

积极借鉴我国历史上的国家治理经验必须坚持依法治国。"法者,治之端也。"依法治国是古往今来国家治理取得成功的历史经验。以宪法和法律体系、法治精神为基础的治理是现代化国家治理的基本要求。一个现代化的国家治理一定是法治的治理。为此,要建设法治中国,进一步健全宪法法律实施监督机制和程序,把全面贯彻实施宪法法律提高到一个新水平,从制度上确保任何组织或者个人都不得有超越宪法法律的特权,从法律上确保一切违反宪法法律的行为都能够得到追究、惩处。要使治理者运用科学、民主和法治思维,依靠法律制度来治理国家,实现中国特色社会主义的制度优势与国家治理效力的相互结合。加快建设公正高效权威的社会主义司法制度,更好发挥我国司法制度的特色,更好促进社会公平正义。

积极借鉴我国历史上的国家治理经验必须坚持人民创造历史这一唯物史观的基本原理。人民群众是历史创造者。我国历史上的治国理政经验中含有丰富的民本思想。我们党的成长壮大、社会主义事业的胜利与发展,都离不开人民的支持和创造。改革开放之所以取得伟大成绩,根本原因在于能够得到广大人民群众的积极支持。我们党推进任何一项重大改革,制定任何一项重大措施,都是以人民的根本利益为出发点的。古人说:"事先大功,政自小始。"我们要推进国家治理体系和治理能力现代化,必须坚持以民为本的方向,坚持一切为了人民、一切依靠人民的根本宗旨,充分发挥人民群众在治国理政体系中的伟大作用。

第三章

国家治理主体论

完善和发展中国特色社会主义制度、推进国家治理体系和治理能力的现代化，一个重要方面就是充分发挥各个国家治理主体的作用，形成"党委领导、政府负责、社会协同、市场自主、公众参与"的治理格局。

在整个国家治理中，中国共产党居于领导地位，是国家治理方向任务与活动开展的根本保障。要把党的领导贯彻到国家治理全过程，提高党的政治领导力、群众组织力、社会号召力，真正把党的密切联系群众优势、理论优势、政治优势、制度优势转化为国家治理的强大效能。在党委领导下，政府要做好执行法律和政策的工作，履行好监管、组织、服务、执法等各项职能。社会组织发挥好桥梁纽带作用、开展志愿服务、救助帮扶、化解矛盾等公共事务。推进国家治理体系和治理能力现代化，需要把人民群众充分组织动员起来，培育人民群众的主体意识和主体精神，发挥人民群众在国家治理中的主体作用。

第一节　党的全面领导

办好中国的事情，关键在党。党要团结带领人民进行伟大斗争、推进伟大事业、实现伟大梦想，必须毫不动摇坚持和加强党的全面领导，必须毫不动摇把党建设得更加坚强有力，确保党在世界形势深刻变化的历史进程中始终走在时代前列，在应对国内外各种风险和考验的历史进程中始终成为全国人民的主心骨，在坚持和发展中国特色社会主义的历史进程中始终成为坚强领导核心。

一、党的领导是中国特色社会主义最本质特征

中国特色社会主义有很多特点和特征,如坚持党的领导、坚持马克思主义中国化的最新成果为指导、坚持改革开放、坚持人民主体地位、解放和发展社会生产力、维护社会公平正义、促进社会和谐、实现共同富裕等,在所有这些特征中,坚持党的领导是最本质的特征。

(一)党的领导与社会主义具有内在逻辑统一性

共产党以实现社会主义为阶段性目标,以实现共产主义为最高理想,党的领导与社会主义具有内在逻辑统一性。马克思恩格斯在《共产党宣言》中反复阐述一个道理:社会化大生产必然导致生产资料转变为社会所有,为社会主义的到来准备好物质基础,同时必然导致无产阶级组成自己的政党组织——共产党。无产阶级政党既是社会化大生产的产物,也是实现生产资料社会占有的政治工具。"在无产阶级和资产阶级的斗争所经历的各个发展阶段上,共产党人始终代表整个运动的利益。"因此,整个社会主义运动中,共产党都是坚强有力的领导力量。成立共产党,就是要建立和巩固社会主义制度,坚持和发展社会主义。离开共产党,社会主义事业就缺乏政治、思想和组织保障,就会丧失前进方向;离开社会主义,共产党就会丢掉初心使命,就会蜕化变质。

在国际共产主义运动史上,以马克思、恩格斯、列宁等为代表的共产党人领导各国工人阶级战胜形形色色的非无产阶级思想,确保实现党的领导权,确保社会主义运动沿着正确的方向前进。俄国十月革命成功,标志着社会主义制度首先在帝国主义的薄弱环节获得突破并变成现实。第二次世界大战结束以后,社会主义制度在许多国家建成,共产党成为执政党,社会主义事业一度迎来了光明前景,书写了人类文明史上的光辉篇章。20世纪八九十年代,苏联、东欧等社会主义国家的共产党失去执政权,一个重要原因就是在改革中放弃了社会主义,党迷失了方向,蜕化变质,必然失去人民的支持。

中国共产党的领导与中国特色社会主义道路、理论、制度、文化形成统一不可分割的整体。中国特色社会主义道路是中国共产党领导全国各族人民共同开创的,党给全国人民指明了社会主义方向以及共产主义的最终奋斗目

标；中国特色社会主义理论体系本身就是中国共产党的指导思想，包括邓小平理论、"三个代表"重要思想、科学发展观、习近平新时代中国特色社会主义思想；中国特色社会主义制度包括根本制度、基本制度以及各个方面的重要制度。在国家制度和治理体系中，党的领导制度始终是国家的根本制度；坚持文化自信，推进文化创新，实现中国特色社会主义文化繁荣兴盛，离不开中国共产党的领导。

（二）党的领导是中国最大的国情

中国最大的国情是党的领导，这就是中国特色。近代以来，帝国主义的入侵使中国濒临亡国灭种的边缘，中国陷入山河破碎、战乱频仍、内忧外患的黑暗境地，无数仁人志士为救亡图存而奋起，引入过很多主义、进行过很多探索，各种主义、方案你方唱罢我登场，然而都不能从根本上解决问题，中国人民面临"敢问路在何方"的窘境。历史呼唤真正合格的使命担当者。在历史的反复比较中，在各种政治力量的反复较量中，在中国人民反抗封建统治和外来侵略的激烈斗争中，在马克思列宁主义同中国工人运动相结合的过程中，中国人民最终选择了肩负实现中华民族伟大复兴历史使命的中国共产党的领导，选择了走社会主义道路。

以毛泽东同志为主要代表的中国共产党人艰辛地探索社会主义道路并奠定了社会主义制度基础，以邓小平同志为主要代表的中国共产党人成功开创中国特色社会主义道路，以江泽民同志为主要代表的中国共产党人成功地把中国特色社会主义事业推向21世纪，以胡锦涛同志为主要代表的中国共产党人成功在新的历史起点上坚持和发展了中国特色社会主义，中国特色社会主义道路越走越宽广。

党的十八大以来，以习近平同志为主要代表的中国共产党人团结带领全党全国各族人民进行伟大斗争、建设伟大工程、推进伟大事业、实现伟大梦想，协调推进"五位一体"总体布局，统筹推进"四个全面"战略布局，深刻回答了新时代坚持和发展什么样的中国特色社会主义、怎样坚持和发展中国特色社会主义这个重大时代课题，创立习近平新时代中国特色社会主义思想，推动党和国家事业取得历史性成就、发生历史性变革，中国特色社会主义进入新时代。

（三）党的领导确保中国特色社会主义的正确方向

20世纪80年代初期，邓小平提出"什么叫社会主义"的重大问题，在全党全国人民中间引发了广泛讨论。在1992年初南方谈话中，邓小平指出："社会主义的本质，是解放生产力，发展生产力，消灭剥削，消除贫穷，最终达到共同富裕。"自党的十二大以来，中国共产党始终高举中国特色社会主义旗帜，始终坚持解放和发展社会生产力，推进中国特色社会主义事业大踏步前进。以江泽民同志为主要代表的当代中国共产党人，高举邓小平理论伟大旗帜，在建设中国特色社会主义的实践中，加深了对什么是社会主义、怎样建设社会主义和建设什么样的党、怎样建设党的认识，形成了"三个代表"重要思想，丰富和发展了社会主义本质论；以胡锦涛同志为主要代表的中国共产党人，坚持以邓小平理论和"三个代表"重要思想为指导，根据新的发展要求，深刻认识和回答了新形势下实现什么样的发展、怎样发展等重大问题，形成了以人为本、全面协调可持续发展的科学发展观，提出社会和谐是中国特色社会主义的本质属性；党的十八大以来，以习近平同志为主要代表的中国共产党人，顺应时代发展，从理论和实践结合上系统回答了新时代坚持和发展什么样的中国特色社会主义、怎样坚持和发展中国特色社会主义这个重大时代课题，创立了习近平新时代中国特色社会主义思想，提出中国共产党的领导是中国特色社会主义最本质的特征。

中国特色社会主义首先是社会主义，而不是别的什么主义。实现社会公平正义，是中国共产党最根本的价值理念，也是中国共产党人的奋斗目标。中国共产党是中国最广大人民根本利益的代表者，实现好维护好发展好最广大人民的根本利益，必须以坚持公有制为主体、多种所有制共同发展的基本经济制度来保证。因此，把党的领导和我国基本经济制度写进宪法和相关法律，是社会主义生产关系在上层建筑中的权威的集中体现，反映了二者内在的逻辑联系。当前，我国还处在社会主义初级阶段，各种所有制经济平等竞争、互相促进，两极分化并没有消除。如果放弃了共产党的领导，其他形式的所有制就可能取代公有制的主体地位，贫富悬殊就会继续扩大，共同富裕难以实现，社会主义制度必将丧失生命力。推进中国特色社会主义事业，中国共产党既要让市场经济造福人民，让包括资本在内的各种生产要素活跃起来，也要确保社会主义前进方向不动摇。

二、党的领导制度是我国的根本领导制度

1980年8月18日,邓小平在关于党和国家领导制度改革的讲话中指出:"领导制度、组织制度问题更带有根本性、全局性、稳定性和长期性。"1992年,邓小平在南方谈话中指出:"恐怕再有三十年的时间,我们才会在各方面形成一套更加成熟、更加定型的制度。"邓小平同志谈"制度"含义不一样,第一次谈的是党的领导制度这个根本制度,第二次谈的是由各方面制度组成的国家制度和治理体系,由根本制度、基本制度、重要制度等组成。从邓小平同志谈制度的先后顺序和对制度的定位看,党的领导制度在国家制度和治理体系中具有统领地位。

(一)马克思主义政党学说和国家学说在当代中国的深化拓展

无产阶级政治革命的首要目标是打碎旧的国家政权,争得执政权,建立新的国家机器。执政以后,党必然同国家政权机关发生联系,同无产阶级的其他组织如工会、青年组织、妇女组织以及经济、科学、文化、教育等组织发生联系,在党和国家政治生活以及一切治国理政活动中,党都是最高政治领导力量。列宁曾经指出,"党的任务是对国家机关进行总的领导"。列宁还提出要由"先锋队管理国家","党努力领导苏维埃工作,但不是代替苏维埃。"[①]坚持无产阶级政党的领导,是马克思主义建党学说和国家学说的基本观点。中国共产党人在革命、建设和改革的实践探索中将这个观点具体化、制度化、法治化,形成了一系列党的领导制度。党的十八大以来,习近平总书记将党的领导制度与国家制度有机融合,不断深化拓展党的领导制度体系,全面提高党科学执政、民主执政、依法执政水平。

(二)中国特色社会主义制度优势得以体现的根本前提

中国特色社会主义制度的最大优势是党的领导。党的领导制度健全了,坚持和完善中国特色社会主义制度、推进国家治理体系和治理能力现代化就抓住了关键,就能成功转化为国家治理优势。党的集中统一领导落实到改革

---

① 《苏联共产党代表大会、代表会议和中央全会决议汇编》第1分册,人民出版社1964年版,第54页。

发展稳定、内政外交国防、治党治国治军全部领域、所有过程、一切活动之中,有利于调节各方面关系,发展充满活力的政党关系、党政关系、政企关系、政社关系、民族关系、宗教关系、阶层关系、海内外同胞关系、干群关系、地区关系、军民关系等,有利于增强中国人民和中华民族的向心力、凝聚力,从根本上维护了国家安定团结、社会和谐稳定、人民安居乐业的政治局面,确保中国特色社会主义事业取得成功。

(三)确保社会主义现代化目标实现的必然要求

中国特色社会主义进入新时代,意味着近代以来中华民族迎来了从站起来、富起来到强起来的伟大飞跃,迎来了实现中华民族伟大复兴的光明前景。当前中国正处于近代以来最好的发展时期,世界处于百年未有之大变局,两者同步交织、相互激荡。力学的基本原理告诉我们,作用力有多大,反作用力就有多大。从国际上看,中国的影响力越大,世界就越会关注中国。一些国家不甘心国际治理秩序"被改变",必然会对我国处心积虑地围堵打压。从国内看,实现中华民族伟大复兴的光明前景绝不是敲锣打鼓、轻轻松松,在实现"两个一百年"目标奋斗的新长征路上,还有许多"雪山""草地"需要跨越,还有许多"娄山关""腊子口"需要攻克。因此,中国共产党要在新时代扬帆远航,成功履行使命,最根本的一条就是把党的领导变成应对一切外部和内部矛盾、风险和挑战的定海神针。党的领导制度完善了、巩固了,就为目标的实现提供了坚实的"定盘心"和最大的确定性。

三、把党的领导落实到国家治理各领域各方面各环节

党的领导必须是全面的、系统的、整体的,必须体现到经济建设、政治建设、文化建设、社会建设、生态文明建设和国防军队、祖国统一、外交工作、党的建设等各个方面。哪个领域、哪个方面、哪个环节缺失了弱化了,都会削弱党的领导,损害党和国家事业。

在我国政治生活中,党是居于领导地位的。加强党的集中统一领导,支持人大、政府、政协和监察机关、审判机关、检察机关、人民团体、企事业单位、社会组织履行职能、开展工作、发挥作用,这两个方面是统一的。在

党和国家关系上，党是最高政治领导力量，党领导国家但不取代国家。国家最高权力机关是全国人民代表大会，国家行政机关、监察机关、审判机关、检查机关都由人民代表大会产生，对它负责，受它监督；中国人民政治协商会议是统一战线的组织，不是国家权力机关。在中央和地方政府关系上，地方各级人民政府都是国务院统一领导下的国家行政机关，服从中央政府。党和国家各级机关都具有明确的政治属性，本质上都是政治机关，都要接受中国共产党的领导。党通过民主集中制这个根本组织制度和领导制度以及常委会、党组、党的（决策）议事协调机构、党的工作机关等，依规依法实施对国家机关和非党组织的领导。这就从根本上回答了国家政权归谁领导、国家领导权由谁掌握这一治国理政的根本问题。

中华人民共和国宪法制度的发展历程与党的领导、人民当家作主的发展历程紧密相连，这就使党的领导、人民当家作主和依法治国三者具有内在的有机逻辑联系。我国宪法以根本法的形式反映了党带领人民进行革命、建设、改革取得的成果，反映了在历史和人民选择中形成的党的领导地位，确认了中国共产党的执政地位，确认了党在国家政权结构中总揽全局、协调各方的核心地位。党领导人民制定宪法和法律，又必须在宪法和法律范围内活动。坚持党的领导必须建立健全保证宪法和相关法律全面实施的体制机制，离不开各级党和国家机关以及领导干部带头尊法学法守法用法，提高运用法治思维和法治方式深化改革、推动发展、化解矛盾、维护稳定、应对风险的能力。因此，党作为执掌全国政权的最高政治领导力量，必须依靠调动全国各族人民的积极性实施全面领导，必须在宪法和法律的范围内依法实施全面领导，善于运用一切制度安排和领导资源去实现党对国家和社会的高效治理。

中国共产党领导的多党合作、政治协商制度是我国的一项基本政治制度。中国不搞两党制、多党制，也不搞一党制，这是任何时候都不能动摇的政治原则。一个国家采取什么样的政党制度，是由这个国家的具体国情决定的。西方国家的两党制也好，多党制也好，无论哪个政党上台都不会改变资本主义性质，都只不过是代表着资产阶级不同利益集团的利益。在社会主义中国，只有中国共产党才能代表和维护好最广大人民的根本利益，必须坚定不移坚持和加强党的全面领导。邓小平指出："中国由共产党领导，中国的社会主义现代化建设事业由共产党领导，这个原则是不能动摇的；动摇了中国就要倒退到分裂和混乱，就不可能实现现代化。"

四、坚持和加强党对基层社会治理的领导

社会治理是国家治理的重要方面。党的十九大通过的党章第三十三条规定：街道、乡、镇党的基层委员会和村、社区党组织，领导本地区的工作和基层社会治理，支持和保证行政组织、经济组织和群众自治组织充分行使职权。在实践中，当代中国基层社会治理离不开党的领导，但"党领导基层社会治理"的提法在党章中出现尚属首次。

党领导基层社会治理，就是要坚持政治领导、组织引领、能力引领、机制引领，把党的领导落实到基层治理中，使基层党组织建设与基层治理有机衔接，良性互动，以党的建设贯穿基层治理、保障基层治理、引领基层治理。《中国共产党支部工作条例（试行）》进一步规定：村党支部、社区党支部，全面领导隶属本村、本社区的各类组织和各项工作，领导村级治理、领导基层社会治理。党的十九届四中全会报告将这一治理实践上升为国家制度，提出"健全党组织领导的自治、法治、德治相结合的城乡基层治理体系"。

党领导基层社会治理的主要机制是"党建引领"。党的十八大以来，"党建引领基层社会治理"的实践探索在全国各地普遍兴起。2015年3月，习近平总书记在参加十二届全国人大三次会议上海代表团审议时指出："城乡社区处于党同群众连接的'最后一公里'，要把加强基层党的建设、巩固党的执政基础作为贯穿社会治理和基层建设的一条红线，深入拓展区域化党建。"2015年6月在浙江省杭州市召开的全国农村基层党建工作座谈会、2017年7月在上海市召开的全国城市基层党建工作经验交流座谈会都强调要积极探索"党建引领基层治理"的有效路径。这期间，全国各地党组探索出许多宝贵经验，例如：北京市探索的"街乡吹哨，部门报到"，上海市探索党建深度嵌入基层社会的大城市治理，天津市探索"战区制、主官上、权下放"，浙江省推进并完善"枫桥经验"的升级版，成都市在市委、区委一级成立城乡社区发展治理委员会，云南省玉溪市在全市推进"党建引领基层社会治理"实践，深圳市罗湖区把"支部建在小区上"，等等。这些海量的实践样本形成了诸如政治引领、组织引领、思想引领、机制引领和党员、干部带领等不同方式，一体融合推进基层党建与基层社会治理。

习近平总书记指出"社会治理是一门大学问"。[①] 党的十九届四中全会报告辅导读本强调:"处理好活力和秩序的关系,是社会治理的大学问。""坚持把活力和秩序统一作为根本目的。"坚持和加强党对基层社会治理的领导,也是一门大学问。党领导基层社会治理是中国共产党的社会革命历史使命决定的,是自我革命的鲜明品格决定的,是党群关系同心圆的社会结构决定的。因此,党领导基层社会治理,需要增强党的政治功能确保社会治理方向,增强党的组织功能确保社会治理秩序,增强党的服务功能确保社会治理活力,真正发挥好政治引领、思想引领、组织引领、机制引领、能力引领等为主要特征的党建引领作用,确保基层社会治理既有秩序也有活力。

五、坚持和完善党的领导制度体系

党政军民学,东西南北中,党是领导一切的。必须坚决维护党中央权威,健全总揽全局、协调各方的党的领导制度体系,把党的领导落实到国家治理各领域各方面各环节。

(一)建立不忘初心、牢记使命的制度

坚守初心和使命是巩固党的领导地位的基础和前提。自古田会议以来,中国共产党就形成了思想建党的制度化传统,把党的初心使命融于党内教育之中,在不同时期先后探索了党内政治生活制度、"三会一课"制度、党内谈心谈话制度、整党整风制度、经常性教育和集中性教育相结合、党委(党组)中心组学习制度等。在全体党员、干部中建立不忘初心、牢记使命的制度,就是要求全体党员、干部遵守党章,恪守党的性质和宗旨,坚持用共产主义远大理想和中国特色社会主义共同理想凝聚全党、团结人民,用习近平新时代中国特色社会主义思想武装全党、教育人民、指导工作,夯实党执政的思想基础。要把不忘初心、牢记使命作为加强党的建设的永恒课题和全体党员、干部的终身课题,形成长效机制,坚持不懈锤炼党员、干部忠诚干净担当的

---

① 《习近平关于社会主义社会建设论述摘编》,中央文献出版社2017年版,第125页。

政治品格。要全面贯彻党的基本理论、基本路线、基本方略，持续推进党的理论创新、实践创新、制度创新，使一切工作顺应时代潮流、符合发展规律、体现人民愿望，确保党始终走在时代前列、得到人民衷心拥护。

（二）完善坚定维护党中央权威和集中统一领导的各项制度

习近平总书记指出："坚持党的领导，首先是坚持党中央权威和集中统一领导，这是党的领导的最高原则，任何时候任何情况下都不能动摇。"坚定维护党中央权威和集中统一领导，必须推动全党增强"四个意识"、坚定"四个自信"、做到"两个维护"，自觉在思想上政治上行动上同以习近平同志为核心的党中央保持高度一致，坚决防止和纠正一切偏离"两个维护"的错误言行，不得搞任何形式的"低级红""高级黑"，绝不允许对党中央阳奉阴违作"两面人"、搞两面派、搞伪忠诚。

坚定维护党中央权威和集中统一领导，必须健全党中央对重大工作的领导体制。加强和优化党对深化改革、依法治国、经济、农业农村、纪检监察、组织、宣传思想文化、国家安全、政法、统战、民族宗教、教育、科技、网络、外交、审计等工作的领导；强化党中央决策议事协调机构职能作用。党的十九届三中全会组建了中央全面依法治国委员会、中央审计委员会、中央教育工作领导小组，中央全面深化改革领导小组、中央网络安全和信息化领导小组、中央财经领导小组、中央外事工作领导小组更名为委员会，同时调整优化中央机构编制委员会。上述这些机构，作为党中央决策议事协调机构，在中央政治局及其常委会领导下开展工作，负责相关领域重大工作的顶层设计、总体布局、统筹协调、整体推进，保证了党中央权威和集中统一领导。

坚定维护党中央权威和集中统一领导，必须完善推动党中央重大决策落实机制。建立落实党中央重大决策监督考核督察机制，尤其是完善党中央重大决策部署和习近平总书记重要指示批示贯彻落实的督察问责机制。坚定维护党中央权威和集中统一领导，必须严格执行向党中央请示报告制度。依据党章和有关党内法规，中央政治局全体成员每年向党中央和总书记书面述职。中央书记处和中央纪律检查委员会，全国人大常委会党组、国务院党组、全国政协党组、最高人民法院党组、最高人民检察院党组每年向中央政治局常委会、中央政治局报告工作。各地区各部门党委（党组）加强向党中央报告工作；坚定维护党中央权威和集中统一领导，必须健全维护党的集中统一的组织制度。要建立党的中央组织、地方组织、基层组织上下贯通、执行有力的严密体系，实现党的组织和党的工作全覆盖。

（三）健全党的全面领导制度

健全党的全面领导制度是对党"总揽全局、协调各方"领导地位的准确定位。首先，实现党全面领导制度化、法治化。制定党领导经济社会各方面重大工作的党内法规，在新制定和修改的相关法律中明确规定党领导相关工作的法律地位，坚持将党的全面领导的要求载入人大、政府、法院、检察院的组织法，载入政协、民主党派、工商联、人民团体、国有企业、高等学校、有关社会组织等的章程，确保党在各种组织中发挥领导作用。完善党领导中国特色社会主义各项事业的具体制度。如党领导经济工作、宣传思想工作、新闻舆论工作、民族工作、宗教工作、军队工作、统战工作、哲学社会科学工作、高校工作、文艺工作、金融工作、"三农"工作、国家安全工作、教育工作、工会工作、青年工作、中央和国家机关党的建设工作等各项制度，把党的领导落实到统筹推进"五位一体"总体布局、协调推进"四个全面"战略布局各方面。

健全各级党委（党组）工作制度。要理顺各级党组织同其他组织的关系，更好发挥好党总揽全局、协调各方作用。在国家机关、事业单位、群团组织、社会组织、企业和其他组织中设立的党委（党组），接受其批准成立的党委统一领导，定期汇报工作，确保党的方针政策和决策部署在同级组织中得到贯彻落实。2015年施行的《中国共产党地方委员会工作条例》、2019年修订后施行的《中国共产党党组工作条例》等，是确保各级党委（党组）发挥全面领导作用的制度保障。

完善党和国家机构职能体系。党的有关机构同职能相近、联系紧密的国家机构中的其他部门要统筹设置、合并设立或合署办公，实行归口领导、归口管理、统一领导、统一管理，统筹本系统本领域工作，把党的领导贯彻到党和国家所有机构履行职责全过程，推动各方面协调行动、增强合力。

(四)健全为人民执政、靠人民执政各项制度

为人民执政、靠人民执政是党的领导的根本目的和根本方式。党的十九大报告明确指出:"把党的群众路线贯彻到治国理政全部活动之中。"党的十九届四中全会报告也指出:"坚持立党为公、执政为民,保持党同人民群众的血肉联系,把尊重民意、汇集民智、凝聚民力、改善民生贯穿党治国理政全部工作之中,巩固党执政的阶级基础,厚植党执政的群众基础,通过完善制度保证人民在国家治理中的主体地位,着力防范脱离群众的危险。"首先,要完善党员、干部联系群众制度。比如,2012年,中央政治审议通过关于改进作风、密切联系群众的八项规定,各地区各部门各单位先后出台落实中央八项规定精神的具体措施及配套制度,并在实践中不断完善。全国各地建立和完善了领导干部调查研究、定期接待群众来访、同干部群众谈心、群众满意度测评等制度,建立和完善民意调查等制度,利用传统媒体和互联网等渠道了解社情民意,倾听群众呼声,等等;其次,创新互联网时代群众工作机制。全国各地都在探索"支部建在网上",积极运用新媒体、大数据、人工智能等信息技术,开辟党密切联系群众的新空间,构建网上网下同心圆;最后,健全联系广泛、服务群众的群团工作体系。2015年以来,党中央按照"六个坚持"的基本要求和"三统一"的基本特征,部署了群团组织改革,全面推动各人民团体增强政治性、先进性、群众性,把各自联系的群众紧紧团结在党的周围。

(五)健全提高党的执政能力和领导水平制度

党的十六大报告提出提高党的领导水平和执政水平、提高拒腐防变和抵御风险能力这两大历史性课题,解决好这两大课题对于全面建设小康社会、开创有中国特色社会主义事业新局面、推进党的建设新的伟大工程意义重大。由此可见,党的执政能力和领导水平决定着党治国理政成效,是建立和完善党的领导制度体系的基础。

严格执行民主集中制的各项具体制度。民主集中制是党的根本组织原则和根本领导制度。要健全党领导国家权力机关、行政机关、监察机关、司法机关和人民团体的制度,健全各级党委(党组)的工作制度和行为规范。严格执行《关于新形势下党内政治生活的若干准则》,健全各级党委的议事决策

规则，健全正确处理上下级党组织工作关系的具体制度，保证全党在思想上、政治上和行动上高度一致。把发展党内民主和实行正确集中结合起来，提高党把方向、谋大局、定政策、促改革的能力，真正把民主集中制的优势变成党的政治优势、组织优势、制度优势、工作优势。

增强各级党组织的政治功能和组织力。党中央是大脑和中枢，必须有定于一尊、一锤定音的权威。党的地方组织必须确保党中央决策部署贯彻落实，有令即行、有禁即止。党委（党组）要在同级组织中发挥总揽全局、协调各方作用。实现党的一切工作到支部，把党的基层组织建设成宣传党的主张、贯彻党的领导决定、领导基层治理、团结动员群众、推动改革发展的坚强战斗堡垒。要贯通中央和国家机关贯彻落实党中央决策部署这个"最初一公里"、地方党委这个"中间段"以及各类基层党组织这个"最后一公里"，实现党的组织体系上下贯通、执行有力。

健全决策机制。加强重大决策的调查研究、科学论证、风险评估，强化决策执行、评估、监督。在政策研究上，要拓宽听取民意的途径、丰富了解民意的方式。在政策制定上，要把尊重民意、汇聚民智、凝聚民力、改善民生放在首位。在政策评估上，要把有利于发展社会主义社会的生产力，有利于增强社会主义国家综合国力，有利于提高人民生活水平，作为总出发点和检验标准。在决策督查和反馈机制上，加强决策执行的跟进，及时调整不够科学合力的决策，坚决纠正执行决策不到位不准确的现象。完善干部担当作为的激励机制。建立崇尚实干、带动担当、加油鼓劲的正向激励体系。促进各级领导干部增强学习本领、政治领导本领、改革创新本领、科学发展本领、依法执政本领、群众工作本领、狠抓落实本领、驾驭风险本领，发扬斗争精神，增强斗争本领，切实提高党员干部治理能力。

（六）完善全面从严治党制度

完善全面从严治党制度，是党永葆先进性和纯洁性、巩固党的领导地位的根本保证。必须贯彻新时代党的建设总要求，深化党的建设制度改革，坚持依规治党，建立健全以党的政治建设为统领，全面推进党的各方面建设的体制机制。坚持新时代党的组织路线，健全党管干部、选贤任能制度。规范党内政治生活，严明政治纪律和政治规矩，发展积极健康的党内政治文化，全面净化党内政治生态。完善和落实全面从严治党责任制度。建立明责、履责、问责机制，明确各级党组织担负起全面从严治党主体责任，各级纪委担负起监督责任，领导班子成员履行"一岗双责"，党支部发挥管党治党基础组织作用，层层落实管党治党政治责任，把党的领导体现到日常监督管理中。大力纠治形式主义、官僚主义，着力解决党性不纯、政绩观错位的问题，着力解决"文山会海"反弹回潮的问题，着力解决督查检查考核过多过频、过度留痕的问题，着力解决干部不敢担当作为的问题，不断增强党的创造力、凝聚力、战斗力，确保党始终成为中国特色社会主义事业的坚强领导核心。

第二节　坚持人民在国家治理中的主体地位

马克思主义政党的属性决定了马克思主义政党的生命力，纵观马克思主义政党的发展历史，就是一部为了实现全人类解放和自由发展的不懈奋斗史。马克思主义政党的人民观具有坚强的党性和人民性，能够持续推动社会生产力的发展，增进广大人民群众的福祉，更能够推动社会历史的不断进步。历史唯物主义产生之前，以片面强调少数英雄人物创造历史的唯心主义观点占主导地位，而马克思则认为人民群众才是真正推动社会发展的决定性力量，是社会财富的创造者，而英雄人物只是人民群众中的少数。马克思主义政党第一次把人民性的思想建立在历史唯物主义的科学基础之上，真正科学地认识和系统地阐明了人民的性质、地位和历史作用，强调人民群众是历史的创造者，是推动社会发展的决定性力量，必须让人民成为国家制度的制定者和国家权力的拥有者，最终明确了人民成为国家制度的根本原则。

对待科学的理论必须有科学的态度。恩格斯深刻指出："马克思的整个世界观不是教义，而是方法。它提供的不是现成的教条，而是进一步研究的出发点和供这种研究使用的方法。"[①] 中国共产党将马克思主义政党人民观与中国历史文化传统和时代要求紧密结合起来，在实践中不断探索总结，形成了

---

① 《十九大以来重要文献选编》(上)，中央文献出版社 2019 年版。

中国共产党的人民观,并在国家治理的探索中守正创新、不断改革、不断超越,在开放中博采众长,并完善自己。

国家的一切权力属于人民。中国的国家治理必须坚持人民主体地位,坚定不移走中国特色社会主义政治发展道路,将人民立场贯穿于国家治理过程始终,体现人民意志,激发人民创造,接受人民监督,让权力在阳光下运行,增进人民群众福祉和保障人民利益。

一、坚持以人民为中心的立场

习近平总书记指出:"人民立场是马克思主义政党的根本政治立场,人民是历史进步的真正动力,群众是真正的英雄,人民利益是我们党一切工作的根本出发点和落脚点。"[①] 这一论述贯穿马克思主义唯物史观和科学社会主义基本原理,指明了坚持和发展中国特色社会主义的根本原则,从根本上回答了党和人民的关系。中国共产党作为工人阶级先锋队,其性质和使命决定了党始终是人民利益最忠实的代表。人民立场始终贯穿在中国共产党革命、建设和改革的实践活动中。1944 年,毛泽东在《为人民服务》中讲道:"我们的共产党和共产党所领导的八路军、新四军,是革命的队伍。我们这个队伍完全是为着解放人民的,是彻底地为人民的利益工作的"。[②] 邓小平强调,要时刻关注广大人民的利益和愿望,把人民拥护不拥护、赞成不赞成、高兴不高兴、答应不答应作为制定各项方针政策的出发点和归宿。江泽民同志强调"建设有中国特色社会主义全部工作的出发点和落脚点,就是全心全意为人民谋利益"[③]。胡锦涛同志指出,"只有我们把群众放在心上,群众才会把我们放在心上;只有我们把群众当亲人,群众才会把我们当亲人"。[④] 要尊重和发挥人民的首创精神,就必须真心真意地拜人民为师,把政治智慧的增长、执政本领的增强深深扎根于人民的创造性实践之中。

坚持和完善中国特色社会主义制度,推进国家治理体系与治理能力现代

---

① 《习近平谈治国理政》第 2 卷,外文出版社 2017 年版。
② 毛泽东:《为人民服务》,商务印书馆 1965 年版。
③ 《江泽民文选》第 2 卷,人民出版社 2006 年版。
④ 胡锦涛:《只有把群众当亲人 群众才会把我们当亲人》,《中国日报》2011 年 7 月 1 日。

化，是科学社会主义理论逻辑和中国社会发展历史逻辑的辩证统一，是根植于中国大地、反映中国人民意愿、适应中国和时代发展进步要求的科学社会主义。中国共产党是推进国家治理体系和治理能力现代化的核心领导力量，必然要求永远站在人民的立场上，坚持科学社会主义理论逻辑和中国社会发展历史逻辑的辩证统一，坚持马克思主义的人民性思想，把人民立场贯穿于国家治理体系和治理能力现代化的始终，把代表好、维护好和实现好最广大人民的根本利益作为根本任务，始终以全心全意为人民服务为根本宗旨。

我国历史上积累的国家治理经验，是践行人民立场深厚的历史依据。人民立场汲取了中国传统历史文化的深厚滋养。"政之所兴在顺民心，政之所废在逆民心"，因为"君，舟也；民，水也。水能载舟，亦能覆舟"，因为"得民心者得天下"。民本思想还体现于官员执政价值追求方面。北宋范仲淹"先天下之忧而忧，后天下之乐而乐"，南宋陆游"位卑未敢忘忧国"，清代黄宗羲"我之出而仕也，为天下，非为君也；为万民，非为一姓也"，晚清龚自珍"落红不是无情物，化作春泥更护花"，无不彰显了民本思想。人民立场作为贯穿国家治理的主线，吸取了中国传统民本思想之精华，并在新的历史条件下，赋予崭新的内涵，充分体现了对人民的尊重与关注，反映了中国共产党执政理念的日臻成熟，这对于巩固党的执政地位，实现中华民族的伟大复兴的意义和价值是不言而喻的。

中国特色社会主义进入新时代，坚持以人民为中心的发展思想是习近平新时代中国特色社会主义思想最温暖的底色，这一科学理论坚持党性与人民性的统一，体现了博大的人民情怀。在思想认识上，这一科学理论将人民放在治国理政的最高位置。在实践创新上，这一科学理论紧紧围绕人民群众的美好生活需要，通过制度建设让人民立场这个党的最根本的政治立场长期化稳定化，将人民性永恒地融入实践的全部过程之中。

立场决定思想，决定人们想问题、干事业的出发点和落脚点。站在人民群众的立场上，就会为人民群众说话，维护人民群众的利益，就会表现为"立党为公、执政为民"的公心。总之，人民立场贯穿于中国共产党在革命、建设和改革开放时期的各个阶段，生动地诠释着中国共产党治国理政的全部丰富实践，有着最丰富的思想内涵，焕发出了强大的生机活力。

二、激发人民创造

群众路线蕴含着人民群众是历史创造者的历史唯物主义群众史观,认识来源于实践,又服务于实践的辩证唯物主义认识论原理。中国共产党从成立之日起就坚持群众路线,这是区别于其他政党的显著标志。群众路线是党的根本政治路线和根本组织路线,也是推进国家治理体系和治理能力现代化的重要制度优势。历史证明,坚持群众路线,做好群众工作是我们的光荣传统、优良作风和传家宝,是我们治国理政的最大政治优势,既能够体现人民意志,又能够激发人民创造。

中国共产党在建立初期,就以依靠人民、联系群众为基本出发点,宣告自己是为无产阶级和其他劳动群众的利益而奋斗的政党。1929年12月,毛泽东在古田会议决议中指出:党的工作要在党的讨论和决议之后,再经过群众路线去执行。之后,他在一系列文章、指示、报告和讲话中都在阐述和强调深入群众、动员群众、组织群众、宣传群众、教育群众、依靠群众、相信群众、尊重群众、关心群众的问题。1943年6月,毛泽东在为中央起草的《关于领导方法的若干问题》决定中第一次较为系统地阐述了"群众路线",指出:"凡属正确的领导,必须是从群众中来,到群众中去。这就是说,将群众的意见集中起来,又到群众中去做宣传解释,化为群众的意见,使群众坚持下去,见之于行动,并在群众行动中考验这些意见是否正确。然后再从群众中集中起来,再到群众中坚持下去。如此无限循环,一次比一次地更正确、更生动、更丰富。这就是马克思主义的认识论。"① 这段话对作为治国理政基本领导方式和基本工作方法的"群众路线"进行了精辟的总结和概括。

群众路线的基本含义是"一切为了群众,一切依靠群众,从群众中来,到群众中去"。"从群众中来"能够发挥密切联系群众的优良传统和工作作风,将人民群众的智慧集中起来,民意聚合起来,充分体现人民意志;又能够形成在群众中调查研究、总结群众经验,出台政策经过群众检验,把群众的意见、诉求和愿望作为制定政策依据的工作方法。"到群众中去"靠宣传群众、组织群众、依靠群众起家,激发人民创造,从胜利走向胜利。不论过去、现在和将来,我们都要坚持一切为了群众,一切依靠群众,从群众中来,到群

---

① 毛泽东:《关于领导方法的若干问题》,人民出版社1976年版。

众中去,把党的正确主张变为群众的自觉行动。

群众路线是中国共产党治国理政的生命线和根本工作路线。中国特色社会主义进入新时代,更要坚持把党的群众路线贯彻到治国理政全过程中,把人民对美好生活的向往作为奋斗目标,依靠人民创造历史伟业。随着时代不断发展,走好群众路线面临新要求、新变化,这就需要创新践行群众路线的工作方法,不断完善体制机制,保证贯彻群众路线的科学性、有效性。

三、接受人民监督

马克思主义政党的人民观遵循人民民主的思想,指出国家机关必须由社会主人变为社会公仆,接受人民监督。马克思主义政党的人民观将人民民主的思想与制度建设结合起来,明确社会主义国家的公共权力始终处于社会力量的监督之下,不是凌驾于社会之上。公共权力没有自己特殊的利益,它的利益就是人民大众的利益。

马克思恩格斯认为,社会主义国家的马克思主义政党,是人民利益的忠实代表,是政权建设的领导者和执政者,其所行使的公共权力必须由人民来监督。马克思在《法兰西内战》中赞扬巴黎公社时期在人民监督方面的社会主义实践,他认为"在巴黎公社,一切社会公职总是处于切实的监督之下",它"彻底清除了国家等级制,以随时可以罢免的勤务员来代替骑在人民头上作威作福的老爷们,以真正的责任制来代替虚伪的责任制,因为这些勤务员总是在公众监督下进行工作的"。列宁继承和发展了马克思、恩格斯关于人民监督的思想,为建立社会主义国家的人民监督机制,在苏维埃政权建立之初就进行了积极的探索与实践。历史证实,马克思列宁主义关于人民群众监督的思想是正确的,为社会主义国家的监督工作指明了方向。

中国共产党继承和创新了马克思列宁主义关于人民监督的思想,并在社会主义革命、建设和改革各个时期的实践中,比较成功地找到了适合中国国情的人民监督的途径。1934年1月,毛泽东在第二次全国苏维埃代表大会上的报告中就提出:"苏维埃必须吸引广大民众对于自己工作的监督与批评。每个革命的民众都有揭发苏维埃工作人员的错误缺点之权……苏维埃工作人员中如果发现了贪污腐化消极怠工以及官僚主义的分子,民众可以立即揭发这些人员的错误，而苏维埃则立即惩办他们决不姑息"。1945 年 7 月，著名民主人士黄炎培与毛泽东的谈话中说："我生六十多年，耳闻的不说，所亲眼看到的，真所谓'其兴也勃焉'，'其亡也忽焉'，……总之，没有跳出周期率"。毛泽东当时就回答："我们已经找到新路，我们能跳出这周期率。这条新路就是民主。只有让人民来监督政府，政府才不敢松懈。只有人人起来负责，才不会人亡政息。"

我国社会主义制度充分体现了人民监督的思想，使党和政府从新中国成立之日起，就置于人民监督下。新中国成立后，中国共产党深刻总结近代中国政治发展的历史经验和建立人民民主政权的实践经验，同广大人民群众一道，最终选择了人民代表大会制度和中国共产党领导的多党合作和政治协商制度。人民代表大会制度是我国的根本政治制度。我国宪法明确规定，中华人民共和国的一切权力属于人民，人民行使国家权力的机关是全国人民代表大会和地方各级人民代表大会，人民依照法律规定，通过各种途径和形式，管理国家事务，管理经济和文化事业，管理社会事务。也就是说，宪法明确了人民当家作主的基本权利和方式，并支持和保证人民通过人民代表大会的制度形式行使国家权力。

中国共产党领导的多党合作和政治协商制度，是符合中国国情的社会主义政党制度，是我国的一项基本政治制度。以"长期共存、互相监督、肝胆相照、荣辱与共"作为中国共产党同各民主党派合作的基本方针。中国共产党与民主党派之间互相监督，是多党合作的重要制度安排。习近平总书记指出，"能听意见、敢听意见特别是勇于接受批评、改进工作，是有信心、有力量的表现。要从制度上保障和完善民主监督，健全相互监督特别是中国共产党自觉接受监督、对重大决策部署贯彻落实情况实施专项监督等机制"。[①]

接受人民监督，让权力在阳光下运行，已成为社会共识。在历史的进程中，中国共产党逐步发展和完善了党内监督、人大监督、民主监督、行政监督、司法监督、群众监督、舆论监督制度等一系列制度安排，着手构建了全方位的监督体系，让人民真正成为监督公共权力行使的主人。党内监督的任务是确保党章党规党纪在全党有效执行，维护党的团结统一，重点解决党的

[①] 《习近平谈治国理政》第 3 卷，外文出版社 2020 年版。

领导弱化、党的建设缺失、全面从严治党不力，党的观念淡漠、组织涣散、纪律松弛，管党治党宽松软问题，保证党的组织充分履行职能、发挥核心作用，保证全体党员发挥先锋模范作用，保证党的领导干部忠诚干净担当。行政监督是国家监督体系中的一个重要组成部分，它对于国家行政机关改善机关工作作风，提高工作效率，减少工作失误，进行依法行政，起着巨大的促进和保障作用。此外，由人大产生国家监察委员会和地方各级监察委员会，对人大负责，受人大监督，做实做细了人大监督，强化了人大作为国家权力机关的监督职能，拓宽了"让人民监督权力"的途径，使党和国家监督体系更加完备、科学、有效，这是对人民代表大会这一根本政治制度的丰富和完善，彰显了"四个自信"。

让人民群众满意是我们党一切工作的根本标准和价值归宿，必须把是否有利于经济社会发展、是否给人民群众带来实实在在的获得感，作为改革成效的评价标准。正如习近平总书记指出的那样："时代是出卷人，我们是答卷人，人民是阅卷人。""我们党的执政水平和执政成效都不是由自己说了算，必须而且只能由人民来评判。人民是我们党的工作的最高裁决者和最终评判者。"[1]

四、增进人民群众福祉

马克思恩格斯所设想的新社会是要保证一切社会成员有富足的和一天比一天充裕的物质生活。列宁强调的社会主义"就是如何使全体劳动者过最美好、最幸福的生活"[2]。1985年，邓小平在会见外宾时深刻强调：社会主义的首要任务是发展生产力，逐步提高人民的物质和文化生活水平。1992年邓小平视察南方时提出了著名的"三个有利于"的标准，即是否有利于发展社会主义的生产力，是否有利于增强社会主义的综合国力，是否有利于提高人民的生活水平。在邓小平看来，只有以提高人民生活水平为标尺，把人民的需要作为出发点和立足点，才能最大限度地认识改革出现的问题，找到解决

---

[1] 《十八大以来重要文献选编》（上），中央文献出版社2014年版。
[2] 《列宁选集》第3卷，人民出版社1995年版。

问题的办法。习近平总书记强调:"带领人民创造幸福生活,是我们党始终不渝的奋斗目标。我们要顺应人民群众对美好生活的向往,坚持以人民为中心的发展思想,以保障和改善民生为重点,发展各项社会事业,加大收入分配调节力度,打赢脱贫攻坚战,保证人民平等参与、平等发展权利,使改革发展成果更多更公平惠及全体人民,朝着实现全体人民共同富裕的目标稳定前进。"[1]

人民利益是一个动态演进的历史范畴,在不同历史阶段其具体内涵和侧重点是不同的。新中国成立 70 余年来,在中国共产党的领导下,亿万人民团结一心、奋发图强、艰苦奋斗,实现了社会全面进步,人民生活实现了从贫困到温饱再到总体小康、即将实现全面小康的历史性跨越。中华人民共和国成立伊始,我们党和政府通过清除匪患、镇压反革命运动、民主建政保障和维护人民群众当家作主的地位和权利,通过恢复经济、稳定物价、解决就业、社会救济等手段积极改善民生,人民群众获得了和平、安宁的生活环境。党的十一届三中全会后,实现了全党工作重心向经济建设的转移,居民收入提高,产品供应增加,社会事业有了较快的发展,经济体制全面转型,提前实现"翻两番"的发展目标,消费品供应出现历史性增长,人民生活总体达到小康水平。进入新时期,我们党更加密切关注人民利益需求的新变化,将保障和改善民生作为维护和实现人民利益的重中之重,成为人民利益观中极具时代特色的重要内容。

党的十八大以来,以习近平同志为核心的党中央以巨大的政治勇气和强烈的责任担当,坚持统筹推进"五位一体"总体布局、协调推进"四个全面"战略布局,贯彻创新、协调、绿色、开放、共享的发展理念,着力增强改革系统性、整体性、协同性,推动重大制度创新,提升人民群众获得感、幸福感、安全感。中国特色社会主义进入新时代,我国社会主要矛盾已经转化为人民日益增长的美好生活需要和不平衡不充分的发展之间的矛盾。社会主要矛盾发生转化的科学判断是对我国国情的准确把握,是关乎全局的重大理论创新和实践创新。我们要继续"做大蛋糕","分好蛋糕",促进社会公平正义,努力做到发展的成果由人民共享,让实现全体人民共同富裕在广大人民

---

[1] 《十八大以来重要文献选编》(上),中央文献出版社 2014 年版。

现实生活中更加充分地展示出来。"小康不小康，关键看老乡"，全面建成小康社会，不让一个人掉队，不简单地用人均GDP、人均收入等数据来衡量小康，不用平均数代替大多数。始终坚持在发展中保障和改善民生，全面推进幼有所育、学有所教、劳有所得、病有所医、老有所养、住有所居、弱有所扶，不断增进人民福祉。

为什么人的问题，是检验一个政党、一个政权性质的试金石。带领人民创造美好生活，是中国共产党始终不渝的奋斗目标。坚持以人民为中心的思想，就能确保党永不变质，确保我们党的执政地位坚如磐石，确保我们国家兴旺发达长治久安。经济社会发展到一定阶段后，社会的科学发展和人自身的全面发展亟待提上日程，它已成为中国特色社会主义发展的客观要求和人民群众的根本利益所在。追求人的全面发展是马克思主义关于建设社会主义新社会的本质要求，更是中国共产党实现人民利益的最高目标。

进入新时代，我们要把尊重民意、汇集民智、凝聚民力、改善民生贯穿党治国理政全部工作之中，执政为民，不断厚植党执政的群众基础。增进人民福祉、促进人的全面发展，健全幼有所育、学有所教、劳有所得、病有所医、老有所养、住有所居、弱有所扶等方面的国家基本公共服务制度体系，尽力而为，量力而行，注重加强普惠性、基础性、兜底性民生建设，保障群众基本生活。创新公共服务提供方式，鼓励支持社会力量兴办公益事业，满足人民多层次多样化需求，使改革发展成果更多更公平惠及全体人民。建设人人有责、人人尽责、人人享有的社会治理共同体，确保人民安居乐业、社会安定有序，建设更高水平的平安中国。

制度问题更带有根本性、全局性、稳定性和长期性。我们要通过完善制度保证人民在国家治理中的主体地位，不断健全为人民执政、依靠人民执政各项制度。

要坚持党的领导、依法治国和人民当家作主三者有机统一的制度体系建设。党的领导是人民当家作主和依法治国的根本保证，人民当家作主是社会主义民主政治的本质特征，依法治国是党领导人民治理国家的基本方式，三者统一于我国社会主义民主政治的伟大实践。中国共产党的执政宗旨是全心全意为人民服务，必须要以党的自我革命来推动党领导人民进行的伟大社会革命，根据人民群众整体利益和局部利益、长远利益和当前利益的辩证关系，改进党的领导方式和执政方式,凝聚社会共识,保证党领导人民有效治理国家,扩大人民有序政治参与,保证人民依法实行民主选举、民主协商、民主决策、民主管理、民主监督,维护国家法制统一、尊严、权威,加强人权法治保障,保证人民依法享有广泛权利和自由。

要坚持和完善人民代表大会制度,中国共产党领导的多党合作和政治协商制度,民族区域自治制度,以及基层群众自治制度,保证和发展人民当家作主,发展更加广泛、更加充分、更加健全的人民民主,使人民群众更为有效参与到社会主义国家政权建设中来。

完善党员、干部联系群众制度。坚持有事好商量,众人的事情由众人商量,推动协商民主广泛、多层、制度化发展,保证人民在日常政治生活中有广泛持续深入参与的权利。健全联系广泛、服务群众的群团工作体系。

制度的生命力在于执行。要强化制度执行力,加强制度执行的监督,切实把我国制度优势转化为治理效能。我们要增强制度意识,善于在制度的轨道上推进各项事业。广大党员、干部要作制度执行的表率,引领全社会增强制度意识,自觉维护制度权威,将人民当家作主的制度真正落到实处。

第三节 建设人民满意的服务型政府

政府是国家治理的重要主体,承担着按照党和国家决策部署推动经济社会发展、管理社会事务、服务人民群众的重大职责。行政体制是中国特色社会主义制度的重要组成部分,是经济、社会、文化、生态文明等各项制度的联结枢纽,也是推进国家治理体系和治理能力现代化各方面改革的结合点和关键环节。党的十九届四中全会明确指出:必须坚持一切行政机关为人民服务、对人民负责、受人民监督,创新行政方式,提高行政效能,加快构建职责明确、依法行政的政府治理体系,建设人民满意的服务型政府。

新时代建设人民满意的服务型政府的核心问题是要正确处理好政府与市场关系,让市场在资源配置中起决定性作用,更好发挥政府作用。加快政府职能转变,最大限度减少政府对市场资源的直接配置以及对市场活动的直接干预，在弥补市场失灵、加强市场监管和提供基本公共服务等方面更好发挥政府作用。加快实现从"全能政府"到"有限政府"的理念转变，充分发挥市场主体、社会组织和人民群众的主体作用，实现政府治理和社会调节、居民自治良性互动，搭建多元主体共同参与的国家治理新格局。

一、完善国家行政体制

国家行政体制是由经济基础决定的上层建筑。随着中国特色社会主义进入新时代，根据经济社会发展新形势新需要，完善国家行政体制势在必行。行政决策、行政执行、行政组织、行政监督是国家行政体制的核心要素，要以推进国家机构职能优化协同高效为着力点，推动决策、执行、监督等环节有机统一、衔接协同。新时代完善国家行政体制的核心任务是健全政府部门协调配合机制，深化行政执法体制改革，创新行政管理和服务方式，推进全国一体化政务服务平台建设，提高政府执行力和公信力，最终全面提升政府治理效能。

（一）健全政府部门协调配合机制

一段时期以来，政府机构在一定程度上出现了政出多门、责任不明、推诿扯皮等问题，机构设置和职责划分不够科学，利益藩篱固化，影响了行政效率和机构履职能力。2018年深化党和国家机构改革聚焦政府职能优化设置，通过梳理各部门事权类型和特点，提出"一类事项原则上由一个部门统筹、一件事情原则上由一个部门负责"的改革思路，整合相近或联系紧密的事权组建新机构。例如，新组建的自然资源部整合了原本分属国土、水利、农业、林业等部门的自然资源管理职责，统一行使所有国土空间用途管制和生态保护修复职责，实现对山水林田湖草的整体保护、系统修复和综合治理。再如，新组建的应急管理部整合了分散在安监、国务院办公厅、公安、民政等十余个部门的职责，优化重组应急力量和资源，构建起中国特色的应急管理体制。新组建的国家市场监督管理总局整合了原分属商务部、发改委、工商总局的反垄断执法职能，有利于提升反垄断执法效率和权威性，降低企业合规成本。

然而，机构改革不可能将所有存在职责关联的部门都整合成一个机构，根据分工设立部门是科层组织的常态。因此，在机构整合以外，健全不同政府部门之间的协调配合机制尤为重要。首先，需要牢固树立"一盘棋"思维，科学界定部门分工和权限，理顺部门职责关系，尽可能避免出现职责缺位、错位、越位现象。其次，应当在机构编制管理部门建立部门职责履行综合监督协调机制，促进各部门密切配合，各负其责、形成合力。最后，党委政府可以针对重点任务加强部门间的工作沟通与政策协调，建立形式灵活便捷的部门联席会议机制，优化资源配置，降低行政成本，提高政府的整体工作效率。总之，健全政府部门之间的协调配合机制，就是要加强制度和政策层面协同，破解长期存在的政出多门、政策效应相互抵消问题。

（二）深化行政执法体制改革

行政执法体制改革点多面广，与人民群众切实利益直接相关，必须加强顶层设计，落实好减少事项、整合力量、改进方式、重心下移等举措，切实提高人民群众对行政执法的满意度。党的十九届三中全会、四中全会将深化行政执法体制改革作为一项重要任务，明确中央部委层面行政执法指导部门，从横向和纵向两个层面统筹推进综合执法改革。

横向上，大幅度减少执法机构数量和种类，综合设置领域相近的执法队伍，整合组建大市场、大环保、大文化、大交通、大农业等综合执法队伍，由新组建的市场监管总局、生态环境部、文化和旅游部、农业农村部等机构履行业务指导职能。设立行业"大部门"综合执法机构有利于整合执法职能、减少多头执法，避免监管漏洞和执法真空现象，推动形成责权统一、精简高效的基层综合行政执法体制。

纵向上，厘清不同层级政府的职能，减少执法层次，将面向基层、面对老百姓的执法职能下放到基层，实现执法重心和资源下沉。改革后纵向上执法资源分配的大趋势是"市区互补"模式，如果市级部门承担执法职责并设立执法队伍则区本级不再设执法队伍；如果区级部门承担执法职责并设立执法队伍，市本级不再设执法队伍。这种减少执法层级、实行一级政府执法的改革探索有助于厘清执法责任，减少多层执法，提高执法效率。

此外，行政执法体制改革的成败还取决于末端的行政执法能否与前端的行政审批和行政监管实现衔接协同。为避免监管和执法衔接不畅，应健全完善公务协作制度和监督约束机制，建立跨部门协作配合的信息平台，实现职能部门与综合执法机构之间资源共享、信息互通、协作高效。

（三）创新行政管理和服务方式

计划经济时期政府管理以行政审批为中心，随着市场经济的发展，政府管理重心逐渐由事前审批向事中事后监管和公共服务转移。中国特色社会主义进入新时代，对政府管理方式提出了新的要求。创新行政管理和服务方式，就是要将行政资源从事前审批中解放出来，在经济调节、市场监管、公共服务、社会管理、生态保护等职能履行上投入更多力量。

针对新技术、新业态、新模式，必须创新政府监管方式，广泛运用大数据、风险管理、社会信用等新型监管工具提升监管水平和效率。在基层监管一线，应当加快推进综合执法机构机制改革，推动人财物等资源向基层倾斜，有效减少监管盲区、降低执法成本。

大力推进"互联网＋政务服务"。从根本上解决"门难进、脸难看、事难办"问题，要践行以人民为中心的发展思想，从群众和企业办一件事的视角重塑政府业务流程，力争做到让老百姓到政府部门办事"只进一扇门""最多跑一次"。近年来，越来越多的省市通过"互联网＋政务服务"让"信息多跑路、群众少跑腿"，以优质服务为企业添动力、百姓增便利，市场活力和社会创造力大幅增强。要通过流程再造、数据共享等手段加快实现政务服务"一网通办"，推进全国一体化政务服务平台建设，推动政务服务实现无差别受理，让人民群众感受到更多改革获得感。进一步清理、取消没有法律法规依据的各类证明，群众诟病的"奇葩证明"现象将逐渐成为历史。

（四）提高政府执行力和公信力

改革重在落实，也难在落实。抓改革落实就是要不断提升政府执行力，确保中央各项决策部署尽快落地生根、取得预期成效。党的十八届三中全会以来，党中央决策部署的绝大多数改革任务进展顺利、成效显著。但是，一些地区和部门仍然存在不同程度上的执行"中梗阻"现象。面对改革任务，有的口号喊得响、方案却迟迟出不来；有的方案出来了，却以发文件代替抓改革，人民群众缺乏获得感；还有个别改革任务延期或进展滞后了。深入剖析执行力问题成因，既有干部改革创新意识不强、能力不足的主观因素，同时也不可忽视制约改革落实的体制性根源。

提升政府执行力和公信力，关键在于运用科学的方法狠抓政策落实。一要提升绩效管理制度的科学性和有效性，完善奖优罚劣、容错纠错机制，调动各地区各部门激励担当作为，健全正向激励机制。

二要优化督查督办方式方法。运用现代绩效管理理念构建集目标设定、执行监控、进展反馈和成效评估于一体的督查考核闭环系统，委托智库等第三方机构实施重大决策落实情况专项评估。综合运用通报表扬、奖励补助、政策倾斜、专项试点、"免督查"和绿色通道等多种类型激励措施，鼓励各地区各部门真抓实干，推动形成干事创业、竞相改革的良好氛围。

三要着力加强政务诚信建设。强化政务诚信，绝不能"新官不理旧账"。持续推进政务公开质量提升，不断优化政府网站、"两微一端"、政务热线电话等政务公开平台功能，让决策、执行、管理、服务和结果公开更及时。深入推进廉洁政府建设和反腐败斗争，完善公共资金、公共资源、公共资产和公共工程等重点领域的权力制约和监督长效机制。

二、优化政府职责体系

优化政府职责体系是构建职责明确、依法行政的政府治理体系的重要内容，是坚持和完善中国特色社会主义行政体制的必然要求，也是推进国家治理体系和治理能力现代化的题中应有之义。

（一）优化政府职责体系的意义

中国特色社会主义进入新时代，我国社会主要矛盾发生重大变化，优化政府职责体系，不断推进国家治理体系和治理能力现代化既非常必要，也非常迫切。

第一，坚持和完善中国特色社会主义制度、推进国家治理体系和治理能力现代化需要优化政府职责体系。中国特色社会主义进入新时代，政府职责体系也必须升级迭代，与新时代中国特色社会主义发展的要求相匹配。建立健全科学合理的政府职责体系，实现各项事务治理制度化、规范化与程序化，不断提高行政效能，能够确保人民群众获得满意的公共服务，实现经济持续健康发展和社会长治久安。党的十八大以来，围绕正确处理政府和市场关系，我国不断优化政府职责体系，在一些重要领域和关键环节取得重大进展，但与新时代的新任务新要求相比，我国政府职责体系还存在不少需要改进的地方：政府职能转变不到位，政府职责错位、越位、缺位的情况依然存在，政府职能配置不健全、效能不高等。只有进一步构建职责明确、依法行政的政府治理体系，优化政府职责体系，提高政府效能，才能为在全面建成小康社会后顺利迈向现代化进而建成现代化强国提供战略支撑。

第二，全面深化改革、完善社会主义市场经济体制需要优化政府职责体系。我国已进入高质量发展阶段，改革正步入深水区，经济体制改革依然是全面深化改革的重点。其核心是处理好政府和市场的关系，解决好市场秩序不规范、市场规则不统一、市场竞争不充分等问题。但这些问题从根本上来说都与政府职责设置不合理、政府职能转变不到位有关。基于此，我们必须按照完善社会主义市场经济体制的需要来优化政府职责体系，瞄准如何使市场在资源配置中起决定性作用、更好发挥政府作用，进一步厘清政府和市场、政府和社会关系，全面正确履行政府职能，把该放的权放足放到位、该管的事管好管到位、该提供的公共服务提供到位，实现更高质量、更有效率、更加公平、更可持续、更为安全的发展。

第三，坚持以人民为中心、满足人民日益增长的美好生活需要优化政府职责体系。习近平总书记指出："为人民谋幸福，是中国共产党人的初心，我们要时刻不忘这个初心，永远把人民对美好生活的向往作为奋斗目标。"[①] 老百姓期盼有更好的教育、更稳定的工作、更满意的收入、更可靠的社会保障、更高水平的医疗卫生服务、更舒适的居住条件、更优美的环境，期盼着孩子们能成长得更好、工作得更好、生活得更好，这些美好生活的需要还包括民主、法治、公平、正义、安全、环境等。要把握发展规律，深刻认识我国社会主要矛盾发展变化带来的新特征新要求，强化政府在医疗卫生、社会保障、教育文化等方面的职能，满足人民对美好生活的新期待。

---

① 习近平：《在党的十九届一中全会上的讲话》，《求是》2018年第1期。

（二）持续推进放管服改革

深化"放管服"改革是加快建设服务型政府的必然要求，也是激发市场活力和社会创造力的关键举措。

一是深化行政审批制度改革。最大限度减少政府对市场活动的直接干预，管住"看得见的手"，凡是市场机制可以有效调节的事项以及社会组织可以替代的事项、凡是公民法人在法律范围内能够自主决定的事项，原则上都不应设立行政许可，真正落实企业生产经营和投资自主权，推动资源配置依据市场规则、市场价格、市场竞争实现效益最大化和效率最优化。

二是强化市场监管。推进"双随机、一公开"监管全覆盖，努力实现"进一次门、查多项事"。完善信用监管制度，防止出现"失信泛化"等情况，采用大数据监管等新方式，提升监管执法规范性和透明度。

三是创新行政管理和服务方式。坚决打通"信息孤岛"，加快推进全国一体化政务服务平台建设。建立健全运用互联网、大数据、人工智能等技术手段进行行政管理的制度规则。推动更多服务事项一网通办，实现让群众办事更便捷。落实《优化营商环境条例》，完善营商环境评价体系，加快打造市场化、法治化、国际化营商环境。

（三）不断完善宏观调控

科学有效协调的宏观调控是实现经济社会平稳健康发展的重要保障，是完善社会主义市场经济体制、推进国家治理体系和治理能力现代化的客观要求。

加快建立与高质量发展要求相适应、体现新发展理念的宏观调控目标体系、政策体系、决策协调体系、监督考评体系和保障体系。健全以国家发展规划为战略导向，以财政政策、货币政策和就业优先政策为主要手段，投资、消费、产业、区域等政策协同发力的宏观调控制度体系，增强宏观调控前瞻性、针对性、协同性。

完善国家重大发展战略和中长期经济社会发展规划制度，强化国家战略在各个层面的统一落实，确保一张蓝图干到底。科学稳健把握宏观政策逆周期调节力度，更好发挥财政政策对经济结构优化升级的支持作用，健全货币政策和宏观审慎政策双支柱调控框架。

完善标准科学、规范透明、约束有力的预算制度。优化财政支出结构，保障调结构、促改革、补短板、惠民生等重点领域支出需要。建设现代中央银行制度。提高直接融资比重，提升金融服务实体经济效能。

实施就业优先政策，发挥民生政策兜底功能。完善促进消费的体制机制，增强消费对经济发展的基础性作用。

深化投融资体制改革，发挥投资对优化供给结构的关键性作用。

加强国家经济安全保障制度建设，构建国家粮食安全和战略资源能源储备体系。优化经济治理基础数据库。强化经济监测预测预警能力，充分利用大数据、人工智能等新技术，建立重大风险识别和预警机制，加强社会预期管理。

（四）稳步提高公共服务能力

一方面，加强公共服务体系建设。创新公共服务供给机制，推动提供主体多元化、提供方式多样化，更好满足人民群众对高质量公共服务的新需要。尤其是要总结新冠肺炎疫情防控的经验教训，改革疾病预防控制体制，加强传染病防治能力建设。提高基本医疗服务水平，推进分级诊疗。稳定教育投入，优化投入结构，完善随迁子女义务教育入学政策，办好特殊教育、继续教育，支持和规范民办教育等。加大基本民生保障力度，完善社会救助制度，保障困难群众的基本生活。

另一方面，制定完善国家基本公共服务标准，建立基本公共服务清单动态调整机制，推进基本公共服务均等化、可及性，促进公共资源向基层延伸、向农村覆盖、向边远地区和生活困难群众倾斜，促进全社会受益机会和权利均等，让所有人都有更光明的未来。

（五）大力强化生态环境保护

人民群众对优美生态环境需要已成为我国社会主要矛盾的重要方面，必须大力强化政府生态环境保护职责，提供更多优质生态产品。一是用最严格制度最严密法治保护生态环境。健全源头预防、过程控制、损害赔偿、责任追究的生态环境保护体系。加快建立健全国土空间规划和用途统筹协调管控制度，完善主体功能区制度。二是严明生态环境保护责任制度。建立生态文明建设目标评价考核制度，严格落实企业主体责任和政府监管责任，实行生态环境损害责任终身追究制。三是全面建立资源高效利用制度。完善绿色生产和消费的法律制度和政策导向，落实资源有偿使用制度，健全资源节约集约循环利用政策体系。四是健全生态保护和修复制度。统筹山水林田湖草一体化保护和修复，加强对重要生态系统的保护和永续利用。

三、优化政府组织结构

持续推动政府机构设置更科学、职能更优化、权责更协同是优化政府组织结构的主要目标。深化党和国家机构改革对政府组织结构进行了系统性重构，当前和今后一个时期要不断适应经济社会发展需要，进一步完善体制机制推动政府机构运行更加顺畅高效。推进机构、职能、权限、程序、责任法定化，严格执行机构"三定"规定，完善"三定"规定作为党内法规与政府部门权责清单制度的有机衔接。根据新型城镇化发展态势和地方治理现实需要，优化行政区划设置，提高中心城市和城市群综合承载和资源优化配置能力。健全城乡融合发展机制，加快实现农业转移人口市民化，因地制宜统筹考虑省直管县、县改市、撤县设区、经济发达镇改市等多种方式，促进城乡要素自由流动、资源合理配置。按照扁平化、高效率的要求，完善行政管理组织体系，综合设置职能相近的政府部门，根据基层事务特点构建简约高效的基层管理体制。

（一）推动政府机构改革发生"化学反应"

针对政府机构设置和职责划分不够科学、职责缺位和效能不高等问题，2018年深化党和国家机构改革坚持优化协同高效原则，以提升执行力为目标构建职责明确、依法行政的政府治理体系。国务院机构改革方案整合多部委职责组建了新的自然资源部、应急管理部和市场监督管理总局。为保障健康中国、军民融合、乡村振兴等国家中长期发展战略顺利实施，卫生健康委员会、退役军人事务部、农业农村部等一批机构及其职能实现了优化重组。新时代社会主要矛盾发生了显著变化，人民对美好生活的需要日益增长。生态环境部统一行使生态和城乡各类污染物排放的监管和执法职责，为建设美丽中国和坚决打赢污染防治攻坚战提供了组织保障。新组建的医疗保障局将更好满足全体国民"病有所医"需求，不断提高人民群众享受的医疗保障水平。新设立的国际发展合作署和国家移民局，直接服务于构建人类命运共同体和"一带一路"倡议，彰显出中国走向世界舞台中央的决心和实力。本轮改革后，长期存在的政出多门、责任不明、推诿扯皮等问题得到了有效解决，政府机构设置更加科学、职能更加优化、权责更加协同、监管更加有力、运行更加高效。

习近平总书记在深化党和国家机构改革总结会议上强调，完成组织架构重建、实现机构职能调整，只是解决了"面"上的问题，真正要发生"化学反应"，还有大量工作要做。深化党和国家机构改革的前半篇文章已经全面收官，改革后的各类机构正在履行全新职责、释放改革红利。写好机构改革的后半篇文章，关键是要强化制度执行力，把党中央机构改革决策部署与推进国家治理体系和治理能力现代化结合起来，推进机构、职能、权限、程序、责任法定化，促进党和国家机构职能体系重组发生"化学反应"，从整体上推动各项制度更加成熟更加定型。

一要处理好机构改革后部门职能履行过程中出现的新问题新现象，实现机构职责查缺补漏、动态调整。二要处理好机构改革进程中出现的审批、监管、执法和辅助支持职能错位现象，尽快理顺各部门单位职责关系，做到职责互补、协调一致。三要处理好机构整合后的职能融合、人员融合、文化融合问题，坚持五湖四海、任人唯贤原则，避免因以某一机构为主整合其他机构导致的"一家独大"现象。四要加快推进机关所属支持辅助性事业单位机构职能调整，确保职能履行顺畅高效。五要着力加强综合行政执法队伍建设，整合执法力量、减少执法层次、促进执法重心和资源向一线下沉。六要完善相关配套改革，落实公务员职务与职级并行政策，为机构改革后各层级干部创造职业发展通道，更好激励干部担当作为。

（二）提高中心城市和城市群综合承载和资源优化配置能力

长期以来，我国城乡一体化发展存在不均衡不协调的问题，中心城市和城市群发展面临体制机制障碍。资源要素在城乡之间合理流动通道并没有完全打通，户籍、土地流转等新型城镇化核心问题未能得到有效解决。党的十九届四中全会明确提出要优化行政区划设置，提高中心城市和城市群综合承载和资源优化配置能力。当前，新型城镇化建设中地方政府存在多种行政区划调整的政策选择，应当根据城镇化发展进程统筹推进。

2002年以来，全国各地试点实施了多种形式的省直管县改革，改革成效莫衷一是。省直管县改革的初衷是扩大县域发展自主权，有利于县市因地制宜的推动科学发展，缩小城乡差距，实现城乡基本公共服务均等化。一些省份实施省直管县改革之后，设区市仅管辖市辖区城市政区，县管理农村政区，在理论上的确实现了市县行政分治。设区市与县市政府行政隶属关系被取消后，二者的关系非常微妙，既不是管辖关系也不是平等合作关系，争夺项目、资金等资源的竞争成为常态，城乡优势互补、协调共生的理想状态并没有出现。此外，由于过去干部晋升选拔方面的导向注重经济指标，县市政府被省直管后新增的可支配财力往往投向了能够快速拉动经济指标增长的基础设施建设项目，民生性公共服务支出增幅不够明显。有研究发现，省直管县改革仅在非常微小的程度上促进了试点县市政府提升教育支出水平，改革对缩小城乡教育基本公共服务差距的作用也非常有限。近年来，随着中央不再部署省直管县改革新的试点任务，一些省份纷纷重回市管县体制。

新时代提高中心城市和城市群综合承载和资源优化配置能力，应当统筹考虑省直管县、撤县设区、县改市、镇改市等改革。省直管县改革的实施范围应重点考虑有利于形成省内经济中心的县市、人口大县、经济强县和有城镇化特色的县市。加强市县关联度测试，对与中心城市空间距离较近、产业互补性强、资源一体化程度高的县考虑撤县设区，以促进区域经济一体化和实现公共服务均等化。对已经基本实现从农村政区向城市政区转化的县考虑适时启动县改市。淡化县改市的权力扩张色彩，兼顾镇级市设置，合理优化城市体系，推动新型城镇化健康发展。

（三）构建简约高效的基层管理体制

简约高效的基层管理体制是国家治理现代化的基础。长期以来，基层管理体制存在条块分割、各自为政、权责脱节、效能不高等问题，基层政权组织群众、服务群众的能力有待提升。党的十八大以来，全国各地优化配置执政资源，改革基层管理体制，探索了一批具有典型示范意义的做法和经验。

完善党组织总揽全局、协调各方的基层治理组织体系。一是建立健全党对基层城市和农村工作的领导体制机制。基层党委和政府是责任主体，要建立健全党委统一领导、党政齐抓共管的工作格局。2018年，经党中央批准，北京市在全国率先组建市委城市工作委员会，加强党对城市工作的集中统一领导，为构建现代化超大城市治理体系提供坚强组织保障。二是更好发挥职能部门作用。加强城市规划建设管理部门、农村农业部门职能配置，确保党的方针政策和决策部署得到贯彻落实。三是提升街道党（工）委统筹协调能力。深化街道管理体制改革，切实增强街道社区党组织政治功能和战斗力，充分发挥街道党（工）委统筹协调各方、领导基层治理的作用。

推进市县（区）政府重点领域大部门制度改革。地方政府除了在自然资源、生态环境、市场监管等领域与中央机构设置基本对应外，还应根据人口、经济发展水平对市县进行分类，因地制宜地建立具有地方特色的市县区级政府大部门体制。例如，城市政府应当整合市政公用、市容环卫、园林绿化、城市管理执法等城市管理相关职能，实现管理执法机构综合设置，有需要的城市可组建城市管理委员会。根据中央"多规合一"改革部署精神，有条件的市县可建立职能有机统一的空间规划编制实施机构。此外，地方还可以根据实际需要在农业农村、水务、交通运输等领域推进市县政府机构和职责整合，减少职责交叉，提高行政效率。

推动基层治理重心和配套资源向街道社区下沉。探索制定街道党工委、办事处权责清单，聚焦基层党建、城市管理、社区治理和公共服务等主责主业，全面取消招商引资、协税护税等职责。赋予街道党工委对职能部门派驻街道机构的绩效考核权、人事任免建议权、街道规划参与权等权力，有效解决条块分割带来的管理真空、权责脱节等问题。优化街道社区机构设置，按照精简高效原则整合审批、服务、执法等方面力量设立扁平化综合性机构。通过推动治理重心下移，聚合职能部门管理执法力量，尽可能将人力、物力、财力等各类资源下沉基层一线，确保基层有职有人有权有物，不断夯实基层治理的基础。

理顺条块关系建立基层问题处置快速响应机制。由于缺乏相应的管理执法权限，基层治理中长期存在"看得见、管不着"的条块关系不顺、权责不统一问题。北京市推行"街巷吹哨、部门报到"改革，明确街乡与区直部门的权责界限，增强街乡统筹协调功能，建立起基层发现问题与职能部门有权处置之间的快速响应机制。通过整合执法机构和资源，推动各部门执法力量派驻街乡，由实体化、常态化的街乡综合执法中心在辖区内统一行使执法权。"吹哨报到"改革以党建为引领协调各方力量，积极推进基层公共事务管理的流程再造，构建集日常巡查、问题发现、有权处置、结果反馈于一体的闭环系统，有效破解了困扰多年的城市治理顽疾固症。

运用网络信息技术手段，提升基层治理水平。充分运用大数据、区块链、人工智能等新技术，创新工作载体和方式方法，构建全天候、全覆盖、立体化的基层治理工作体系。统筹推进智慧城市建设，设立大数据中心归集分散于各部门的基础信息和数字资源，共建共享技术支撑平台、大数据应用平台。整合现有基层党建、社区治理、数字城管等信息系统，建设网格化综合治理平台，注重运用移动终端采集社情民意。加快建设基层治理指挥平台"城市大脑"，通过智能感知、实时监测有效提升社会风险预警和应急指挥处置能力。

四、发挥中央和地方两个积极性

中央和地方关系是一个国家最重要的制度安排，尤其是我国这样一个幅员辽阔、人口众多、情况复杂的多层级政府国家，中央和地方关系问题更是极为重要。

新中国成立后，党中央就对发挥中央和地方两个积极性进行了积极的探索。毛泽东提出的"发挥中央和地方两个积极性"在1982年宪法中上升为宪法原则，成为我国处理中央与地方关系的总方针和最高原则。改革开放后，我国的发展战略调整为以经济建设为中心，提高市场效率，调动地方发展经济的积极性，同时也强调巩固和加强中央权威。党的十九届四中全会把"健全充分发挥中央和地方两个积极性体制机制"作为推进国家治理体系和治理能力现代化的重要内容作出了部署，标志着我们对中央和地方关系的认识达到新的高度。

（一）维护中央权威实现"三个统一"

发挥中央和地方两个积极性，必须考虑独特的历史文化、特殊的现实背景等国情因素，从我国特有的制度基础出发，兼顾各项事权的内在属性和外部性、管理信息复杂程度等因素。发挥中央和地方两个积极性，既有中央向地方的"放权"，也有中央对地方的"收权"。归属中央部门的权力，必须有效集中；归属地方的事务，要予以充分下放。充分发挥地方积极性、主动性的前提是坚决维护中央统一领导，增强"四个意识"，坚定"四个自信"，做到"两个维护"，实现"三个统一"。

第一，维护法制统一，坚持依法治国，自觉遵守宪法、法律和行政法规，地方性法规和政府规章的制定应与上位法相统一。

第二，维护政令统一，认真贯彻党中央大政方针，落实党中央、国务院重大决策部署，执行国务院制定的行政法规、发布的决定命令、出台的具体政策。

第三，维护市场统一，坚决反对地方保护主义，清理废除妨碍统一市场和公平竞争的各种规定和做法，维护全国市场体系的统一性。充分发挥市场在资源配置中的决定性作用，更好发挥政府作用，激发人民群众和各类市场主体创新创造创业活力。

中央政府应加强中央宏观事务管理，将更多精力投入到战略性、全局性、基础性工作上。完善顶层设计和制度设定，通过制度供给、制度创新来发挥其积极性。就全国范围而言，宏观调控具有全局性的影响，调控的主体显然是中央政府，必须由中央政府负责，实现"全国一盘棋"。适当加强中央知识产权保护事权，更好地支撑创新驱动发展战略。适当加强中央在养老保险方面事权，统一政策尺度，加快形成保基本、兜底线、促公平、可持续的社会保障制度体系，促进基本公共服务均等化，更好地应对老龄化社会挑战。深化要素市场化改革进一步释放市场活力。统筹协调推进土地、劳动力、资本、技术与数据要素市场化改革，促进要素资源在全国统一大市场范围内合理畅通有序流动，以助力早日实现经济实现从高速度到高质量发展的转型。

（二）尊重首创精神调动地方积极性

我国幅员辽阔、人口众多、情况复杂、各级政府资源禀赋、功能特点各异，区域发展不平衡，必须注重发挥地方积极性，形成协同效应。一方面，赋予地方更多自主权，把地域信息性强、外部性不显著、直接面向基层、与辖区居民利益密切相关的事务交给地方，由地方实施更为便捷有效的管理，特别是行政审批、便民服务、资源配置、市场监管、综合执法、社会治理等具体事项要逐级下放，使基本公共服务受益范围与政府管辖区域保持一致，激励地方政府保障好辖区范围内的基本公共服务供给。在增强地方治理能力，充分激发其活力的同时有效满足差异化公共服务偏好。另一方面，支持地方创造性开展工作。强化结果导向，避免过度留痕、过多检查，切实为基层减负松绑，把工作成效作为考核、督察、评价的根本标准。强化容错机制，防止问责泛化，鼓励担当作为，支持地方围绕中央顶层设计进行差别化探索，及时把地方成功的改革经验和体制机制探索成果在面上推开。

省级政府上连中央，下接地方各层级政府，发挥着承上启下的作用，地位十分重要。应在中央统一领导下，在国家统一制度框架内，充分发挥主动性，有针对性地加强区域管理和统筹协调，理顺条块关系，把该管的事情管好管到位。树立全局意识，破除本位主义和地方保护主义，维护好市场统一和公平竞争。根据具体情况和实际需要用好地方立法权，统筹好区域内经济社会发展，促进基本公共服务均等化。积极探索省以下管理体制和管理方式创新，增强保障能力，提高行政效率。

市县政府直接服务人民群众，直接面向基层，必须强化执行职责，守土有责、守土尽责。增强市县政府执行上级政策法规的责任意识，严格依法行政，严禁搞"上有政策，下有对策"的擅自变通。民族自治区、地方的自治机关只能依照宪法、民族区域自治法和其他法律规定的权限行使自治权。较大的市制定地方性法规应限于城市管理方面的具体事项。

此外，进一步规范垂直管理体制和地方分级管理体制，关键是把垂直管理与服务地方有机结合起来，该管的管得住、管得好，该放的放到位、放彻底，该担的担起来、担好责，做到上下贯通、管理高效。规范地方分级管理体制的重点是切实解决地方各级政府事权划分不科学、职能转变不到位等突出问题。总的原则是按照权责一致原则，处理好"条""块"关系，既避免职责交叉、事权重叠，也要防止各行其是、推诿扯皮。

（三）建立健全发挥两个积极性的中央和地方财政关系

合理划分事权和财权是现代国家治理的重要基础和支柱，也是健全充分发挥中央和地方两个积极性体制机制的重要内容。

首先，事权划分做到权责清晰，合理划分各领域中央和地方各级事权和支出责任。对那些关系全国政令统一、促进区域协调发展的重大事务管理权要集中到中央，由中央财政承担支出责任；对区域性公共服务事项，由地方履行事权和支出责任；对中央和地方共同事权，实行支出责任分担机制。

其次，实现财力协调，形成与承担职责相适应的财政体制。"一级事权、一级财权"最有利于地方积极性的发挥。税收收入是我国政府财政收入的主要来源，中央与地方政府间财权的划分关键在于税收收入的划分。地方政府可以通过地方税、共享税构成的地方税体系获得税收收入。按照效率、适应、恰当和经济利益等原则，进一步明确中央税、地方税和中央地方共享税的范围。2016年全面"营改增"后，地方主体税种缺失，加上近年来大规模的减税降费政策，地方政府的财政收入规模受到一定的影响。为保持央地间收入格局大体不变，需要为地方政府提供更多的财权，进一步理顺中央和地方收入划分。

最后，完善和优化财政转移支付制度，为各级政府履行事权和支出责任提供财力保障。通过加强中央财政对贫困地区、农产品主产区、生态功能区财力缺口的弥补，增强财政困难地区兜底能力，确保政权运转、民生保障和基本公共服务供给，促进区域均衡，稳步提升区域间基本公共服务均等化水平。

第四节 建设社会治理共同体

建设人人有责、人人尽责、人人享有的社会治理共同体，是推进社会治理现代化的重要保障，对于坚持和完善中国特色社会主义制度，维护国家安全、社会安定、人民安宁，具有重要意义。

一、社会治理是国家治理的重要方面

（1）社会治理概念的提出有一个过程。它是由"社会管理"这一概念发展演变而来。"社会管理"一词最早可以追溯到1998年3月6日国务委员兼国务院秘书长罗干在第九届全国人民代表大会第一次会议上所作的《关于国务院机构改革方案的说明》（以下简称《说明》）。该《说明》提出，"要把政府职能切实转变到宏观调控、社会管理和公共服务方面来"，首次将"社会管理"明确为政府的主要职能。此后，"社会管理"一词频繁出现在党和政府的文件中。2004年，党的十六届四中全会提出了"建立健全党委领导、政府负责、社会协同、公众参与的社会管理格局"。2006年，党的十六届六中全会将"社会管理体系更加完善"作为"2020年构建社会主义和谐社会的目标和主要任务"之一，提出"在服务中实施管理，在管理中体现服务"。2007年，党的十七大报告从实现全面建设小康社会新要求的角度提出了建设更加健全的社会管理体系的要求，"要最大限度激发社会创造活力，最大限度增加和谐因素，最大限度减少不和谐因素"。2012年，党的十八大报告实现了从社会管理格局向社会管理体制的转变，并且在社会管理体制中增加了"法治保障"这一新内容。2013年，党的十八届三中全会专门部署创新社会治理体制来呼应"国家治理"，从而在党的正式文件中第一次提出"社会治理"概念，标志着中国共产党对政府和社会关系的认识最终完成了从社会管理到社会治理的变迁、深化和创新。

从"社会管理"到"社会治理"虽然只有一字之差，反映的却是理念上的重要创新。首先，从理念上来看，社会管理是"以我为主"，强调运用各种手段和要素达到组织目标，具有更多行政色彩；而社会治理则强调机制的作用，核心在于法治，即以法律手段调节社会发展中的各种关系，化解社会矛盾。其次，从主体上来看，社会管理更加突出政府的主导性作用，其主体相对单一，主要是各级政府及其职能部门；而社会治理的主体则呈现出多元化的特征，既包括党政机关，也包括社会组织、企事业单位、公民个人等，相应的社会治理的全过程也是多元的，体现了民主性的特点。再次，从实现方式上来看，社会管理表现为主体对社会采取单一式的自上而下的管理和控制；社会治理重视各主体之间的合力作用，鼓励主体自主表达、协商对话，并形成共识,实现形式是立体式的多元互动的协商合作共治。最后,从党委政府和社会公众的角色来看,在社会管理中党委政府的角色是"撑船人",需要自己"执篙撑船",而社会及公众则是被动"乘船";在社会治理中,党委政府的角色是"掌舵手",主要承担"掌舵"主导的职责,而社会及公众则是共同参与、主动"划桨",实现共建共治共享。

总之,从"社会管理"向"社会治理"变迁,集中体现的是政府和社会关系的转变:从国家(主要通过政府)管控社会,将政府视为管理主体而把社会视为被管理的客体,偏重于作为管理主体的政府对作为管理客体的社会进行管理和控制,到强调多元主体,政府和社会都是作为一方治理主体而出现,两者平等合作对公共事务进行共同治理。正如习近平总书记所指出的那样,"社会治理是一门科学""治理和管理一字之差,体现的是系统治理、依法治理、源头治理、综合施策"。[1]

(2)社会治理是国家治理的重要领域。国家治理在广义上涵盖对国家一切事务的治理,等同于治国理政。在纵向上,国家治理涵盖从中央到地方再到基层的治理,以及组织、个体层面的治理;在横向上,国家治理则涵盖政府、市场、社会等领域的治理。[2] 因此,国家治理是一个居于更为宏观位置的上位概念,涵盖了处于相对具体的专门领域内的社会治理的全部内容。

社会是国家治理体系的一方重要主体,社会治理也是国家治理体系中的重要组成部分,在国家治理体系中具有重要地位,事关人民安居乐业,事关社会安定有序,也事关国家长治久安。同时,作为国家治理体系中相对独立的领域,社会治理也具有重要的发展任务和工作重点,即在党政主导下,发挥多元主体作用,立足公平正义,以实现和维护群众合法权益为核心,协调利益关系,处理社会问题,化解社会矛盾,防范社会风险,促进社会认同,保障公共安全,维护社会和谐稳定。更进一步地,社会治理体系和治理能力的现代化,是国家治理体系和治理能力现代化不可或缺的组成部分,甚至可以说,社会有效治理是一切国家治理行为的出发点和落脚点,也是以人民为中心发展理念的最终指向。因此,党的十九届四中全会特别强调,社会治理

---

[1] 《习近平在参加上海代表团审议时强调 推进中国上海自由贸易试验区建设 加强和创新特大城市社会治理》,《人民日报》2014年3月6日。

[2] 郁建兴:《辨析国家治理、地方治理、基层治理与社会治理》,《光明日报》2019年8月30日。

是国家治理的重要方面,将"坚持和完善共建共治共享的社会治理制度,保持社会稳定、维护国家安全"纳入中国特色社会主义制度建设当中,并提出完善党委领导、政府负责、民主协商、社会协同、公众参与、法治保障、科技支撑的社会治理体系,建设人人有责、人人尽责、人人享有的社会治理共同体。

二、建设社会治理共同体的基本准则和关键

(一)建设社会治理共同体的基本准则

党的十九届四中全会通过的《中共中央关于坚持和完善中国特色社会主义制度 推进国家治理体系和治理能力现代化若干重大问题的决定》(以下简称《决定》)提出了"建设人人有责、人人尽责、人人享有的社会治理共同体"的概念,深刻揭示了社会治理"以人民为中心"的根本立场。

所谓社会治理共同体,概括起来说,就是指党委、政府、社会、公众乃至社会主体等基于互动协商、权责对等的原则,致力于解决社会问题、回应治理需求而自觉结成的相互联系、相互促进且关系稳定的生活有机体。《决定》将包含了合作和共识这两层含义的"社会治理"与"共同体"组合在一起使用,充分表达了党中央在社会治理方面的更高目标,即致力于在社会治理的各个方面都形成多元治理主体在权利(权力)义务(责任)相统一的基础上实现良性互动的治理局面,提高整体社会治理的有效性。建设社会治理共同体的核心要义在于促成社会组织、公众等成为社会治理的共同主体,与党委和政府共同承担社会治理责任,共同参与社会治理过程,共同享受社会治理成果,即实现共建共治共享的合作治理状态。

建设社会治理共同体,需要遵循以下基本准则:一是要坚持人民主体地位。作为一项系统工程,社会治理涉及每一个生活在社会共同体中的成员,与人民群众对美好生活的获得感、归属感、幸福感息息相关。建设社会治理共同体,要坚持人民主体地位,紧紧依靠人民、一切为了人民,过程需要亿万人民参与、成果将由亿万人民享有。二是要体现权利与义务统一。建设社会治理共同体,每个社会成员都是主体,均有参与社会建设、社会治理的权

利，更有参与社会建设、社会治理的义务，这就要求社会公众要摒弃"各人自扫门前雪"的观念，提高公民素养和参与意识，实现人人有责参与、人人尽责参与、人人共享参与成果。三是要形成良性互动的共同体。在社会治理实践中，政府、市场、社会、公众等治理主体要在党的领导下，通过民主协商、携手合作，形成良性互动的社会治理共同体特别是城乡社区社会治理共同体，进而实现人民安居乐业、社会安定有序的治理目标。

（二）关键在于处理好政府和社会关系

由于市场主体积极性不高、社会力量较为薄弱、公众能力有待提升，以往的社会治理实践在一定程度上表现出"党和政府为主，市场、社会与公众为辅"的特征。尽管在部分地方党委政府所采取的一些策略性行为（例如进行补贴）的激励下，部分社会组织、热心公共事务的公众能够通过各种方式参与社会治理，例如，社会组织承接政府部分职能转移、公众通过各种议事平台参与社区治理等，但是，这种替代激励的方式却难以提高社会整体的公共精神并形成长效的参与机制，社会治理的责任归根到底还是基本落在党委政府身上。

出现上述问题的原因，主要还是在于没有能够很好地解决对于社会治理而言非常关键的激励问题，也就是如何让社会组织、公众能够积极地参与到社会的共同治理中来，而这背后更深层次的问题还在于社会治理的责任如何划分。社会治理作为一种较为典型的公共物品，如果无法具有可操作性地划分各个主体特别是国家（主要通过党委、政府来体现）和社会（包括有社会组织、公众等）在其间的责任，"人人有责、人人尽责"的格局就无法实现，社会治理将始终是党委政府对社会的治理。这是党中央提出建设人人有责、人人尽责、人人享有的社会治理共同体的重要的理论与实践背景，其中蕴含着对政府和社会关系的理性思考。因此，可以说建设社会治理共同体的关键在于处理好政府和社会关系。

处理好政府和社会的关系，就要促进两者关系格局从"大政府—小社会"状态向"强政府—强社会"状态过渡。相比较而言，我国的国家与社会分离时间较晚，分离程度也较低。在计划体制时代，虽然国家权力渗透到社会生活的方方面面、政府和社会关系总体上处于"大政府—小社会"的形态，但无论是在城市各种单位内部还是在农村人民公社内部,这种"个人依附于单位(集体)""单位(集体)又依附于政府"的模式曾经在我国具有较强的适用性,并且确实是有利于当时我国的社会主义经济建设和现代化发展。随着改革开放的推进,人民公社制度和单位制相继解体后,"单位人"开始步入社会空间,成为"社会人",空间的转化和社会身份的改变,都需要有效的平台和适当的场域来吸纳社会成员的参与和互动,因而我国需要不断探索适合本国国情的社会治理模式。建设人人有责、人人尽责、人人共享的社会治理共同体,有利于不断促进政府对社会放权、拓展社会空间,早日形成"强政府—强社会"的政府和社会关系模式。

三、坚持共建共治共享

那么,如何"建设人人有责、人人尽责、人人享有的社会治理共同体"?党的十九届四中全会给出了明确而具体的部署,这就是坚持和完善"共建共治共享"的社会治理制度。从原来提出的社会治理格局到现在的社会治理制度,背后的意义重大。"格局"要求在社会治理实践中体现共建、共治、共享的元素;"制度"则进一步强调了在正式规则层面同样需要坚持共建、共治、共享的理念,既让社会治理各主体全方位地体现在社会治理制度的各环节,而不仅仅局限于某些领域和部分环节,提高整体社会治理的有效性;又推动社会治理主体全面融入社会治理实践的各方面,使得各个主体在权责一致基础上实现有效互动。

(一)共建:主体人人有责

以往在不少人眼里,社会治理的主体仍被先验地假定为政府,而对象是社会;社会治理是政府对社会进行治理,其区别于社会管理的地方在于,社会治理增加了市场主体、社会组织和公众参与的元素。这种认识误区一定程度上误导了治理实践,亟须从理论层面及治理理念上进行正本清源。习近平总书记指出:"新时代属于每一个人,每一个人都是新时代的见证者、开创者、建设者。"① 这一重要论述告诉我们，新时代是属于大家的，每一个人都是新时代的建设者，每一个人都是历史合力的实践者。改革没有旁观者，谁都不是局外人。

同样，共建是建设社会治理共同体的基础，强调必须明确各主体的社会责任，实现社会治理主体的多元化，促成建设社会治理共同体人人有责的局面。人人有责中的"人"，是指政府、市场、社会、公众等所有公共事务的关联方，既包括党委政府的公权力主导者角色，也包括市场、社会和公众等自治力量的辅助者角色；既包括组织化的党委政府、经济组织和社会组织等群体，也包括个体化的公民个人。

共建的治理理念是在党和政府治国理政理念发生重大变化的背景下提出的。传统大包大揽的无限责任政府以及以政府为主导的、单向度的管理和控制方式已经不能适应新时代的社会发展要求、面临着失灵困境，多元主体共同参与的有限责任政府正在成为政府职能转型的目标。在这一转型过程中，公共事务大量增加，民众需求的范围在扩大、质量在提高，公共治理的责任与日俱增。在总体责任明显增加，政府逐渐转变为有限责任政府的背景下，社会组织、公民个人的责任必须强化，以应对愈发庞杂的公共事务。

将人人有责的理念引入社会治理，客观上需要市场、社会、公众等主体在党委政府的主导下共同参与，以平衡权利不均衡、利益相冲突、义务不匹配等问题，实现社会权利（权力）义务（责任）的对等。社会治理不再是党委政府单一主体的责任，经济组织、社会组织与公民个人同样具有参与治理的责任，而是需要在党委领导、政府主导下以及其他主体的参与下，形成"一核多元"的社会治理格局，使得各主体在合法化的框架下达成内部共识，共同担负起推动社会走向"善治"的责任，并在这个过程中实现自身的社会价值。

在共建理念和原则指导下，促成主体参与治理人人有责，还需要多元主体在协同共治中清晰地厘定各主体的责任，明确划分和界定政府、社会组织、经济组织及公民个人之间的社会事务治理权限，解决好社会治理中的角色定位和责任分配问题，特别是凸显社会组织和公民个人的社会主体性地位，也

---

① 习近平:《在第十三届全国人民代表大会第一次会议上的讲话》，《求是》2020年第10期。

就是要构建各个主体平等参与社会事务、主体之间相互依存的共同体。为此，特别需要处理好政府和社会的关系，促使党委领导政府对社会适度放权，将社会组织视为社会治理的合作伙伴，将公民个人作为社会治理的有效主体力量。只有在明确各主体责任的基础上赋予相应的权利，使多元主体参与的有效性与互动性进一步提升，各个社会治理主体才能各司其职，发挥各自应有的职能，真正释放社会力量，在党委领导和法治保障的基础上，构建各个主体协同治理的有机共同体，奠定构建"强政府—强社会"的政府和社会关系模式的基础条件。

（二）共治：过程人人尽责

共治是建设社会治理共同体的关键，强调多元主体参与社会治理的体制创新，以人民意愿为基点、以民主协商方式将党总揽全局、协调各方的政治优势同政府资源整合优势、经济组织市场竞争优势、社会组织群众动员优势有机结合，最大限度发挥各主体的主动性和积极性，实现社会治理过程人人尽责以及政府机制、市场机制与社群机制的互相嵌入与有效协同，在尊重法律法规的前提下，通过协商合作，以制度化或非制度化的方式协调利益关系，处理社会问题，化解社会矛盾，防范社会风险，促进社会认同，保障公共安全，维护社会和谐稳定。

建设人人有责、人人尽责、人人享有的社会治理共同体，体制机制具有全局性、根本性作用，因此，必须着力完善社会治理体制机制。党的十八大以来，完善社会治理体制机制成为我国加强和创新社会治理的关键词与方法论，推动社会治理理论和实践创新取得了一系列重大进展。党的十八届三中全会提出"加快形成科学有效的社会治理体制"，首次提出了社会治理体制的概念；党的十九大提出"完善党委领导、政府负责、社会协同、公众参与、法治保障的社会治理体制"，围绕着社会治理的四个主体和根本保障，明确了社会治理的关键主体、主体间的关系以及社会治理的行为边界和仲裁准则；党的十九届四中全会进一步提出，"完善党委领导、政府负责、民主协商、社会协同、公众参与、法治保障、科技支撑的社会治理体系"，新增了"民主协商"和"科技支撑"两大元素，进一步为建设社会治理共同体增加了两大关键路径。这一系列发展演变表明，我们党对于社会治理的规律性认识不断深化，形成了国家治理体系和治理能力现代化框架中关于社会治理体制的系统观点以及现实格局。

按照党的十九届四中全会的新部署，完善社会治理体制机制，需要从以下七个方面着手：一是要完善统揽全局、协调各方的党委领导体制。党的领导是新时代社会治理体系的政治灵魂，反映了新时代社会治理体系的本质特征。在社会治理体系中，要充分发挥党总揽全局、协调各方的作用，统筹政府、市场、社会以及公众等各方力量，协调各个社会治理主体的行动，努力形成协同共治的强大合力。

二是要完善联动融合、集约高效的政府负责体制。政府作用的有效发挥，直接关系到社会治理效能。在社会治理体系中，应致力于有效整合各部门、各层级的政府治理力量和资源，实现信息互通、资源共享、工作联动、上下贯通、协同高效的政府治理体系，增强社会治理的系统性、时效性。

三是要完善开放多元、互利共赢的社会协同体制。社会治理责任在政府，活力在社会，助力在市场。在社会治理体系中，必须合理界定政府、市场、社会的角色作用，通过完善政府购买服务、激励补偿机制等政策支持体系，搭建市场主体和社会力量参与社会治理的平台和载体，形成多方参与的网状治理模式，不断提升治理效率和服务水平。

四是要完善依法有序、理性有效的公众参与体制。社会治理最终是为了人民，也必须紧紧依靠人民。在社会治理体系中，要着力构建公众参与的平台和载体，拓宽公众参与渠道、完善公众参与机制，鼓励、引导和规范公众依法有序、理性有效参与社会治理。

五是要完善民主参与、协商融合的民主协商机制。民主协商是实行社会治理的根本方式。民主协商让各治理主体能够充分表达意见和偏好，培养主体意识，发掘治理知识和智慧，调整利益矛盾和冲突。在社会治理体系中，通过民主协商最大限度地汇聚民意、集中民智、凝聚民心，形成社会治理的最大合力；通过发展参与广泛、形式多样的民主协商机制，让人民群众在协商中实现存异求同、协作协调，共同画好共建共治共享的同心圆。

六是要完善完备高效、严密有力的法治保障机制。法治是社会治理的最优模式。在社会治理体系中，要善于用法治思维化解社会矛盾、用法治方式破解治理难题，引导社会成员养成在法治轨道上主张权利、解决纷争的习惯。

这就要求在社会治理领域形成完备的法律规范体系、高效的法治实施体系、严密的法治监督体系、有力的法治保障体系。

七是要完善精准精细、智能高效的科技支撑机制。科技是提高社会治理效能的重要推动力。科技支撑打破了治理主体互动的时空限制，降低了互动成本，也为更好地发掘治理需求、细分治理责任提供了新的可能。在社会治理体系中，要充分发挥科技创新的力量，利用大数据、移动互联、人工智能等现代科技成果来打造数据驱动、人机协同、跨界融合、智能高效的科技支撑机制，提升社会治理的智能化水平。

（三）共享：成果人人享有

习近平总书记指出，"人民对美好生活的向往就是我们的奋斗目标"[①]，"生活在我们伟大祖国和伟大时代的中国人民，共同享有人生出彩的机会，共同享有梦想成真的机会，共同享有同祖国和时代一起成长与进步的机会"[②]。这凸显出发展依靠人民、发展为了人民的重要理念。共享是建设社会治理共同体的目标，强调营造公平正义的社会环境，处理和谐稳定的社会关系，让人人享有社会治理共同体带来的良好的社会治理成果。追求和实现"共同利益"是多元主体结成社会治理共同体的内生动力，也是共享社会治理成果的前提条件。"人人享有"是社会成员参与建设社会治理共同体并对共同成果进行分配的行为、活动或制度，科学回答了治理根本上是"为了谁"的问题，是共享发展理念在社会治理领域的集中体现。

人人享有，强调社会治理共同体建设成果的享有具有全民性。在社会治理共同体中，党委政府通过制度化手段使各主体更好地权衡"公私"之间的利益关系，在构建共同体的基础上实现共同利益最大化，进而实现社会成员共享社会发展与改革的成果。社会成员共同参与社会治理共同体建设，在尽责地承担了自己的治理责任后，社会治理共同体赋予每个参与个体共享集体劳动成果——实现既充满活力又和谐有序的"善治"社会状态的资格和基本权利。因此，人人有责、人人尽责之后，社会治理共同体建设成果必须为全

---

① 习近平:《在纪念马克思诞辰200周年大会上的讲话》，《人民日报》2018年5月5日。
② 习近平:《在第十二届全国人民代表大会第一次会议上的讲话》，人民出版社2013年版。

体人民所共享，必须实现人人享有。这是中国特色社会主义的本质要求，也是社会主义制度优越性的集中体现。

人人享有，也强调社会治理共同体建设成果享有的全面性。社会的发展是全面的发展，人民的需求是全面的需求。社会发展的全面性和人的需求全面性，决定了人人享有的全面性。人人享有社会治理共同体建设作为一项系统工程，与人民群众对美好生活的体验感、归属感、获得感息息相关。建设社会治理共同体，必须着力促进和实现社会治理共同体建设所有领域的发展成果以及社会治理共同体建设发展的全过程为全体人民所共享。

人人享有，还体现在为人人有责、人人尽责提供必要激励。"人人享有"的治理理念下，党委政府通过及时回应群众的诉求来提升社会治理主体意识，使群众的诉求得到充分表达，以达到缓解基层社会矛盾与调适社会心态的目的；同时，通过推进既有社会治理创新向应用端移动，在应用端发掘公民个人的经济、社会与政治需求，并与社会治理建立关联，从而激励公众参与社会治理。

第四章

国家治理战略论

党的十八大以来，以习近平同志为核心的党中央着眼中国特色社会主义伟大事业所处新的历史方位，对新时代更好坚持和发展中国特色社会主义作出了战略设计和战略谋划，先后提出全面建成小康社会、全面深化改革、全面依法治国、全面从严治党，形成了"四个全面"战略布局。着眼"两个一百年"历史交汇期的时空坐标，党的十九大提出了全面建成社会主义现代化强国的目标任务，与时俱进完善和发展了"四个全面"战略布局。根据中国特色社会主义的本质要求和新时代中国特色社会主义新的历史方位的内在要求，要科学确定国家治理现代化的总体目标和战略布局，引领全球治理、构建人类命运共同体。

第一节 国家治理现代化的战略安排

只有坚持和发展中国特色社会主义，才能实现社会主义现代化，这是由中国历史发展逻辑决定的。新时代，中国特色社会主义与国家治理现代化的联系越来越紧密、互动越来越密切，两者既有机联系又相互促进。推进国家治理现代化，前提是在理论上认清国家制度建设与国家治理体系完善之间的内在统一关系，在实践上把握好国家制度建设与国家治理体系完善之间的辩证互动关系，根据中国特色社会主义的本质要求和中国特色社会主义与国家治理现代化的互动关系，科学确立国家治理现代化的总体目标和实现步骤。

一、中国特色社会主义的深刻内涵

社会主义是人类文明历史发展的产物，是人类对理想社会不懈追求的成果。近代以来，中国共产党围绕如何在经济文化落后的中国建设和发展社会主义，带领全国人民坚持将马克思主义与中国国情相结合，经过长期探索和艰苦奋斗，最终成功开创了中国特色社会主义。中国特色社会主义就是社会主义在中国的实践结果和制度形态，代表着当前世界社会主义运动的最新阶段和最高水平，充分体现了马克思主义的科学真理性和社会主义制度的优越性。

从社会主义的发展历程看，中国特色社会主义的开创和发展具有深厚的历史根基和实践基础。社会主义从思想肇始到科学理论、社会运动、社会制度经历了500多年的历程。1516年莫尔《乌托邦》的出版标志着空想社会主义思潮的产生。空想社会主义深刻批判了资本主义社会的固有矛盾，提出了未来理想社会主义的基本原则，但它只是资本主义不成熟发展阶段和时代条件的产物，决定了它无法形成革命的科学理论。马克思恩格斯在创立马克思主义和领导无产阶级运动的过程中，对资本主义的政治、经济和社会状况进行了深刻剖析，创立了科学社会主义，实现了社会主义从空想到科学的伟大飞跃。列宁在资本主义进入帝国主义阶段之后，将科学社会主义运用到俄国十月革命实践中，创立了无产阶级建党学说，领导俄国人民取得十月革命胜利，实现了社会主义从理论到实践的飞跃。俄国十月革命后，列宁对如何搞社会主义进行了深入思考和艰辛探索，提出了经济文化落后国家建设社会主义的诸多有益政策。后来，在斯大林领导下，苏联坚持社会主义道路探索和制度建设，形成了苏联模式。苏联模式巩固了苏联社会主义基本制度，为夺取世界反法西斯战争和促进社会主义从一国到多国的发展发挥了重要作用。但是，苏联模式逐步僵化，弊端日益暴露，苏联社会主义改革没有真正突破苏联模式，最终导致东欧剧变、苏联解体。

从中国社会主义发展历程看，中国特色社会主义的开创和发展是中国共产党坚持和发展马克思主义的伟大创造。十月革命一声炮响，给我们送来了马克思主义。新民主主义革命的胜利和社会主义制度在中国基本确立，中国共产党成功地实现了我国历史上最深刻、最伟大的社会变革，为当代中国一切发展进步奠定了根本的政治前提和制度基础。社会主义制度确立后,对于如何在中国这样一个经济、文化比较落后的国家建设社会主义的问题,中国共产党提出要以苏联的经验教训为鉴,独立地探索适合中国国情的社会主义建设道路。但囿于认识和实践,我们党在探索社会主义建设道路过程中出现了严重错误,这些曲折坎坷为继续探索提供教训。党的十一届三中全会以后,我们党果断纠正了指导思想上的错误,重新确立了解放思想、实事求是的思想路线,作出了改革开放的伟大历史决策,坚持将科学社会主义与当代中国实际和时代特征相结合,成功开创了中国特色社会主义。党的十二大,邓小平提出"建设有中国特色的社会主义"重大命题,党的十三大深刻阐明了社会主义初级阶段理论,党的十四大明确提出了社会主义市场经济体制,党的十五大在系统总结中国特色社会主义发展道路、发展阶段等九大问题的基础上,正式提出了"邓小平理论"作为中国特色社会主义的指导思想。此后,中国特色社会主义的指导思想不断与时俱进,"三个代表"重要思想、科学发展观实现了中国特色社会主义的发展与创新,深化了中国特色社会主义的理论和实践内涵。党的十八大以来,中国特色社会主义进入新时代,我们党在坚持和发展中国特色社会主义的历程中,形成了习近平新时代中国特色社会主义思想这一最新理论成果。习近平新时代中国特色社会主义思想深刻回答了新时代坚持和发展中国特色社会主义的总目标、总任务、总体布局、战略布局和发展方向、发展方式、发展动力、战略步骤、外部条件、政治保证等基本问题,实现了理论上的重大创新和发展,丰富和发展了中国特色社会主义理论体系,为新时代坚持和发展中国特色社会主义提供了科学的理论指引。

二、中国特色社会主义与国家治理现代化的内在关系

只有坚持和发展中国特色社会主义,才能实现社会主义现代化,这是由中国历史发展逻辑决定的。国家治理现代化是社会主义现代化建设的必然要求,是实现社会主义现代化强国目标的基本内容。在新时代,中国特色社会主义与国家治理现代化的联系越来越紧密、互动越来越密切。就两者关系而言,前者为后者规定了方向性质,提供了前提条件,是后者实现的必由之

路；后者是前者的基本要素，丰富了前者的内涵，是前者完善的应有之义。两者既有机联系又相互促进的关系，统一于中国共产党实现伟大梦想的社会革命实践中。

（一）坚持和完善中国特色社会主义为推进国家治理现代化提供正确方向

国家治理现代化并不是一个抽象概念，也不是脱离社会现实条件和历史文化传统而独立存在的，而是具有质的规定性、演进方向和发展规律。习近平总书记强调："我们治国理政的本根，就是中国共产党领导和社会主义制度。我们思想上必须十分明确，推进国家治理体系和治理能力现代化，绝不是西方化、资本主义化。"中国特色社会主义规定了国家治理现代化必须要体现科学社会主义的基本原则，必须要遵循社会主义的发展方向，必须要坚持以人民为中心的发展理念。这种质的规定决定了，坚持和发展中国特色社会主义是推进国家治理现代化的必由之路。

（二）坚持和完善中国特色社会主义是实现国家治理现代化的根本保障

习近平总书记指出："新中国 70 年取得的历史性成就充分证明，中国特色社会主义制度是当代中国发展进步的根本保证。"中国特色社会主义制度是党和人民在长期实践探索中形成的科学制度体系，既反映了中国共产党自成立以来，在建立和完善社会主义制度、形成和发展各方面制度中不断探索实践、不断改革创新所取得的历史性成就，更反映了新中国成立 70 多年来，我们党领导人民之所以能够创造出世所罕见的经济快速发展奇迹和社会长期稳定奇迹，迎来从站起来、富起来到强起来伟大飞跃的内在逻辑。我国国家治理体系的现代化建设，首先就要朝着进一步巩固社会主义政治制度的方向前进，为国家的一切发展进步提供更加坚实的政治保证。

（三）推进国家治理现代化是新时代中国特色社会主义的重要内容

中国特色社会主义进入新时代，意味着国家治理现代化必须开辟新境界。而要开辟国家治理现代化的新境界，就决定了国家治理现代化必须要在坚持本质属性不改变、目标方向不偏移、基本原则不动摇的前提下，进一步明确新时代影响国家治理现代化顺利实现的重点难题、关键环节、迫切任务等，找到国家制度建设和完善的着力点、突破点、落脚点，推动中国特色社会主义制度更加成熟定型。从这个意义上讲，新时代国家治理现代化的实现程度直接决定着中国特色社会主义的发展前景，因此，推进国家治理现代化是坚持和发展中国特色社会主义的应有之义。

（四）推进国家治理现代化是坚持和完善中国特色社会主义的必然要求

国家治理现代化的实现是一个漫长的历史过程，也是衡量中国特色社会主义发展程度的重要标尺。习近平总书记指出："从世界历史角度看，经过长期剧烈的社会变革之后，一个政权要稳定下来，一个社会要稳定下来，必须加强制度建设，而形成比较完备的一套制度往往需要较长甚至很长的历史时期。"改革开放以来，我们党在坚持新中国构建起来的我国社会主义根本制度、基本制度和重要制度的基础上，积极推动各领域体制机制改革，国家治理的理念更加先进、方式更加科学、制度更加完善、效能显著提高，但是离社会主义现代化强国的目标还有较大差距、离经济社会发展的要求还有不小距离、离人民群众美好生活的期待还有改进空间。新时代中国特色社会主义发展和完善的一个重要任务就是要为党和国家事业发展、为人民幸福安康、为社会和谐稳定、为国家长治久安提供一整套更完备、更稳定、更管用的制度体系，夯实社会主义现代化强国和中华民族伟大复兴的制度根基。

三、国家制度建设和国家治理体系完善的互动关系

国家治理现代化是一个动态过程，要不断适应时代的发展要求不断与时俱进。国家治理现代化既是国家制度建设的过程，也是国家治理体系完善的过程。推进国家治理现代化，前提是在理论上认清国家制度建设与国家治理体系完善之间的内在统一关系，在实践上把握好国家制度建设与国家治理体系完善之间的辩证互动关系。

（一）国家制度建设内含国家治理体系和治理能力双重逻辑

国家治理本质上表现为国家制度建设，而国家制度建设包含国家治理体系建设和国家治理能力提高两个维度。国家治理体系建设重在构建一整套相

互衔接、相互促进的制度体系，而国家治理现代化重在将国家治理体系的优势转化为治理效能，提高制度建设服务经济社会发展的能力。作为构成国家治理现代化的两大组成部分，国家治理体系与国家治理能力是一个有机整体，两者相辅相成。有了好的国家治理体系才能真正提高治理能力，提高国家治理能力才能充分发挥国家治理体系的效能。作为治理体系核心内容的制度，其作用具有根本性、全局性、长远性，但是没有有效的治理能力，再好的制度和制度体系也难以发挥作用。

（二）完善国家治理体系是国家制度建设的当务之急

历史和实践证明，我们的国家治理体系和治理能力总体上是好的，是适应我国国情和发展要求的，具有独特优势。但是，当前我国国家治理依然面临着一些迫切需要加强的短板、迫切需要完善的领域。国家制度建设的首要问题是构建系统完备、科学规范、运行有效的国家治理体系。国家治理体系是随着时代和实践的发展而不断变动和发展的。国家治理体系的完善是一个永无止境的发展过程，实现国家治理现代化是当今世界各国的普遍要求。对于后发现代化大国而言，国家制度建设首先要找到一条适合本国国情、深受人民群众广泛拥护、得到实践发展检验的国家治理道路。此外，还要根据改革发展实践的需要，在坚持自主性的国家治理道路的基础上，形成一套系统完备、科学规范、运行有效的制度体系。

（三）国家制度建设和国家治理体系完善遵循共同原则

一是坚持党的全面领导制度。治理体系是党领导的具有系统性、整体性、协同性的紧密相连的国家制度。在推进国家制度建设和国家治理体系完善的过程中，只有坚持党的全面领导，才能确保制度优势转化为治理效能的目标方向、力量与效果。二是坚持社会主义的本质要求。推进国家治理体系和治理能力现代化就是在根本方向指引下完善和发展中国特色社会主义制度的鲜明指向。三是坚持以人民为中心的发展理念。在推进国家治理现代化过程中，要始终把人民利益摆在至高无上的地位，让改革发展成果更多更公平惠及全体人民；必须牢牢把握人民群众对美好生活的向往，在推动经济持续健康发展的基础上，通过各种制度安排保障人民群众各方面权益，参与发展、分享发展成果。四是坚持法治国家、法治政府与法治社会相统一。全面深化改革与依法治国，既与中国特色社会主义制度紧密联系，也与"五位一体""四个全面"高度统一。五是坚持系统集成、协同高效。坚持和完善中国特色社会主义制度、推进国家治理体系和治理能力现代化是一项复杂的系统工程，零敲碎打调整不行，碎片化修补也不行，必须进行全面的系统的改革和改进，实现各领域改革和改进的联动和集成。

四、国家治理现代化的总体目标

党的十九届四中全会明确提出："坚持和完善中国特色社会主义制度、推进国家治理体系和治理能力现代化的总体目标是，到我们党成立一百年时，在各方面制度更加成熟更加定型上取得明显成效；到2035年，各方面制度更加完善，基本实现国家治理体系和治理能力现代化；到新中国成立一百年时，全面实现国家治理体系和治理能力现代化，使中国特色社会主义制度更加巩固、优越性充分展现。"这是我们党在历史上第一次明确提出国家治理体系和治理能力现代化的总体目标。我们必须落实好党的十九大和党的十九届四中全会战略部署和具体安排，按照既定的时间节点和目标要求，放眼长远，立足当前，一步一个脚印前进，为坚持和完善中国特色社会主义制度、推进国家治理体系和治理能力现代化，实现"两个一百年"奋斗目标、实现中华民族伟大复兴的中国梦而努力奋斗。

（一）在各方面制度更加成熟更加定型上取得明显成效

党的十九届四中全会提出的"到我们党成立一百年时，在各方面制度更加成熟更加定型上取得明显成效"，是对标第一个百年奋斗目标，就坚持和完善中国特色社会主义制度、推进国家治理体系和治理能力现代化提出的具体目标要求。1992年，邓小平在南方谈话中说："恐怕再有三十年的时间，我们才会在各方面形成一整套更加成熟、更加定型的制度。"[①] 党的十四大报告提出："在九十年代，我们要初步建立起新的经济体制，实现达到小康水平的第

[①] 《邓小平文选》第3卷，人民出版社1993年版，第372页。

二步发展目标。再经过二十年的努力，到建党一百周年的时候我们将在各方面形成一整套更加成熟更加定型的制度。"党的十八届三中全会明确要求："到二〇二〇年，在重要领域和关键环节改革上取得决定性成果，完成本决定提出的改革任务，形成系统完备、科学规范、运行有效的制度体系，使各方面制度更加成熟更加定型。"

党的十九届四中全会召开离建党一百周年只有不到两年的时间，按照党中央既定的时间节点要求，同时兼顾未来更长时期的目标任务，党的十九届四中全会对到建党一百周年时中国特色社会主义制度建设的目标作了进一步重申，在具体表述上作了实事求是的适当调整。在各方面制度更加成熟更加定型上取得明显成效，意味着要以问题为导向，完善和优化既有的根本制度、基本制度、重要制度，使这些制度更加稳定、更加巩固、更有活力。

（二）基本实现国家治理体系和治理能力现代化

党的十九届四中全会提出的"到二〇三五年，各方面制度更加完善，基本实现国家治理体系和治理能力现代化"，是对标第二个百年奋斗目标的第一阶段，就坚持和完善中国特色社会主义制度、推进国家治理体系和治理能力现代化提出的两个阶段的具体目标要求。党的十九大提出从2020年到2035年，在全面建成小康社会的基础上，再奋斗15年，基本实现社会主义现代化。党的十九届四中全会相应提出从2020年到2035年，在实现第一个百年奋斗目标相关任务的基础上，使中国特色社会主义的各方面制度更加完善，基本实现国家治理体系和治理能力现代化。

按照党的十九大的战略规划，到2035年，我国经济实力、科技实力将大幅跃升，跻身创新型国家前列；人民平等参与、平等发展权利得到充分保障，法治国家、法治政府、法治社会基本建成，各方面制度更加完善，国家治理体系和治理能力现代化基本实现；社会文明程度达到新的高度，国家文化软实力显著增强，中华文化影响更加广泛深入；人民生活更为宽裕，中等收入群体比例明显提高，城乡区域发展差距和居民生活水平差距显著缩小，基本公共服务均等化基本实现，全体人民共同富裕迈出坚实步伐；现代社会治理格局基本形成，社会充满活力又和谐有序；生态环境根本好转，美丽中国目标基本实现。

(三)全面实现国家治理体系和治理能力现代化

党的十九届四中全会提出的"到新中国成立一百年时,全面实现国家治理体系和治理能力现代化,使中国特色社会主义制度更加巩固、优越性充分展现",是对标第二个百年奋斗目标的第二阶段,就坚持和完善中国特色社会主义制度、推进国家治理体系和治理能力现代化提出的两个阶段的具体目标要求。党的十九大报告提出从2035年到本世纪中叶,在基本实现现代化的基础上,再奋斗十五年,把我国建成富强民主文明和谐美丽的社会主义现代化强国。党的十九届四中全会相应提出到新中国成立一百年时,全面实现国家治理体系和治理能力现代化,使中国特色社会主义制度更加巩固、优越性充分展现。

按照党的十九大的战略规划,到本世纪中叶,我国物质文明、政治文明、精神文明、社会文明、生态文明将全面提升,实现国家治理体系和治理能力现代化,成为综合国力和国际影响力领先的国家,全体人民共同富裕基本实现,我国人民将享有更加幸福安康的生活,中华民族将以更加昂扬的姿态屹立于世界民族之林。

第二节 以实现社会主义现代化强国为战略目标

党的十九大报告明确提出:"从十九大到二十大,是'两个一百年'奋斗目标的历史交汇期。我们既要全面建成小康社会,实现第一个百年奋斗目标,又要乘势而上开启全面建设社会主义现代化国家新征程,向第二个百年奋斗目标进军。"[1] 全面建设社会主义现代化强国是中国特色社会主义进入新时代的战略目标,中国国家治理环境将发生重大结构性变化,国家治理现代化机遇与挑战并重,要以"强起来"为出发点和落脚点,推进国家治理理论创新、实践创新和国家治理能力提升。

---

[1] 《党的十九大报告辅导读本》,人民出版社2017年版,第27页。

一、决胜全面建成小康社会

小康一词源自我国古代人民对安居乐业、宽裕富足理想社会状态和生活水平的美好追求。《诗经》中即有"民亦劳止，汔可小康"之说，《礼记》中更进一步将"小康"作为实现"天下大同"终极目标前过渡时期的相对理想的社会制度安排。改革开放之初，邓小平创造性地将小康一词融入我国现代化建设"三步走"战略构想，既赋予了"现代化"这一政治术语以中国文化底蕴，也赋予了"小康社会"这一古老追求以新的时代内涵。经过几代人的接力探索，人民生活总体上达到小康水平的战略目标已经在20世纪末提前实现，党的十六大顺势提出了建成惠及十几亿人口的更高水平的小康社会目标。党的十七大、十八大进一步对全面建成小康社会作出了安排部署，明确提出了在共产党成立100年时全面建成小康社会的奋斗目标。这是中国共产党向人民、向历史作出的庄严承诺，是中华民族伟大复兴征程上的一座重要里程碑。

党的十八大以来，以习近平同志为核心的党中央在继承新中国成立特别是改革开放以来我国发展巨大成就的基础上，推动党和国家事业发生历史性变革，取得历史性成就，全面建成小康社会宏伟蓝图越来越接近变为现实。与此同时，习近平总书记着眼新的历史方位和历史使命丰富和发展了全面建成小康社会的科学内涵，明确提出全面小康，覆盖的领域要全面，是"五位一体"全面进步的小康；覆盖的人口要全面，是惠及全体人民的小康；覆盖的区域要全面，是城乡区域共同的小康。这样的小康绝不是"数字游戏"或"速度游戏"，而是经济高质量发展、人民生活水平和质量普遍提高、国民素质和社会文明程度显著提高、生态环境质量总体改善、各方面制度更加成熟定型的高质量小康。实现这样的小康绝非轻而易举之事，需要一鼓作气、决战决胜，也需要居安思危、攻坚克难。

习近平总书记在党的十九大报告中指出："从现在到二〇二〇年，是全面建成小康社会决胜期。"[①] 如今，决胜期已经到了最后冲刺阶段，按期完成各项目标本就任务艰巨，攻坚之年又遭遇突如其来的新冠肺炎疫情的严峻考验，对原有的经济社会正常发展带来前所未有的冲击。加之以美国为首的一些国

---

① 《党的十九大报告辅导读本》，人民出版社2017年版，第27页。

家无所不用其极地对我国和平发展进行全方位遏制和打压,全面建成小康社会的决胜之战面临空前的挑战。面对艰巨繁重的任务和严峻复杂的形势,尤其需要全党紧密团结在以习近平同志为核心的党中央周围,以习近平新时代中国特色社会主义思想为指导,聚焦党中央战略部署综合施策、精准发力,突出抓重点、补短板、强弱项、战风险,坚决打好防范和化解重大风险攻坚战、精准脱贫攻坚战、污染防治攻坚战,全力保持经济社会持续健康发展,全面建成得到人民认可、经得起历史检验的小康社会。

二、开启全面建设社会主义现代化国家新征程

按照党的十九大作出的战略安排,在实现全面建成小康社会的第一个百年奋斗目标后,我们将开启全面建设社会主义现代化国家直至全面建成社会主义现代化强国的新征程。这一建设社会主义现代化国家两步走的战略安排,与时俱进地发展了新时代我国社会主义现代化建设的路线图,确立了新的历史起点上党和国家事业长远发展的宏伟目标,充分体现了中国特色社会主义事业发展阶段性与连续性的统一,进一步丰富和发展了我国现代化建设的战略思想,体现了以习近平同志为核心的党中央着眼长远进行战略谋划的全局性、前瞻性、指导性。

新时代两步走战略安排,提前了基本实现我国社会主义现代化的时间表,提升了实现我国社会主义现代化的发展目标,提高了实现我国社会主义现代化的标准要求,深化了我们党对共产党执政规律、社会主义建设规律、人类社会发展规律的认识,丰富了党的第二个百年奋斗目标的时代内涵,体现了新时代中国共产党人的理论创造和使命担当。

第一个阶段,从2020年到2035年,在全面建成小康社会的基础上,再奋斗十五年,基本实现社会主义现代化。到那时,在经济建设方面,我国经济实力、科技实力将大幅跃升,跻身创新型国家前列;在政治建设方面,人民平等参与、平等发展权利得到充分保障,法治国家、法治政府、法治社会基本建成,各方面制度更加完善,国家治理体系和治理能力现代化基本实现;在文化建设方面,社会文明程度达到新的高度,国家文化软实力显著增

强,中华文化影响更加广泛深入;在民生和社会建设方面,人民生活更为宽裕,中等收入群体比例明显提高,城乡区域发展差距和居民生活水平差距显著缩小,基本公共服务均等化基本实现,全体人民共同富裕迈出坚实步伐;现代社会治理格局基本形成,社会充满活力又和谐有序;在生态文明建设方面,生态环境根本好转,美丽中国目标基本实现。

第二个阶段,从2035年到本世纪中叶,在基本实现现代化的基础上,再奋斗十五年,把我国建成富强民主文明和谐美丽的社会主义现代化强国。到那时,我国物质文明、政治文明、精神文明、社会文明、生态文明将全面提升,实现国家治理体系和治理能力现代化,成为综合国力和国际影响力领先的国家,全体人民共同富裕基本实现,我国人民将享有更加幸福安康的生活,中华民族将以更加昂扬的姿态屹立于世界民族之林。

这样的目标是宏伟的、远大的,是艰巨的、光荣的,需要一代代共产党人矢志不渝、接力奋斗。当代中国共产党人要跑好自己这一棒,完成好新时代赋予我们的历史使命,努力拓展社会主义现代化广阔空间,有力推动我国物质文明、政治文明、精神文明、社会文明和生态文明水平的全面提升。尤其要按照党的十九大和十九届三中、四中全会作出的战略部署,在推进国家治理体系和治理能力现代化上下更大力气,为建设社会主义现代化国家、建成社会主义现代化强国提供根本制度保障和坚实制度支撑。

三、全面建设社会主义现代化强国的历史方位

中国特色社会主义进入新时代,意味着中国特色社会主义站在新的历史方位。全面建设社会主义现代化强国是中国特色社会主义进入新时代的战略目标,中国国家治理环境将发生重大结构性变化,国家治理现代化机遇与挑战并重,如何适应新形势新挑战,在复杂多变的国际环境和深度转型的国内环境中推进国家治理现代化、谋求发展,这是实现国家治理现代化面临的严峻考验。

(一)新时代中国特色社会主义的历史方位

科学判断社会发展所处的历史阶段,是马克思主义政党正确领导与推进

革命、建设和改革开放事业的首要问题。2017年7月26日,习近平总书记在省部级主要领导干部专题研讨班开班式上指出:"党的十八大以来,在新中国成立特别是改革开放以来我国发展取得的重大成就基础上,党和国家事业发生历史性变革,我国发展站到了新的历史起点上,中国特色社会主义进入了新的发展阶段。"党的十九大作出了"中国特色社会主义进入了新的发展阶段"的重大判断。随后召开的党的十九大把这一"新的发展阶段"明确为"新时代",指出"经过长期努力,中国特色社会主义进入了新时代,这是我国发展新的历史方位。"

新的历史方位意味着近代以来久经磨难的中华民族迎来了从站起来、富起来到强起来的伟大飞跃。从站起来、富起来到强起来,既是近现代以来中国社会发展的历史必然,也是中国特色社会主义三个发展阶段的时代主题。"强起来"是中国特色社会主义发展站在新的历史方位最主要特征,是新时代中国特色社会主义的总目标总任务,是新时代坚持和发展中国特色社会主义的新征程新使命,是久经磨难的中华民族实现伟大复兴的历史选择,也是社会主义的本质要求和优越的重要体现。所谓"强起来",就是要实现社会主义现代化和中华民族伟大复兴,具体包含八个方面的要求,即物质文明高度发达、政治文明更加进步、精神文明深入人心、社会文明活力彰显、生态文明引领时代、人民生活富裕美好、国防和军队现代化基本实现、中国位居世界舞台中央。

新的历史方位意味着在全面建成小康社会的基础上,初步实现社会主义现代化。"实现社会主义现代化"始终是几代中国共产党人的建设理想和终身追求。按照中央战略部署,2020年我国将全面建成小康社会,经济持续健康发展,人民民主不断扩大,文化软实力显著增强,人民生活水平全面提高,生态文明建设取得重大进展。从现代化的各项指标要求看,全面建成小康社会标志着社会主义现代化的初步实现。这是实现中华民族伟大复兴中国梦的重要里程碑,是"基本实现社会主义现代化"和"全面实现社会主义现代化"的新起点。

站在新的历史方位,要分"两步走"全面实现现代化。在全面建成小康社会的基础上,分两步走在本世纪中叶建成富强民主文明和谐美丽的社会主义现代化强国,即2020年全面建成小康社会目标完成后,2021年将开启社会主义现代化强国建设的新征程、新使命，这是从站起来、富起来到强起来的历史性飞跃的元年。分"两步走"全面实现现代化，要准确地把握我国社会主义初级阶段不断变化的特点，以"强起来"为出发点和落脚点，从理论和实践结合上系统回答新时代坚持和发展什么样的中国特色社会主义、怎样坚持和发展中国特色社会主义。

站在新的历史方位，要胸怀"两个大局"、统筹"两个大局"。中华民族伟大复兴的战略全局，是近代 170 多年来实现中国梦的历史进程，进入到最为接近实现这一目标的历史阶段，在实现"两个一百年"奋斗目标的新时代中国特色社会主义伟大实践中，在以习近平同志为核心的党中央的统筹推进下，所构成的一种战略态势、战略局面。世界百年未有之大变局，是俄国十月革命一百年来、一战结束一百年来、五四运动一百年来，世界政治格局、经济布局、军事棋局、科技进步等领域发生的全球历史性革命性变化。胸怀"两个大局"、统筹"两个大局"要与构建国内国际双循环相互促进的新发展格局结合起来，以国内大循环为主体，推动建设开放型世界经济，推动构建人类命运共同体。

（二）全面建设社会主义现代化强国面临的严峻考验

在全面建设社会主义现代化强国时期，中国国家治理环境将发生重大结构性变化，国家治理现代化机遇与挑战并重，如何加强和完善执政党的领导，如何恰当发挥政府的作用，如何在复杂多变的国际环境和深度转型的国内环境中谋求发展，都将成为实现国家治理现代化面临的严峻考验。

一是世界大变局加速演变。当前世界正面临百年未有之大变局，世界不稳定不确定因素增加。世界经济深度衰退、国际贸易和投资大幅萎缩、国际金融市场动荡、国际交往受限、经济全球化遭遇逆流、一些国家保护主义和单边主义盛行，民粹主义、种族主义等思潮活跃，社会骚乱此起彼伏，局部战争时有发生，地缘政治风险上升，许多国际公约、国际准则失效，国际秩序处在关键路口；中美博弈加剧，中美关系遭遇严峻考验，美国作为守成大国为维护其世界霸权和领导地位，将采取更多措施以遏制中国发展，两国间的贸易、科技、金融等领域的博弈将更加激烈，"去中国化"、科技脱钩等极端情况出现的风险增加；两种制度、两种道路的博弈正在深化。美西方经济发展模式的衰落和中国发展模式的成功，使越来越多的国家开始认同中国政治制度和发展道路，两种道路、两种制度的较量逐渐让位于西方发达国家与广大发展中国家和新兴经济体两种发展模式的竞争。但以美国为首的西方发达国家把社会主义中国的发展壮大视为对资本主义道路和制度的挑战，不断加大对中国进行政治误导、战略遏制、全面施压，加大抹黑中国道路、理论、制度、文化，两种制度、两种道路的正面深层博弈不容小视。

二是国内经济社会深度转型。随着中国特色社会主义进入新时代，社会主要矛盾发生历史性变化，我国经济社会正处在深度转型的关键期，经济社会发展面临较大压力。首先，中国特色社会主义进入新时代，我国社会主要矛盾已经转化为人民日益增长的美好生活需要和不平衡不充分的发展之间的矛盾。新时代主要社会矛盾的转化是个重大的政治论断，为我国发展指明了前进方向。我国2020年将全面建成小康社会，人民美好生活需要日益广泛，不仅对物质文化生活提出了更高要求，而且在民主、法治、公平、正义、安全、环境等方面的要求日益增长。同时，我国社会生产力水平总体上显著提高，社会生产能力在很多方面进入世界前列，更加突出的问题是发展不平衡不充分，这已经成为满足人民日益增长的美好生活需要的主要制约因素。其次，内部风险集聚，转型压力大。未来一段时期是我国经济社会深度转型阶段，转型压力加大。在政治上，政府工作存在不足，形式主义、官僚主义仍较突出，少数干部不作为、不会为，一些领域腐败问题多发，政治体制不健全、公正公平的政治实践有待加强；在经济上，发展不平衡、不协调、不可持续问题仍然突出，城乡之间、行业之间及其内部收入差距较大，经济增速换挡、结构调整阵痛、动能转换困难相互交织，金融风险、地方债务风险、消费乏力、就业压力等各类风险凸显，人口政策、离退休制度、对外开放、国企等方面的改革难度不容小觑；在文化上，文化体制不健全，文化产品版权争端、学术期刊管理问题、国学与西学的衔接困境比较突出；在社会上，社会心理结构急剧变化，主流意识形态受到冲击，文明失范现象常有发生，民众幸福度不高；在生态上，环境污染依然严重，环境补偿机制不健全，生态恢复事业成效不大。

三是科技革命带来崭新课题。相较既往几次科技浪潮，以人工智能、机器人技术、虚拟现实、5G、大数据、云计算、量子科技以及生命科学等前沿科技为主要内容的新一轮科技革命具有以往所不具备的"总体性革命"新特点，使得人与自然的关系、人与人的关系、生命与非生命的关系等人类与世界的关键关系层面，达到了一个从量变到质变的临界点，人们的工作方式、生活方式、思维方式甚至人类的本质存在与自我认知，较之传统都发生了巨变。这种工业文明向后工业文明、信息文明阶段快速转变，使得科学与技术的力量比以往任何时候都更深入人们日常工作、生活以及对外界与自身的认知。科技创新的渗透性、扩散性、颠覆性特征在给人类经济社会带来便利、舒适、效率、品质的同时，也正在重塑经济发展方式、社会伦理规范，政府、社会治理面临新的风险挑战。例如，人工智能发展的不确定性，可能对就业、法律、伦理、隐私乃至国际准则带来冲击；大数据在带来海量信息、拥有巨大潜在价值、推进国家治理效能提升的同时，也给人们的思维理念、治理结构和治理方式、传统道德、利益诉求乃至民主政治发展等方面带来困惑，是国家治理现代化必须直面的现实挑战。基因组学等技术的发展，使对大样本人群进行分析鉴定成为可能。从历史上看，科技创新走在社会治理、伦理发展前面，必须坚持"科技向善"的导向，重视新兴技术领域的社会属性，既要审慎包容监管，也要防止陷入"伦理陷阱"而止步不前。

四是党的自身建设面临巨大挑战。中国共产党作为推进国家治理现代化的最重要主体，一定会面对执政考验、改革开放考验、市场经济考验、外部环境考验，也会存在精神懈怠的危险、能力不足的危险、脱离群众的危险、消极腐败的危险。在复杂多变的国内外形势下，这些考验和风险将更加尖锐地摆在全党面前，落实党要管党、从严治党的任务比以往任何时候都更为繁重、更为紧迫。当前党自身建设中存在的一些问题突出地表现在两个方面：一是党的内在基础建设不足。从党员队伍看，党员素质参差不齐，一些党的干部思想理论水平不高、党性观念弱化。从党内制度看，党内监督和民主制度建设不完善，一把手权力过于集中现象还很明显。从党的基层组织建设来看，一部分基层党组织软弱涣散，有的还处于瘫痪状态。二是党的外在组织建设有待改善。党与政协、人大、政府关系需要进一步科学、合理、清晰的界定，群体性事件的时有发生，党的公信力、亲和力、向心力和凝聚力需要进一步提升。

四、全面建设社会主义现代化强国对国家治理现代化的战略要求

"强国"必先"治国"。"强国"是"治国"的奋斗目标,"治国"是"强国"的必要条件。党的十八大以来治国理政的实践,一个重要的经验,就是通过大刀阔斧的治党治国治军,扫除"强国"的障碍。全面建设社会主义现代化强国对国家治理现代化提出新要求,国家治理理论、理念、模式、体系、方式、手段需要创新和完善,党的执政能力、领导干部执政本领需要提升和加强。全面建设社会主义现代化强国,需要以"强起来"为出发点和落脚点,坚持党在国家治理体系中统领全局的核心地位,坚持人民在国家治理体系中的主体地位,以依法治国为重要保障,以改革创新、与时俱进为根本动力,以制度吸纳力、制度整合力和制度执行力为主要实现方式,推动中国特色社会主义各方面制度更加成熟定型。在推进国家治理理论创新、实践创新和国家治理能力提升中,需要重点把握以下环节。

第一,以制度创新为核心推进国家治理现代化。制度是关系党和国家发展的根本性、全局性、稳定性、长期性问题。新时代推进国家治理现代化具有许多新的内涵和特点,其中很重要的一点就是制度建设分量更重,改革更多面对的是深层次体制机制问题,对改革顶层设计的要求更高,对改革的系统性、整体性、协同性要求更强,相应地建章立制、构建体系的任务更重。因此,谋划和推进新时代推进国家治理现代化,必须突出制度创新与定型这一重点,以坚持和完善中国特色社会主义制度、推进国家治理体系和治理能力现代化为主轴,深刻把握我国发展要求和时代潮流,把制度建设和治理能力建设摆到更加突出的位置,推动各方面制度更加成熟更加定型。推动各方面制度更加成熟更加定型,一是要坚持"党性"与"人民性"有机统一,始终坚持人民当家作主和以人民为中心的价值取向,在中国共产党坚强领导下实现人民当家作主。二是要坚持"改革性"与"定型化"有机统一,既坚持社会主义根本制度和基本制度不动摇,又立足中国实际、顺应时代要求,深入探索社会主义制度优越性的有效实现形式。三是坚持"传承性"与"时代性"的有机统一,既要在创造性转化、创新性发展中华优秀传统政治文化中提升中国特色社会主义的制度优势,又要把握住在顺应时代潮流、借鉴人类

政治文明成果中释放中国特色社会主义的制度优势。

第二，以优化协同为保障推进国家治理现代化。作为构成国家治理现代化的两大组成部分，国家治理体系与国家治理能力是一个有机整体，两者相辅相成。有了好的国家治理体系才能提高治理能力，提高国家治理能力才能充分发挥国家治理体系的效能。治理体系与治理能力既是结构与功能的关系，也是硬件与软件的关系。治理体系从根本上决定了治理能力的内容和结构，是治理能力提升的前提和基础，而治理能力的提升又将促进治理体系效能的充分发挥。加强国家治理体系与国家治理能力的优化协同，既要坚持党在国家治理体系中统领全局的核心地位，坚持人民在国家治理体系中的主体地位，重视中国特色社会主义国家治理体系的构建，又要重视加强各类治理主体的自身建设，不断提升各类治理主体的治理能力。

第三，以技术应用为实现途径推进国家治理现代化。在国家治理现代化中，技术应用是国家治理结构的主体方面和生产力基础。国家治理现代化要求以技术效能实现既有格局的意志和利益，并通过科层组织基础和制度安排强化技术应用效能。一是推动国家治理主体多元化。信息的公开、数据的共享，打破了信息资源的时空界限，政府不再是唯一的治理主体，企业、社会组织、个人将融入治理体系，形成多元协作共治的局面。二是优化决策机制，创新治理方式，推动国家治理科学化。大数据时代为公共决策提供了及时的技术支撑，政府部门在涉及公共利益和国计民生的问题时，可以通过网络方式广泛征求民众意见、汇聚民众的智慧，通过提交专家论证以提高决策的权威性，通过数据分析找出相关规律以提高决策的可行性。三是加强顶层设计，完善法律规范，推动国家治理的法治化。新一代信息技术等技术革命为统一数据采集、编码、处理、共享、交换等标准，打破信息孤岛，实现数据共享，整合政府内部力量，优化部门功能，跨越政府内部的协同鸿沟提供了可能。

第四，以制度优势转化为治理效能为归宿推进国家治理现代化。如何把我国制度优势更好转化为国家治理效能，是新时代国家治理现代化提出的全新命题。国家治理效能是国家治理活动所产生的一系列有利作用或积极效果，表现为国家制度和治理体系所指向的治理目标的实现程度。国家治理效能的高低与三个因素密切相关：一是国家治理的制度化水平，也就是国家治理体系内部诸要素的合理组合和有效运行情况；二是国家治理面临的风险挑战状况；三是国家制度和治理体系对于风险挑战的适应状况。其中，国家治理的制度化水平主要取决于国家制度的内在属性是否优越、国家治理体系的内部结构和功能是否合理、国家治理体系的运行机制是否健全，以及国家治理主体的治理能力特别是制度执行能力是否强大。因此，把制度优势更好转化为治理效能，要在保持制度内核长期稳定的基础上，优化国家治理体系的结构与功能、创新国家治理体系的运行机制、提高国家治理能力特别是党的执政能力、领导干部执政能力。

第三节 以全面深化改革为根本动力

党的十九届四中全会指出，"坚持改革创新、与时俱进，善于自我完善、自我发展，使社会始终充满生机活力"是我国国家制度和国家治理体系的显著优势之一。新中国成立以来，在中国共产党的正确领导下，我们不断坚持改革创新、与时俱进，善于自我完善、自我发展，推动党和国家事业取得巨大成就，经济社会健康稳定发展，国家制度建设取得丰硕成果，制度优势充分转化为国家治理效能，社会在保持秩序井然的同时充满了旺盛的生机活力。

一、全面深化改革是协调推进"四个全面"的根本动力

党的十九大以新时代见其远，以新矛盾见其深，以新征程见其高，立体呈现出新时代中国特色社会主义的壮阔图景，而全面深化改革在这三个维度上都承担着关键角色和历史任务：顺应和促进生产力的历史性变化，解放和发展新时代的生产力；适应社会主要矛盾的历史性变化，破解发展不平衡不充分的难题；响应战略目标的历史性变化，推进全面建设社会主义现代化新征程。

（一）全面深化改革是解放和发展新时代生产力的根本动力

中国特色社会主义进入了新时代，这是我国发展新的历史方位，也是我

国改革性的历史方位，全面深化改革就是新的历史方位中的改革开放，顺应和促进生产力的历史性变化，承担起解放和发展新时代生产力的历史任务。

首先，根据生产力同生产关系、经济基础同上层建筑相适应的马克思主义基本原理，既然中国特色社会主义的生产力已经部分质变，那么生产关系和上层建筑也应该相应变化，必须坚决突破已经严重阻碍我国进一步发展的利益固化的藩篱，必须坚持破除一切已经被清醒认识到的顽瘴痼疾。这是新时代全面深化改革的生产力基础，也是新时代全面深化改革的哲学基础。

其次，新工业革命带来了新的机遇和挑战。习近平总书记多次强调新一轮科技和产业革命正在兴起，带来了千载难逢的发展机遇，也带来了更深远的挑战。新工业革命不同于传统工业化，以数字经济、智能经济、共享经济为代表的新产业、新模式、新业态，正在带来生产方式的深刻变化，必然要求生产关系和上层建筑进行新的革命，这是一个前人没有走过、别人也没有走过的处女地，需要更加艰辛、勇毅的探索创新。

最后，由高速增长阶段转向高质量发展阶段需要高质量的体制支撑。党的十九大提出要深化供给侧结构性改革，把提高供给体系质量作为主攻方向，推动经济发展质量变革、效率变革、动力变革。要实现质量、效率和动力三大变革，基础和前提是体制变革，要着力构建市场机制有效、微观主体有活力、宏观调控有度的经济体制，要深化教育体制，为建设人才强国奠定基础，还要深化科技体制改革，为建设创新型国家提供制度保障。

（二）全面深化改革是破解新时代社会主要矛盾的基本手段

社会主要矛盾新论断为全面深化改革提供了新的更深刻的基本理据，为全面深化改革指明了主攻方向。全面深化改革要适应社会主要矛盾的历史性变化，承担起破解发展不平衡不充分难题的历史任务。

首先，全面深化改革要适应人民群众对美好生活需要日益广泛和全面增长的时代变化。改革既要往有利于增添发展新动力方向前进，又要往有利于维护社会公平正义方向前进；既要推有利于满足人民对物质文化生活更高要求的改革，又要推有利于满足人民对民主、法治、公平、正义、安全、环境日益增长要求的改革。

其次，全面深化改革必须把主攻方向放在解决发展不平衡不充分问题上。

发展不平衡的一个重要原因是体制的系统性、整体性、协同性不够，也是就体制本身的不平衡。比如，城乡发展差距巨大、农民工身份职业两张皮、刺痛社会神经的留守儿童等现象背后就是顽固残存的城乡分割体制，就是经济体制与社会体制不匹配，就是社会体制不适应市场经济和现代化建设需要。比如，我国房地产总市值与国内生产总值的比值之高在世界主要经济体中首屈一指，使得整个国民经济处于潜在系统性金融风险的阴影之下，其背后就是中央地方关系在财权事权方面的不平衡。比如，我国创新能力与经济体量的不相匹配，创新能力总体上不强，其背后就是经济的法治化水平与市场化水平不平衡，法治化水平相对偏低，创新保护和创新激励不足。发展不充分的一个重要原因是经济体制改革尚未到位，市场在土地、资本、劳动力基础资源的配置中没有真正起决定性作用。

（三）全面深化改革就是推进全面建设社会主义现代化新征程的重要途径

新征程就是新蓝图，对全面深化改革提出了更明确更长远的要求。全面深化改革就是要响应战略目标的历史性变化，承担起推进全面建设社会主义现代化新征程的历史任务。

首先，全面深化改革要对标全面建设社会主义现代化国家的新征程，在顶层设计中要有更加鲜明的现代化指向。新征程是现代化的新征程，全面深化改革必须时时处处对标国家治理体系和治理能力现代化的要求，凡是无关于现代化的或者不利于现代化的都是形式主义的改革，不是真改革；凡是有关于且有利于现代化的改革，才是真改革。这又进一步提出了新的理论要求，就是要进一步明确国家治理体系和治理能力现代化的标准。党的十九大报告强调使市场在资源配置中起决定性作用，更好发挥政府作用。从亚当·斯密到马克思到现代经济学都认为经济上最重要的三大资源是土地、资本、劳动力，而我国的市场经济恰恰在这三方面并没有真正使市场起决定性作用。土地方面政府垄断一级市场，高度干预二级市场。资本方面，国有银行主导，没有有效打破刚性兑付。劳动力市场因为户籍制度被深度分割为二元市场。这些源头上的、最重要的资源配置上市场不能起决定性作用，单纯改革中下游的一些体制，效果很难不打折扣。要真正使市场在资源配置中起决定性作用必须正本清源，从源头上解决扭曲问题。关于市场与政府关系，我们应该建立一个符合常识与逻辑的改革共识，这个共识应该是：有效市场＋有效政府＋有效社会。这个意思是在市场有效的时候，政府就清静无为；市场无效时，但是政府有效的时候，政府就有所作为，积极作为；不是市场无效时政府就一定有效，也不是政府无效时市场就一定有效，当市场和政府都无效的时候，应该把问题交给社会，让社会自主探索，通过创新来解决问题。党的十八届三中全会提出"使市场在资源配置中起决定性作用和更好发挥政府作用"，一个"和"字被解读为市场作用与政府作用是并列关系，无形中削弱了"市场起决定性作用"的革命性创新意义。党的十九大报告提出"使市场在资源配置中起决定性作用，更好发挥政府作用"，"和"字改逗号，进一步明确了市场作用为主、政府作用为辅的正确观念，意义重大而深远。

其次，新征程需要全面深化改革源源不断提供动力。改革是中国发展进步的直接动力，新征程的每一步都离不开全面深化改革。新征程将21世纪中叶的目标由基本实现现代化变为全面实现现代化，就要求改革要更加全面，更加深化，更加坚决有力。改革越全面，新征程就越稳健；改革越深化，新征程就越顺利；改革越坚决有力，新征程就越高质高效。当前，我们正处于"两个一百年"奋斗目标的历史交汇期，体制机制要从适应于全面建设小康社会向适应于全面建设社会主义现代化国家转型。对改革来说，这是一个历史关口，改革的思维与方式也需要创新。未来的改革要坚持三个导向，一是问题导向，始终针对体制机制上的弊端；二是体系导向，始终着力增强改革的系统性、整体性、协同性；三是现代化导向，始终紧紧盯住总目标。

二、坚持全面深化改革的基本要求

辩证唯物主义告诉我们，世界上没有一成不变的事物，任何事物都处于不断变化发展之中。中国共产党成立以来，始终坚持把马克思主义基本原理同中国具体实际相结合，积极探索实践，不断改革创新，形成和发展党的领导和经济、政治、文化、社会、生态文明等各方面制度。中华人民共和国成立70年的光辉历程，也是我们党团结带领人民在实践探索中逐步完善国家制度和国家治理体系的过程。在这个过程中,我们党领导人民建立和完善中国特色社会主义制度,不断加强和完善国家治理,国家制度和国家治理体系在实践中显现出强大适应性和旺盛生命力,社会创新活力迸发的同时,在国际竞争中也不断赢得更大的比较优势。

第一,改革创新精神是中华民族历来具有的富于进取的思想品格。改革创新指的是改掉旧的、不合理的部分,使更合理完善,并开创新的事物。改革创新是社会主义核心价值体系的基本内容之一,也是实现"两个一百年"奋斗目标的重要动力。中华民族作为一个古老而年轻的民族,几千年血脉不断、文明不衰、生机勃发,必然积淀了深厚的精神文化传统。中华民族的文化传统是十分丰厚的,但追根溯源集中表达于《周易》上的两句:"天行健,君子以自强不息;地势坤,君子以厚德载物。"前者发展成了革故鼎新、独立自主、艰苦奋斗、与时俱进的改革创新精神;后者发展成了以人为本、团结和谐、海纳百川、协和万邦的人文道德精神。这两种精神各有侧重,却又相辅相成、浑然一体,从一定的意义上说,这就是"自立立人"的关系。一个民族越是自尊自重自立,就越是胸襟开阔,敢于揭己之短、善于学人之长,能够在广泛吸纳各种文化营养丰富自身的同时推动各种文明的繁荣灿烂,从而对人类进步作出重大贡献。应当说,中华民族就是这样的民族之一。中华民族从来是善于吸收其他民族的优秀文化的。我们不仅以"四大发明"、万里长城、京杭大运河等伟大创造闻名于世,不仅以诸子百家思想丰富了人类的精神文化宝库,而且以不断变革创新的实践彪炳人类变法自强的制度创新史。从改革创新的视角看,中国近现代以来社会主义和资本主义的道路之争,是中华民族能否真正实现改革创新的问题。中国走上中国特色社会主义道路,这本身就是中国历史发展中的改革创新。

第二,读懂中国首先要读懂改革,改革是中国发生历史性变化的根本原因。新中国成立以来尤其是改革开放以来,中国发生了历史性的变化,这是举世公认的事实。这种历史性巨变来自哪里?主要是来自改革释放的巨大能量。可以说,中国改革是20世纪和21世纪人类社会历史发展进程中最重大的事件,因为它不仅深刻改变了中国,也深刻改变了世界。一是改革极大解放和发展了生产力。改革开放以来,我国各族人民在中国共产党领导下坚持聚精会神搞建设、坚持改革开放不动摇,持之以恒、锲而不舍,使我国发生了翻天覆地的变化。今天，中国已经成为世界第二大经济体、第一大工业国、第一大货物贸易国、第一大外汇储备国。中国人民生活从短缺走向充裕、从贫困走向小康，实现联合国标准下7亿多贫困人口脱贫，占同期全球减贫人口总数的70%以上。中国人民在富起来、强起来的征程上迈出了决定性的步伐。二是改革成功开辟了中国特色社会主义道路。我国各族人民在中国共产党的领导下，坚持立足国情、放眼世界，既强调独立自主、自力更生又注重对外开放、合作共赢，既坚持社会主义制度又坚持社会主义市场经济改革方向，既"摸着石头过河"又加强顶层设计，不断研究新情况、解决新问题、总结新经验，成功开辟出一条中国特色社会主义道路。党的十九大高度评价了成功开辟这条道路的世界历史意义：拓展了发展中国家走向现代化的途径，给世界上那些既希望加快自身发展又希望保持自身独立性的国家和民族提供了全新选择，为解决人类问题贡献了中国智慧和中国方案。[①] 三是改革充分显示了解放思想和社会主义制度的优越性。我们坚持解放思想、实事求是，坚持解放思想和改革开放相互激荡、观念创新和实践探索相互促进，充分显示了思想引领的强大动力。各族人民勇于自我革命、自我革新，不断完善中国特色社会主义制度，不断革除各方面体制弊端，充分显示了制度保障的强大力量。四是改革为人类和平与发展作出了中国贡献。改革是开放的条件，改革也促进了开放。多年来，中国在对外开放中展现大国担当，从"引进来"到"走出去"，从加入世界贸易组织到共建"一带一路"，为应对亚洲金融危机和国际金融危机作出重大贡献，连续多年对世界经济增长贡献率超过30%，成为世界经济增长的主要稳定器和动力源，促进了人类和平与发展的崇高事业。

第三，坚持改革创新、与时俱进，才能跟上时代步伐，走在时代前列。历史车轮滚滚向前，时代潮流浩浩荡荡。改革创新是社会发展的重要动力，是发展和完善中国特色社会主义制度的必由之路。2018年4月10日，习近平主席出席博鳌亚洲论坛2018年年会开幕式并发表主旨演讲时指出，变革创新是推动人类社会向前发展的根本动力。谁排斥变革，谁拒绝创新，谁就会

---

① 习近平：《决胜全面建成小康社会 夺取新时代中国特色社会主义伟大胜利——在中国共产党第十九次全国代表大会上的报告》，人民出版社2017年版，第10页。

落后于时代，谁就会被历史淘汰。国家治理体系和国家制度只有随着实践发展不断改革创新、与时俱进，既不"毕其功于一役"，也不盲目自满、故步自封，才能更好地提升制度的有效力、吸引力和凝聚力，进而以强大制度优势提升国家治理效能，让全社会充满生机活力。"苟日新，日日新，又日新。"实践发展永无止境，坚持改革创新、与时俱进，就是弘扬以改革创新为核心的时代精神，坚持与时俱进的创新品格，秉持敢闯敢试的攻坚精神，在解放思想的基础上，坚持实践标准，坚决克服因循守旧的思想观念，跟上新时代的步伐，大力推进理论创新和实践创新。坚持改革创新、与时俱进，就是要积极适应社会结构和利益关系的变化，注重激发社会活力，坚决破除各种障碍，促进社会公平正义，一切从实际出发，实事求是，勇于突破旧框框，打破体制机制藩篱，敢于变革、勇于创新，永不僵化、永不停滞，大力推进制度创新，使社会充满生机活力，不断提高国家制度和国家治理体系对社会环境的适应能力，更好推动经济社会发展，推进国家制度和治理体系更加成熟定型。

第四，善于自我完善、自我发展，才能提升制度韧性、彰显制度优势。改革是社会主义制度的自我完善和发展。中国特色社会主义制度和国家治理体系以马克思主义为指导，是具有强大自我完善、自我发展能力的先进制度。《中国共产党章程》指出，中国共产党人追求的共产主义最高理想，只有在社会主义社会充分发展和高度发达的基础上才能实现。社会主义制度的发展和完善是一个长期的历史过程。改革开放初期，邓小平同志曾经指出："我们的制度将一天天完善起来，它将吸收我们可以从世界各国吸收的进步因素，成为世界上最好的制度。"①2014年9月5日，习近平总书记在庆祝全国人民代表大会成立六十周年大会上发表重要讲话时指出，制度自信不是自视清高、自我满足，更不是裹足不前、固步自封，而是要把坚定制度自信和不断改革创新统一起来，在坚持根本政治制度、基本政治制度的基础上，不断推进制度体系完善和发展。中华人民共和国成立70年的制度建设史，就是一部中国特色社会主义制度不断推陈出新、不断超越、健全完善的历史。特别是党的十八大以来，以习近平同志为核心的党中央把制度建设摆上更加重要的位置，

---

① 《邓小平文选》第2卷，人民出版社1994年版，第337页。

采取了一系列重要举措，坚决破除了各方面体制机制弊端，一以贯之地推进经济体制、政治体制、文化体制、社会体制、生态文明体制和党的制度建设等各个方面改革，中国特色社会主义制度和国家治理体系得到进一步发展完善，治理效能进一步得到发挥。激发社会活力是实现中华民族伟大复兴的重要基石。面对西方社会治理乱象，中国"风景这边独好"，靠的就是在中国共产党坚强领导下，不断自我完善、自我发展国家制度和国家治理体系，不断激发社会活力，从而战胜前进道路上的各种风险挑战，形成繁荣发展稳定的局面。当前，世情、国情、党情发生深刻变化，自我完善、自我发展，就是要根据我国发展的阶段性特征，深入分析社会转型时期的社会结构和特点，积极协调和平衡政府、市场与社会三者之间的关系，认真吸收借鉴其他制度文明成果，及时把成功的实践经验转化为制度成果，不断完善社会治理体制机制，以制度创新更好地激发社会发展活力，使我国国家制度和治理体系既体现科学社会主义基本原则，又具有鲜明的中国特色、民族特色、时代特色。自我完善、自我发展还要拿出自我革命的勇气，不断加强和改进党的建设，健全和完善各项党内制度，把我们党锻造得更加坚强有力，才能更好地推动社会全面进步。

三、新时代继续坚持改革创新精神完善制度体系

完善和发展中国特色社会主义制度、推进国家治理体系和治理能力现代化，是新时代全面深化改革的总目标，是实现"两个一百年"奋斗目标的重大任务。坚定制度自信，发挥制度优势，切实把国家制度优势更好地转化为国家治理效能，必须认真学习宣传贯彻党的十九届四中全会精神，牢牢把握"坚持和巩固什么、完善和发展什么"这个重大政治问题，充分发挥"坚持改革创新、与时俱进，善于自我完善、自我发展，使社会充满生机活力的显著优势"，坚持全面深化改革，加强顶层设计，优化治理体系，完善制度集成，提高治理效能，在保持国家制度和国家治理体系稳定性、延续性基础上，不断改革创新、与时俱进，自我完善、自我发展，才能更好地发挥制度效用应对风险挑战，最大限度地发挥出制度在治国安邦中的巨大效能。

第一，坚持全面深化改革。坚持全面深化改革，是新时代坚持和发展中国特色社会主义的基本方略之一。历史已经表明并将继续证明，只有社会主义才能救中国，只有改革开放才能发展中国、发展社会主义、发展马克思主义。一是必须坚决破除一切不合时宜的思想观念和体制机制弊端，突破利益固化的藩篱。党的十八大以来，以习近平同志为核心的党中央高度重视加强改革的顶层设计和总体规划，协调推进经济、政治、文化、社会、生态等各方面体制改革，敢于啃硬骨头，敢于涉险滩，坚决破除一切妨碍科学发展的体制机制弊端，激发起全社会创造活力，推动国家各项事业蓬勃发展，取得了巨大的历史性成就。新时代，我们须以更大的政治勇气和智慧，抓住重要历史机遇期，持续解放思想，持续深化重要领域改革，攻克体制机制上的顽瘴痼疾，进一步解放和发展社会生产力，进一步激发和凝聚社会创造力。二是必须高度重视社会主要矛盾的历史性转化。党的十九大报告提出，中国特色社会主义进入新时代，我国社会主要矛盾已经转化为人民日益增长的美好生活需要和不平衡不充分的发展之间的矛盾。在全面深化改革的着力点上，我们要着力解决好发展不平衡不充分问题，大力提升发展质量和效益，更好推动人的全面发展、社会全面进步。三是必须吸收人类文明有益成果，充分发挥我国社会主义制度优越性。一个国家选择什么样的制度体系，是由这个国家的历史传承、文化传统、经济社会发展水平决定的。我们全面深化改革，是要使中国特色社会主义制度更好。我们说坚定制度自信，不是要固步自封，而是要不断革除体制机制弊端，让我们的制度成熟而持久。

第二，坚持顶层设计。中国特色社会主义是改革开放以来党的全部理论和实践的主题。2018年12月18日，习近平总书记在庆祝改革开放40周年大会上的重要讲话中指出，改什么、怎么改必须以是否符合完善和发展中国特色社会主义制度、推进国家治理体系和治理能力现代化的总目标为根本尺度，该改的、能改的我们坚决改，不该改的、不能改的坚决不改。一是明确改革创新的政治方向。要坚定道路自信、理论自信、制度自信、文化自信，既不走封闭僵化的老路，也不走改旗易帜的邪路，始终保持政治定力，始终坚持和发展中国特色社会主义，坚定不移走中国特色社会主义道路，不断完善和发展中国特色社会主义国家制度和国家治理体系。二是坚持顶层设计。要加强全面谋划，注重统筹协调，有效增强各项改革的关联性和互动性，推进各领域制度相互支撑、良性互动。三是加强战略谋划。要处理好立足当前和着眼长远的关系，做好前期调研和分析研判，兼顾好、平衡好各方面关系，推动国家制度和国家治理体系自我完善和发展持续健康进行。四是做到破立结合。要着力固根基、扬优势、补短板、强弱项，既有效突破阻碍贯彻新发展理念的利益藩篱、机制障碍，又建立适应新时代和实践要求的体制，将社会治理的好经验、好做法及时上升为管长远的制度法规。五是提升治理能力。要以坚持和完善中国特色社会主义制度、推进国家治理体系和治理能力现代化为主轴，从各个领域协同推进国家治理体系和治理能力现代化，不断加强系统治理、依法治理、综合治理、源头治理，全面构建系统完备、科学规范、运行有效的制度体系。

第三，坚持问题导向。坚持问题导向是马克思主义的鲜明特点，也是我们党的优良传统和宝贵经验。马克思曾指出："世界史本身，除了通过提出新问题来解答和处理老问题之外，没有别的方法。"①毛泽东在《反对党八股》中也曾鲜明指出："什么叫问题？问题就是事物的矛盾。哪里有没有解决的矛盾，哪里就有问题。"② 2013 年 11 月 9 日，习近平总书记在中共十八届三中全会上作的说明中指出："在认识世界和改造世界的过程中，旧的问题解决了，新的问题又会产生，制度总是需要不断完善，因而改革既不可能一蹴而就、也不可能一劳永逸。"③《中共中央关于全面深化改革重大问题的决定》中提出的重点任务具有鲜明的问题导向，要在党中央统一领导下，紧密结合实际，加强调查研究，善于发现问题，明确回答难点问题，重点解决实际问题，着力化解体制机制弊端造成的问题，不断将各项改革推向深入，从而更好地完善国家制度和国家治理体系。一是坚持以人民为中心的发展思想，加强和创新社会治理，聚焦民生难点、痛点、堵点问题，从教育、医疗、就业、养老、社会保障、收入分配等人民群众反映集中的问题入手，增强改革意识，注重创新驱动，把增强人民群众获得感、幸福感、安全感放在突出位置，不断完善相关领域体制机制，通过改革创新切实解决群众关心的问题。二是最大限度

---

① 《马克思恩格斯全集》第 1 卷，人民出版社 1995 年版，第 203 页。
② 《毛泽东选集》第 3 卷，人民出版社 1991 年版，第 839 页。
③ 习近平：《关于〈中共中央关于全面深化改革若干重大问题的决定〉的说明》，《人民日报》2013 年 11 月 16 日。

激发全社会的创造活力，充分发挥社会各方面的积极性、主动性、创造性，不断激发创新发展的内生动力，营造大胆创新、勇于创新、包容创新的社会氛围，形成市场、国家、社会良性互动的格局，不断提高社会治理现代化水平，使经济社会又好又快地发展。

第四，坚持守正创新。中国特色社会主义制度是当代中国发展进步的根本保证。2014年2月17日，习近平总书记在省部级主要领导干部学习贯彻党的十八届三中全会精神全面深化改革专题研讨班上的重要讲话中强调，我们全面深化改革，不是因为中国特色社会主义制度不好，而是要使它更好；我们说坚定制度自信，不是要故步自封，而是要不断革除体制机制弊端，让我们的制度成熟而持久。"守正"是根基，"创新"是源泉。一是把坚定制度自信和不断改革创新统一起来，努力做到在守正中创新、在创新中守正，不断推动全面深化改革向纵深发展，让国家制度和治理体系呈现出更显著的优势，展现出更加旺盛的生机活力。二是运用辩证唯物主义和历史唯物主义的观点和方法，认清制度优势，把握制度建设守正创新的辩证法，科学把握好"变"与"不变"的关系，实现继承和创新的有机统一，在保持国家制度和国家治理体系稳定性延续性的基础上，不断根据发展变化的新情况，予以改革创新、发展完善。三是坚持现实性和前瞻性的有机统一，统筹整体推进和重点突破，突出坚持和完善支撑中国特色社会主义制度的根本制度、基本制度、重要制度，深入推进各类体制性、机制性、政策性改革，加快建立健全适应国家治理体系和治理能力现代化需要的制度、满足人民日益增长的美好生活需要必备的制度，及时总结实践中的好经验好做法，把成熟的经验做法上升为制度，推动中国特色社会主义制度和国家治理体系在落实中创新。

当今世界正面临百年未有之大变局，社会主义中国已经巍然屹立在世界东方，中国特色社会主义进入新时代，我们党正站在"两个一百年"奋斗目标历史交汇点上，中华民族正处于实现伟大复兴的关键时期，为顺利完成党的十九大提出的到21世纪中叶制度建设和治理能力建设的目标，更加需要充分发挥"坚持改革创新、与时俱进，善于自我完善、自我发展，使社会充满生机活力的显著优势"，把我国制度优势更好转化为国家治理效能，进一步夯实实现中华民族伟大复兴的制度根基。在新时代中国特色社会主义伟大实践中，更要深刻领会中国特色社会主义制度和国家治理体系的显著优势，坚持改革创新，不断与时俱进，自觉强化制度意识，坚决维护制度权威，坚定中国特色社会主义制度自信，不断增强制度执行力，善于运用制度推动工作，全面提高执政本领和治理能力，继续书写马克思主义政党引领社会全面进步的新时代篇章。

第四节　以全面依法治国为重要保障

党的十九届四中全会《中共中央关于坚持和完善中国特色社会主义制度　推进国家治理体系和治理能力现代化若干重大问题的决定》（以下简称《决定》）指出，"坚持全面依法治国，建设社会主义法治国家，切实保障社会公平正义和人民权利"是我国国家制度和国家治理体系的显著优势之一。我国法治建设必须坚定不移走中国特色社会主义法治道路，健全保证宪法全面实施的体制机制，完善立法体制机制，健全社会公平正义法治保障制度，加强对法律实施的监督，坚持和完善建设中国特色社会主义法治体系，建设社会主义法治国家。坚持全面依法治国是协调推进"四个全面"的法治保障。

一、全面依法治国是协调推进"四个全面"的法治保障

新中国成立72年、改革开放43年来，特别是党的十八大以来，我们党领导人民在不断探索实践中，逐步建立健全中国特色社会主义法治体系，为当代中国的发展进步提供了有力制度保障。当前，中华民族正处在伟大复兴的关键时期，坚持和完善中国特色社会主义法治体系，对不断完善和发展中国特色社会主义国家制度和法律制度，加快推进国家治理体系和治理能力现代化具有重大意义。

（一）坚持和完善中国特色社会主义法治体系是坚持和发展中国特色社会主义的内在要求

党的十九届四中全会《决定》强调："建设中国特色社会主义法治体系、

建设社会主义法治国家是坚持和发展中国特色社会主义的内在要求。"中国特色社会主义法治体系，是中国特色社会主义制度的重要组成部分，本质上是中国特色社会主义制度的法律表现形式。改革开放43年来，中国特色社会主义兴旺发达、成就非凡，中国特色社会主义法治体系发挥了重要的引领、规范和保障作用。中国特色社会主义越向更深层次发展，就越需要中国特色社会主义法治体系发挥更重要的推进和保障作用。习近平总书记明确指出，在我国社会主义实践的后半程，"我们的主要历史任务是完善和发展中国特色社会主义制度，为党和国家事业发展、为人民幸福安康、为社会和谐稳定、为国家长治久安提供一整套更完备、更稳定、更管用的制度体系"。当前，我们必须加快完善中国特色社会主义法治体系，不断从法治上为解决党和国家事业发展面临的一系列问题提供制度化方案，开拓中国特色社会主义事业更加广阔的光明前景。

（二）坚持和完善中国特色社会主义法治体系是推进国家治理体系和治理能力现代化的重大举措

习近平总书记多次强调指出，"法治是国家治理体系和治理能力的重要依托"，"法治体系是国家治理体系的骨干工程"。这既深刻论述了全面依法治国对推进国家治理体系和治理能力现代化的重大作用，也深刻揭示了中国特色社会主义法治体系的重要地位。新中国成立72年来，我们党不断深化对共产党执政规律、社会主义建设规律、人类社会发展规律的认识，确立了法治作为治国理政的基本方式，逐步建立健全中国特色社会主义法治体系。实践充分证明，只有把党和国家工作纳入法治化轨道，使各方面制度更加科学、更加成熟、更加定型、更加完善，实现党、国家、社会各项事务治理制度化、规范化、程序化，善于运用制度和法律治理国家，才能最终实现国家治理体系和治理能力的现代化。党的十八届四中全会《决定》把坚持和完善中国特色社会主义法治体系摆在更加突出的位置，在党的十八届四中全会之后进一步作出系统部署，努力推动中国特色社会主义法治体系在实践中不断发展、完善，为推进国家治理体系和治理能力现代化提供更加坚实的制度保障。

（三）坚持和完善中国特色社会主义法治体系是全面推进依法治国的总抓手

建设中国特色社会主义法治体系是全面依法治国总目标的重要组成部分，是建设社会主义法治国家的前提和基础。中国特色社会主义法治体系贯通法治国家、法治政府、法治社会建设各个领域，涵盖立法、执法、司法、守法各个环节，涉及法律规范、法治实施、法治监督、法治保障各个方面，对推进全面依法治国具有纲举目张的重要意义。习近平总书记明确指出："全面推进依法治国涉及很多方面，在实际工作中必须有一个总揽全局、牵引各方的总抓手，这个总抓手就是建设中国特色社会主义法治体系。全面依法治国各项工作都要围绕这个总抓手来谋划、来推进。"党的十八大以来，以习近平同志为核心的党中央正是抓住建设中国特色社会主义法治体系这个总抓手，从推进经济社会持续发展、维护人民群众幸福安康、保证党和国家长治久安的战略全局高度，来认识法治、定位法治、布局法治、厉行法治，统筹推进科学立法、严格执法、公正司法、全民守法，迅速开创了全面依法治国新局面。在坚持和完善中国特色社会主义制度、推进国家治理体系和治理能力现代化的新征程上，全面依法治国的任务仍然艰巨繁重，法治领域改革面临许多难啃的硬骨头，必须继续围绕坚持和完善中国特色社会主义法治体系，抓重点、补短板、强弱项，不断将法治中国建设向纵深推进。

二、中国特色社会主义法治的主要内容和显著优势

我国的社会主义法治建设，是中国共产党把马克思主义基本原理同中国具体实际结合起来，带领中国人民不断探索形成了中国特色社会主义法治。中国特色社会主义法治，为保障和发展中国人民权利、创造出经济快速发展和营造社会长期稳定奠定了坚实基础，也为世界法治建设贡献了中国智慧和中国方案，具有显著优越性和强大生命力。

（一）中国特色社会主义法治的主要内容

中国特色社会主义法治有丰富的内涵，由依法治国的理论、原则、制度

和方法等组成。就制度层面而言，中国特色社会主义法治，集中体现在中国特色社会主义法治体系之中，并构成了我国法治建设的总抓手。中国特色社会主义法治体系由完备的法律规范体系、高效的法治实施体系、严密的法治监督体系、有力的法治保障体系、完善的党内法规体系组成，每个体系下均由相关的制度组成。

一是党领导依法治国的制度机制。党的领导是中国特色社会主义最本质的特征，是社会主义法治最根本的保证，把党的领导贯彻到依法治国全过程和各方面，是推动我国社会主义法治建设的基本要求。党领导依法治国的制度机制，旨在强化党在依法治国和社会主义法治建设中总揽全局、协调各方的领导地位，主要包括三个方面：成立中央全面依法治国委员会，负责全面依法治国的顶层设计、总体布局、统筹协调、整体推进、督促落实，在地方成立相应机构和机制；党对法治四大环节的领导制度，即党领导立法、保证执法、支持司法、带头守法的制度；推动党中央决策部署贯彻落实的制度，这集中体现在"四个善于"的要求之中，即善于使党的主张通过法定程序成为国家意志，善于使党组织推荐的人选通过法定程序成为国家政权机关的领导人员，善于通过国家政权机关实施党对国家和社会的领导，善于运用民主集中制原则维护中央权威、维护全党全国团结统一。

二是完备的法律规范体系。法律是治国之重器，良法是善治之前提。建设中国特色社会主义法治，首先必须有完备的法律规范体系，集中体现在立法体制机制制度之中。立法体制机制制度确立了立法主体、立法权限、立法程序、法律规范位阶等，主要由宪法、立法法等加以规定。为维护国家法制统一，体现全体人民的共同意志和整体利益，中国实行统一而又分层次的立法体制，在赋予全国人大及其常委会、国务院、国务院各部门和具有行政管理职能的直属机构相关的立法权同时，也赋予省、自治区、直辖市的人大会及其常委会、人民政府，以及设区的市的人大及其常委会、人民政府一定的地方立法权。在我国，法律规范体系是由以宪法为核心，主要由七个法律部门和不同层级的法律规范构成。宪法是国家的根本大法，具有最高的法律效力。七个法律部门包括：宪法及宪法相关法，民法商法，行政法，经济法，社会法，刑法，诉讼与非诉讼程序法；不同层级的法律规范包括：法律，行政法规，地方性法规、自治条例和单行条例，规章。

三是高效的法治实施体系。法律的生命力在于实施，法律的权威也在于实施。该体系涵盖面广，涉及执法、司法、守法各个层面的制度和安排。执法主要指各行政机关依法行政，严格执法，建设职能科学、权责法定、执法严明、公开公正、廉洁高效、守法诚信的法治政府，主要由行政组织法、行政行为法和行政监督救济法组成。司法制度指有关司法机关的职能和活动以及与之密切相关的制度，由规范法院、检察院各自职能和活动的审判制度和检察制度，以及仲裁制度、公证制度、调解制度、律师制度、法律援助制度和统一法律职业考试制度等组成。守法方面的制度由普法宣传教育机制、守法诚信褒奖机制和违法失信行为惩戒机制、依法维权和化解纠纷机制等组成。

四是严密的法治监督体系。对权力加以制约和监督，是依法治国的基本要求，要建立立法、执法、司法权力运行制约和监督机制。在我国，科学、有效、严密的权力运行制约和监督体系，由党内监督、人大监督、民主监督、监察监督、行政监督、司法监督、审计监督、社会监督和舆论监督制度等组成。

五是有力的法治保障体系。全面依法治国需要强有力的保障，包括党对全面依法治国领导的政治保障、组织和人才保障、科技信息保障、理论智库支持等。

六是完善的党内法规体系。党内法规既是管党治党的重要依据，也是建设社会主义法治国家的重要保障。党内法规制度体系，是以党章为根本，以民主集中制为核心，以准则、条例等中央党内法规为主干，由各领域各层级党内法规制度组成的有机统一整体。

（二）中国特色社会主义法治的主要特色

中国特色社会主义法治的"主要特色"主要表现在下列方面。

一是坚持和拓展中国特色社会主义法治道路。道路标定方向，道路决定前途，独特的国情决定了中国必须走独特的法治道路。中国特色社会主义法治道路，是中国特色社会主义道路在法治领域的具体体现，是社会主义法治建设成就和经验的集中体现，是建设社会主义法治国家的唯一正确道路。这条道路全面反映了中国特色社会主义本质要求，立足中国历史文化传统和现实国情，积极探索符合当前中国时代特征、体现当代中国时代精神的法治实践路径。

二是依法治国与以德治国相结合。依法治国与以德治国相结合是中国法治的重要特色。坚持把社会主义核心价值观贯穿于全面依法治国的各个环节，引领法治进步、树立法治信仰、形成法治文化，实现德法共治、德法融合。

三是依法治国与依规治党有机统一。实现依法治国与依规治党相统一，使纪法衔接、纪法贯通，是我们对于社会主义法治建设规律认识的重要升华。

四是坚持法治与改革双轮驱动。改革与法治如鸟之两翼、车之双轮，坚持改革决策和法治相统一、相衔接，是我国法治建设的特色之一。在法治下推进改革，在改革中完善法治，通过各领域各方面体制机制改革，推动各方面制度更加成熟更加定型。

五是坚持全面推进与重点突破相协调。依法治国是一项庞大的系统工程，必须统筹兼顾、把握重点、整体谋划。坚持依法治国、依法执政、依法行政共同推进，法治国家、法治政府、法治社会一体建设，坚持全面推进科学立法、严格执法、公正司法、全民守法。同时，我国法治建设又注重抓住重点难点，通过重难点的突破带动法治发展。

（三）中国特色社会主义法治的显著优势

中国特色社会主义法治植根于中华民族5000多年文明史所积淀的深厚历史文化传统，吸收借鉴了人类制度文明有益成果，在实践中显示出巨大优势。

一是坚持党的领导的优势。党的领导是中国特色社会主义制度的最大优势，也是中国特色社会主义法治的最大优势和最根本保证，是我国社会主义法治同西方资本主义国家法治最大的区别。70年来我国法治建设的快速发展，充分证明坚持党的领导是我国法治建设的优势之所在，是我国社会主义法治建设的一条基本经验。坚持党的领导，就要依靠党把握法治建设方向，依靠党对法治发展进行顶层设计和全面部署。坚持党的领导，就要把党的领导贯彻到依法治国全过程和各方面，贯彻党领导立法、保证执法、支持司法、带头守法的要求。坚持党的领导，就要党总揽全局、协调各方同人大、政府、政协、审判机关、检察机关依法依章程履行职能、开展工作统一起来。

二是保证人民当家作主的优势。我国国家制度深深植根于人民之中，能够有效体现人民意志、保障人民权益、激发人民创造力。人民立场是党的根本政治立场，人民是依法治国的主体和力量源泉。法治建设必须为了人民、依靠人民、造福人民、保护人民。失去人民拥护和支持，法治就会失去根基，法治建设就会失去方向。只有牢固树立以民为本的理念，以保障人民根本权益为出发点和落脚点，保证人民依法享有广泛的权利和自由、承担应尽的义务，倾听人民呼声、回应人民期待，依法保障人民平等参与、平等发展权利，维护社会公平正义，保障人民群众对美好生活的向往和追求，促进共同富裕，才能真正推动法治发展。

三是坚持全面依法治国的优势。坚持法治国家、法治政府、法治社会一体建设，推动法治发展需要统筹协调法治建设所涉及的各类要素，不仅强调法治各个方面的发展，致力于推动法治各领域和每个环节的突破和发展，而且注重法治建设的整体性和系统性，要求各类主体的共同努力，坚持立法、执法、司法和守法全面推进，从而形成发展合力。

四是实行民主集中制的优势。"民主集中制是我国国家组织形式和活动方式的基本原则，是我国国家制度的突出特点。在党的领导下，各国家机关是一个统一整体，既合理分工，又密切协作，既充分发扬民主，又有效进行集中，克服了议而不决、决而不行、行而不实等不良现象，避免了相互掣肘、效率低下的弊端。"①

五是坚持顶层设计与先行先试相结合的优势。对我国这样一个大国，法治建设要坚持法制建设的统一领导和顶层设计，维护国家法制统一、尊严、权威，同时又要支持和鼓励各地方各领域依法先行先试，不断创新，积累经验并逐步上升为统一的制度。

三、坚持和完善中国特色社会主义法治体系的目标要求

十九届四中全会《决定》明确要求，"加快形成完备的法律规范体系、高效的法治实施体系、严密的法治监督体系、有力的法治保障体系，加快形成完善的党内法规体系"。这五大体系相辅相成、相得益彰，构成坚持和完善中国特色社会主义法治体系的具体目标。

---

① 习近平：《坚持、完善和发展中国特色社会主义国家制度与法律制度》，《求是》2019年第23期。

（一）加快形成完备的法律规范体系

法律是治国之重器，良法是善治之前提。经过长期努力，中国特色社会主义法律体系已经在 2010 年形成，并在党的十八大以来不断完善和发展。但也要看到，当前我国一些法律规范仍然存在着不协调、不适应、不好用的问题，特别是在食品药品、安全生产、生态环境等领域，仍然存在着法律规范该硬不硬、该严不严、该重不重的问题，法律规范体系还需要适应新时代的新要求进一步健全完善。同时，作为社会实践经验的总结，法律也必然需要随着改革开放的脚步和社会实践的发展而不断发展。因此，在推进国家治理体系和治理能力现代化的大背景下，加快形成完备的法律规范体系仍然是一项艰巨繁重的历史任务，必须抓住提高立法质量这个关键，不断提高立法效率，加快完善法律、行政法规、地方性法规体系，以及与之相配套的制度规定和社会规范体系，不断增强法律规范体系的及时性、系统性、针对性、有效性，为全面依法治国提供基本依据。

（二）加快形成高效的法治实施体系

法令行则国治，法令弛则国乱。高效的法治实施体系是连接良法与善治的桥梁。坚持和完善中国特色社会主义法治体系，重点是形成高效的法治实施体系，难点也是形成高效的法治实施体系。在国家和社会生活各方面总体上实现有法可依的情况下，有法必依、执法必严、违法必究就显得更为重要、更加紧迫，直接关系到全面依法治国的成效。当前，法律执行和实施仍然是最大的短板，一些执法司法机关不作为、乱作为、逐利违法、徇私枉法等问题仍然存在，少数地方的执法司法机关甚至同黑恶势力沆瀣一气，充当保护伞，严重损害了党和政府形象、影响了法治权威和尊严，阻碍了全面依法治国进程，人民群众反映强烈、社会各方面普遍关注。这些法治实施中的问题应当成为厉行法治的聚焦点和发力点，通过严格执法、公正司法、全民守法，确保法律法规全面有效实施，切实把我国制度优势、法治优势转化为治国理政的政治优势和治理效能。

（三）加快形成严密的法治监督体系

不受制约和监督的权力必然导致滥用和腐败。立法权、执法权、司法权是人民民主专政政权极其重要的权力,立法机关、执法机关、司法机关是社会主义国家机器极其重要的组成部分,承担着确立行为规则、规范各种关系、维护公共秩序、制裁违法犯罪、实现公平正义、保障党和国家长治久安等重大职责。必须通过有效制约和监督,确保这些权力的行使永远体现党和人民意志,接受党和人民监督,始终为人民服务。要抓紧完善立法、执法、司法权力运行制约和监督机制,加强党内监督、人大监督、民主监督、行政监督、司法监督、审计监督、社会监督和舆论监督制度建设,努力形成科学有效的权力运行制约和监督体系,增强监督合力和实效。各级立法、执法、司法机关及其工作人员应当自觉接受监督,知敬畏、存戒惧、守底线,习惯在监督和约束的环境中工作、生活。要坚决破除各种潜规则,绝不允许法外开恩,绝不允许办关系案、人情案、金钱案。坚决反对和克服特权思想、衙门作风、霸道作风,坚决反对和惩治粗暴执法、野蛮执法行为。对执法司法领域的腐败零容忍,坚决清除害群之马。

(四)加快形成有力的法治保障体系

坚持和完善中国特色社会主义法治体系,加快形成有力的法治保障体系至关重要。没有一系列的保障基础和条件,全面依法治国就难以实现。要切实加强党对全面依法治国的领导,提高依法执政能力和水平,为全面依法治国提供方向引领和政治保障。要着力建设一支忠于党、忠于国家、忠于人民、忠于法律的社会主义法治工作队伍,为全面依法治国提供强有力的组织和人才保障。要充分运用大数据、云计算、人工智能等现代科技手段,全面建设"智慧法治",为全面依法治国提供科技和信息保障。要加强中国特色社会主义法治理论研究,建设一批高水平的法治研究基地,为全面依法治国提供理论和智库支撑。各级党组织和领导干部都应当支持立法、执法、司法机关依法履行职责,支持司法机关依法独立公正行使职权,严禁让立法、执法、司法机关做违反法定职责、有碍法治公正的事情。

(五)加快形成完善的党内法规体系

党内法规既是管党治党的重要依据,也是建设社会主义法治国家的重要保障。依规治党深入党心,依法治国才能深入民心。新时代我们党要履行好执政兴国的重大历史使命,赢得具有许多新的历史特点的伟大斗争,实现党和国家长治久安，必须始终坚持依法治国与依规治党有机统一，确保在建党100周年时形成以党章为根本、若干配套党内法规为支撑的比较完善的党内法规体系。要坚持党规党纪严于国家法律，注重党内法规同国家法律相衔接相协调，实现管党治党和治国理政相贯通，充分发挥依规治党对依法治国的引领和保障作用，全面提高党依规治党和依法执政的能力和水平。

四、坚持和完善中国特色社会主义法治体系的体制机制保障

中国特色社会主义事业不断发展，作为中国特色社会主义法治总抓手的中国特色社会主义法治体系需要在坚持中不断发展完善，这是坚持和发展中国特色社会主义的内在要求。我国法治建设必须坚定不移走中国特色社会主义法治道路，全面推进依法治国，坚持依法治国、依法执政、依法行政共同推进，坚持法治国家、法治政府、法治社会一体建设，全面推进科学立法、严格执法、公正司法、全民守法，推进法治中国建设。党的十九届四中全会通过的决定，对坚持和完善中国特色社会主义法治体系作出了专门部署和安排。

一是健全保证宪法全面实施的体制机制。宪法是国家的根本大法，是治国安邦的总章程，是党和人民意志的集中体现。依法治国首先要坚持依宪治国，依法执政首先要坚持依宪执政。推动我国法治建设，坚持和完善中国特色社会主义法治体系，必须坚持宪法法律至上，维持宪法权威，维护国家法制统一、尊严、权威，采取措施切实发挥宪法的作用。党的十九届四中全会要求加强宪法实施和监督，落实宪法解释程序机制，推进合宪性审查工作，加强备案审查制度和能力建设，依法撤销和纠正违宪违法的规范性文件。一切违反宪法法律的行为，都必须予以追究。

二是完善立法体制机制。良法是善治之前提，以良法保障善治。建设中国特色社会主义法治体系，既要发挥立法的引领和推动作用，更要着力提高立法质量和效率。根据党的十九届四中全会要求，实现良法善治要坚持科学立法、民主立法、依法立法要求，完善党委领导、人大主导、政府依托、各方参与的立法工作格局坚持立改废释并举，不断提高立法质量和效率，增强法律法规的及时性、系统性、针对性、有效性。同时，要求完善以宪法为核心的中国特色社会主义法律体系，加强重要领域立法，加快我国法域外适用

的法律体系建设。

三是健全社会公平正义法治保障制度。党的十九大报告指出,中国特色社会主义进入新时代,我国社会主要矛盾已经转化为人民日益增长的美好生活需要和不平衡不充分的发展之间的矛盾。而在民主、法治、公平、正义、安全、环境等方面的要求,是人民对美好生活需要的日益广泛。公正是法治的生命线,法治是公正的象征和保障。因此,在新时代,我国的法治建设必须致力于社会公平正义的实现。党的十九届四中全会明确提出,坚持法治建设为了人民、依靠人民,加强人权法治保障,保证人民依法享有广泛的权利和自由、承担应尽的义务,引导全体人民做社会主义法治的忠实崇尚者、自觉遵守者、坚定捍卫者。针对执法、司法日益关乎社会公平正义实现的重要法治环节,党的十九届四中全会在强调要"坚持有法必依、执法必严、违法必究"的同时,对执法和司法提出了有针对性的要求。要求行政机关严格规范公正文明执法,规范执法自由裁量权,加大关系群众切身利益的重点领域执法力度;要深化司法体制综合配套改革,完善审判制度、检察制度,全面落实司法责任制,完善律师制度,加强对司法活动的监督,确保司法公正高效权威,努力让人民群众在每一个司法案件中感受到公平正义。

四是加强对法律实施的监督。天下之事,不难于立法,而难于法之必行。习近平总书记指出:"如果有了法律而不实施,束之高阁,或者实施不力、做表面文章,那制定再多法律也无济于事。"① 随着中国特色社会主义法律体系的形成,法律实施成为当前我国法治建设中的重点和关键,加强法律实施是我国法治建设的重点任务。党的十九届四中全会通过的决定要求加强对法律实施的监督,推动法律实施。总体上,要求"保证行政权、监察权、审判权、检察权得到依法正确行使,保证公民、法人和其他组织合法权益得到切实保障,坚决排除对执法司法活动的干预"。在具体举措上强调多措并举:拓展公益诉讼案件范围,加大对严重违法行为处罚力度,实行惩罚性赔偿制度,严格刑事责任追究。同时,为法治实施奠定法治观念、意识和能力基础,一方面要求,加大全民普法工作力度,增强全民法治观念,完善公共法律服务体

---

① 习近平:《关于〈中共中央关于全面推进依法治国若干重大问题的决定〉的说明》,《人民日报》2014年10月29日。

系，夯实依法治国群众基础；另一方面要求，各级党和国家机关以及领导干部要带头尊法学法守法用法，提高运用法治思维和法治方式深化改革、推动发展、化解矛盾、维护稳定、应对风险的能力。

第五节　以全面从严治党为政治保证

治国必先治党，治党务必从严。只有把党建好、管好、治好，人民才会衷心拥护党的领导，国家才能治理好。党的十八大以来，以习近平同志为核心的党中央把全面从严治党纳入"四个全面"战略布局，实现治党与治国的有机融合，使党和国家面貌发生了前所未有的历史性变化。党的十九届四中全会审议通过的《中共中央关于坚持和完善中国特色社会主义制度　推进国家治理体系和治理能力现代化若干重大问题的决定》，把全面从严治党制度作为党的领导制度的重要组成部分，纳入中国特色社会主义制度和国家治理体系之中，深刻揭示了治党与治国、坚持党的领导与加强党的建设的内在统一关系。要深刻领会、认真贯彻"完善全面从严治党制度"的要求，推动全面从严治党向纵深发展，使我们党永葆先进性和纯洁性，始终成为中国特色社会主义事业的坚强领导核心。

一、全面从严治党是协调推进"四个全面"的关键

"四个全面"本质上是坚持和发展中国特色社会主义的战略布局，是党中央总结历史、立足国情、顺应时势、破解难题、把握机遇提出的重大战略思想，是统筹伟大事业与伟大工程、兼顾当前与长远的顶层设计。协调推进这一战略布局，任务极为繁重艰巨，是一个攻坚克难、爬坡过坎的伟大历程，必须准备进行具有许多新的历史特点的伟大斗争。将全面从严治党列入"四个全面"，是我们党作为执政党对自身提出的严格要求，同时也是为其他三个"全面"提供坚强政治保证的客观需要。这充分体现了我们党的使命意识、责任意识以及敢于担当、励精图治的精神状态。

首先，全面建成小康社会的目标要求涵盖经济、政治、文化、社会、生态文明五大建设。随着经济下行压力持续加大，要完成硬性经济指标、推进经济发展方式转变等，难度与挑战性不小。从顺应人民群众期待的角度讲，须在促进共同富裕、促进社会公平正义、促进社会和谐等方面取得新进展。"全面"还意味着一个都不能少，以农村为主的贫困地区必须同步迈入全面小康社会，至少要接近全国发展的平均水平。党的作风好、精神面貌好、领导坚强有力，全面建成小康社会才有坚强政治保证，才能排除万难去争取胜利。

其次，全面深化改革涉及利益格局调整，必须冲破思想观念束缚，突破利益固化藩篱。例如，处理好政府和市场关系是经济体制改革的核心问题，既要更好地发挥政府作用，又要着力解决政府干预过多等问题，必须简政放权，加快转变政府职能。这势必触及相关部门和个人的既得利益。阻碍改革的思想观念主要来自体制内，改革越深入，动自己"奶酪"的概率越大。全面深化改革若想取得突破，就得有自我革新的勇气和胸怀，克服部门利益掣肘，从政治高度、从大局出发看问题。没有党的坚强领导，这一切就无从谈起。

最后，全面依法治国同样是一个艰巨繁重的系统工程，同样需要我们党发挥总揽全局、协调各方的领导核心作用，同样依靠党来统一部署、统筹推进、整体谋划、督促落实。再就具体内容而论，党和法治的关系是法治建设的核心问题。党的领导和社会主义法治是一致的，坚持党的领导是社会主义法治的根本要求，是全面推进依法治国的题中应有之义。依法治国主要取决于依法执政，依法执政的关键是依宪执政。唯有在党的领导下依法治国、厉行法治，人民当家作主才能充分实现，国家和社会生活法治化才能有序推进。没有党的坚强领导，全面依法治国的总目标就会落空。

总之，办好中国的事情关键在党，协调推进"四个全面"的关键在于全面从严治党。全面从严治党为其他三个"全面"引领正确方向、提供坚强政治保证，在"四个全面"战略布局中举足轻重，是最根本最关键的战略举措。落实这一战略措施，需要把握好三个方面的工作。

一是坚持全面从严治党一以贯之、坚定不移。勇于自我革命，从严管党治党，是我们党最鲜明的品格。我们党要始终成为时代先锋、民族脊梁，始终成为马克思主义执政党，自身必须始终过硬。全党必须坚决贯彻党的基本方略，始终以党章为根本遵循，把政治建设摆在首位，坚持思想建党和制度治党同向发力，统筹推进党的各项建设，牢牢抓住"关键少数"，始终不渝坚持"三严三实"，坚定正确贯彻民主集中制，严肃党内政治生活，严明党的纪律，强化党内监督，发展积极健康的党内政治文化，全面净化党内政治生态，坚决纠正各种不正之风，以零容忍态度惩治腐败，更加自觉坚定党性原则，勇于直面问题，敢于刮骨疗毒，消除一切损害党的先进性和纯洁性的因素，清除一切侵蚀党的健康肌体的病毒，确保党始终走在时代前列，始终成为全国人民的主心骨，始终成为坚强领导核心。

二是坚持新时代党的建设总要求。习近平总书记在党的十九大报告中根据新的实践要求和时代特征，对新时代党的建设总要求作出新概括，完整系统地阐述了新时代党的建设的目的和根本原则、指导方针、主线、统领、根基、着力点、布局和目标，使党的建设要求更加全面、布局更加完善、目标更加清晰，体现了党在加强自身建设方面的与时俱进，明确了新时代党的建设的基本遵循。深入推进全面从严治党，要全面贯彻党的十九大和十九届中央纪委二次全会精神，增强"四个意识"、坚定"四个自信"，紧紧围绕坚持和加强党的全面领导，紧紧围绕维护党中央权威和集中统一领导，全面推进党的政治建设、思想建设、组织建设、作风建设、纪律建设，把制度建设贯穿其中，深入推进反腐败斗争，在坚持中深化、在深化中坚持，实现党内政治生态根本好转，不断增强党的创造力、凝聚力、战斗力，为决胜全面建成小康社会、全面建设社会主义现代化国家提供坚强保证。

三是落实新时代党的建设新部署。党的十九大和十九届中央纪委二次全会对新时代党的建设作出顶层设计和战略部署，明确提出了当前和今后一个时期全面从严治党的总体要求和主要任务，为一以贯之推进党的建设新的伟大工程指明了方向，增添了动力。我们一定要在习近平新时代中国特色社会主义思想指导下，全面贯彻落实从严治党的战略部署，切实把党的政治建设摆在首位，用习近平新时代中国特色社会主义思想武装全党，建设高素质专业化干部队伍，加强基层组织建设，持之以恒正风肃纪，夺取反腐败斗争压倒性胜利，健全党和国家监督体系，全面增强执政本领，全面推进新时代党的建设新的伟大工程，切实增强全面从严治党的系统性、创造性、实效性。

二、把握全面从严治党向纵深发展的着力点

第一,坚持以党的政治建设为统领,全面推进党的各方面建设。党的十九大明确提出新时代党的建设总要求,确立"以党的政治建设为统领,以坚定理想信念宗旨为根基,以调动全党积极性、主动性、创造性为着力点,全面推进党的政治建设、思想建设、组织建设、作风建设、纪律建设,把制度建设贯穿其中,深入推进反腐败斗争"的新时代党的建设总体布局,为完善全面从严治党提供了根本遵循。深入推进全面从严治党,就是要贯彻落实新时代党的建设总要求,巩固和深化党的十八大以来取得的管党治党成果,进一步深化党的建设制度改革,全面完善党的政治建设制度机制、思想建设制度机制、组织建设制度机制、作风建设制度机制、纪律建设制度体制和反腐败斗争制度机制,立好全面从严治党的"四梁八柱"。在此基础上,坚持缺什么补什么、什么弱强什么,建立健全各项具体制度,着力提高制度质量,使每项制度立得住、行得通、管得了。在这一过程中,要按照以党的政治建设为统领的要求,把党的政治建设各项要求贯彻到党的其他建设之中,用严明的制度推动党的政治领导、政治原则、政治纪律、政治主张落实落地、落细落小。

第二,坚持党管干部、选贤任能。治国理政,要在用人。全面从严治党,必须从严治吏。习近平总书记在2013年、2018年召开的全国组织工作会议等场合,就做好新时代干部工作发表了一系列重要讲话,对坚持党管干部、选贤任能、从严治吏都提出了明确要求,为深化干部人事制度改革指明了方向。要贯彻落实新时代党的组织路线,坚持党管干部原则,坚持新时期好干部标准,不断完善选贤任能制度。要树立鲜明正确的用人导向,始终把政治标准放在第一位,注重选拔任用牢固树立"四个意识"、自觉坚定"四个自信"、坚决做到"两个维护"、全面贯彻执行党的理论和路线方针政策、做忠诚干净担当的干部。要严格执行党政领导干部选拔任用工作条例等相关法规,建立健全源头培养、跟踪培养、全程培养的素质培养体系,日常考核、分类考核、近距离考核的知事识人体系,以德为先、任人唯贤、人事相宜的选拔任用体系,管思想、管工作、管作风的从严管理体系,崇尚实干、带动担当、加油鼓劲的正向激励体系,不断提高科学精准选人用人水平。

第三，严肃党内政治生活。习近平总书记指出，"严肃党内政治生活是全面从严治党的基础。党要管党，首先要从党内政治生活管起；从严治党，首先要从党内政治生活严起。"①历史经验和教训表明，什么时候党内政治生活正常健康，我们党就风清气正、团结统一、充满生机活力，党的事业就蓬勃发展；什么时候党内政治生活不正常不健康，党内就弊病丛生、人心涣散，各种错误思想、错误路线得不到及时纠正，给党的事业造成损失。党的十八大之前，一些不良风气之所以能够在党内滋生蔓延，"七个有之"问题突出，与党内政治生活随意化、形式化、平淡化、庸俗化有很大关系。党的十八大以来，党中央把加强和规范党内政治生活作为全面从严治党的重要抓手，从党的群众路线教育实践活动开始，探索了一条增强党内政治生活政治性、时代性、原则性、战斗性，提高党内政治生活质量的有效途径。党的十八届六中全会通过《关于新形势下党内政治生活的若干准则》，建立了一系列加强和规范党内政治生活的制度。党的十九大把严格执行新形势下党内政治生活的若干准则作为加强党的政治建设的一项重要任务和举措，提出了明确要求。应当说，大的制度和要求都有了，各级党组织要结合实际完善具体制度，严格抓好制度落实。通过完善和落实制度，把党内政治生活加强和规范起来，把政治纪律和政治规矩严明起来，发展积极健康的党内政治文化，全面净化党内政治生态。

第四，健全解决党自身问题的长效机制。我们党区别于其他政党最显著的标志，就在于党不仅善于团结带领人民进行伟大社会革命，而且善于进行伟大自我革命，具有自己解决自己问题的能力。这是我们党能够始终保持强大生机活力、得到人民拥护和支持的原因所在。党的十九大以来，习近平总书记反复强调要不断推进党的自我革命，提高党自我净化、自我完善、自我革新、自我提高能力，充分表明了我们党强烈的忧患意识和高度的责任意识。这次"不忘初心、牢记使命"主题教育，全党上下发扬自我革命精神，探索了检视问题、整改落实的有效办法，为建立长效机制提供了宝贵经验。《决定》强调，要"坚决同一切影响党的先进性、弱化党的纯洁性的问题作斗争，大力纠治形式主义、官僚主义"。这既指出了我们需要长期防止和克服的根本性

---

① 《习近平在庆祝中国共产党成立 95 周年大会上的讲话》，《人民日报》2016 年 7 月 2 日。

问题，也指出了当前党内存在的突出问题。这些都是可能动摇党的根基、阻碍党的事业的问题，必须以彻底的自我革命精神加以解决。各级党组织要建立健全解决自身问题的长效机制，构建一体推进不敢腐、不能腐、不想腐的体制机制，共同把全面从严治党这场伟大自我革命进行到底。

三、坚持制度治党、依规治党

坚持制度治党、依规治党，是习近平总书记关于全面从严治党重要思想的鲜明特色和重要内容。习近平总书记指出，"纲纪不彰，党将不党，国将不国。"①加强制度建设，是全面从严治党、依规治党的必然要求，是推进国家治理体系和治理能力现代化的重要保障。推进全面从严治党，既要解决思想问题，也要解决制度问题。全方位扎紧制度笼子，更多用制度治党、管权、治吏。这是从党的十八大以来全面从严治党实践中得出的一条重要规律性认识。制度不完善，潜规则就会盛行，就无法防范和解决党内出现的矛盾和问题。

针对一个时期以来一些潜规则侵入党内，成为腐蚀党员和干部、败坏党的风气的沉疴毒瘤的突出问题，习近平总书记深刻指出，"破除潜规则，根本之策是强化明规则，以正压邪，让潜规则在党内以及社会上失去土壤、失去通道、失去市场。"②"这么多年，作风问题我们一直在抓，但很多问题不仅没有解决、反而愈演愈烈，一些不良作风像割韭菜一样，割了一茬长一茬。症结就在于对作风问题的顽固性和反复性估计不足，缺乏常抓的韧劲、严抓的耐心，缺乏管长远、固根本的制度。"③党的十八大以来，以习近平同志为核心的党中央坚持依规治党与以德治党紧密结合，坚持思想建党和制度治党同向发力，坚持依法治国与制度治党、依规治党统筹推进、一体建设，加大党的建设制度改革力度，不断总结全面从严治党的成功经验，把管党治党创新成果转化为法规制度，使党内法规体系不断健全，为推进全面从严治党向纵深发展提供了坚强制度保障，也为进一步完善管党治党制度打下了坚实基础。

---

① 习近平:《在省部级主要领导干部学习贯彻党的十八届四中全会精神全面推进依法治国专题研讨班上的讲话》，《人民日报》2015年2月2日。

② 习近平:《作风建设要立破并举、扶正祛邪》，《人民日报》2014年5月9日。

③ 习近平:《在党的群众路线教育实践活动总结大会上的讲话》，《人民日报》2014年10月9日。

全面从严治党永远在路上，党内法规制度建设也永远在路上。全面从严治党推进到哪一步，党内法规制度建设就要跟进到哪一步。新的时代条件下，国际国内形势发生了很大变化，我们党面临的执政环境和执政条件发生了很大变化，党面临的"四大考验""四种危险"是长期的、复杂的、严峻的，影响党的先进性、弱化党的纯洁性的因素也是复杂的，党内存在的思想不纯、组织不纯、作风不纯等突出问题尚未得到根本解决，实践中还出现了一些新情况新问题，我们还远远没有到高枕无忧的时候。要把党内存在的突出矛盾和问题解决好，要有效化解党面临的重大挑战和危险，很重要的一条就是要完善规范、健全制度，扎紧制度的笼子，既使已经发生的突出矛盾和问题得到更加有效的解决，又有效防范新的矛盾和问题滋生蔓延、有效防范已经解决的矛盾和问题反弹复发。

总之，制度的生命力在于执行。不长"牙齿"的制度就是"纸老虎""稻草人"，有了制度没有严格执行，制度设计得再缜密，也会"法令滋彰，盗贼多有"，产生"破窗效应"。习近平总书记指出，我们的制度体系还要完善，但当前最突出的问题在于很多制度没有得到严格执行。制度一经形成，就要严格遵守，坚持制度面前人人平等、执行制度没有例外，坚决维护制度的严肃性和权威性。我们要认真贯彻落实习近平总书记要求和十九届四中全会《决定》精神，狠抓全面从严治党制度的执行，扎牢制度篱笆，真正让铁规发力让禁令生威。

首先，各级党委要把严格执行全面从严治党制度作为党建工作的经常性任务，摆在突出位置，加强组织领导，加大制度学习宣传、教育力度，督促各级党组织严格执行制度，推动党员、干部严格遵守制度，让严格执行制度、自觉尊崇制度蔚然成风。各级领导干部要强化制度思维，带头维护制度权威，以身作则，以上率下，作制度执行的表率。各级党组织及其领导班子要提高制度执行能力，善于用制度推进全面从严治党，用制度防范和解决党内存在的突出问题，用制度引导党员、干部加强党性修养。要树立执行制度的先进典型，及时查处和曝光严重违反制度的反面典型，善于运用正反两方面典型教育党员、干部，强化党员、干部的制度意识、敬畏意识。

其次，要健全制度执行机制，加强经常性检查督办，发现制度执行方面的问题，要紧盯不放，及时督促整改落实。要把执行全面从严治党制度的情况作为党委（党组）党建述职、各级各部门党组织负责人特别是党委（党组）书记考核、领导班子民主生活会开展批评和自我批评的重要内容。要严把选人用人关，严防那些不守制度、不守规矩、不守法纪的干部进入各级领导班子。对领导干部进行考察，要看执行制度的表现，对表现不好的，要坚决予以调整。要完善监督机制，综合发挥组织监督、纪检监督、巡视监督、信访监督、舆论监督、网络监督、群众监督的作用，形成强大监督合力，织密监督网，严格防范违反全面从严治党制度的行为。

最后，动员千遍，不如问责一次。要把执行全面从严治党制度情况作为评判全面从严治党责任是否落实的重要标准，层层压实执行制度的领导责任。要坚持有规必依、执规必严、违规必究，决不能遮丑护短、姑息养奸。对执行不力造成严重后果的党组织和领导干部，严肃进行问责；对不按制度和规矩办事的干部要严肃批评教育，严重的要进行组织处理，坚决杜绝做选择、搞变通、打折扣的不良现象。

第六节 引领全球治理与构建人类命运共同体

2015年10月12日，中共中央政治局专门就"全球治理格局和全球治理体制"进行集体学习，习近平总书记发表重要讲话，系统阐明了中国引领全球治理体制改革的新理念。习近平总书记强调，中国参与全球治理的根本目的，就是服从服务于实现"两个一百年"奋斗目标、实现中华民族伟大复兴的"中国梦"。要审时度势，努力抓住机遇，妥善应对挑战，统筹国内国际两个大局，推动全球治理体制向着"更加公正合理"的方向发展，为中国发展和世界和平创造更加有利的条件。

一、中国参与全球治理的历程与经验

作为负责任大国，中国积极参与全球治理体系的建设和改革。70余年，中国参与全球治理的深度和广度不断拓展，完成了从全球治理进程的旁观者、参与者、贡献者到引领者角色的转变。回顾历史，中国参与全球治理进程呈

现出显著的阶段性特征。

(一)中国参与全球治理的历程

1. 被排斥在联合国体系之外(1949—1971年)

1949年,新中国成立,实行"一边倒"外交方针,被排斥在联合国体系之外。在封闭的环境中,自身影响外部世界的意愿和手段有限,但新中国在有限的战略空间内积极开展国际合作,参与全球治理。一是开展国际合作,维护地区和平。1954年,新中国首次以五大国之一的身份和地位参加讨论解决朝鲜问题和恢复印度支那和平问题的日内瓦会议,展示了新中国参与全球安全治理的意愿和能力。二是与亚非国家合作,贡献全球治理理念。1954年,中国与印度、缅甸共同倡导的"和平共处五项基本原则",成为国际关系基本准则和国际法基本原则。1955年,新中国参加万隆会议推动达成了"十项原则",成为当今世界普遍认可和遵循的重要指导原则。除了上述贡献外,中国还积极参与世界粮食和医疗卫生治理,例如1963年1月,根据周恩来总理的指示,中国政府应邀向阿尔及利亚派遣了第一支援外医疗队,开启了中国公共卫生外交的序幕。

2. 全面参与全球治理阶段(1971—2001年)

1971年,中国恢复联合国合法席位,是中国从位于国际治理体系边缘到试探性参与国际体系的重要契机和标志。改革开放则是中国全面参与全球治理的转折点。这一时期,中国试图融入国际秩序,主动引入国际规则,主要表现为中国逐渐加入经济、安全、环境等各个议题领域的国际机制。在经济领域,中国恢复了国际货币基金组织和世界银行的席位,积极参与和主动融入世界经济体系和全球经济治理机制。在安全领域,中国开始全面参与联合国维和行动,坚持维和"三原则";积极参加联合国裁军会议,最终签署《不扩散核武器条约》和《全面禁止核试验条约》。在环境领域,中国支持并推动《联合国气候变化框架公约》谈判及生效,成为全球环境治理的主要参与者、建设者。据统计,到2000年,中国参加的政府间国际组织的数量从1个增加到50个,中国参加的非政府组织的数量也从58个迅速增加到1275个。此外,中国还在诸如传染病、跨国犯罪、人权保护等非传统安全领域,积极参与相关国际会议,签署条约并履行义务。

3. 深度参与全球治理阶段（2001—2012年）

2001年中国加入世界贸易组织，是中国深度参与全球治理的标志，也是中国深度参与各领域国际机制建设和国际规则制定的起点。这一时期，中国积极推动和变革全球治理体系，不断拓展治理领域，为共同完善全球治理发出中国声音、提出中国方案。在经济领域，中国参与国际贸易规则制定，推动国际货币基金组织和世界银行份额与治理改革，完善全球经济治理。2008年经济危机后，中国主动承诺为稳定世界经济承担更多的责任，成为稳定全球经济的压舱石。在安全领域，中国积极推动联合国改革，深度参与维和进程，从2004年开始，中国成为联合国安理会常任理事国中派遣维和人员最多的国家；参与创立上海合作组织，并推动建立中国—东盟合作机制。在环境领域，中国推动《京都议定书》执行，主动向国际社会做出自主量化减排承诺。在谈判中，与发展中国家一道更务实地将着力点放在了获得发达国家的资金援助、技术转移上，提高发展中国家的气候治理能力。此外，中国在恐怖主义、网络安全、能源资源安全、重大自然灾害等全球性问题上也发挥了显著作用。

4. 开始引领全球治理阶段（2012年至今）

党的十八大以来，中国高度重视全球治理，提出了参与全球治理的一系列新主张和新举措。一是引领创建全球治理新机制。习近平总书记指出，"要推动变革全球治理体制中不公正不合理的安排，推动建设国际经济金融领域、新兴领域、周边区域合作等方面的新机制新规则。"[①]为此，中国积极参与成立金砖国家开发银行，提出"一带一路"倡议，创立亚投行，举办中国国际进口博览会等。二是提供全球治理的中国方案。中国通过G20杭州峰会、"一带一路"国际合作高峰论坛、厦门金砖峰会、中非合作论坛北京峰会等多边场合，积极展示中国参与全球治理新理念。在G20杭州峰会上，通过了《二十国集团创新增长蓝图》，决心从根本上寻找世界经济持续健康增长之道，全面提升世界经济中长期增长潜力。九大优先领域、48条指导原则，二十国集团首次制定结构性改革优先领域、指导原则以及指标体系。这离不开中国的大

---

① 习近平：《推动全球治理体制更加公正更加合理 为我国发展和世界和平创造有利条件》，《人民日报》2015年10月14日。

力倡导和率先垂范。

（二）中国参与全球治理的经验

中国参与全球治理有鲜明的特色。坚定支持多边主义，维护国际公平正义是中国参与全球治理的原则。始终以先进的理念作指导是中国参与全球治理的基本遵循。推动国际秩序朝着更加公正合理的方向发展是中国参与全球治理的方向和宗旨。

1.坚定支持多边主义，维护国际公平正义

坚持多边主义是国际社会的普遍诉求，维护公平正义是人类社会的永恒追求。当前，国际形势深刻演变，不确定性和不稳定性凸显。单边主义、保护主义持续上升，国际多边秩序和全球治理体系遭到挑战。中国坚定维护以联合国为核心的国际体系，坚定维护以《联合国宪章》宗旨和原则为核心的国际秩序，同各国一道，坚守多边主义，反对单边主义。中国坚持这一立场，不仅是维护自身正当权益，更是在维护国际公平正义，维护广大中小国家的共同利益。

公平正义是准则。要顺应历史潮流，摒弃丛林法则，反对干涉别国内政，反对把自己的意志强加于人。支持扩大发展中国家在国际事务中的代表性和发言权，积极为发展中国家仗义执言。近年来，中国坚定支持多边主义，积极搭建政治、经济、安全、人文等领域多边对话和合作平台，维护公平正义，推动构建人类命运共同体。例如，创办"一带一路"国际合作高峰论坛等多个全球和区域性多边合作平台，推动多边合作日益深入。发起成立亚洲基础设施投资银行等国际金融合作机构，为全球包容性发展贡献越来越大的力量。

2.始终以先进的理念作指导

理念引领行动，方向决定出路。习近平总书记指出，全球治理体制变革离不开理念的引领，全球治理规则体现更加公正合理的要求离不开对人类各种优秀文明成果的吸收。中国基于自身的传统文化和发展经验，提出了很多创新性的全球治理理念。20世纪50年代，中国同印度、缅甸等国共同倡导的"和平共处五项基本原则"，成为国际关系基本准则和国际法基本原则。新时代，中国倡导"共商、共建、共享"的全球治理理念，为破解当今人类社会面临的共同难题提供了新原则新思路，具有深远历史意义与重大现实意义。

2005年，国务院新闻办公室发表了《中国的和平发展道路》白皮书。近年来，中国着眼于国际形势发展变化，提出推动构建人类命运共同体、构建新型国际关系、共建"一带一路"、正确义利观、新安全观、全球治理观、文明观等一系列重要理念、重要倡议，为维护世界和平、促进共同发展贡献了中国智慧和中国方案。

3.推动国际秩序朝着更加公正合理的方向发展

公正合理的国际秩序不仅符合中国根本利益，也符合国际社会共同利益。第二次世界大战以后的世界，从美苏冷战，到后来的美国一家独大；许多国际秩序也是在这样的基础上建立起来的。但是，随着新的科技发展和全球化进程推进，特别是从2008年国际金融危机以来，原有国际秩序的弊端日益显现，越来越不适应世界新的发展实际，世界出现了越来越多难以解决的复杂问题。人口问题、环境问题、资源问题、金融问题、政治问题、恐怖主义问题、核安全问题、能源安全问题、网络安全问题、粮食安全问题、难民问题等，如果不改革现有的国际运行体系，这些问题不仅永远无法解决，而且还很可能再让世界陷入困境甚至新的战乱。改革和完善现行国际体系，不是意味着另起炉灶，而是要推动它朝着更加公正合理的方向发展。

二、推进合作共赢的开放体系建设

党的十九届四中全会《决定》指出，要"坚持和完善独立自主的和平外交政策，推动构建人类命运共同体"，强调要"推进合作共赢的开放体系建设"。推进合作共赢的开放体系建设，关键是推动新型经济全球化，推进"一带一路"建设。

（一）推动新型经济全球化

1.坚持创新驱动，打造富有活力的增长模式

世界经济面临的根本问题是增长动力不足。创新是引领发展的第一动力。与以往历次工业革命相比，第四次工业革命是以指数级而非线性速度展开。我们必须在创新中寻找出路。只有敢于创新、勇于变革，才能突破世界经济增长和发展的瓶颈。二十国集团领导人在杭州峰会上达成重要共识，要以创

新为重要抓手，挖掘各国和世界经济增长新动力。我们要创新发展理念，超越财政刺激多一点还是货币宽松多一点的争论，树立标本兼治、综合施策的思路。我们要创新政策手段，推进结构性改革，为增长创造空间、增加后劲。我们要创新增长方式，把握好新一轮产业革命、数字经济等带来的机遇，既要应对好气候变化、人口老龄化等带来的挑战，也要化解掉信息化、自动化等给就业带来的冲击，在培育新产业新业态新模式过程中注意创造新的就业机会，让各国人民重拾信心和希望。

2. 坚持协同联动，打造开放共赢的合作模式

人类已经成为你中有我、我中有你的命运共同体，利益高度融合，彼此相互依存。每个国家都有发展权利，同时都应该在更加广阔的层面考虑自身利益，不能以损害其他国家利益为代价。习近平总书记指出："我们要坚定不移发展开放型世界经济，在开放中分享机会和利益、实现互利共赢。不能一遇到风浪就退回到港湾中去，那是永远不能到达彼岸的。"①中国要下大气力发展全球互联互通，让世界各国实现联动增长，走向共同繁荣。中国要坚定不移发展全球自由贸易和投资，在开放中推动贸易和投资自由化便利化，旗帜鲜明反对保护主义。搞保护主义如同把自己关进黑屋子，看似躲过了风吹雨打，但也隔绝了阳光和空气。牢固树立人类命运共同体意识，坚持协同联动，打造开放共赢的合作模式，共建开放共享的世界经济，就一定能让世界更加美好。

3. 坚持与时俱进，打造公正合理的治理模式

全球经济治理体系变革紧迫性越来越突出，国际社会呼声越来越高。全球治理体系只有适应国际经济格局新要求，才能为全球经济提供有力保障。国家不分大小、强弱、贫富，都是国际社会平等成员，理应平等参与决策、享受权利、履行义务。世界要赋予新兴市场国家和发展中国家更多代表性和发言权。2010年国际货币基金组织份额改革方案已经生效，这一势头应该保持下去。要坚持多边主义，维护多边体制权威性和有效性。要践行承诺、遵守规则，不能按照自己的意愿取舍或选择。《巴黎协定》符合全球发展大方向，成果来之不易，应该共同坚守，不能轻言放弃。

---

① 习近平：《坚定不移发展开放型世界经济》，《人民日报（海外版）》2018年9月22日。

4. 坚持公平包容，打造平衡普惠的发展模式

发展的目的是造福人民。要让发展更加平衡，让发展机会更加均等、发展成果人人共享，就要完善发展理念和模式，提升发展公平性、有效性、协同性。世界各国要倡导勤劳俭朴、努力奋进的社会风气，让所有人的劳动成果得到尊重。要着力解决贫困、失业、收入差距拉大等问题，照顾好弱势人群的关切，促进社会公平正义。要保护好生态环境，推动经济、社会、环境协调发展，实现人与自然、人与社会和谐。要落实联合国2030年可持续发展议程，实现全球范围平衡发展。

（二）推进"一带一路"倡议

"一带一路"倡议已经成为中国扩大对外开放的重大战略举措和经济外交的顶层设计，是践行人类命运共同体的重要实践，是中国参与全球治理的旗舰型公共产品。

1. 丝路精神

古丝绸之路绵亘万里，延续千年，积淀了以和平合作、开放包容、互学互鉴、互利共赢为核心的丝路精神。这是人类文明的宝贵遗产。

和平合作。公元前140多年的中国汉代，一支从长安出发的和平使团，开始打通东方通往西方的道路，完成了"凿空之旅"，这就是著名的张骞出使西域。中国唐宋元时期，陆上和海上丝绸之路同步发展，中国、意大利、摩洛哥的旅行家杜环、马可·波罗、伊本·白图泰都在陆上和海上丝绸之路留下了历史印记。15世纪初的明代，中国著名航海家郑和七次远洋航海，留下千古佳话。这些开拓事业之所以名垂青史，是因为使用的不是战马和长矛，而是驼队和善意；依靠的不是坚船和利炮，而是宝船和友谊。一代又一代"丝路人"架起了东西方合作的纽带、和平的桥梁。

开放包容。古丝绸之路跨越尼罗河流域、底格里斯河和幼发拉底河流域、印度河和恒河流域、黄河和长江流域，跨越埃及文明、巴比伦文明、印度文明、中华文明的发祥地，跨越佛教、基督教、伊斯兰教信众的汇集地，跨越不同国度和肤色的人民的聚居地。不同文明、宗教、种族求同存异、开放包容，并肩书写相互尊重的壮丽诗篇，携手绘就共同发展的美好画卷。酒泉、敦煌、吐鲁番、喀什、撒马尔罕、巴格达、君士坦丁堡等古城，宁波、泉州、广州、北海、科伦坡、吉达、亚历山大等地的古港，就是记载这段历史的"活化石"。历史告诉我们：文明在开放中发展，民族在融合中共存。

互学互鉴。古丝绸之路不仅是一条通商易货之道，更是一条知识交流之路。沿着古丝绸之路，中国将丝绸、瓷器、漆器、铁器传到西方，也为中国带来了胡椒、亚麻、香料、葡萄、石榴。沿着古丝绸之路，佛教、伊斯兰教及阿拉伯的天文、历法、医药传入中国，中国的四大发明、养蚕技术也由此传向世界。更为重要的是，商品和知识交流带来了观念创新。比如，佛教源自印度，在中国发扬光大，在东南亚得到传承。儒家文化源于中国，受到欧洲莱布尼茨、伏尔泰等思想家的推崇。这是交流的魅力、互鉴的成果。

互利共赢。古丝绸之路见证了陆上"使者相望于道，商旅不绝于途"的盛况，也见证了海上"舶交海中，不知其数"的繁华。在这条大动脉上，资金、技术、人员等生产要素自由流动，商品、资源、成果等实现共享。阿拉木图、撒马尔罕、长安等重镇和苏尔港、广州等良港兴旺发达，罗马、安息、贵霜等古国欣欣向荣，中国汉唐迎来盛世。古丝绸之路创造了地区大发展大繁荣。

2. 从五通建设到五路建设

"一带一路"以政策沟通、设施联通、贸易畅通、资金融通、民心相通为主要内容，即五通建设。加强政策沟通是"一带一路"建设的重要保障，基础设施互联互通是"一带一路"建设的优先领域，投资贸易合作是"一带一路"建设的重点内容，资金融通是"一带一路"建设的重要支撑，民心相通是"一带一路"建设的社会根基。2017年5月14日，习近平主席发表了题为《携手推进"一带一路"建设》的主旨演讲，回答了建设什么样的"一带一路"以及怎样建设好"一带一路"等重大问题。为应对和平赤字、发展赤字、治理赤字，"一带一路"应建设成为和平之路、繁荣之路、开放之路、创新之路、文明之路，即"五路"建设。

3. "一带一路"从"大写意"的"工笔画"

"一带一路"倡议从无到有、由点及面，从绘就总体布局的"大写意"，到聚焦重点、精雕细琢的"工笔画"。2019年4月26日，国家主席习近平在北京出席第二届"一带一路"国际合作高峰论坛开幕式，并发表题为《齐心开创共建"一带一路"美好未来》的主旨演讲。他指出，中国将采取一系列重大改革开放举措，加强制度性、结构性安排，促进更高水平对外开放：更广领域扩大外资市场准入，更大力度加强知识产权保护国际合作，更大规模增加商品和服务进口，更加有效实施国际宏观经济政策协调，更加重视对外开放政策贯彻落实。

《第二届"一带一路"国际合作高峰论坛圆桌峰会联合公报》指出，"我们追求高标准、惠民生、可持续。相关合作将遵守各国法律法规、国际义务和可适用的国际规则标准，并将本着以人民为中心的理念，促进包容性和高质量的经济增长并改善民生。我们致力于在各个层面促进合作的可持续性。"

7年来，中国同138个国家签署"一带一路"合作文件，共同展开了2000多个合作项目，解决了成千上万人的就业。此次疫情期间，"一带一路"的许多基础设施和民生项目都为抗疫发挥了重要作用。中国与各国携手推进"一带一路"的信心不减，决心未变。

三、积极参与全球治理体系改革和建设

积极参与全球治理体系改革和建设，这体现了我国作为世界大国为完善全球治理作出应有贡献的责任担当，更是维护我国利益、提高我国国际地位和国际影响力的必然要求。

（一）弘扬共商共建共享的全球治理理念

全球治理体制变革离不开理念的引领，推动全球治理理念创新发展，要积极弘扬共商共建共享的全球治理理念。

1. 维护以联合国为核心的国际体系

联合国在当代全球治理体系中处于核心地位。《联合国宪章》是维护国际体系稳定、规范国家间行为的重要基石。以《联合国宪章》宗旨和原则为核心的国际秩序，符合绝大多数国家利益，促进了世界和平与发展。当今世界并不太平，单边主义和保护主义冲击国际秩序，成为突出威胁，这是因为《联合国宪章》未能得到有效履行。维护联合国的权威与作用，就是维护国际社会共同利益和各国合法利益，就是维护全人类的美好未来。各国要坚定维护以联合国为核心的国际体系，坚定维护以《联合国宪章》宗旨和原则为基

石的国际法和国际关系基本准则,坚定维护联合国在国际事务中的核心作用。作为联合国创始会员国,中国愿与各国一道,携手建设新型国际关系,合力构建人类命运共同体。中国将坚定维护联合国的地位和作用,坚定维护以联合国为核心的国际体系,坚定维护以国际法为基础的国际秩序。

2. 构建全球互联互通伙伴关系

"一带一路"是新时代对外开放背景下的全球互联互通倡议。习近平指出,共建"一带一路",关键是互联互通,要通过构建全球互联互通伙伴关系,实现共同繁荣发展。共建"一带一路"致力于亚欧非大陆及附近海洋的互联互通,建立和加强沿线各国互联互通伙伴关系,构建全方位、多层次、复合型的互联互通网络,实现沿线各国多元、自主、平衡、可持续的发展。"一带一路"的互联互通项目将推动沿线各国发展战略的对接与耦合,发掘区域内市场的潜力,促进投资和消费,创造需求和就业,增进沿线各国人民的人文交流与文明互鉴,让各国人民相逢相知、互信互敬,共享和谐、安宁、富裕的生活。

(二)以创新推进国际经济金融体系改革

推进国际经济金融体系改革就是要摒弃不合时宜的旧观念,冲破制约发展的旧框框,让各种发展活力充分迸发出来,提升中国参与全球经济治理的制度性话语权,增加新兴市场国家和发展中国家的代表性和发言权。

1. 提升中国参与全球经济治理的制度性话语权

党的十八届五中全会提出,"提高我国在全球经济治理中的制度性话语权,构建广泛的利益共同体。"提升全球经济治理的制度性话语权,关键在于坚持开放发展理念。唯有开放才能进步,实践证明,过去40年中国经济发展是在开放条件下取得的,未来中国经济实现高质量发展也必须在更加开放条件下进行。其次,要在国际规则制定中发出更多中国声音、注入更多中国元素,维护和拓展我国发展利益。在同国际社会充分互动进程中,必须统筹考虑和综合运用国际国内两个市场、国际国内两种资源、国际国内两类规则,大国的真正强大是在制度方面影响世界,而不仅仅是在物质层面。

2. 增加新兴市场国家和发展中国家的代表性和发言权

新兴市场国家和发展中国家的群体性崛起是当今时代发展的一个显著特

征，其经济占全球经济总量的比重已超过发达经济体，对全球经济增长的贡献率达到80%。2020年3月，普华永道发布《2050年的世界》研究报告提到，30年后，全球前七大经济体将有六个是现在的新兴国家，美国会滑至第三，日本会降到第八。全球前十大经济体排序分别为中国、印度、美国、印度尼西亚、巴西、俄罗斯、墨西哥、日本、德国、英国。但是，在今天，新型市场国家和发展中国家在全球经济治理中话语权不足，代表性不够。中国作为世界上最大的发展中国家，始终是这个重要群体当中的一员，彼此命运相连，休戚与共。中国一贯高度重视同发展中国家的关系，因为维护发展中国家的利益就等于维护中国的自身利益，而中国自身的发展就意味着发展中国家整体力量的增长。

（三）大力推动国际关系的民主化、法制化及合理化

在当今国际关系中，公平正义还远远没有实现。实现公平正义，就要推动国际关系民主化，推动国际关系法治化，推动国际关系合理化。

1. 推动国际关系民主化

公正是人类社会的永恒追求，是构建人类命运共同体的崇高目标。世界的命运必须由各国人民共同掌握，世界上的事情必须由各国共同商量着办。垄断国际事务的想法落后于时代，垄断国际事务的行动也肯定不能成功。中国在国际关系中坚持和平共处五项原则，维护国际公平正义，用统一适用的规则来明是非、促和平、谋发展。国家不分大小、强弱、贫富都是国际社会平等成员，都应平等参与国际规则制定，依法行使权利，不能借"法治"之名行侵害他国权益之实。中国继续坚定支持多边主义、维护国际公平正义，与各国一道共同推动国际关系民主化。

2. 推动国际关系法治化

公正是解决国际争端的基石和灵魂，是解决国际争端的出发点和落脚点。国际争端要公正解决，只能以国际法和公认的国际关系基本原则为标准。世界各国应共同推动国际关系法治化，各国在全球治理体系中应遵守公认的国际关系基本准则，适用统一的国际法和全球治理规则。在国际社会，法律应是共同准绳，没有只适用于他人、不适用于自己的法律，也没有只适用于自己、不适用于他人的法律。应摒弃双重标准，坚持法律上的平等和国际公平、

正义。维护国际法和国际秩序的权威性和严肃性,用统一适用的规则明是非、促和平、谋发展。中国将继续在尊重历史事实的基础上,按照国际法,坚定维护自身合法、合理的领土主权和权益。各国都应依法行使权利,反对歪曲国际法,反对以"法治"之名行侵害他国正当权益、破坏和平稳定之实。

3. 推动国际关系合理化

正当关切得到妥善解决是国际关系合理化的重要内容。习近平总书记指出:"我们应该共同推动国际关系合理化。适应国际力量对比新变化,推进全球治理体系改革,体现各方关切和诉求,更好维护广大发展中国家正当权益。"①新兴市场国家和一大批发展中国家快速发展,国际影响力不断增强,是近代以来国际力量对比中最具革命性的变化。推进全球治理体系变革,应适应这种国际力量对比的新变化。国际法原则的确立、规则的制定以及国际体制或制度的创建与变革,应体现各国和各种利益攸关者的重大关切和诉求,尤其是要顾及广大发展中国家的特殊情况和需要,维护它们的正当权益。要尊重和保障每一个国家的安全。不能一个国家安全而其他国家不安全,一部分国家安全而另一部分国家不安全,更不能牺牲别国安全谋求自身所谓绝对安全。

加强全球治理、推进全球治理体制变革不仅事关应对各种全球性挑战,而且事关给国际秩序和国际体系"定规则、定方向";不仅事关对"发展制高点"的争夺,而且事关各国在国际秩序和国际体系"长远制度性安排"中的地位和作用。总之,为人民谋幸福、为民族谋复兴、为世界谋大同,是中国共产党人的庄严承诺和使命担当,其中,大同就是全球治理,这是深刻理解和全面把握习近平总书记有关全球治理思想的"金钥匙"。

四、构建人类命运共同体

面对"世界怎么了""我们怎么办""如何实现人类长久和平与发展"等问题,习近平总书记提出构建人类命运共同体理念。正如哈佛大学研究员特里尔主编的《习近平复兴中国》一书所言,"以人类命运共同体为纲领的全球治理体系,展现了对中国和世界各国关系长远发展的战略思考,也给国际格局

---

① 《习近平在和平共处五项原则发表60周年纪念大会上的讲话》,新华社,2014年6月29日。

新秩序的建立带来新动力"。新冠肺炎疫情之下，构建人类卫生健康共同体是对命运共同体理念的丰富与完善，推动"中国方案"与时俱进。

（一）人类命运共同体的时代意义

构建人类命运共同体是新时代中国特色大国外交的总目标，旨在为国际社会提供更多高质量的公共产品，丰富了马克思主义"共同体"理论。

1. 新时代中国特色大国外交总目标

中国作为社会主义大国应当为人类社会发展承担更多的历史职责，也是中国共产党人为人类政治文明进步应当担当的历史使命。正是根据这一理念，习近平总书记在党的十九大报告中明确指出，中国特色大国外交就是要推动建设新型国际关系，推动构建人类命运共同体。构建人类命运共同体是新时代中国外交的顶层设计，超越了国别、党派和制度的异同，反映了大多数国家的普遍期待，符合国际社会的共同利益，已经成为新时代中国外交追求的总目标。自2013年中国首次在国际场合提出构建人类命运共同体倡议以来，习近平总书记在不同场合多次深刻阐释这一理念。从联合国总部到日内瓦万国宫，从"一带一路"国际合作高峰论坛到党的十九大报告，再到世界政党高层对话会，这一倡议日益深入人心，已成为世界共识。

2. 为国际社会提供更多高质量的公共产品

全球治理面临的最大问题是缺乏高质量公共产品供给。2017年1月，美国学者约瑟夫·奈发表文章提出"金德尔伯格陷阱"论述，引起国际社会对全球公共产品的广泛关注。金德尔伯格是著名世界经济史学家。他认为，20世纪30年代的灾难起源于美国取代英国成为全球最大强国，但美国却奉行"孤立主义"，收缩在北美，不愿承担起提供全球公共产品的责任，由此导致国际社会失序，世界大战爆发。根据麦肯锡全球研究院2017年8月的报告，全球跨境资本流动（包括外国直接投资、债券和股票投资、银行借贷和其他投资）相比2007年缩水65%，发达国家对外投资的规模由1.8万亿美元下降至近1万亿美元。而中国对外投资的规模却与日俱增。2013年，中国对外投资首次超越千亿美元，2015年对外投资额首次超过利用外资额，2016年达到1961.5亿美元，这一年首次成为全球第二大对外投资国。全球治理层面的公共产品包括三个层次，即物质性公共产品、理念性公共产品、制度性公共产品。可以说，在国际社会担心"全球化熄火"的关键时刻，中国通过三个层面公共产品的高质量供给向国际社会提供了有序发展的坚定信心。

3. 马克思主义"共同体"理论的创新与发展

"共同体"或"联合体"，是马克思用来指称未来共产主义社会的一个十分重要的概念，在马克思主义科学社会主义理论中占据十分重要的地位。马克思认为，人类共同体的演进经历了这样一个历史过程，即从前资本主义时代的"自然的共同体"，到资本主义社会的"虚幻的共同体"，再到共产主义社会的"真正的共同体"，即"自由人的联合体"。在《德意志意识形态》和《共产党宣言》中，马克思用"联合体"和"共同体"（真正的共同体）来指称未来的共产主义社会。"真正的共同体"与"虚假的共同体"相对，代表了所有共同体成员的共同利益，包含人的全面发展、利益普遍协调、矛盾真正解决。作为中国共产党人最高奋斗目标的共产主义理想，包含了丰富的人类命运共同体思想。每个人自由而全面的发展是共产主义的一个基本特征，实现全人类每个人自由全面的共同发展，是人类命运共同体基本的价值诉求，也是对马克思主义"共同体"理论的创新与发展。

（二）人类命运共同体的基本内涵

党的十九大报告明确阐明了人类命运共同体的内涵，即"建设持久和平、普遍安全、共同繁荣、开放包容、清洁美丽的世界"。这五个世界旨在解决人类面临的各种全球性挑战，涉及政治、安全、经济、文化、生态等诸多领域。

1. 持久和平

和平与发展是当今世界的主题。中国始终坚持走和平发展道路，并把追求持久和平作为构建人类命运共同体的基石。实现持久和平，"要互相尊重、平等协商，坚决摒弃冷战思维和强权政治，走对话而不对抗、结伴而不结盟的国与国交往新路。"中国人民坚持走和平发展道路，也真诚希望世界各国都走和平发展这条道路，共同应对威胁和破坏和平的各种因素，携手建设持久和平、共同繁荣的和谐世界。为此，习近平总书记指出，"让铸剑为犁、永不再战的理念深植人心。"

2. 普遍安全

安全问题是事关人类前途命运的重大问题。实现普遍安全，"要坚持以对话解决争端、以协商化解分歧,统筹应对传统和非传统安全威胁,反对一切形式的恐怖主义。"当今世界处于百年未有之大变局,安全领域面临多重全新考验,没有一个国家能凭一己之力谋求自身绝对安全,没有一个国家可以从别国的动荡中收获稳定,只有从人类命运共同体的视角出发,才能找到全球安全治理之道。"各国应该树立共同、综合、合作、可持续的全球安全观",共同营造公道正义、共建共享的安全格局。

3. 共同繁荣

实现共同繁荣,"要同舟共济,促进贸易和投资自由化便利化,推动经济全球化朝着更加开放、包容、普惠、平衡、共赢的方向发展。"作为世界上最大的发展中国家,中国一直是全球减贫与发展事业的倡导者、推动者和践行者。2019年9月,《新时代的中国与世界》白皮书指出,中国开展对外援助60多年来,共向166个国家和国际组织提供近4000亿元人民币援助,派遣60多万名援助人员,700多人为他国发展献出了宝贵生命。先后7次宣布无条件免除重债穷国和最不发达国家对华到期政府无息贷款债务。中国—联合国和平与发展基金2030年可持续发展议程子基金3年来成功实施27个项目,惠及49个亚非拉国家,为全球落实议程注入强大动力。2015年,中国宣布设立"南南合作援助基金",截至2018年,已在亚洲、非洲、美洲等地区30多个国家实施了200余个有关救灾、卫生、妇幼、难民、环保等领域的发展合作项目。

4. 开放包容

开放包容引领文明进步。建设一个开放包容的世界,是构建人类命运共同体的文化基础。实现开放包容,"要尊重世界文明多样性,以文明交流超越文明隔阂、文明互鉴超越文明冲突、文明共存超越文明优越"。在国际社会交往中,各国要努力构建一个相互欣赏、相互理解、相互尊重的人文格局。2019年5月15日,国家主席习近平出席亚洲文明对话开幕式并发表主旨演讲,强调"人类只有肤色语言之别,文明只有姹紫嫣红之别,但绝无高低优劣之分。认为自己的人种和文明高人一等,执意改造甚至取代其他文明,在认识上是愚蠢的,在做法上是灾难性的"。

5. 清洁美丽

清洁美丽的世界是人类命运共同体的依托和归宿。实现美丽清洁的世界,

"要坚持环境友好，合作应对气候变化，保护好人类赖以生存的地球家园。"中国重视生态环境保护，习近平总书记指出，"我们不能吃祖宗饭、断子孙路，用破坏性方式搞发展。绿水青山就是金山银山。我们应该遵循天人合一、道法自然的理念，寻求永续发展之路。"为创建清洁美丽的世界，中国倡导绿色、低碳、循环、可持续的生产生活方式，平衡推进2030年可持续发展议程，不断开拓生产发展、生活富裕、生态良好的文明发展道路，成为全球生态文明建设的重要参与者、贡献者、引领者。

（三）共同体理念的丰富完善：人类卫生健康共同体

新冠肺炎疫情是人类面临的健康危机，给全球公共卫生安全带来巨大挑战。习近平总书记指出，中国将秉持人类命运共同体理念，为全球疫情防控分享经验，提供力所能及的支持，同各国一道促进全球公共卫生事业发展，构建人类卫生健康共同体。

1. 人类卫生健康共同体完善了共同体理念

中国是人类命运共同体理念的倡导者与践行者。2012年党的十八大正式提出了"倡导人类命运共同体意识"。2013年3月23日，习近平主席在莫斯科国际关系学院首次向国际社会提出"人类命运共同体"重大倡议，"这个世界，各国相互联系、相互依存的程度空前加深，人类生活在同一个地球村里，生活在历史和现实交汇的同一个时空里，越来越成为你中有我、我中有你的命运共同体"。这一理念不仅有格局，也有温度，其中，健康是人类命运共同体的前提与基本要求。

2020年7月7日，国务院新闻办公室发布《抗击新冠肺炎疫情的中国行动》白皮书。白皮书是中国提供给世界的一本抗疫手册，"共同体"是这本白皮书里的高频词，进一步生动诠释了人类卫生健康共同体理念。

2. 人类卫生健康共同体丰富了共同体的实践

自新冠肺炎疫情发生以来，中国政府果断采取最全面、最严格、最彻底的举措应对疫情。2020年3月19日，中国首次实现新增本土确诊病例和疑似病例为零，这为全球抗击疫情带来了希望。中国从最危险的国家成为最安全的国家，从受援国成为援助国。中国不仅向世界卫生组织捐款，用于抗击疫情国际合作，也向疫情严重或医疗条件薄弱的国家提供力所能及的帮助。今天，对国际社会任何一个国家而言，承担责任首先是要展现合作的态度。在一个全球化时代，机遇是全球化的，风险与挑战也是全球化的。只有在危急时刻相互支持，人类社会才有可能拥抱美好健康的未来。2020年5月18日，习近平主席在第73届世界卫生大会视频会议开幕式上发表致辞，呼吁各国团结合作战胜疫情，共同构建人类卫生健康共同体，提出全力搞好疫情防控、发挥世界卫生组织作用、加大对非洲国家支持、加强全球公共卫生治理、恢复经济社会发展、加强国际合作6点建议，并宣布两年内提供20亿美元国际援助、与联合国合作在华设立全球人道主义应急仓库和枢纽、建立30个中非对口医院合作机制、中国新冠疫苗研发完成并投入使用后将作为全球公共产品、同二十国集团成员一道落实"暂缓最贫困国家债务偿付倡议"等中国支持全球抗疫的一系列重大举措。

第五章

国家治理实践论

第一节　政治治理

政治治理是国家治理最为重要的内容。可以说，以什么样的思路来谋划和推进中国社会主义民主政治建设，在国家政治生活中具有管根本、管全局、管长远的作用，也直接决定了国家治理的成效。加强政治治理，推进社会主义政治建设，提高政治治理现代化水平，必须坚定政治发展道路、健全人民当家作主的政治制度、丰富人民民主的形式、凝聚各方面力量和共识，为中国的政治进步发挥积极作用。

一、坚定不移走中国特色社会主义政治发展道路

中国是一个发展中大国，政治发展是中国特色社会主义事业全面发展的重要组成部分。坚持正确的政治发展道路，是关系根本、关系全局的重大问题。新中国成立以来特别是改革开放以来，我们党团结带领人民成功开辟和坚持了中国特色社会主义政治发展道路，为实现最广泛的人民民主确立了正确方向。党的十八大以来，以习近平同志为核心的党中央坚定不移走中国特色社会主义政治发展道路，坚持党的领导、人民当家作主、依法治国有机统一，积极稳妥推进政治体制改革，不断发展社会主义民主政治，建设社会主义政治文明。

走中国特色社会主义道路，就是在中国共产党领导下，立足基本国情，扩大社会主义民主，建设社会主义法治国家，发展社会主义政治文明；与经

济社会发展需要和人民政治参与积极性不断提高相适应,深化政治体制改革,推进社会主义政治制度自我完善和发展;坚持以人为本,尊重和保障人权,促进社会公平正义,实现好、维护好、发展好最广大人民根本利益。

中国特色社会主义政治发展道路的核心思想、主体内容、基本要求,都在宪法中得到了确认和体现,主要包括:国家的根本制度和根本任务,国家的领导核心和指导思想,工人阶级领导的、以工农联盟为基础的人民民主专政的国体,人民代表大会制度的政体,中国共产党领导的多党合作和政治协商制度、民族区域自治制度以及基层群众自治制度,爱国统一战线,社会主义法治原则,民主集中制原则,尊重和保障人权原则等。[①]这样一套制度安排,是在我国历史传承、文化传统、经济社会发展的基础上长期发展、渐进改进、内生性演化的结果,必须长期坚持、全面贯彻、不断发展。

走中国特色社会主义政治发展道路是历史的选择、人民的选择。习近平同志在党的十九大报告上指出:"中国特色社会主义政治发展道路,是近代以来中国人民长期奋斗历史逻辑、理论逻辑、实践逻辑的必然结果,是坚持党的本质属性、践行党的根本宗旨的必然要求,是符合中国国情、保证人民当家作主的正确道路。"党的十九大报告强调,"全党要更加自觉地增强道路自信、理论自信、制度自信、文化自信,既不走封闭僵化的老路,也不走改旗易帜的邪路,保持政治定力,坚持实干兴邦,始终坚持和发展中国特色社会主义。"必须保持政治定力,增强走中国特色社会主义政治发展道路的信心和决心。

走中国特色社会主义政治发展道路必须积极稳妥推进政治体制改革。中国特色社会主义民主是个新事物,也是个好事物。当然,这并不是说,中国政治制度就完美无缺了,就不需要完善和发展了。我们一直认为,我们的民主法治建设同扩大人民民主和经济社会发展的要求还不完全适应,必须继续加以完善。当今世界正经历百年未有之大变局,改革发展稳定、内政外交国防、治党治国治军各方面任务之繁重前所未有,我们面临的风险挑战之严峻前所未有。必须坚持和完善中国特色社会主义制度、推进国家治理体系和治理能力现代化,运用制度威力应对风险挑战的冲击。

---

① 《十八大以来重要文献选编》(上),中央文献出版社2014年版,第88页。

二、健全人民当家作主制度体系

党的十八大以来,我们推进全面深化改革,就是要使我们现有的政治制度更加成熟更加定型,就是要为党和国家事业发展、为人民幸福安康、为社会和谐稳定、为国家长治久安提供一整套更完备、更稳定、更管用的制度体系。而坚持正确的政治方向、坚持现有的政治发展道路,对于完善我国的人民代表大会制度、中国共产党领导的多党合作和政治协商制度、民族区域自治制度、基层群众自治制度,都具有十分重要的意义。

(一)坚持和完善人民代表大会制度,加强人民当家作主制度保障

人民代表大会制度是保证人民当家作主的根本政治制度,是支撑中国国家治理体系和治理能力现代化的根本政治制度,是坚持党的领导、人民当家作主、依法治国有机统一的根本制度安排,是中国特色社会主义制度体系的重要组成部分,是人民当家作主的重要途径和最高实现形式。中国特色社会主义进入新时代,要毫不动摇坚持人民代表大会制度,也要与时俱进完善人民代表大会制度。

1. 支持和保证人民通过人民代表大会行使国家权力

我国是工人阶级领导的、以工农联盟为基础的人民民主专政的社会主义国家,国家的一切权力属于人民,人民行使国家权力的机关是全国人民代表大会和地方各级人民代表大会。人民通过自己选出的代表组成全国人大和地方各级人大,行使管理国家事务、管理经济和文化事业、管理社会事务的权力。因此,各级人大及其常委会,以及各级人民政府、国家监察委员会、人民法院、人民检察院等国家机关,都要以保证和发展人民当家作主为己任,都要坚持以人民为中心,把实现好、维护好、发展好最广大人民根本利益作为一切工作的出发点和落脚点。通过人民代表大会制度,从各层次各领域扩大公民的有序政治参与,保证人民的知情权、参与权、表达权、监督权;依靠人民的支持,接受人民的监督,凝聚人民群众的广泛共识,最大限度地调动积极因素,做到民有所呼、我有所应。

2. 支持和保证人大及其常委会依法行使职权

人民代表大会是代表人民行使国家权力的国家机关,是人民民主专政政

权的组织形式,是社会主义上层建筑的重要组成部分,是国家治理体系的重要组成部分。人大及其常委会依法行使立法权、监督权、决定权、任免权等多项职权。

第一,加强和改进立法工作。法律是治国之重器,良法是善治之前提。近年来,在立法方面,坚持问题导向,抓住提高立法质量这个关键,更好发挥人大在立法工作中的主导作用,在提高精细化、精准度、针对性上下功夫,坚持质量与效率并重,不断提高科学立法、民主立法、依法立法水平,提高立法的针对性、及时性、系统性、可操作性,确保国家发展、重大改革于法有据,把发展改革决策同立法决策更好结合起来。发挥立法引领和推动作用。在立法的领域上,加强重要领域立法,围绕国家制度和国家治理体系建设,加强监察、司法、社会治理、国家安全等领域立法。深化国家监察体制改革,作出关于国家监察委员会制定监察法规的决定,审议公职人员政务处分法草案等。在立法的层级上,赋予所有设区的市地方立法权,同时对其立法权限范围予以明确。这是健全立法体制、推动地方人大工作完善发展的重要举措。实践表明,赋予设区的市立法权,适应了设区的市经济社会发展需要,提高了地方法治水平,增强了国家治理体系和治理能力现代化水平。

第二,加强和改进法律的实施。确保法律在治国理政各个方面得到全面实施。法律的生命在于实施。确保法律的实施,首先要确保宪法的实施。作为治国理政的总依据和中国特色社会主义制度体系和治理体系的总纲领,宪法的全面实施,不仅在推进"中国之治"中更好发挥规范、引领、推动和保障作用,而且有力地把我国制度优势更好转化为国家治理效能。在中共中央的正确领导下,近年来全国人大常委会依法开展合宪性审查、备案审查,制定关于推进合宪性审查工作的实施意见,妥善回应涉及宪法有关问题的关切,依法纠正违宪违法的规范性文件,保证宪法得到切实遵守和执行;制定完善法规、司法解释备案审查体制机制,建成统一的覆盖全国的备案审查信息平台,初步建成国家法律法规数据库。2020年上半年,坚持依法治港治澳,维护宪法和基本法确定的宪制秩序,完善全国人大常委会对基本法的解释制度,第十三届全国人民代表大会第三次会议审议通过了《全国人民代表大会关于建立健全香港特别行政区维护国家安全的法律制度和执行机制的决定》,从国家层面建立健全香港特别行政区维护国家安全的法律制度和执行机制。这是新形势下坚持和完善"一国两制"制度体系、坚持依法治港、维护宪法和基本法确定的特别行政区宪制秩序的重大举措，符合包括香港同胞在内的全体中国人民的根本利益。

第三，加强和改进监督工作。聚焦行政权、监察权、审判权、检察权的依法正确行使，加强对"一府一委两院"执法、监察、司法工作的监督，保证党中央决策部署落到实处，保证宪法法律有效实施。近年来，全国人大以及地方人大及其常委会监督的一项重要内容就是加强国有资产管理监督，人大预算审查监督重点向支出预算和政策拓展，按照"全口径审查、全过程监管"的要求，制定《关于进一步加强各级人大常委会对审计查出突出问题整改情况监督的意见》，推动党中央决策部署在预算编制和预算执行中贯彻落实。

3. 密切人大代表同人民群众的联系

人民代表大会是党和国家联系群众的重要桥梁。全国 260 多万人大代表是各级人民代表大会的主体，是各级国家权力机关的组成人员，代表人民的利益和意志，依法参加行使国家权力。要完善代表联系群众制度，通过建立健全代表联络机构、网络平台等形式密切代表同人民群众联系；支持和保证代表依法执行职务，充分了解、掌握和反映人民群众的意见和诉求；加强代表议案和代表建议办理工作，把办理代表议案与立法、监督工作有效结合起来，把办理代表建议与推动有关方面改进工作有效结合起来；加强人大常委会同代表的联系，扩大代表对常委会、专门委员会活动的参与；认真组织代表履职学习活动，切实提高代表依法履职的能力。

从授权关系来看，各级国家机关都由人大产生、对人大负责、受人大监督；各级人大由人民选举产生、对人民负责、受人民监督。各级人大由人大代表组成，人大代表由人民直接或间接选举产生，因此，人大代表也要对人民负责，受人民监督。在政治实践中，人大代表要加强与人民群众的联系，加强与原选举单位或者原选区选民的联系。各级人大代表要通过调研、视察、走访、代表之家、代表活动室、代表接待日、网络平台等方式和渠道，了解社情民意，反映群众诉求。党的十九大报告明确要求，要使各级人大及其常委会成为同人民群众保持密切联系的代表机关，为此，各级人大常委会要完善代表联系制度，健全常委会联系代表制度、完善代表联系群众制度、健全代表联络机制，做好代表议案审议和建议办理工作。推动地方人大组织全国人大代表就近参加代表联络站、代表之家和基层立法联系点的活动。地方各级人大已建成22.8万个代表联络站和代表之家，为代表履职搭建了立足基层、贴近群众、覆盖城乡的工作平台。①

4.健全人大的组织制度、选举制度和议事规则

党的十九大报告提出，完善国家机构组织法。经党中央批准的十三届全国人大常委会立法规划，已经将修改全国人大组织法、地方组织法、全国人大议事规则、全国人大常委会议事规则等修法项目列入立法规划。近年来，全国人大及其常委会适应宪法修改、深化党和国家机构改革、全面依法治国等新形势新任务新要求，完善有关人大组织体系、工作机制、议事规则方面的法律制度，完善论证、评估、评议、听证制度。

（二）坚持和完善中国共产党领导的多党合作和政治协商制度，发挥人民政协在国家治理中的重要作用

中国共产党领导的多党合作和政治协商制度作为我国一项基本政治制度，是中国民主重要的实现形式，是人民当家作主制度体系的重要组成部分，是具有中国特色的政党制度。

1.不断完善多党合作的制度框架和内容形式

加强多党合作的制度建设。党的十八大以来，以习近平同志为核心的党中央不断加强制度建设，以完善多党合作制度推进国家治理体系和治理能力现代化。先后出台了《中共中央关于加强社会主义协商民主建设的意见》（2015年）、《中国共产党统一战线工作条例（试行）》（2015年）、《关于加强政党协商的实施意见》（2015年）、《中共中央关于加强中国特色社会主义参政党建设的意见》（2019年）、《民主党派代表人士队伍建设规划（2018—2027年）》（2019年）、《各民主党派中央关于新时代组织发展工作座谈会纪要》（2019年）等重要法规、文件。针对党和国家重大方针政策和关系国家经济社会发展的重大问题，比如宪法修改、党和国家机构改革、五年规划、供给侧结构性改革、新型城镇化、"一带一路"建设、发展实体经济等，以及重要的人事安排，中共中央同民主党派中央、无党派人士，在决策之前和决策实施中开展协商，已形成制度化规定。

---

① 栗战书：《全国人民代表大会常务委员会工作报告》，《人民日报》2020年6月1日。

加大参政党建设的支持力度。多党合作的主体是中国共产党和各民主党派。各民主党派作为中国特色社会主义参政党，其参政议政能力的高低将直接影响到多党合作的成效。近年来，在中共中央的正确领导下，加大了对参政党建设的工作力量，支持民主党派加强思想、组织、制度建设，努力成为政治坚定、组织坚实、履职有力、作风优良、制度健全的合格的中国特色社会主义参政党，切实提高政治把握能力、参政议政能力、组织领导能力、合作共事能力、解决自身问题能力。2019年，中共中央及有关部门就中国特色社会主义参政党建设出台了"三个文件"，对参政党建设提出了系统、科学、详细的指导意见，为参政党建设指明了方向。

丰富多党合作的内容形式。第一，参政议政的渠道越来越畅通。各民主党派和无党派民主人士参加人大、政协参与管理国家和参政议政，民主党派干部担任政府部门正职已经常态化了，除了政府之外，人民法院、人民检察院的党外干部也越来越多。第二，多党合作的形式越来越丰富。习近平总书记每年主持召开4~5次政党协商会议，围绕党和国家重大事务，邀请各民主党派主要负责人进行协商。每次人大、政府、政协换届之前，中共中央都要召开民主协商会，就推荐的国家机构领导人员人选建议名单和全国政协领导人员人选建议名单，向各民主党派、全国工商联和无党派人士通报情况，听取意见。除了政党协商会议、民主协商会之外，中共中央直接或者委托有关部门还会召开党外人士情况通报会、党外人士座谈会、党外人士专题调研座谈会，就有关会议精神进行通报，或者就党和国家重要问题进行专题调研交流。第三，参与决策的形式越来越直接。各民主党派参与决策，通过"直通车"等形式直接向中共中央和各级党委提出意见和建议，推进了党和政府决策的科学化、民主化。每年的政府工作报告、最高人民法院、最高人民检察院的工作报告都会在事前征求各民主党派的意见建议。第四，民主监督的形式不断创新，建立健全了对重大决策部署贯彻落实情况实施专项监督等机制，比如2016年6月启动的各民主党派中央集中开展脱贫攻坚民主监督，就是以习近平同志为核心的党中央赋予各民主党派中央的一项新任务，是民主党派作为中国特色社会主义参政党，参与国家政治生活的一种新形式。

2.发挥人民政协在多党合作制度中的积极作用

人民政协是中国共产党领导的多党合作和政治协商的重要机构，是实行我国新型政党制度的重要政治形式和组织形式。人民政协在多党合作中的作用主要表现在以下三个方面。

对实现中国共产党的领导起凝聚共识的作用。从民主协商的角度来看，人民政协的政治协商是一个双向过程，既把中国共产党的主张和意志转化为各民主党派、无党派人士、社会各界人士共识的过程，也是听取各方面意见建议从而丰富和完善中国共产党的主张和意志的过程。通过协商达成共识，是人民政协政治协商的基础和前提。从参政议政的角度来看，政协协商的基本形式是行使建议权，人民政协的建议权，应纳入中国共产党对国家权力机关提出立法、规划、人事等建议的大布局中，就能进一步明晰人民政协在整个国家治理体系中的重要作用。

对人民代表大会行使国家权力起决策支持作用。人大、政协作为"两会"是中国共产党自觉的制度设计的结果，人大作为国家权力机关有权对国家的重要事务做出决定，人民政协的政治协商对人大的决策或者决定可以起到非常好的支持和配合作用，比如，政协委员参与人大主导的立法协商，人民政协对全国人大常委会、国务院及其有关部门委托政协讨论的法律、法规和有关问题进行研究讨论，提出修改意见和建议。

对人民政府行政管理起建言资政作用。作为国家行政机关，各级人民政府在行政决策之前需要在人民政协进行协商，有助于决策的科学化、民主化。各级人民政府参与制定政协的年度协商计划，提出政府需要的协商议题；政府在出台法律法规时视情况在政协听取意见。作为专门协商机构，政协可以通过调研报告、提案、建议案或其他形式，向人民政府提出意见和建议；政协各专门委员会与对口联系的政府有关部门以议题为纽带建立健全对口联系工作机制，开展对口协商；在政府重大决策形成过程中，政协及时召开专题座谈会，政府有关方面负责同志到会听取意见建议等。

（三）坚持和完善民族区域自治制度，促进民族团结

民族区域自治是国家治理的重要实践活动，民族区域自治制度是中国特色解决民族问题的正确道路的重要内容和制度保障，是实现各民族一律平等的思想基础和制度保障，是把马克思主义民族理论与中国国情实际相结合的产物，是解决中国民族问题的一项基本政治制度，是人民当家作主制度体系

的重要组成部分。这一制度的实施,充分体现和保障了各民族人民当家作主的政治权利。习近平总书记指出,我们党采取民族区域自治这个新办法,既保证了国家团结统一,又实现了各民族共同当家作主。①

1. 坚持统一和自治相结合、民族因素和区域因素相结合

坚持和完善民族区域自治制度,关键在于做到坚持统一和自治相结合、民族因素和区域因素相结合。民族区域自治制度是国家治理体系的重要组成部分,是与单一制国家结构相适应的具有中国特色的制度安排。从国家结构上看,中国的民族区域自治是社会主义国家统一领导下的自治。也就是说,它并非是以"民族"或"区域"为中心的,而是以"国家"为中心,各民族自治地方都是中国不可分割的一部分。民族自治机关是中央政府领导下的不同层级的地方机构,必须服从党和国家的统一领导,其自治权力都由人民赋予并接受人民监督。从这个角度看,中国的民族区域自治虽然是一种自治,但是又以统一多民族国家的整体利益为价值依循与逻辑前提。只有国家统一才有民族区域自治,民族区域自治是维护国家统一的一种特殊形式。

2. 支持和帮助自治地方发展经济、改善民生

进入中国特色社会主义新时代以来,民族地区的民族事务治理和社会治理,牢牢抓住人民日益增长的美好生活需要和不平衡不充分的发展之间的矛盾,从解决民生最紧迫的问题入手。目前,我国共有5个自治区、30个自治州、120个自治县(旗),还有将近1000个民族乡作为民族区域自治的重要补充形式。坚持民族区域自治制度,关键是帮助自治地方发展经济、改善民生,对边疆地区、贫困地区、生态保护区实行差别化的区域政策,优化转移支付和对口支援体制机制,实施好促进民族地区和人口较少民族发展、兴边富民行动等规划。民族地区实现跨越式发展。根据有关部门统计,2018年,民族八省区生产总值突破9万亿元,与1952年相比年均增长8.7%;城乡居民人均可支配收入分别达到33983元、11426元,与1978年相比年均增长分别为12.6%、12.1%。特别是党的十八大以来,民族八省区贫困人口从3121万人减少到603万人。

---

① 《习近平关于社会主义政治建设论述摘编》,中央文献出版社2017年版,第151页。

3. 建立共建、共治、共享的民族事务治理体系

广泛动员民族地区不同民族成员、不同社会团体、所有党政机关积极参与社会治理，构筑共建、共治、共享的民族事务治理体系，全面提升民族地区民族事务治理和社会治理的法治化水平，打造维护国家安全、社会稳定、民族和谐、民心安定的民族地区社会治理新格局。习近平总书记在 2014 年召开的中央民族工作会议上，突出强调"要用法律来保障民族团结"，运用法治思维、法治手段来处置民族矛盾和各类纠纷，充分发挥法治在各类民族事务管理中出现的问题。①

（四）坚持和完善基层群众自治制度，在基层社会实现人民当家作主

基层群众自治制度，是伴随新中国发展历程而生长起来的基本政治制度。基层群众自治制度的成长发展，并有效衔接人民代表大会制度、中国共产党领导的多党合作和政治协商制度、民族区域自治制度，共同构筑了人民当家作主制度体系，使我国人民当家作主不仅体现在国家事务层面、体现在经济和文化事业层面，也体现在社会事务层面；不仅体现在代表制民主层面，也体现在基层直接民主层面，有力彰显了我国社会主义民主的优势和特色，充分展现了我国社会主义民主的广泛性和真实性。②党的十八大以来，基层群众自治制度不断完善，基层群众自治的实践形式不断丰富。基层民主以扩大有序参与、推进信息公开、加强议事协商、强化权力监督为重点，从各层次各领域扩大公民有序参与，提高城乡居民的理性参与；健全以职工代表大会为基本形式的企事业单位民主管理制度，探索企业职工参与管理的有效方式。

1. 积极推进城乡基层群众自治

农村村民委员会、城市居民委员会是基层群众性自治组织，城乡居民广泛参与城乡社区的公共事务和公益事业，依法享有和实现自主管理社区事务的权利，维护自己的合法权益。据统计，我国有 53 万个村民委员会、11 万个社区居民委员会，城乡社区工作者达到 430 多万。在民主选举方面，城乡社

---

① 《中央民族工作会议暨国务院第六次全国民族团结进步表彰大会在北京举行》，《人民日报》2014 年 9 月 30 日。

② 《〈中共中央关于坚持和完善中国特色社会主义制度　推进国家治理体系和治理能力现代化若干重大问题的决定〉辅导读本》，人民出版社 2019 年版，第 231—232 页。

区党组织书记应当通过法定程序担任村（居）委会主任，村（居）"两委"班子交叉任职，党员要在村（居）委会成员、村（居）民代表中占一定比例。在民主协商与民主决策方面，全国各地普遍建立了以村（居）民会议和村（居）民代表会议为主要载体的民主决策的组织形式，涉及村（居）民利益的重大事项，基本由村（居）民协商决定。同时，结合参与主体的情况和协商的具体事项，各地还探索了民情恳谈会、乡村论坛、社区议事会和民主听证会等多种协商形式，搭建起城乡居民参与公共事务和公益决策的平台，为人民群众表达利益诉求提供了渠道，进一步丰富了基层民主自治实践。近年来，基层群众自治的重点是，健全基层党组织领导的基层群众自治机制，把基层党组织的领导作用体现到基层群众自治的各个方面和环节；着力推进基层直接民主制度化、规范化、程序化，夯实人民群众在基层群众自治中的主体地位。

2. 以职工代表大会为基本形式的企事业单位民主管理制度

企业民主管理是工人阶级当家作主最直接的体现形式，公有制企业在重大决策上要听取职工意见，涉及职工切身利益的重大问题必须经过职工代表大会审议，要积极推进厂务公开制度化、规范化；要逐渐建立健全非公有制企业的职代会制度，探索企业职工参与管理的有效方式；总结完善近些年出现的企业民主管理委员会、民主议事会、劳资恳谈会、民主协商会、厂长（经理）信箱、班组民主管理等做法，为企事业单位民主管理制度创新发展提供条件。推动具备单独建制条件的非公有制企业建立并逐步完善职工代表大会制度；在中小型非公有制企业比较集中的乡镇（街道）、开发区（工业园区）、村（社区），探索推行区域（行业）职工代表大会制度，推动形成和谐稳定的劳动关系。

三、发挥社会主义协商民主重要作用

健全人民当家作主制度体系，离不开人民民主的丰富实践。协商民主与人民当家作主制度体系相契合，充分反映和保障了人民当家作主的权利。中国特色社会主义进入了新时代，以习近平同志为核心的党中央高度重视发展社会主义协商民主。党的十八大提出健全社会主义协商民主制度。党的十八届三中全会强调推进协商民主广泛、多层、制度化发展。党中央还先后印发了加强社会主义协商民主建设、加强人民政协协商民主建设、加强政党协商、加强城乡社区协商等一系列制度文件。党的十九大报告强调，发挥社会主义协商民主重要作用。习近平总书记在庆祝人民政协成立65周年、中央政协工作会议暨庆祝人民政协成立70周年等大会上的重要讲话系统阐述了社会主义协商民主的重大理论和实践问题，为发展社会主义协商民主指明了方向、提供了根本遵循。

新时代发挥社会主义协商民主的作用，就要统筹推进政党协商、人大协商、政府协商、政协协商、人民团体协商、基层协商以及社会组织协商，形成整体效能。

1. 继续加强政党协商

政党协商是中国共产党同民主党派基于共同的政治目标，就党和国家重大方针政策和重要事务，在决策之前和决策实施之中，直接进行政治协商的重要民主形式。政党协商内容包括：中共全国代表大会、中共中央委员会的有关重要文件；宪法的修改建议，有关重要法律的制定、修改建议；国家领导人建议人选；国民经济和社会发展的中长期规划以及年度经济社会发展情况；关系改革发展稳定等重要问题；统一战线和多党合作的重大问题；其他需要协商的重要问题。协商次数更加固定：中共中央每年至少召开4次党外人士座谈会，由中共中央总书记主持会议，就各民主党派关注的重点问题、半年度经济社会发展情况、中央全会文件、中央经济工作会议文件等内容进行协商。协商形式更加多样：主要采取会议协商形式，包括专题协商座谈会、人事协商座谈会、调研协商座谈会以及其他协商座谈会等，还有约谈协商、书面协商等。

2. 积极开展人大协商

人大协商，就是人大在重大决策之前根据需要进行充分协商，更好汇聚民智、听取民意，支持和保证人民通过人民代表大会行使国家权力。第一，开展立法工作中的协商，就是在制定立法规划、立法工作计划，以及在实际的立法过程中建立健全有效管用的工作机制，听取各方面的意见和建议。比如，健全法律法规起草协商机制，探索建立有关国家机关、社会团体、专家学者等对立法中涉及的重大利益调整论证咨询机制，健全立法论证、听证、评估机制，健全法律法规草案公开征求意见和公众意见采纳情况反馈机制。第二，发挥好人大代表在协商民主中的作用。比如，健全法律法规规章起草征求人大代表意见制度，增加人大代表列席人大常委会会议人数，更好发挥人大代表在立法协商中的作用。第三，鼓励基层人大代表在履职过程中依法开展协商，探索协商形式，丰富协商内容。

3.扎实推进政府协商

政府协商，主要是围绕有效推进科学民主依法决策，增强决策透明度和公众参与度，解决好人民最关心最直接最现实的利益问题而展开，其目的就是推进政府职能转变，提高政府治理能力和水平。具体来说，第一，政府根据法律法规规定和工作实际，探索制定并公布协商事项目录。第二，增强协商的广泛性针对性。专业事项坚持专家咨询论证，涉及经济社会发展重大问题、重大公共利益或重大民生的，重视听取社会各方面的意见和建议，吸纳社会公众特别是利益相关方参与协商。涉及特定群体利益的，加强与相关人民团体、社会组织以及群众代表的沟通协商。第三，完善政府协商机制。做好政府信息公开工作，为各方面参与政府协商创造条件。完善意见征集和反馈机制，规范听证机制，建立健全决策咨询机制，完善人大代表议案建议和政协提案办理联系机制。

4.进一步完善政协协商

发挥人民政协作为协商民主重要渠道和专门协商机构的作用，就要在中国共产党领导下，参加人民政协的各党派团体、各族各界人士履行政治协商、民主监督、参政议政职能，围绕国家和地方的大政方针以及政治、经济、文化和社会生活中的重要问题，各党派人士参加人民政协工作的共同性事务、政协内部的重要事务，以及有关爱国统一战线的其他重要问题等，在决策之前和决策实施之中广泛协商、凝聚共识。一方面，要完善政协会议及其他协商形式，适当增加专题议政性常委会议和专题协商会次数，完善协商座谈会制度。更加灵活、更为经常地开展专题协商、对口协商、界别协商、提案办理协商，探索网络议政、远程协商等新形式。改进政协通过会议进行协商的形式，适当增加集体提案比重，提高提案质量，建立交办、办理、督办提案协商机制。通过协商会议、建议案、视察、提案、反映社情民意信息等形式提出意见和建议，积极履行民主监督职能。另一方面，要加强政协协商与党委和政府工作的有效衔接。规范协商议题提出机制，认真落实由党委、人大、政府、民主党派、人民团体等提出议题的规定，探索由界别和委员联名提出议题。规范年度协商计划的制订，由党委常委会召开会议专题讨论并列入党委年度工作要点。健全知情明政制度，相关部门定期通报有关情况，为政协委员履职提供便利、创造条件。规范党委和政府领导及部门负责人参加政协协商活动。完善协商成果采纳、落实和反馈机制。

5. 认真做好人民团体协商

人民团体协商，就是在党的领导下，以各类人民团体为主体，通过充分利用人民团体层级广泛、领域广阔的自上而下的组织体系搭建协商平台，把不同性别、不同身份、不同职业等特定利益的群众团体聚合到一起，平等公开地参与到国家大事的协商讨论中，参与到政府公共事务决策中，参与到利益相关的具体事件的解决中，以求最大限度地解决矛盾达成共识的一种协商形式。一方面，建立完善人民团体参与各渠道协商的工作机制。对涉及群众切身利益的实际问题，特别是事关特定群体权益保障的，有关部门要加强与相关人民团体协商。另一方面，组织引导群众开展协商。人民团体要健全直接联系群众工作机制，及时围绕涉及所联系群众切身利益的问题开展协商，更好组织和代表所联系群众参与公共事务，有效反映群众意愿和利益诉求，更好发挥人民团体作为党和政府联系人民群众的桥梁和纽带作用。

6. 稳步推进基层协商

基层协商，是指乡镇、街道和行政村、社区围绕城乡社会治理、基层公共事务、社会公益事业、涉及群众切身利益的实际问题，以及企事业单位围绕民主管理进行协商的民主形式。在实际中主要表现为民情恳谈会、民主恳谈会、民主理财会、民情直通车、便民服务窗、社区议事会、居民论坛、乡村论坛和民主听（议）证会等形式。从协商的议题来看，主要是本地城乡规划、工程项目、征地拆迁以及群众反映强烈的民生问题等。在实践中，要按照协商于民、协商为民的要求，建立健全基层协商民主建设协调联动机制，及时组织有关方面开展协商，及时化解矛盾纠纷，更好解决人民群众的实际困难和问题。

7. 探索开展社会组织协商

社会组织协商，是指社会组织成员就组织的内部事务、不同社会组织之间就利益相关问题，以及社会组织与其他组织就公共议题或者涉及群众切身利益问题进行的理性协商。从其属性来看，社会组织协商是社会性协商，而不是政治性协商。通过协商，社会组织可以将组织成员的利益诉求进行有效整合，并进行理性表达；也可以运用自己的专业知识，将群众的诉求向决策部门进行反映，从而有助于将群众的意见纳入相关部门的决策程序。在社会组织协商过程中，应坚持党的领导和政府依法管理，健全与相关社会组织联系的工作机制和沟通渠道，引导社会组织有序开展协商，更好为社会服务。

四、巩固和发展爱国统一战线

统一战线是指中国共产党领导的、以工农联盟为基础的，包括全体社会主义劳动者、社会主义事业建设者、拥护社会主义爱国者、拥护祖国统一和致力于中华民族伟大复兴爱国者的联盟。党的十八大以来，以习近平同志为核心的党中央把统一战线摆在治国理政重要位置，先后召开民族工作会议、统战工作会议、宗教工作会议等重要会议，制定统一战线工作条例等重要文件。习近平总书记作出了一系列重要讲话和批示，就加强和改进统一战线工作提出一系列新思想新观点新论断，丰富和发展了中国共产党统一战线理论体系，是习近平新时代中国特色社会主义思想的"统战篇"。新思想全面回答了新时代需不需要统一战线、需要什么样的统一战线、怎样发挥统一战线法宝作用、怎样建设新时代统一战线等一系列问题，明确了新时代统一战线服务"四个全面"战略布局的方向原则和各领域统战工作的方针政策，具有根基深厚、问题导向、务实管用、系统性强等鲜明特点。

（一）坚持大统战工作格局

中国特色社会主义进入新时代，做好新形势下统战工作，要高举爱国主义、社会主义旗帜，牢牢把握大团结大联合的主题，必须正确处理一致性和多样性关系，不断巩固共同思想政治基础，同时要坚持大统战工作格局。第一，在领导力量上，必须维护党中央的权威和集中统一领导，把中国共产党的领导体现在统一战线工作的各领域各方面,确保统战工作始终坚持正确的政治方向。第二,在工作对象上,要着眼于巩固和发展大陆范围内和大陆范围外两个范围的联盟,准确把握不断发展壮大的统战对象的特点,根据不同对象,确立差异化的统战策略,做好统战各方面成员的团结引导工作,充分发扬民主、尊重包容差异,尽可能通过耐心细致的工作找到最大公约数,画出最大同心圆。第三,在工作主体上,树立"一盘棋"意识,既要发挥统战部门了解情况、掌握政策、协调关系、安排人事、增进共识、加强团结等职能作用,又要充分发挥党政部门、人民团体、社会组织等方面的积极作用,形成全党重视、大家共同来做的良好局面。第四,在工作机制上,进一步建立健全统一战线各领域的政策体系和制度体系,提升各项工作的制度化规范化程序化水平,把大统战工作格局落到实处,把大统战工作效应发挥出来,为坚持和完善中国特色社会主义制度、推进国家治理体系和治理能力现代化作出积极贡献。[①]

(二)切实突出统一战线工作着力重点

统一战线要做好六个方面的工作,处理好五个方面的关系。从工作层面,主要有民主党派和无党派人士工作、党外知识分子工作、民族工作、宗教工作、非公有制经济领域统一战线工作、港澳台海外统一战线工作六个方面。统一战线的五大关系,即政党关系、民族关系、宗教关系、阶层关系、海内外同胞关系。这既是统一战线内部的基本关系,也是事关党和国家工作全局的重大政治社会关系。统一战线的本质要求是大团结大联合,解决的就是人心和力量问题。统一战线,归根到底,就是做人的工作,搞统一战线就是为了壮大共同奋斗的力量。因此,要做到党外代表人士队伍建设。

(1)进一步做好民主党派工作,建立多党合作、和谐共存共荣的政党关系。坚持长期共存、互相监督、肝胆相照、荣辱与共,把中国共产党的先进性和民主党派的进步性有机统一起来,支持民主党派按照中国特色社会主义参政党要求更好履行职能,做自觉接受中国共产党领导、同中国共产党通力

---

① 《〈中共中央关于坚持和完善中国特色社会主义制度 推进国家治理体系和治理能力现代化若干重大问题的决定〉辅导读本》,人民出版社 2019 年版,第 108—109 页。

合作的亲密友党和好参谋、好帮手、好同事。

（2）贯彻党的民族政策，建立平等团结互助和谐的民族关系。新中国成立以来，中国共产党和中国政府确立并实施了以民族平等、民族团结、民族区域自治和各民族共同繁荣为基本内容的民族政策，形成了比较完备的民族政策体系。进入新时代，不断加强各民族交往交流交融，促进各民族像石榴籽一样紧紧抱在一起，坚持不懈开展马克思主义祖国观、民族观、文化观、历史观宣传教育，打牢中华民族共同体思想基础，巩固和发展平等团结互助和谐的社会主义民族关系，增进各族群众对伟大祖国、中华民族、中华文化、中国共产党、中国特色社会主义的认同，巩固了中华民族共同体的国家意识和中华民族意识。

（3）贯彻党的宗教工作基本方针，建立和谐的宗族关系。坚持和发展马克思主义宗教观，坚持我国宗教的中国化方向，全面贯彻党的宗教信仰自由政策，依法管理宗教事务，坚持独立自主自办原则，积极引导宗教与社会主义社会相适应。我国有佛教、道教、伊斯兰教、天主教、基督教五大宗教，信教群众超过1亿人。宗教工作的基本任务，是坚持马克思主义的立场、观点、方法，认识宗教在社会主义社会长期存在的客观现实，努力探索和掌握宗教现象的内在规律，不断提高宗教工作水平，把广大宗教界人士和信教群众团结到我们党的周围。促进宗教之间互相尊重、互相学习，形成和谐的宗教关系。依法管理宗教事务，坚持保护合法、制止非法、遏制极端、抵御渗透、打击犯罪，健全宗教事务管理法规和制度，防止宗教狂热、极端现象。

（4）做好非公有制经济人士、新的社会阶层人士、党外知识分子的工作，建立和谐的阶层关系。改革开放以来，我国社会结构发生重大变化，阶层分化越来越多元，出现了非公有制经济人士和新的社会阶层人士，党外知识分子的范围也不断扩大，既包括体制内的无党派知识分子，也包括体制外的自由择业知识分子和海外归国留学人员。第一，构建亲清政商关系的政策体系，促进非公有制经济健康发展和非公有制经济人士健康成长，引导非公有制经济人士特别是年青一代弘扬企业家精神，坚持义利兼顾、以义为先，致力先富帮后富，实现共同富裕。工商联是党和政府联系非公有制经济人士的桥梁和纽带，统战工作要向商会组织有效覆盖，发挥工商联对商会组织的指导、引导、服务职能。第二，要按照"组织起来"的工作思路，加强与新的社会阶层人士沟通联系，鼓励支持他们创业创新，引导新的社会阶层人士爱国、敬业、诚信、守法、贡献，自觉履行社会责任，做合格的中国特色社会主义事业建设者。第三，党外知识分子工作，是统一战线的基础性、战略性工作。要坚持尊重知识、尊重知识分子，以教育引导为主线，以培养使用为重点，以组织起来为依托，以健全机制为支撑，高度重视和做好新经济组织、新社会组织中的知识分子工作。对于归国留学人员，要坚持支持留学、鼓励回国、来去自由、发挥作用的方针，鼓励留学人员回国工作或以多种形式为国服务；对于新媒体中的代表性人士，要建立经常性联系渠道，加强线上互动、线下沟通，让他们在净化网络空间、弘扬主旋律等方面展现正能量。

（5）广泛团结联系港澳台同胞、海外侨胞和归侨侨眷，建立和谐的海内外关系。巩固壮大港澳台海外爱国力量，推进全体中华儿女的大团结大联合。随着"一国两制"深入实施、两岸关系和平发展、我国国际地位显著提高，大陆内和大陆外统一战线两个范围联盟中的成员流动更加频繁、联系日趋紧密，要适应新形势，切实做好港澳工作、对台工作、侨务工作。壮大爱国爱港、爱国爱澳力量，增强香港、澳门同胞的国家意识和爱国精神；贯彻执行中央对台工作大政方针，完善促进两岸交流合作、深化两岸融合发展、保障台湾同胞福祉的制度安排和政策措施，坚定推进祖国和平统一进程；把握凝聚侨心侨力同圆共享中国梦这一新时代侨务工作主题，建立健全团结引导广大海外侨胞和归侨侨眷的工作机制，发挥他们在支持祖国发展、遏制分裂势力、传承中华文化、助力对外交往中的积极作用。

（三）党外代表人士的队伍建设

2019年，中共中央印发《民主党派代表人士队伍建设规划（2018—2027）》《民主党派代表人士队伍建设规划（2018—2027年）》培养使用党外代表人士，是我们党的一贯政策。要加大党外代表人士培养、选拔、使用工作力度，努力培养造就一支自觉接受中国共产党领导、坚定不移地走中国特色社会主义道路、具有较强代表性和参政议政能力的党外代表人士队伍。党外代表人士工作的重点是科学使用、发挥作用，关键是加强培养、提高素质。要引导党外优秀人才自觉学习中国特色社会主义理论，自觉践行社会主义核心价值观，自觉弘扬中华传统美德。

（四）发挥人民政协在统一战线中的作用

在大统战格局中，人民政协代表性之强、团结面之宽、覆盖面之广，是其他政治组织和社会组织无法比拟的。因此，人民政协应该坚持统战是第一功能，团结是第一主题，在新时代统一战线工作中发挥人民政协的积极作用。一是多党合作方面，加强对各党派参加人民政协共同性事务的协商，通过联合调研、共同举办协商活动等方式，为民主党派和无党派人士在政协更好发挥作用创造条件。二是积极主动地邀请党外知识分子、非公有制经济人士特别是年青一代、新社会阶层人士，以及留学人员、新媒体中的代表性人士等，参加政协活动。三是发挥各界别政协委员在党和国家事业中的积极性和主动性，比如在港澳台侨工作方面，鼓励港澳地区政协委员发挥双重积极作用，维护和促进香港、澳门长期繁荣稳定。为了提高政协组织、政协委员的统战能力，应加强培训工作和评估工作。有的同志建议，建立健全人民政协系统的统战评估体系，将委员的统战意愿、能力和工作成效，纳入对委员的综合评估管理；将统战工作作为评估界别、专委会和机关工作的重要内容；将委员统战实绩与委员所在党派、团体在政协获得的相关政治安排挂钩。

第二节　经济治理

经济治理是国家治理的重要基础。党的十八大以来，我们党对基本经济制度的认识不断深化。2013年，党的十八届三中全会对基本经济制度的地位作了新的解释，强调"公有制为主体、多种所有制经济共同发展的基本经济制度，是中国特色社会主义制度的重要支柱，也是社会主义市场经济体制的根基"。2019年，党的十九届四中全会对社会主义基本经济制度进行体系创新，这反映了我国社会主义基本经济制度从核心范畴向制度体系的拓展。面对日益复杂的国内外发展形势，必须坚持和完善基本经济制度，建立现代化经济体系，推动经济发展质量变革、效率变革、动力变革，实现经济高质量发展。

一、推动社会主义基本经济制度的体系创新

党的十八届三中全会通过的《中共中央关于全面深化改革若干重大问题的决定》明确提出，国有资本、集体资本、非公有资本等交叉持股、相互融合的混合所有制经济，是基本经济制度的重要实现形式。混合所有制经济作为基本经济制度的重要实现形式，不仅需要通过所有制结构的改革和完善来实现多种所有制经济更好地共同发展，而且需要微观企业制度的创新和发展，进而在微观实现形式上更好符合基本经济制度发展要求，从而增强国有经济活力、放大国有资本功能，实现多种所有制经济共同发展、相互促进、共同繁荣。

社会主义所有制结构和公有制实现形式的新变化，要求按劳分配为主体和多种分配方式更好地结合起来。党的十九届四中全会通过的《中共中央关于坚持和完善中国特色社会主义制度 推进国家治理体系和治理能力现代化若干重大问题的决定》(以下简称《决定》)在把按劳分配为主体、多种分配方式并存提升为基本经济制度的基础上提出，坚持多劳多得，着重保护劳动所得，增加劳动者特别是一线劳动者劳动报酬，提高劳动报酬在初次分配中的比重。健全劳动、资本、土地、知识、技术、管理、数据等生产要素由市场评价贡献、按贡献决定报酬的机制，从而使分配制度的改革方向与社会主义所有制的变化相一致，体现了新时代中国特色社会主义生产关系和分配关系的辩证统一。二者相辅相成、相互促进，在基本经济制度框架之下，有利于效率和公平的有机统一。这与马克思主义政治经济学生产关系理论是一致的。在马克思看来，生产决定分配，分配关系和分配方式只是表现为生产要素的背面，分配结构完全决定于生产结构。分配本身就是生产的产物。① 不同的所有制形式和经济成分决定着不同的分配方式。按劳分配是社会主义制度的基本原则之一，是社会主义公有制的分配形式，也是社会主义劳动者主人翁地位和权利的实现形式。坚持按劳分配主体地位，既是我国公有制主体地位的必然要求，也是防止两极分化、实现共同富裕的必然需要。

党的十九届四中全会的《决定》将"社会主义市场经济体制"上升为基本经济制度，既是对党的十八届三中全会所提出的"使市场在资源配置中起决定性作用和更好发挥政府作用"、党的十九大报告所提出的"使市场在资源

---

① 《马克思恩格斯文集》第8卷，人民出版社2009年版，第19页。

配置中起决定性作用,更好发挥政府作用"的深化,也是新时代社会主义所有制新发展的必然要求。《决定》提出,建设高标准市场体系,完善公平竞争制度,全面实施市场准入负面清单制度,改革生产许可制度,健全破产制度;强化竞争政策基础地位,落实公平竞争审查制度,加强和改进反垄断和反不正当竞争法;健全以公平为原则的产权保护制度,建立知识产权侵权惩罚性赔偿制度,加强企业商业秘密保护;推进要素市场制度建设,实现要素价格市场决定、流动自主有序、配置高效公平。这是我国社会主义市场经济体制改革和完善的具体要求,达到上述要求的关键仍然是处理好政府和市场的关系。社会主义市场经济就是要在市场和政府各自职能的基础上,既要发挥市场作用,也要发挥政府作用。正如习近平总书记要求的,"要划清政府和市场的边界,凡属市场能发挥作用的,政府要简政放权,要松绑支持,不要去干预;凡属市场不能有效发挥作用的,政府应当主动补位,该管的要坚决管,管到位,管出水平,避免出问题。"上述市场与政府的关系是公有制为主体、多种所有制经济共同发展的社会主义所有制在资源配置方式上的具体体现。

二、坚持公有制为主体、多种所有制经济共同发展

"公有制为主体,多种所有制经济共同发展"是中国特色社会主义基本经济制度的重要组成部分。把坚持公有制的主体地位同促进非公有制经济发展两者统一起来,有利于加快完善社会主义市场经济体制。2013年11月,党的十八届三中全会明确提出,公有制经济和非公有制经济都是社会主义市场经济的重要组成部分,都是我国经济社会发展的重要基础;在产权保护上,明确提出公有制经济财产权不可侵犯,非公有制经济财产权同样不可侵犯;在政策待遇上,强调坚持权利平等、机会平等、规则平等,实行统一的市场准入制度;鼓励非公有制企业参与国有企业改革,鼓励发展非公有资本控股的混合所有制企业,鼓励有条件的私营企业建立现代企业制度,推动非公有制经济健康发展[①]。2016年3月4日,习近平总书记在参加全国政协十二届四次会议的民建、工商联委员联组会时强调指出,必须"毫不动摇巩固和发展公

---

① 《十八大以来重要文献选编》(上),中央文献出版社2014年版,第501—502页。

有制经济","毫不动摇鼓励、支持和引导非公有制经济发展","非公有制经济在我国经济社会发展中的地位和作用没有变,我们鼓励、支持、引导非公有制经济发展的方针政策没有变,我们致力于为非公有制经济发展营造良好环境和提供更多机会的方针政策没有变。"①"两个毫不动摇"和"三个没有变"是新时代坚持和完善我国社会主义基本经济制度的重要遵循。

(一)毫不动摇巩固和发展公有制经济

生产资料公有制是实现社会主义的任务和目标的基础,社会主义的本质是解放生产力,发展生产力,消灭剥削、消除两极分化,最终达到共同富裕。坚持以公有制经济为主体,是社会主义的制度规定,也是社会主义经济制度的重要内容。2015年11月25日,习近平总书记在中央政治局第二十八次集体学习时强调,"要坚持公有制主体地位不能动摇,国有经济主导作用不能动摇,这是保证我国各族人民共享发展成果的制度性保证,也是巩固党的执政地位、坚持我国社会主义制度的重要保证。"

社会主义公有制经济包括国有经济、集体经济和混合所有制经济中的国有成分和集体成分,其中国有经济起着主导作用,而国有企业则是国有经济的重要组织形式,是国民经济的重要支柱。历经半个多世纪的发展,我国公有制经济在国家建设、国防安全、改善人民生活等方面作出了突出贡献。国有经济整体实力大大增强,构建完成了工业体系,国有企业始终控制着国民经济命脉,在关系国民经济命脉的重点领域一直占据决定优势,金融、铁路、邮政、通信、航空、冶金、石油、电力等关键领域,国有经济占比高达95%;在对国民经济长远发展具有导向作用的基础研究、应用技术研究、科技攻关等方面,国有大中型企业具有绝对优势,发挥决定性作用;国有企业是参与国际竞争的主力,是实施对外开放政策的中坚力量;国有企业是我国实现现代化的最重要的经济基础,是国家引导、推动、调控经济和社会发展的基本力量,可以弥补市场缺陷,是政府用于实现社会政策目标,实现广大人民群众根本利益和共同富裕的重要保证。在经济低迷、市场需求不足时,政府可

---

① 习近平:《毫不动摇坚持我国基本经济制度 推动各种所有制经济健康发展》,《人民日报》2016年3月9日。

以依靠国有企业实施以刺激需求为目标的宏观调控政策与措施，同时，在预期利润率低、民营企业不愿投资的领域，国家可以通过国有企业扩大投资，拉动需求，刺激经济增长。国有企业的成长与壮大，对于保证我国国民经济持续、稳定、健康发展具有重大而不可替代的作用。

（二）毫不动摇鼓励、支持、引导非公有制经济发展

非公有制经济是社会主义市场经济的重要组成部分。鼓励、支持和引导非公有制经济发展是我国发展社会主义市场经济的客观要求。非公有制经济的存在和发展，为社会主义市场经济发展提供多种市场经济主体，促进不同市场主体的良性竞争，提高不同企业经营管理水平，增强企业市场竞争力。根据有关资料显示，目前非公有制经济组织的数量已经占市场主体的90%左右，创造的国内生产总值超过60%，就业贡献率超过80%，固定资产投资贡献率超过65%，对外直接投资的贡献率超过67%。鉴于非公有制经济在促进增长、吸引就业、增加税收等方面的重大贡献，我们更加要充分重视非公有制经济的作用，鼓励、支持、引导非公有制经济发展，这样不但不会削弱、而且会不断增强社会主义制度的优越性，我们党执政的基础不但不会动摇、而且会更加稳固。

（三）发展混合所有制经济

混合所有制是我国基本经济制度的重要实现形式。十八届三中全会《决定》指出："国有资本、集体资本、非公有资本等交叉持股、相互融合的混合所有制经济，是基本经济制度的重要实现形式。"发展混合所有制经济，有利于坚持和完善公有制为主体、多种所有制共同发展的基本经济制度。有利于深化国有企业改革，完善国有企业法人治理结构，增强国有经济的活力和影响力，放大国有资本的功能，增强公有制经济的主体地位。有利于各种所有制资本依法平等使用生产要素，公平参与市场竞争，相互促进，共同发展。有利于减少政府对微观经济事务的干预，正确处理政府与市场的关系，让市场在资源配置中起决定作用。

积极稳妥推进混合所有制改革，一是推进国有企业混合所有制改革。党的十九大报告中指出，深化国有企业改革，发展混合所有制经济，培育具有

全球竞争力的世界一流企业。因此，我们要积极稳妥推动国有企业发展混合所有制经济，转换国有企业经营机制，使国有企业真正成为具有自主经营、自负盈亏、自我发展、自我约束能力的市场主体，构建企业内在的激励机制、竞争机制和约束机制。放大国有资本功能，在竞争性国企中引入民间资本，实现国有资产保值增值，提高国有资本配置和运行效率，实现各种所有制资本取长补短、相互促进、共同发展。二是引入非国有资本参与国有企业改革。十八届三中全会《决定》指出："鼓励非公有制企业参与国企改革，鼓励发展非公有资本控股的混合所有制企业。"鼓励非国有资本投资主体通过出资入股、收购股权、认购可转债、股权置换等多种方式，参与国有企业改制重组或国有控股上市公司增资扩股以及企业经营管理。开展多类型政府和社会资本合作试点，逐步推广政府和社会资本合作（PPP）模式。三是鼓励国有资本以多种方式入股非国有企业。充分发挥国有资本投资、运营公司的资本运作平台，通过市场化方式，以公共服务、高新技术、生态环保、战略性产业为重点领域，对发展潜力大、成长性强的非国有企业进行股权投资。鼓励国有企业通过投资入股、联合投资、重组等多种方式，与非国有企业进行股权融合、战略合作、资源整合[①]。四是探索实行混合所有制企业员工持股。坚持激励和约束相结合的原则，积极稳妥开展员工持股激励约束机制的试点工作，优先支持人才资本和技术要素贡献占比高的企业开展员工持股试点，支持对企业经营业绩和持续发展有直接或较大影响的科研人员、经营管理人员和业务骨干等持股。秉持公开透明的原则，完善相关政策，健全审核程序实行规范操作，建立健全股权流转和退出机制。

（四）深化国有企业改革

深化国有企业改革，提高效率增强活力，发展壮大国有经济，是坚持和完善基本经济制度的根本要求，也是坚持和发展中国特色社会主义的必然要求。我们要认真贯彻落实党中央、国务院战略决策，按照"四个全面"战略布局的要求，以经济建设为中心，坚持问题导向，继续推进国有企业改革，切实破除体制机制障碍，坚定不移做强做优做大国有企业，不断增强国

[①] 《中共中央国务院关于深化国有企业改革的指导意见》，《人民日报》2015年9月14日。

有企业活力、控制力、影响力、抗风险能力，主动适应和引领经济发展新常态，为促进经济社会持续健康发展、实现中华民族伟大复兴中国梦作出积极贡献。

第一，坚持社会主义市场经济改革方向，增强国有企业活力。激励机制不完善、绩效考核机制不完善是国有企业管理体制的最大难题之一，是影响国有企业发展的重要因素。要遵循市场经济规律和企业发展规律，坚持政企分开、政资分开、所有权和经营权分离，坚持权利、义务、责任相统一，坚持激励约束机制相结合，促使国有企业真正成为依法自主经营、自负盈亏、自担风险、自我约束、自我发展的独立市场主体。依法落实企业法人财产权和经营自主权，进一步增强国有企业活力、创造力和市场竞争力。

第二，完善产权清晰、权责明确、政企分开、管理科学的现代企业制度。十八届三中全会《决定》指出："推动国有企业完善现代企业制度。建立产权清晰、权责明确的产权制度，推动国有企业规范化建设。坚持社会主义市场经济改革方向，适应市场化、现代化、国际化新形势，以解放和发展生产力为标准，以提高国有资本效率、增强国有企业活力为中心，完善产权清晰、权责明确、政企分开、管理科学的现代企业制度。"[①]

第三，坚持党对国有企业的领导，完善国有企业监管制度。贯彻企业全面从严治党方针，充分发挥党组织政治核心作用，加强国有企业领导班子建设，创新基层党建工作，深入开展党风廉政建设。加强对国有企业的监管，完善企业内部监督体系，健全相关法律法规，优化监管手段和方式，防止国有资产流失，确保国有资产保值增值。

三、完善按劳分配为主体、多种分配方式并存的分配制度

收入分配制度是经济社会发展中一项带有根本性、基础性的制度安排，是社会主义基本经济制度的重要组成部分。改革开放以来，我国收入分配制度改革不断推进，与基本国情、发展阶段相适应的收入分配制度基本建立。同时，收入分配领域仍存在一些亟待解决的突出问题，城乡区域发展和收入

---

① 《十八大以来重要文献选编》(中)，中央文献出版社2016年版，第649页。

分配差距依然较大，收入分配秩序不规范，隐性收入、非法收入问题比较突出，部分群众生活比较困难。当前，我国即将开启全面建设社会主义现代化国家的新征程，按照党的十九大报告提出的促进收入分配更合理、更有序的战略部署，要有针对性地完善相关制度和政策，坚持和完善社会主义分配制度，为全面建设社会主义现代化国家奠定扎实基础。

（一）完善初次分配制度

初次分配是按照各生产要素对国民收入贡献的大小进行的分配，主要由市场机制形成。一是要坚持多劳多得，着重保护劳动所得，增加劳动者特别是一线劳动者劳动报酬，提高劳动报酬在初次分配中的比重。健全有利于更充分更高质量就业的促进机制，扩大就业创业规模，提升劳动者获取收入能力。完善工资制度，健全企业、机关、事业单位工资决定和正常增长机制。促进中低收入职工工资合理增长，根据经济发展、物价变动等因素，适时调整最低工资标准。完善企业工资集体协商和行业性、区域性工资集体协商制度，解决一些行业企业职工工资过低的问题。建立健全符合事业单位特点、体现岗位绩效和分级分类管理的工资分配制度。二是要健全劳动、资本、土地、知识、技术、管理、数据等生产要素由市场评价贡献、按贡献决定报酬的机制。建立健全以实际贡献为评价标准的科技创新人才薪酬制度，鼓励企事业单位对紧缺急需的高层次、高技能人才实行协议工资、项目工资等。加强知识产权保护，完善有利于科技成果转移转化的分配政策，探索建立科技成果入股、岗位分红权激励等多种分配办法，保障技术成果在分配中的应得份额。完善高层次、高技能人才特殊津贴制度。多渠道增加居民财产性收入，拓宽居民租金、股息、红利等增收渠道。要强化以增加知识价值为导向的收入分配政策，充分尊重科研、技术、管理人才，建立健全数据权属、公开、共享、交易规则，更好实现知识、技术、管理、数据等要素的价值。

（二）健全再分配调节机制

再分配是在初次分配基础上，对部分国民收入进行的重新分配，主要由政府调节机制起作用。要健全以税收、社会保障、转移支付等为主要手段的再分配调节机制，合理调节城乡、区域、不同群体间分配关系。一是要强化税收调节。改革个人所得税,完善财产税,推进结构性减税,减轻中低收入者和小型微型企业税费负担,形成有利于结构优化、社会公平的税收制度。加强个人所得税调节,完善高收入者个人所得税的征收、管理和处罚措施,将各项收入全部纳入征收范围,依法做到应收尽收。改革完善房地产税等。完善房产保有、交易等环节税收制度,加强存量房交易税收征管。扩大资源税征收范围,提高资源税税负水平。完善直接税制度并逐步提高其比重。二是完善覆盖城乡居民的社会保障体系。坚持应保尽保原则,健全统筹城乡、可持续的基本养老保险制度、基本医疗保险制度,稳步提高保障水平。统筹完善社会救助、社会福利、优抚安置等制度。健全退役军人工作体系和保障制度。坚持和完善促进男女平等、妇女全面发展的制度机制。加强对困难群体救助和帮扶,完善农村留守儿童和妇女、老年人关爱服务体系,健全残疾人帮扶制度。加快建立多主体供给、多渠道保障、租购并举的住房制度。三是完善转移支付制度。健全公共财政体系,调整财政支出结构,大力推进基本公共服务均等化。集中更多财力用于保障和改善民生。加大对教育、就业、社会保障、医疗卫生、保障性住房、扶贫开发等方面的支出,进一步加大对中西部地区特别是革命老区、民族地区、边疆地区和贫困地区的财力支持。加大促进教育公平力度。合理配置教育资源,重点向农村、边远、贫困、民族地区倾斜。

(三)发挥好第三次分配作用

第三次分配是在道德、文化、习惯等影响下,社会力量自愿通过民间捐赠、慈善事业、志愿行动等方式济困扶弱的行为,是对再分配的有益补充。随着我国经济发展和社会文明程度提高,全社会公益慈善意识日渐增强,要重视发挥第三次分配作用,发展慈善等社会公益事业。一是要完善培育发展机制。简化公益慈善组织的审批程序,鼓励有条件的企业、个人和社会组织举办医院、学校、养老服务以及扶贫济困等公益事业。同时,完善税收优惠政策,引导、鼓励企业和高收入人群开展大额捐赠,引导先富群体支持慈善事业,激发中等收入群体和普通人的小额捐赠和志愿服务的热情,扩大慈善事业的群众基础。落实慈善法规定的激励扶持政策,做强慈善组织、慈善信托、志愿服务组织、社工队伍、福利彩票和互联网募捐平台等主体力量。二是要完善监督管理机制。加强党和政府对慈善事业的领导和监管,完善慈善统计制度,健全慈善捐赠、慈善组织、慈善信托、互联网公开募捐平台监督管理机制,增强慈善事业的公开透明和公信力。同时,完善慈善组织内部治理结构,加强内部控制和审计,发挥行业组织的自我管理、自我监督能力,加强对慈善组织和慈善活动的评估监督,逐步形成政府监管、行业自律、慈善组织内部控制、社会舆论监督多方协同的监督机制。三是完善宣传倡导机制。要以增强社会公众的慈善意识为目标,弘扬中华民族守望相助、乐善好施的传统美德,充分利用中华慈善日、中华慈善奖等载体,加强宣传倡导,让社会爱心充分涌流,让慈善行为无处不在。

(四)规范收入分配秩序

构建良好的分配秩序,形成正确的激励导向,有助于全社会弘扬勤劳致富、艰苦奋斗精神,主动通过自身劳动和努力去创造美好生活。为此,必须鼓励勤劳致富,保护合法收入,扩大中等收入群体,清理规范隐性收入,取缔非法收入,将分配制度建立在法治的轨道之上。要遏制以权力、垄断和不正当竞争行为获取收入,将收入获取建立在公平竞争和要素贡献基础之上。一是要维护劳动者合法权益。强化工资支付保障机制,将拖欠工资问题突出的领域和容易发生拖欠的行业纳入重点监控范围,完善与企业信用等级挂钩的差别化工资保证金缴纳办法。落实清偿欠薪的工程总承包企业负责制、行政司法联动打击恶意欠薪制度、保障工资支付属地政府负责制度。完善劳动争议处理机制,加大劳动保障监察执法力度。二是扩大中等收入群体。中等收入群体持续扩大对形成强大国内市场、推动经济高质量发展、维护社会和谐稳定十分重要。扩大中等收入群体是一项长期任务,需要坚持以经济建设为中心,解决好发展质量效益、扩大人力资本、发挥企业家作用、支持中小微企业发展、建设技能型劳动者队伍等重大问题。三是要清理规范隐性收入和取缔非法收入。清理规范工资外收入,严格规范党政机关各种津贴补贴和奖金发放行为,加强事业单位创收管理,严格控制国有及国有控股企业高管人员职务消费。强化领导干部收入管理。严格执行各级领导干部如实报告收入、房产、投资、配偶子女从业等情况的规定,对隐报瞒报、弄虚作假等行为,严肃处理。严格规范领导干部离职、辞职或退(离)休后的个人从业行为。严格规范非税收入，进一步清理整顿各种行政事业性收费和政府性基金，建立健全政府非税收入收缴管理制度。打击和取缔非法收入。围绕土地出让、工程建设等重点领域，强化监督管理，堵住获取非法收入的漏洞。严厉打击走私贩私、偷税逃税、内幕交易、操纵股市等经济犯罪活动。严厉查处权钱交易、行贿受贿行为。深入治理商业贿赂。加强反洗钱工作和资本外逃监控。

四、建设更高水平的社会主义市场经济体制

社会主义市场经济体制是中国特色社会主义的重大理论和实践创新，是社会主义基本经济制度的重要组成部分。改革开放特别是党的十八大以来，我国坚持全面深化改革，社会主义市场经济体制不断健全完善。同时，中国特色社会主义进入新时代，经济已由高速增长阶段转向高质量发展阶段，与这些新形势新要求相比，我国市场经济体制在一些方面仍存在束缚市场主体活力、阻碍市场和价值规律充分发挥作用的弊端，推动高质量发展仍存在不少体制机制障碍，必须进一步解放思想，坚定不移深化市场化改革，不断在经济体制关键性基础性重大改革上突破创新，构建更加系统完备、更加成熟定型的高水平社会主义市场经济体制。

（一）完善市场经济基础性制度

建设高标准市场体系，全面完善产权、市场准入、公平竞争等市场经济基础性制度，筑牢社会主义市场经济有效运行的体制基础。一是要全面完善产权制度。健全归属清晰、权责明确、保护严格、流转顺畅的现代产权制度。完善以管资本为主的经营性国有资产产权管理制度，加快转变国资监管机构职能和履职方式。健全自然资源资产产权制度。健全以公平为原则的产权保护制度，全面依法平等保护民营经济产权。落实农村第二轮土地承包到期后再延长30年政策，完善农村承包地"三权分置"制度。深化农村集体产权制度改革，完善农村基本经营制度。完善和细化知识产权创造、运用、交易、保护制度规则，完善新领域新业态知识产权保护制度。二是要全面实施市场准入负面清单制度。推行"全国一张清单"管理模式，维护清单的统一性和权威性。建立市场准入负面清单动态调整机制和第三方评估机制，进一步放

宽市场准入限制。建立统一的清单代码体系。建立市场准入负面清单信息公开机制。建立市场准入评估制度，定期评估、排查、清理各类显性和隐性壁垒，推动"非禁即入"普遍落实。改革生产许可制度。三是要全面落实公平竞争审查制度。完善竞争政策框架，建立健全竞争政策实施机制，强化竞争政策基础地位。强化公平竞争审查的刚性约束，修订完善公平竞争审查实施细则，建立公平竞争审查抽查、考核、公示制度，建立健全第三方审查和评估机制。统筹做好增量审查和存量清理，逐步清理废除妨碍全国统一市场和公平竞争的存量政策。建立违反公平竞争问题反映和举报绿色通道。加强和改进反垄断和反不正当竞争执法，加大执法力度，提高违法成本。培育和弘扬公平竞争文化，进一步营造公平竞争的社会环境。

（二）完善要素市场化配置体制机制

以要素市场化配置改革为重点，加快建设统一开放、竞争有序的市场体系，推进要素市场制度建设，实现要素价格市场决定、流动自主有序、配置高效公平。一是要建立健全统一开放的要素市场。加快建设城乡统一的建设用地市场，建立同权同价、流转顺畅、收益共享的农村集体经营性建设用地入市制度。深化农村宅基地改革试点。深化户籍制度改革，放开放宽除个别超大城市外的城市落户限制。推动公共资源由按城市行政等级配置向按实际服务管理人口规模配置转变。加强资本市场基础制度建设，推动以信息披露为核心的股票发行注册制改革，完善强制退市和主动退市制度。探索实行公司信用类债券发行注册管理制。构建与实体经济结构和融资需求相适应、多层次、广覆盖、有差异的银行体系。加快培育发展数据要素市场，建立数据资源清单管理机制。推进数字政府建设。二是要健全主要由市场决定价格的机制。推进要素价格市场化改革，最大限度减少政府对价格形成的不当干预。完善城镇建设用地价格形成机制和存量土地盘活利用政策。健全基准利率和市场化利率体系。完善人民币汇率市场化形成机制。加快全国技术交易平台建设，促进技术要素有序流动和价格合理形成。三是要创新要素市场化配置方式。建立土地征收目录和公共利益用地认定机制。推进国有企事业单位改革改制土地资产处置。健全工业用地多主体多方式供地制度。完善企事业单位人才流动机制，畅通人才跨所有制流动渠道。构建更加开放的国际人才交流合作机制。四是推进商品和服务市场提质增效。完善市场运行和监管规则，建立打击假冒伪劣商品长效机制。构建优势互补、协作配套的现代服务市场体系。深化流通体制改革。强化消费者权益保护，探索建立集体诉讼制度。

（三）完善宏观经济治理体制

完善政府经济调节、市场监管、社会管理等职能，创新和完善宏观调控，进一步提高宏观经济治理能力。一是要构建有效协调的宏观调控新机制。加快建立与高质量发展要求相适应、体现新发展理念的宏观调控目标体系、政策体系、决策协调体系、监督考评体系和保障体系。健全以国家发展规划为战略导向，以财政政策、货币政策和就业优先政策为主要手段，投资、消费、产业、区域等政策协同发力的宏观调控制度体系，增强宏观调控前瞻性、针对性、协同性。二是提高运用财税、货币、金融等手段调控经济的水平。加快建立现代财税制度。优化政府间事权和财权划分，建立权责清晰、财力协调、区域均衡的中央和地方财政关系，形成稳定的各级政府事权、支出责任和财力相适应的制度。全面实施预算绩效管理，提高财政资金使用效率。深化税收制度改革，完善直接税制度并逐步提高其比重。强化货币政策、宏观审慎政策和金融监管协调。建设现代中央银行制度，健全中央银行货币政策决策机制，完善基础货币投放机制。建立现代金融监管体系，全面加强宏观审慎管理。三是完善产业政策和区域政策体系。推动产业政策向普惠化和功能性转型，强化对技术创新和结构升级的支持，加强产业政策和竞争政策协同。健全推动发展先进制造业、振兴实体经济的体制机制。建立市场化法治化化解过剩产能长效机制，健全有利于促进市场化兼并重组、转型升级的体制和政策。构建区域协调发展新机制，完善京津冀协同发展、长江经济带发展、长江三角洲区域一体化发展、粤港澳大湾区建设、黄河流域生态保护和高质量发展等国家重大区域战略推进实施机制，形成主体功能明显、优势互补、高质量发展的区域经济布局。健全城乡融合发展体制机制。四是不断提高政府服务水平和市场监督能力。以一流营商环境建设为牵引持续优化政府服务。深入推进"放管服"改革，深化行政审批制度改革。创新行政管理和服务方式。建立健全运用互联网、大数据、人工智能等技术手段进行行政管理的制度规则。完善营商环境评价体系,加快打造市场化、法治化、国际化营商环境。构建适应高质量发展要求的社会信用体系和新型监管机制。完善诚信建设长效机制。健全覆盖全社会的征信体系。完善失信主体信用修复机制。建立健全政府失信责任追究制度。严格市场监管、质量监管、安全监管。加强市场监管改革创新。

(四)完善社会主义市场经济法律制度

以保护产权、维护契约、统一市场、平等交换、公平竞争、有效监管为基本导向,不断完善社会主义市场经济法治体系,强化法治保障。一是完善经济领域法律法规体系。完善物权、债权、股权等各类产权相关法律制度,从立法上赋予私有财产和公有财产平等地位并平等保护。健全破产制度,实现市场主体有序退出。修订反垄断法,维护公平竞争市场环境。制定和完善发展规划、国土空间规划等方面法律法规。按照包容审慎原则推进新经济领域立法。二是健全执法司法对市场经济运行的保障机制。深化行政执法体制改革,最大限度减少不必要的行政执法事项。加快推进综合执法。强化对市场主体之间产权纠纷的公平裁判,完善涉及查封、扣押、冻结和处置公民财产行为的法律制度。健全涉产权冤错案件有效防范和常态化纠正机制。三是全面建立行政权力制约和监督机制。依法全面履行政府职能,推进机构、职能、权限、程序、责任法定化,实行政府权责清单制度。健全重大行政决策程序制度。加强对政府内部权力的制约,防止权力滥用。完善审计制度,对公共资金、国有资产、国有资源和领导干部履行经济责任情况实行审计全覆盖。推动重点领域监督机制改革和制度建设。依法推进政府信息公开。四是完善发展市场经济监督制度和监督机制。坚持和完善党和国家监督体系,强化政治监督。持之以恒深入推进党风廉政建设和反腐败斗争。完善监察法实施制度体系,实现执规执纪执法贯通,促进党内监督、监察监督、行政监督、司法监督、审计监督、财会监督、统计监督、群众监督、舆论监督协同发力,推动社会主义市场经济健康发展。

五、着力建设现代化经济体系

我国经济已由高速增长阶段转向高质量发展阶段，正处在转变发展方式、优化经济结构、转换增长动力的攻关期，建设现代化经济体系是跨越关口的迫切要求和我国发展的战略目标。必须坚持质量第一、效益优先，把握引领经济发展新常态，贯彻落实新发展理念，以供给侧结构性改革为主线，推动经济发展质量变革、效率变革、动力变革，提高全要素生产率，不断增强我国经济创新力和竞争力。

（一）贯彻落实新发展理念

发展理念是发展行动的先导，是管全局、管根本、管方向、管长远的战略，是发展思路、发展方向、发展着力点的集中体现。面对中国经济发展进入新常态的巨大挑战和时代机遇，党的十八届五中全会鲜明提出了创新、协调、绿色、开放、共享新发展理念。新发展理念的确立总是同旧发展理念的破除相伴随的。贯彻落实新发展理念，涉及思维方式、行为方式、工作方式的变革，涉及社会关系、利益关系、工作关系的调整，必须全面创新发展体制、重塑发展生态，在解决发展动力，增强发展的整体性、协调性、平衡性、包容性等方面破难题、建机制，使各项改革举措落地生根，确保新理念转化为新实践、新行动，形成有利于创新发展、协调发展、绿色发展、开放发展、共享发展的体制机制。

（二）深化供给侧结构性改革

建设现代化经济体系，必须把发展经济的着力点放在实体经济上，把提高供给体系质量作为主攻方向，显著增强我国经济质量优势。加快建设制造强国，加快发展先进制造业，推动互联网、大数据、人工智能和实体经济深度融合，在中高端消费、创新引领、绿色低碳、共享经济、现代供应链、人力资本服务等领域培育新增长点、形成新动能。支持传统产业优化升级，加快发展现代服务业，瞄准国际标准提高水平。促进我国产业迈向全球价值链中高端，培育若干世界级先进制造业集群。加强水利、铁路、公路、水运、航空、管道、电网、信息、物流等基础设施网络建设。坚持去产能、去库存、去杠杆、降成本、补短板,优化存量资源配置,扩大优质增量供给,实现供需动态平衡。激发和保护企业家精神,鼓励更多社会主体投身创新创业。建设知识型、技能型、创新型劳动者大军,弘扬劳模精神和工匠精神,营造劳动光荣的社会风尚和精益求精的敬业风气。

(三)加快建设创新型国家

创新是引领发展的第一动力,是建设现代化经济体系的战略支撑。要瞄准世界科技前沿,强化基础研究,实现前瞻性基础研究、引领性原创成果重大突破。加强应用基础研究,拓展实施国家重大科技项目,突出关键共性技术、前沿引领技术、现代工程技术、颠覆性技术创新,为建设科技强国、质量强国、航天强国、网络强国、交通强国、数字中国、智慧社会提供有力支撑。加强国家创新体系建设,强化战略科技力量。深化科技体制改革,建立以企业为主体、市场为导向、产学研深度融合的技术创新体系,加强对中小企业创新的支持,促进科技成果转化。倡导创新文化,强化知识产权创造、保护、运用。培养造就一大批具有国际水平的战略科技人才、科技领军人才、青年科技人才和高水平创新团队。

(四)实施乡村振兴战略

农业农村农民问题是关系国计民生的根本性问题,必须始终把解决好"三农"问题作为全党工作重中之重。要坚持农业农村优先发展,按照产业兴旺、生态宜居、乡风文明、治理有效、生活富裕的总要求,建立健全城乡融合发展体制机制和政策体系,加快推进农业农村现代化。巩固和完善农村基本经营制度,深化农村土地制度改革,完善承包地"三权"分置制度。保持土地承包关系稳定并长久不变,第二轮土地承包到期后再延长30年。深化农村集体产权制度改革,保障农民财产权益,壮大集体经济。确保国家粮食安全,把中国人的饭碗牢牢端在自己手中。构建现代农业产业体系、生产体系、经营体系,完善农业支持保护制度,发展多种形式适度规模经营,培育新型农业经营主体,健全农业社会化服务体系,实现小农户和现代农业发展有机衔接。促进农村一二三产业融合发展,支持和鼓励农民就业创业,拓宽增收渠道。加强农村基层基础工作,健全自治、法治、德治相结合的乡村治理体系。培养造就一支懂农业、爱农村、爱农民的"三农"工作队伍。

（五）实施区域协调发展战略

加大力度支持革命老区、民族地区、边疆地区、贫困地区加快发展，强化举措推进西部大开发形成新格局，深化改革加快东北等老工业基地振兴，发挥优势推动中部地区崛起，创新引领率先实现东部地区优化发展，建立更加有效的区域协调发展新机制。以城市群为主体构建大中小城市和小城镇协调发展的城镇格局，加快农业转移人口市民化。以疏解北京非首都功能为"牛鼻子"推动京津冀协同发展，高起点规划、高标准建设雄安新区。以共抓大保护、不搞大开发为导向推动长江经济带发展。支持资源型地区经济转型发展。加快边疆发展，确保边疆巩固、边境安全。坚持陆海统筹，加快建设海洋强国。

（六）构建国内国际双循环新发展格局

推动形成以国内大循环为主体、国内国际双循环相互促进的新发展格局是根据我国发展阶段、环境、条件变化提出来的，是重塑我国国际合作和竞争新优势的战略抉择。一方面，要充分发挥超大规模市场优势和积极提高内需潜力，加快构建以内需体系、市场体系、产业体系为主体框架的国内循环体系。要以完善产权制度和要素市场化配置为重点，构建更加系统完备、更加成熟定型的高水平社会主义市场经济体制，夯实国内循环体系的体制基础；着力打通生产、分配、流通、消费各个环节，畅通国内循环体系的基本环节；以京津冀、长三角、粤港澳大湾区等开放高地、发展高地为重点，优化国内循环体系的空间布局；实施产业基础再造和产业链提升工程，筑牢国内循环体系的产业根基。另一方面，推动形成全面开放新格局，促进国内国际双循环相互促进、融合发展。新发展格局决不是封闭的国内循环，而是开放的国内国际双循环。要积极应对国际经济格局变化和挑战，秉持开放合作共赢的发展理念，积极参与全球经济治理，推动形成全面开放新格局；加快构建以新型国际产业体系、新型国际贸易体系、新型国际货币体系、新型国际标准体系、新型国际治理体系为主要支柱的国外循环体系；要坚持扩大高水平开放和深化市场化改革互促共进，增强国内循环与国际循环的韧性和柔性，从制度上、技术上、规则上打通国内循环与国际循环相互融合、相互促进的痛点和堵点，畅通国内国际微循环。

第三节 文化治理

文化是中国特色社会主义事业健康、协调发展的重要支撑和有力保障,也是推动时代进步的巨大精神力量。党的十九届四中全会在推进国家治理体系和治理能力的整体框架之下,将"坚持和完善繁荣发展社会主义先进文化的制度,巩固全体人民团结奋斗的共同思想基础"作为中国特色社会主义事业必须坚持的基本方向,确定了中国特色社会主义文化发展的总体目标、战略定位和职责使命,体现了以习近平同志为核心的党中央高度的文化自觉与文化自信。推进文化治理,目标是激发全民族文化创造活力、解放和发展文化生产力,核心是坚持马克思主义在意识形态领域的指导地位、以社会主义核心价值观引领文化建设,完善坚持正确导向的舆论引导工作机制。

一、坚持马克思主义在意识形态领域的指导地位

十九届四中全会的《决定》在党的历史上第一次把马克思主义在意识形态领域的指导地位作为一项根本制度明确提出来,具有重要的战略意义。这既是对我们党意识形态建设经验的科学总结,又为新形势下开展意识形态工作指明了方向。意识形态领导权问题,在党的事业中居于关键性、战略性、全局性的位置。马克思主义作为立党立国的根本指导思想,是社会主义意识形态的旗帜和灵魂。用制度的形式将马克思主义在意识形态领域的指导地位予以巩固和强化,凸显了中国共产党治国理政的基本经验和独特优势,对于建设具有强大凝聚力和引领力的社会主义意识形态,对于推进国家治理体系和治理能力现代化,具有重大指导意义。

将马克思主义在意识形态领域指导地位作为根本制度,意味着这项制度是贯穿并渗透于其他制度之中的,是其他制度的重要前提和根本保障。中国共产党是以马克思主义作为指导思想的政党,党的集中统一领导能否真正落实,取决于马克思主义在意识形态领域指导地位是否得到切实的贯彻执行。习近平总书记指出:"马克思主义是我们立党立国的根本指导思想。背离或放弃马克思主义,我们党就会失去灵魂、迷失方向。在坚持马克思主义指导

地位这一根本问题上,我们必须坚定不移,任何时候任何情况下都不能有丝毫动摇。"① 在国家治理体系和治理能力现代化背景下将马克思主义在意识形态领域的指导地位作为一项根本制度提出,标志着以习近平同志为核心的党中央对于中国特色社会主义制度的根本属性的全新认识和对新形势下意识形态工作的基本定位。这一重大理论创新,要求将马克思主义的指导地位贯穿于党和国家的各项事业中,渗透到社会生活的方方面面。在十九届四中全会的《决定》中,对于新时代意识形态建设的重点领域、关键环节做出了明确部署。

必须健全用党的创新理论武装全党、教育人民工作体系。中国特色社会主义伟大事业正处于爬坡过坎的关键时期,我们所面对的国际国内挑战前所未有,这个时候尤其需要万众一心、凝神聚力,只有统一思想、统一意志,才能统一行动。因此,及时准确地阐释和宣传党的路线方针政策和创新理论,提高人们科学理性地认识国情、分析问题和改造世界的能力和水平,将各方力量汇聚到大国崛起、民族复兴的事业上来变得尤其重要。当前,意识形态工作的重中之重是用马克思主义中国化、时代化、大众化的创新理论,特别是习近平新时代中国特色社会主义理论体系武装头脑、指导实践、推动工作。要完善党委(党组)理论学习中心组等各层级学习制度,保证领导干部理论学习常态化、系统化、制度化。同时,建设和用好网络学习平台,加强内容建设,创新学习形式,要努力适应分众化、差异化的传播趋势,提供多层次、多主题、精准发力、便捷高效的学习服务,牢牢掌握意识形态工作的领导权、管理权、话语权。

必须深入实施马克思主义理论研究和建设工程。马克思主义的生命力源于与时俱进的理论品格,中国共产党从诞生之日起,始终坚持把马克思主义基本原理同中国具体实际相结合,不断在实践基础上推进理论创新,形成了一批具有科学性、指导性的理论成果。新中国成立以来特别是改革开放以来,中国发生了广泛而深刻的社会变革,也经历了独特而伟大的实践创新,这些实践为理论创造、学术繁荣提供了丰富资源和强大动力。把握时代要求,总结历史经验、揭示发展规律,为发展马克思主义作出原创性贡献,是新时代

---

① 《习近平谈治国理政》第2卷,外文出版社2017年版,第33页。

意识形态工作的重要使命。这就要求将马克思主义作为指导思想和理论武器，运用到研究中国发展和中国共产党执政面临的重大理论和实践问题中去，强化问题意识，回应社会关切，发现本质规律，提出解决思路，构建中国哲学社会科学学科体系、学术体系、话语体系，努力形成有深度、有影响力的马克思主义中国化理论成果。同时，充分发挥理论对现实的指导功能，把坚持以马克思主义为指导全面落实到思想理论建设、哲学社会科学研究、教育教学各方面。

必须加强和改进学校思想政治教育，建立全员、全程、全方位育人体制机制。中央高度重视思想政治教育工作，党的十八大以来，多次就此项工作召开专门会议。思想政治教育工作，关系到未来中国特色社会主义事业由什么样的人接班，回答的是培养什么人、怎样培养人、为谁培养人这个根本问题，必须旗帜鲜明、毫不含糊。习近平总书记在全国高校思想政治工作会议上要求思政教育"要教育引导学生正确认识世界和中国发展大势，从我们党探索中国特色社会主义历史发展和伟大实践中，认识和把握人类社会发展的历史必然性，认识和把握中国特色社会主义的历史必然性，不断树立为共产主义远大理想和中国特色社会主义共同理想而奋斗的信念和信心"。思想政治教育是做人的工作，要遵循教育规律和学生成长规律，找到思想政治教育与青年学生兴趣的契合点，因事而化、因时而进、因势而新，增强思政课的思想性、理论性和亲和力、针对性的有机统一，以真理力量引导学生、以价值关怀打动学生，以问题意识启发学生，为社会主义事业培养德才兼备、全面发展的接班人。

必须落实意识形态工作责任制。党的十八大以来，中央相继制定出台了《党委（党组）意识形态工作责任制实施办法》《党委（党组）网络意识形态工作责任制实施细则》《中国共产党宣传工作条例》，以党内法规形式对意识形态工作责任制做出制度安排。在2013年全国宣传思想工作会议上的讲话中，习近平总书记提出"各级党委要负起政治责任和领导责任，加强对宣传思想领域重大问题的分析研判和重大战略性任务的统筹指导，不断提高党领导宣传思想工作能力和水平。要树立大宣传的工作理念，动员各条战线各个部门一起来做，把宣传思想工作同各个领域的行政管理、行业管理、社会管理更加紧密地结合起来"。这段话明确了意识形态工作是全党的任务，而不仅仅是宣传工作者的任务，要把思想和意识形态建设作为贯穿党和国家工作的各个领域、各项工作的一条主线。各级党委和政府部门都要树立意识形态安全意识，压紧压实做好意识形态工作的政治责任、领导责任，落实好主管主办和属地管理原则，做到守土有责、守土负责、守土尽责，把宣传思想工作同各个领域的行政管理、行业管理、社会管理更加紧密地结合起来。同时，注意区分政治原则问题、思想认识问题、学术观点问题，旗帜鲜明反对和抵制各种错误观点。

二、以社会主义核心价值观引领文化建设

社会主义核心价值观植根于中华文化沃土，是中国共产党在长期领导革命、建设和改革开放实践中逐步提炼的，是当代中国精神的集中体现，凝结着全体人民共同的价值追求。文化建设是中国特色社会主义"五位一体"总体布局的重要组成部分，包含了理想信念教育、思想道德建设、精神文明创建、优秀传统文化传承等丰富内容，为建设中国特色社会主义提供强大的精神动力和智力支持。坚持以社会主义核心价值观引领文化建设的基本制度，就是要发挥社会主义核心价值观在文化建设各个方面的引领作用，并提供坚实有力的制度保障。

（一）推动理想信念教育常态化、制度化

理想信念是思想的总开关，是国家和民族同心同德不断前行的精神支柱和根本动力之源。坚定理想信念，最重要的是坚定对马克思主义的信仰、对中国特色社会主义的信念、对实现中华民族伟大复兴中国梦的信心。理想信念本质是一种价值体系，而一种价值观念的形成不是一蹴而就的，需要一个长期学习和在实践中不断深化认识的过程，因此必须以教育的方式加以常态化引导，通过制度加以保障。

推动理想信念教育常态化、制度化，一是深化中国特色社会主义和中国梦宣传教育，把中国特色社会主义和中国梦宣传教育、理想信念教育纳入国民教育总体规划，融入国民教育全过程。日常广泛开展群众性精神文明创建活动，并借助各种重大契机，组织开展丰富多彩的主题教育活动。注重运用

大众传媒，优秀文艺作品和先进典型事例引导群众。二是推动思想道德建设和爱国主义教育开创新局面，宣传贯彻《新时代公民道德建设实施纲要》《新时代爱国主义教育实施纲要》，用习近平新时代中国特色社会主义思想武装全党、教育人民，深化理想信念教育，大力弘扬爱国主义精神。三是把完善青少年理想信念教育齐抓共管机制作为重中之重。习近平同志强调："青年的理想信念关乎国家未来。青年理想远大、信念坚定，是一个国家、一个民族无坚不摧的前进动力。"①青年时期是一个人世界观、人生观、价值观形成的重要时期，是进行理想信念教育的黄金时期。完善高校人才培养体系，要深度挖掘高校各学科门类专业课程蕴含的思想政治教育资源，发挥所有课程育人功能。创新培养方式，将重点培养与普及教育相结合，组织引领与自我成长相结合，引导广大青少年"扣好人生第一粒扣子"。

（二）完善弘扬社会主义核心价值观的法律政策体系

党的十八大以来，党中央在治国理政方面重视发挥制度优势，积极发挥法律政策在核心价值观建设中的促进作用，专门制定了推动核心价值观融入法治建设的指导性文件，并在实践中取得了很好的效果。事实证明，社会主义核心价值观是我国制定法律法规和公共政策的价值准则。完善弘扬社会主义核心价值观的法律政策体系，需要将社会主义核心价值观全面融入法律法规和公共政策之中。具体来说，一是要把社会主义核心价值观贯彻到依法治国、依法执政、依法行政的实践之中。要厉行法治，严格执法，公正司法，捍卫宪法和法律尊严，维护社会公平正义。加强法制宣传教育，培育社会主义法治文化，弘扬社会主义法治精神，增强全社会学法尊法守法用法意识。注重把社会主义核心价值观相关要求上升为具体法律规定，充分发挥法律的规范、引导、保障、促进作用，形成有利于培育和践行社会主义核心价值观的良好法治环境。二是要把社会主义核心价值观全面融入我国公共政策体系。把社会主义核心价值观的要求体现到"五位一体"总体布局各方面政策的制定和实施之中。同时建立健全政策评估和纠错机制，推动形成有效传导社会主流价值的政策体系，实现公共政策和核心价值观建设良性互动。

---

① 习近平：《在纪念五四运动100周年大会上的讲话》，新华社，2019年4月30日。

（三）推进中华优秀传统文化传承发展工程

培育和弘扬社会主义核心价值观必须立足于中华优秀传统文化。五千多年连绵不断、博大精深的中华文化，积淀着中华民族最深沉的精神追求，代表着中华民族独特的精神标识，是中华民族生生不息、发展壮大的丰厚滋养。可以说，中华优秀传统文化植根在中国人内心，潜移默化地影响着中国人的思想方式和行为方式。因此，培育和践行社会主义核心价值观要培基固本，推进中华优秀传统文化传承发展工程。一是加强对中华优秀传统文化的研究梳理。系统梳理传统文化资源，让收藏在禁宫里的文物、陈列在广阔大地上的遗产、书写在古籍里的文字都活起来。认真汲取中华优秀传统文化的思想精华，深入挖掘和阐发其讲仁爱、重民本、守诚信、崇正义、尚和合、求大同的时代价值。二是广泛开展教育实践和传播工作。大力宣传中国人民和中华民族的优秀文化和光荣历史，通过学校教育、理论研究、历史研究、影视作品、文学作品等多种方式，加强爱国主义、集体主义、社会主义教育，引导人们树立和坚持正确的历史观、民族观、国家观、文化观，增强做中国人的骨气和底气。三是鼓励文化文物单位开发文化创意产品。要充分调动文化文物单位的积极性，鼓励各类博物馆、美术馆、图书馆等文化文物单位在履行好公共文化服务职能、确保文化资源保护传承的前提下，运用创意和科技手段，开发满足市场需求的文化创意产品，弘扬优秀文化，传承中华文明。四是大力推动文化产业发展。要健全现代文化产业体系和市场体系，创新生产经营机制，完善以高质量发展为导向的文化经济政策，培育新型文化业态。发挥好文化产业在传承中华优秀传统文化中的作用，不断增强中华优秀传统文化的影响力和吸引力，提升中华文化国际竞争力。

（四）健全志愿服务体系

志愿服务是社会文明进步的重要标志，是培育和践行社会主义核心价值观的有效载体。健全志愿服务体系，关键是完善志愿服务的制度建设。2017年12月1日起，国务院颁布的《志愿服务条例》(以下简称《条例》）正式施行。《条例》明确了志愿服务组织的法律地位。志愿服务组织是指"依法成立，以开展志愿服务为宗旨的非营利性组织"。关于志愿服务制度建设，一是要规范志愿者招募注册，及时发布志愿者招募信息，根据标准和条件吸纳社区居民参加志愿服务活动，为有意愿、能胜任的社区居民进行登记注册。二是加强志愿者培训管理，坚持培训与服务并重的原则。三是建立志愿服务记录制度，对志愿者的服务进行及时、完整、准确记录，为表彰激励提供依据。四是健全志愿服务激励机制。建立志愿者星级认定制度，根据志愿者的服务时间和服务质量，对志愿者给予相应的星级认定；建立志愿者嘉许制度，褒扬和嘉奖优秀志愿者，授予荣誉称号；建立志愿服务回馈制度，志愿者利用参加志愿服务的工时，换取一定的社区服务，同时在就学、就业、就医等方面享受优惠或优待。

（五）完善诚信建设长效机制

诚信是社会主义核心价值观的重要内容，是公民基本道德规范，是社会主义市场经济的基础。完善诚信建设长效机制是坚持社会主义核心价值观引领文化建设制度的重要着力点。完善诚信建设长效机制，关键在健全覆盖全社会的征信体系。一是要建立起覆盖全社会的信用信息记录。加快国家统一征信平台建设，形成覆盖全部社会主体、所有信用信息类别、全国所有区域的信用信息网络。逐步实现多部门、跨地区、跨领域信息联享、信用联评、守信联奖、失信联惩。二是大力营造诚信建设宣传舆论声势。大力开展诚信行业、诚信单位、诚信示范街区、诚信经营示范店、诚信网店等主题实践活动，阐释诚信的丰富内涵和基本要求。运用微博、微信、微视、微电影等新媒体传播手段弘扬诚信文化，加大在各类媒体和公共场所的传播力度，在社会上营造良好的氛围，使诚信价值准则深入人心，进一步提高全社会诚信水平。三是建立健全鼓励诚信、惩戒失信联动机制。建立诚信发布制度推动各地各部门依据法律法规，建立诚信红黑名单制度，把恪守诚信者列入"红名单"，把失信违法者列入"黑名单"。四是营造诚信建设法治环境。要运用法治手段解决道德领域突出问题，加强诚信相关立法工作，坚持对失信行为严格执法，深化普及诚信方面的法律知识，健全诚信建设法规制度，要让守法诚信成为全体人民共同追求的目标和自觉规范的行动。

三、完善坚持正确导向的舆论引导工作机制

当今世界正经历百年未有之大变局,党和国家面对的改革发展任务之重、矛盾风险挑战之多前所未有,特别是随着传播技术的飞速发展,舆论生态发生了深刻变化。2016年2月19日,习近平总书记在党的新闻舆论工作座谈会上一连用了"五个事关"强调了党的新闻舆论工作的重要性:"做好党的新闻舆论工作,事关旗帜和道路,事关贯彻落实党的理论和路线方针政策,事关顺利推进党和国家各项事业,事关全党全国各族人民凝聚力和向心力,事关党和国家前途命运。"①因此,必须充分发挥新闻舆论工作宣传、教育、动员群众的重要作用,提高舆论引导能力,从中国特色社会主义制度和国家治理体系的高度来认识和把握坚持正确导向的舆论引导工作机制。

(一)牢牢把握正确的舆论导向

坚持正确的政治方向和舆论导向,是完善坚持正确导向的舆论引导工作机制的首要任务。这就要求新闻舆论工作必须坚持党管媒体原则,坚持团结稳定鼓劲、正面宣传为主,唱响主旋律、弘扬正能量。

坚持党管媒体的原则。无论时代如何发展、媒体格局如何变化,党管媒体的原则和制度不能变。党管媒体、党对新闻舆论工作的领导,必须把党管媒体原则贯彻到媒体领域各个环节。党和政府主办的媒体是党和政府的宣传阵地,必须姓党。同时,对那些影响越来越大的网络平台和新媒体,也必须坚持党管媒体的原则和制度。即党的新闻舆论媒体的所有工作,都要体现党的意志、反映党的主张,维护党中央权威、维护党的团结,做到爱党、护党、为党;都要增强看齐意识,在思想上政治上行动上同党中央保持高度一致;都要坚持党性和人民性相统一,把党的理论和路线方针政策变成人民群众的自觉行动,及时把人民群众创造的经验和面临的实际情况反映出来,丰富人民精神世界,增强人民精神力量。

坚持正确舆论导向,必须坚持团结稳定鼓劲、正面宣传为主的基本方针。团结稳定鼓劲、正面宣传为主要求新闻媒体在错综复杂的局势面前要准确、

---

① 《习近平在党的新闻舆论工作座谈会上强调:坚持正确方向创新方法手段 提高新闻舆论传播力引导力》,《人民日报》2016年2月19日。

及时地反映党的路线、方针、政策，反映社会现实生活主流，动员和激励人民群众创造自己的幸福美好新生活，增强人民群众为实现伟大中国梦而奋斗的精神力量。因此，宣传工作需要不断增强做好正面宣传的坚定性和自觉性，将以经济建设为中心、服务党和国家工作大局作为基本职责，把体现党的主张和反映人民心声统一起来，不断强化新闻媒体的社会责任感和担当意识，并以改革创新精神提高团结稳定、正面宣传的质量和水平。

（二）构建全媒体传播体系

随着互联网等信息技术的迅猛发展，新兴媒体影响越来越大。在媒体深度融合的助力下，全媒体应势而生，深刻改变了我国的媒体生态与传播格局。2014年8月18日，中央深改组第四次会议审议通过的《关于推动传统媒体和新兴媒体融合发展的指导意见》，全面开启了媒体融合之路。五年来，从央级媒体到县级媒体，推出一批高质量的融媒体产品，"媒体融合"从硬件建设、机制体制改革到策采编播的流程再造都取得了显著的成绩，但要实现深度融合、打造新型主流媒体，还需付出艰巨努力。2019年1月25日，中共中央政治局在人民日报社举行第十二次集体学习，习近平同志特别指出："推动媒体融合发展，形成资源集约、结构合理、差异发展、协同高效的全媒体传播体系。"[①] 构建全媒体传播体系成为一项紧迫的课题。

加快构建全媒体传播体系，一是以内容建设为根本，通过融合加快形成高质量内容产出机制。高质量的内容生产首先应始终坚持正确舆论导向，以社会主义核心价值观引领内容建设，在思想观念多样化的复杂形势中凸显主流价值。在此基础上，要加强对信息资源的挖掘和加工，尊重不同受众群体的差异，精准定位不同受众群体的信息需求和偏好，制作生产适应分众化、差异化传播的精品内容，达到理想的舆论引导效果。二是以先进技术为支撑，媒体要紧跟信息化发展趋势，紧盯信息革命新成果。比如媒体可以依托算法推荐、人工智能、区块链、云计算、物联网、5G等新技术，发展移动客户端、手机网站等应用新业态，不断培植和强化技术基因，为建立全媒体传播体系提供有力技术保障。三是以创新管理为保障，推动媒体管理体制机制改革。

[①]《习近平主持中共中央政治局第十二次集体学习并发表重要讲话》，新华社，2019年1月25日。

通过实施移动优先战略，重构策划、采集、编辑和发布流程，创新构建报纸、网络、客户端、微博、微信等一体化生产的融媒方阵等方式，优化整合理念、技术、资本、人才、模式等各种要素，提高全环节、全流程优化效率，实现宣传效果的最大化、最优化，不断激发人才活力、增强新闻创造力。

（三）完善舆论监督

舆论监督是国家监督体系的重要组成部分，特别是近年来，网络媒体表现出主体广泛、内容丰富、覆盖面广、反应迅速等优势，发挥着重要的监督作用。完善舆论监督机制就是加强舆论监督体系制度化、规范化运作，进一步提高监督水平。具体来说，一是全面准确认识舆论监督工作。舆论监督要强化政治意识，充分认识舆论监督是中国特色社会主义监督体系的重要组成部分，党领导下的主流媒体，要围绕中心、服务大局来开展舆论监督，而不是游离中心、脱离大局来开展监督。在此基础上，还要强化责任意识，从媒体的视角来看，要敢于和善于开展舆论监督，围绕党和政府关注的、人民群众关心的热点问题，包括典型的案例，实事求是、认真调查，有针对性地做好舆论监督报道。二是坚持从严规范和加强保障两手抓，进一步加强三方面制度建设：保障性方面的制度建设，明确开展舆论监督的制度要求、保障措施；规范性方面的制度建设，明确界定舆论监督的定位、范围、途径和程序；导向性方面的制度建设，将舆论监督和正面宣传相统一。

（四）健全重大舆情引导机制

当前我国发展改革进入关键期，社会主要矛盾变化使各种利益诉求增多、热点问题和突发事件易发多发，而互联网又极大增加了引导难度。进入2020年以来，新冠疫情的暴发使得重大事件与突发事件的舆论引导受到格外重视。在各类热点、突发事件报道中，主流媒体是人们获取权威信息的重要来源，舆论引导会直接或间接影响社会的稳定与发展，健全重大舆情引导机制成为题中应有之义。健全重大舆情引导机制，前提是要建立预警机制，建立和完善舆情信息收集机制，运用信息技术和大数据等现代化手段，对舆情进行统计分析，掌握基本态势，分析发展趋势，建立舆情监测预警体系。核心是完善重大舆情协调联动处置机制。在重大事件和突发事件出现时，首先，要及时抢占舆论引导制高点，确保第一时间发现、第一时间处置，做到快速反应、有效引导、精准调控。其次，要发挥全媒体优势，从多方面、多维度和全时段对重大突发事件进行跟踪报道，客观真实反映事件进展，坚持信息披露的真实性、及时性和完整性，纠正由偏见、谣言、流言等所激发而形成的谬误言论，并作出权威详尽的评论、解释，对舆情信息进行有效引导。

（五）加快建设网络综合治理体系

互联网已经成为意识形态领域斗争的主战场。谁掌握了网络，谁就抢占了意识形态斗争战场的制高点，就按住了信息时代国家安全和发展的命脉。因此，加强互联网内容建设，建立网络综合治理体系，营造清朗的网络空间，是党和政府的重要工作，是牢牢掌握意识形态工作领导权的重要内容。

加快建设网络综合治理体系，一是树立综合治理理念，明确服务人民是最终目标，协同治理是有效方式。一方面，要明确网络综合治理的直接目的不是网络舆论管控，而是引导公民合理有序表达意见和建议。另一方面，要明确构建网络综合治理体系不应该是单向的自上而下的管制过程，而应该形成上下互动的交互治理体系，政府要培育整体协作观念，将活跃的公益团体、企业，甚至是公民个人纳入多主体的网络综合治理体系中，协同发力。二是落实各相关方责任。要通过加强党委负责的方式，提升党对网络媒体的领导力和控制力。政府部门从严整治网络乱象，对网络中的犯罪、错误、消极内容进行分类管控，有些类别在删除的同时还要追究编辑者、流布者甚至网络平台的法律责任。强化互联网企业的法律责任意识和社会责任意识，主动增加企业内部监管的力度。同时，积极搭建群众监督平台，将网络治理纳入全社会监督之下。三是健全网络治理法规体系，为网络舆情综合治理体系提供规则保障。近年来，我国网络立法进程持续推进，基本形成了涵盖互联网内容生产、传播、管理各个层面的网络法规体系。随着互联网的发展，还要进一步健全和完善包括互联网新媒体、数字文化产业、新型文化市场发展所需的法律法规，筑牢维护网络空间安全的法治防火墙，营造清朗健康的网络空间。

第四节　社会治理

加强社会治理，推进社会建设，是社会和谐稳定的重要保证。党的十八大以来，中国特色社会主义进入了新时代。我国社会主要矛盾转化为人民日益增长的美好生活需要和不平衡不充分的发展之间的矛盾。必须从维护最广大人民根本利益的高度，坚持和完善统筹城乡的民生保障制度，满足人民日益增长的美好生活需要；坚持和完善共建共治共享的社会治理制度，保持社会稳定、维护国家安全；坚决打赢脱贫攻坚战，2020年我国现行标准下农村贫困人口已实现全部脱贫。

一、加强普惠性、基础性、兜底性民生建设

增进民生福祉是发展的根本目的。党的十八大指出，加强社会建设，必须以保障和改善民生为重点。提高人民物质文化生活水平，是改革开放和社会主义现代化建设的根本目的。要多谋民生之利，多解民生之忧，解决好人民最关心最直接最现实的利益问题，在学有所教、劳有所得、病有所医、老有所养、住有所居上持续取得新进展，努力让人民过上更好生活。党的十九大正式将上述"五有"正式扩展为"七有"，即幼有所育、学有所教、劳有所得、病有所医、老有所养、住有所居、弱有所扶。党的十九届四中全会进一步强调，要尽力而为，量力而行，注重加强普惠性、基础性、兜底性民生建设，保障群众基本生活。具体而言，包括如下重点内容。

第一，优先发展教育事业。建设教育强国是中华民族伟大复兴的基础工程，必须把教育事业放在优先位置，加快教育现代化，构建服务全民终身学习的教育体系，不让孩子输在起跑线上，办好人民满意的教育。

第二，做好就业和收入分配工作。就业是最大的民生工程、民心工程、根基工程。要坚持就业优先战略，将就业优先政策置于宏观政策层面考虑，全面强化稳就业举措，鼓励和支持大众创业万众创新，努力实现更充分更高质量就业。构建和谐劳动关系，促进广大劳动者实现体面劳动、全面发展。坚持按劳分配为主体、多种分配方式并存，提高劳动报酬在初次分配中的比

重，健全生产要素由市场评价贡献、按贡献决定报酬的机制。健全再分配调节机制，重视发挥第三次分配的作用。扩大中等收入群体，缩小收入分配差距，促进收入分配更合理、更有序。

第三，加强社会保障体系建设。更好地发挥社会保障的社会稳定器作用，统筹推进社会保险、社会福利和社会救助等方面制度建设，全面建成覆盖全民、城乡统筹、权责清晰、保障适度、可持续的多层次社会保障体系。健全退役军人工作体系和保障制度。坚持和完善促进男女平等、妇女全面发展的制度机制。完善农村留守儿童和妇女、老年人关爱服务体系，健全残疾人帮扶制度。坚持房子是用来住的、不是用来炒的定位，加快建设多主体供给、多渠道保障、租购并举的住房制度，让全体人民住有所居。

第四，实施健康中国战略。强化提高人民健康水平的制度保障，推动将健康融入所有政策，关注生命全周期、健康全过程，让广大人民享有公平可及、系统连续的健康服务。深化医药卫生体制改革，全面建立中国特色基本医疗卫生制度、医疗保障制度和优质高效的医疗卫生服务体系，健全现代医院管理制度。坚持预防为主，深入开展爱国卫生运动，倡导健康文明生活方式，完善重大疫情防控体制机制，健全预警响应机制，全面提升防控和救治能力，构建强大的公共卫生体系。发展健康产业，优化生育政策，积极应对人口老龄化。

坚持和完善统筹城乡的民生保障制度。一方面，坚持以人民为中心，要解决人民群众最关心、最直接、最现实的利益问题，避免演变为"操心事""烦心事"。在现实中，必须把握好公平和效率如何平衡，尽力而为和量力而行相结合。尽力而为就是更加注重公平，量力而行则要求减少对效率的损害，公平和效率的平衡点是人民获得感。另一方面，民生工作必须引导预期。习近平总书记在2015年12月18日的中央经济工作会议上强调，国际上特别是拉美国家的教训表明，民粹主义是造成"中等收入陷阱"的根源。它有两个突出特点，一是政治上搞盲目民主化，意见纷杂，无法集中力量办事；二是过度福利化，用过度承诺讨好民众，结果导致效率低下、增长停滞、通货膨胀，收入分配最终反而恶化。我们要坚持从实际出发，收入提高必须建立在劳动生产率提高的基础上，福利水平提高必须建立在经济和财力可持续增长的基础上。也正因此，全面建成小康社会突出的短板主要在民生领域，发展不全面的问题很大程度上也表现在不同社会群体民生保障方面。"天地之大，黎元为本。"要按照人人参与、人人尽力、人人享有的要求，坚守底线、突出重点、完善制度、引导预期，注重机会公平，着力保障基本民生。

二、健全共建共治共享的社会治理制度

社会治理创新的核心是人，只有处理好人与人的关系，个体和睦相处，社会才会安定有序。完善党委领导、政府负责、民主协商、社会协同、公众参与、法治保障、科技支撑的社会治理体系，建设人人有责、人人尽责、人人享有的社会治理共同体。推进社会治理领域的重点工作主要有以下几个方面。

第一，完善正确处理新形势下人民内部矛盾有效机制，善于运用法治、民主、协商的办法正确处理各类矛盾冲突。完善社会矛盾排查预警机制、重大决策社会稳定风险评估机制和矛盾纠纷多元化解机制。发动全社会一起做好维护社会稳定工作。

第二，健全安全防控体系。平安是老百姓解决温饱后的第一需求。牢固树立安全发展理念，弘扬生命至上、安全第一的思想，健全安全生产责任制度、公共安全隐患排查和安全预防控制体系。形成统一指挥、专常兼备、反应灵敏、上下联动的应急管理体制。实施食品安全战略，守护人民群众"舌尖上的安全"。加强全民安全意识教育，提升全社会防灾减灾救灾能力。

第三，加快社会治安防控体系建设，增强社会治安防控的整体性、协同性和准确性，坚持专群结合、群防群治，提高社会治安立体化、法治化、专业化和智能化。依法打击和惩治各种违法犯罪活动，大力推进"扫黑除恶"专项斗争，建设更高水平的平安中国。

第四，加强社会心理服务体系建设，将社会主义核心价值观融入社会发展各方面，健全社会心理服务体系和疏导机制、危机干预机制，培育自尊自信、理性平和、积极向上的社会心态。

第五，城乡社区处于党同群众连接的"最后一公里"，要把更多资源、服务、管理放到社区，构建基层社会治理新格局，实现政府治理和社会调节、居民自治良性互动。不断完善党组织领导的自治、法治、德治相结合的城乡

基层治理体系,加快推进市域社会治理现代化,注重发挥家庭家教家风在基层治理中的重要作用,加强边疆治理。推广"新时代枫桥经验",做到"小事不出村,大事不出镇,矛盾不上交"。

推进社会治理,一方面,处理好秩序和活力的关系。习近平总书记2014年1月7日在中央政法工作会议上强调,社会治理是一门科学,管得太死,一潭死水不行;管得太松,波涛汹涌也不行。要讲究辩证法,处理好活力和秩序的关系,全面看待社会稳定形势,准确把握维护社会稳定工作,坚持系统治理、依法治理、综合治理、源头治理。在具体工作中,不能简单依靠打压管控、硬性维稳,还要重视疏导化解、柔性维稳,注重动员组织社会力量共同参与,发动全社会一起来做好维护社会稳定工作。另外,提高社会治理社会化、法治化、智能化、专业化水平。习近平总书记2016年10月就加强和创新社会治理作出的指示要更加注重联动融合、开放共治,更加注重民主法治、科技创新,提高社会治理社会化、法治化、智能化、专业化水平,提高预测预警预防各类风险能力。要坚持问题导向,把专项治理和系统治理、综合治理、依法治理、源头治理结合起来。要完善社会治安综合治理体制机制,加快建设立体化、信息化社会治安防控体系。

三、坚决打赢脱贫攻坚战

党的十九大强调,让贫困人口和贫困地区同全国一道进入全面小康社会是我们党的庄严承诺。要动员全党全国全社会力量,坚持精准扶贫、精准脱贫,坚持中央统筹省负总责市县抓落实的工作机制,强化党政一把手负总责的责任制,坚持大扶贫格局,注重扶贫同扶志、扶智相结合,深入实施东西部扶贫协作,重点攻克深度贫困地区脱贫任务,在2020年我国现行标准下农村贫困人口实现脱贫,贫困县全部摘帽,解决区域性整体贫困,做到脱真贫、真脱贫。

(一)打好深度贫困歼灭战

习近平总书记强调,脱贫攻坚本来就是一场硬仗,而深度贫困地区脱贫攻坚是这场硬仗中的硬仗。必须深刻认识深度贫困地区如期完成脱贫攻坚任务的艰巨性、重要性、紧迫性,采取更加集中的支持、更加有效的举措、更加有力的工作,扎实推进深度贫困地区脱贫攻坚。

深度贫困地区大多集革命老区、民族地区、边疆地区于一体,自然条件、经济社会、民族宗教等问题交织,实现脱贫难度大、任务重。这些地区大多自然条件恶劣,生态环境脆弱,自然灾害多发,建设成本高,施工难度大,提升基础设施和基本公共服务水平的任务仍然很重。这些地区远离区域经济中心,处于经济链条末端,难以和市场有效对接,经济发展长期滞后。这些地区大多长期封闭,社会发育滞后。例如云南怒江、四川凉山等地的"直过民族",实现脱贫和巩固脱贫成果难度很大。

为攻克深度贫困堡垒,习近平总书记于2017年6月在太原主持召开深度贫困地区脱贫攻坚座谈会,作出全面部署,明确新增脱贫攻坚资金、新增脱贫攻坚项目、新增脱贫攻坚举措主要用于深度贫困地区。28个部门出台49个政策文件支持深度贫困地区脱贫攻坚,各地统筹整合各类资源向深度贫困地区聚焦。"三区三州"所在6省区编制深度贫困地区脱贫攻坚实施方案并认真组织实施。截至2019年年底,"三区三州"脱贫攻坚实施方案进展顺利,资金到位率超过2018—2020年三年计划的95%,项目完工率超过三年计划的85%,贫困人口由2017年年底的305万人减少到2019年年底的43万人,贫困发生率由14.6%下降到2%,脱贫进度明显加快。2020年"三区三州"等深度贫困地区脱贫攻坚工作加快推进,统筹各方面资源持续向深度贫困地区聚焦发力。目前,国务院扶贫开发领导小组已经对52个未摘帽贫困县和1113个贫困村实施挂牌督战,组织动员民营企业和社会组织与1113个贫困村结对帮扶。各省区市对本辖区内的挂牌对象负总责,统筹各类资源,采取特殊措施,加大工作力度,确保完成脱贫任务。

(二)将巩固脱贫成果摆到更加重要的位置

扶贫是一场持续的战斗。已经脱贫的群众可能会因灾、因病、因残、因创业失败和务工不稳等原因返贫,还有大量处于贫困边缘的人口也可能陷入贫困。返贫不可避免,但要防止发生大面积返贫。自全面打响脱贫攻坚战以来,我们在巩固脱贫成果方面下了很大功夫,采取了不少措施,取得了较好效果。扶贫办有一个数据,从2016年就开始统计返贫的情况,2016年是68.4

万人，2017年是20.8万人，2018年是5.8万人，到2019年就很少了，是5400人。2020年，在确保剩余建档立卡贫困人口如期脱贫的同时，要把防止返贫摆到更加重要的位置。

保持脱贫攻坚政策稳定。对退出的贫困县、贫困村和贫困人口，保持现有帮扶政策总体稳定，政策支持和工作力度不减，驻村工作队不撤，深化东西部扶贫协作和中央单位定点扶贫，扶上马送一程。加大产业、就业扶贫力度，帮助贫困人口建立稳定增收渠道。加大易地扶贫搬迁后续扶持力度，重点解决搬迁群众产业、就业、基本公共服务、社区治理、社会融入等问题，确保搬得出、稳得住、有就业、逐步能致富。统筹安排专项扶贫资金支持非贫困县、非贫困村贫困人口脱贫，防止出现死角盲区。

深化扶志扶智。贫困群众既是脱贫的对象，更是脱贫的主体。无论是当前解决绝对贫困问题，还是未来解决相对贫困问题，都要依靠贫困群众自身努力。对有劳动能力的贫困群众，减少直接发钱发物，引导他们参与扶贫项目，通过发展产业和劳动增收脱贫，防止"政策养懒汉"，对自力更生、主动脱贫的人员，探索给予物质奖励和精神激励。发挥村规民约作用，对陈规陋习、不赡养老人等问题进行有效治理。

建立防止返贫监测和帮扶机制。对脱贫不稳定户、边缘易致贫户以及因疫情或其他原因收入骤减或支出骤增户加强监测，提前采取针对性的帮扶措施。对有劳动能力的贫困边缘人口，给予扶贫小额贷款贴息、技能培训、扶贫公益岗位等扶贫政策支持。

面临新冠肺炎疫情的严峻挑战，习近平总书记更加重视社会建设。2020年5月22日，他在参加十三届全国人大三次会议内蒙古代表团审议时强调，必须把为民造福作为最重要的政绩。我们推动经济社会发展，归根到底是为了不断满足人民群众对美好生活的需要。要始终把人民安居乐业、安危冷暖放在心上，用心用情用力解决群众关心的就业、教育、社保、医疗、住房、养老、食品安全、社会治安等实际问题，一件一件抓落实，一年接着一年干，努力让群众看到变化、得到实惠。要巩固和拓展产业就业扶贫成果，做好易地扶贫搬迁后续扶持，推动脱贫攻坚和乡村振兴有机衔接。要做好高校毕业生、农民工、退役军人等重点群体就业工作。要抓紧完善重大疫情防控救治体系和公共卫生体系，加强城乡社区等基层防控能力建设，广泛开展爱国卫生运动，更好保障人民生命安全和身体健康。

第五节　生态治理

推进生态文明建设是破解资源能源、环境污染问题，建设美丽中国、实现中华民族永续发展的根本之举，是"五位一体"总体布局的重要组成，也是全面建成小康社会的重要内容。生态治理是生态文明建设的重要内容，提高生态治理体系和治理能力是推进国家治理体系和治理能力现代化的重要方面。加强生态治理，必须建构生态文明建设的长效保障机制，实施最严格的生态环境保护，强化自然资源的高效利用，加强生态系统的保护和修复，严明生态环境的保护责任。

一、建构生态文明建设的长效保障机制

解决生态环境治理各项制度上的缺陷，将生态环境理念融入现代工业化生产与城市化生活，是一个长期性过程。通过生态文明体制改革推进生态文明制度建设是国家治理体系现代化的重要组成部分。加强生态文明制度建设，从国家治理角度和制度层面协调生态文明建设和经济建设的关系，使保护生态环境成为硬约束，实现生态环境与经济协调发展，已成为全党共识。

党的十八大报告从缓解资源环境约束的角度提出"完善最严格的耕地保护制度、水资源管理制度、环境保护制度"。习近平总书记在中共中央政治局第六次集体学习时，在完善经济社会发展考核评价体系和建立责任追究制度方面指出："只有实行最严格的制度、最严密的法治，才能为生态文明建设提供可靠保障。"十八届三中全会从生态环境保护全过程角度提出："建设生态文明，必须建立系统完整的生态文明制度体系，实行最严格的源头保护制度、损害赔偿制度、责任追究制度，完善环境治理和生态修复制度"，强调围绕建设美丽中国深化生态文明体制改革，加快建立生态文明制度，健全国土空间开发、资源节约利用、生态环境保护的体制机制。党的十八届四中全会在加强重点领域立法方面提出："用严格的法律制度保护生态环境。"党的十八届五中全会从坚持绿色发展角度再次重申"实行最严格的水资源管理制度""坚持最严格的节约用地制度""实行最严格的环境保护制度"。

党的十九大提出要改革生态环境监管体制。加强对生态文明建设的总体设计和组织领导，设立国有自然资源资产管理和自然生态监管机构，完善生态环境管理制度，统一行使全民所有自然资源资产所有者职责，统一行使所有国土空间用途管制和生态保护修复职责，统一行使监管城乡各类污染排放和行政执法职责。构建国土空间开发保护制度，完善主体功能区配套政策，建立以国家公园为主体的自然保护地体系。根据党的十九大报告对生态文明体制建设的思路构想，2018年3月17日，第十三届全国人民代表大会第一次会议通过的国务院机构改革方案提出了对国务院组成部门的调整，组建了自然资源部。不再保留国土资源部、国家海洋局、国家测绘地理信息局。组建生态环境部，不再保留环境保护部。组建农业农村部，不再保留农业部。优化水利部职责。新组建的自然资源部和生态环境部大体解决了三个方面的问题：从产权角度，将全民自然资源产权所有者的代行机构从原来的国务院，下放到主管部门，缩短了委托代理链，将提高管理效率；从生态系统完整性方面，将"山水林田湖草"作为整体来保护；从机构设置方面，做到了决策者（自然资源部）和执行者（林业和草原局）分离、执行者和监督者（生态环境部）分离。当前，实践中亟须尽快落实各项改革措施，优化联动和长效工作机制。

二、实施最严格的生态环境保护

生态环境问题归根到底是经济发展方式问题，经济发展方式转变的关键在于将环境规制和管理融入和促进经济发展方式的转变，贯穿于从经济建设项目的论证、可行性报告分析到项目立项、开工建设、竣工投产、生产运营和项目结束的全周期。比如，在环境影响评价领域将"放管服"改革为起点；以污染排放总量控制和排污许可证制度的深入推进为抓手，行政、经济手段并举；以危险废物管理和污染责任追究为保障的覆盖建设项目全周期的生态环境保护制度创新。这些改革为我国从环境管理到环境治理，从注重环境管制到关注环境服务的转变，开创了我国环境治理体系和治理能力现代化的新局面。

（一）环境影响评价领域的改革

环境影响评价是对人类的生产和生活行为，包括项目建设和开发活动，可能对生态环境造成的影响，在环境质量检测和调查的基础上，运用模式计算和类比分析等技术手段相关环境影响的程度进行分析、预测和评估，提出预防、减缓和抵消负面环境影响措施的技术方法。环境影响评价制度是法律确立的规定环境影响评价的范围、内容和申报程序的具有强制约束力的环境管理制度。

国家引进建立建设项目环境影响评价制度，目的在于推动实现我国从环境管理到环境治理的转变，促进环境影响评价从管制经济发展到服务经济发展的转变。环境影响评价制度作为我国源头治理的重要制度安排，在实践过程中从保护环境和促进发展两方面的平衡中不断地深化和完善。其制度创新和变革主要表现在：以提高环境影响评价文件质量为核心的实务管理创新。

切实保证环境影响评价文件的质量，是制度改革的重中之重，通过全方位的抽查、监管、督导以及文件审核和技术校核等工作的开展，加大惩治力度，为环境影响评价文件质量的保证提供了刚性约束。环境评价方面的审批制度改革、"环保管家"体制探索，以及环境保护线上、线下的服务平台的机制建设，将环境影响评价制度改革完善推上一个新的高度。一是下放审批管理权限，缩短审批时间。一系列审批工作被调整为备案工作，大幅度减少了审批项目数量，实现了工作的环节精简，减少了多余的工作量。取消环境影响评价资质管理，放开、净化和规范环境影响评价编制市场，切实激发市场活力。改革之后的审批工作实现环境影响评价文件的受理、转办、评估、审查等环节同步进行。一些环境影响评价机构在发展中实现了功能的延伸和服务的集成，出现了新的组织形式。二是推动"环保管家"体制改革的探索。2016年，原国家环境保护部《关于积极发挥环境保护作用供给侧结构性改革指导意见》第一次引入"环保管家"的概念，其目的在于为工业园区提供一体化的环境服务体系，推进环境服务主体多元化发展。"环保管家"理念可以看作是第三方环境治理模式的创新升级。与传统的环境影响评价相比较，"环保管家"致力于打造全方位的服务模式，服务既面向企业，也面向政府。不仅能够判断评价项目的环保可行性与否，而且能够帮助企业找到达到环保可行的发展策略，满足经济与环境的平衡发展要求。这项改革涵盖了包括环境影响评价服务在内的环境咨询、环境治理、循环利用、绿色金融等内容，从根本上解决了大部分企业把环境影响评价当作项目落地的准入证，审批一过束之高阁，环境影响评价内容与工程项目实际脱节，环境影响评价过程中公众参与"造假"等痼疾。三是建设项目环境信息公开平台和环境保护网上技术平台等机制探索，使得企业环保制度更加规范，污染防治设施运行维护更加充分合理，环境风险应对更加及时，为企业发展解除了环境保护方面的后顾之忧。

（二）健全防治污染的制度体系

防治污染的制度体系十分复杂，除了前面提到的环境影响评价制度之外，有"三同时"制度，即新建、改建、扩建的基本建设项目、技术改造项目、区域或自然资源开发项目，其防治环境污染和生态破坏的设施，必须与主体工程同时设计、同时施工、同时投产使用的制度（简称"三同时"制度）；有损害赔偿的制度、生态环境损害责任终身追究的制度；还有污染物排放总量控制制度，以及排污许可、污染防治和检测验收等制度。

稳妥推进污染物排放总量控制制度和排污许可证制度。总量控制的对象是排污企业而不是生产企业，目的是稳定或者减少排污企业每年的排污总量，生产企业可以依据自己的排污总量在一定程度上选择排污方式。污染总量分配到企业的过程就是排污许可，相对应的制度安排就是排污许可证制度。按照排污许可证制度的有关要求，单位和个人凡是需要向环境排放各种污染物，都必须事先向生态环境保护主管部门办理申领排污许可证，经批准后获得排污许可证后才能向环境排放污染物的制度。排污许可证制度是以污染物总量控制制度为基础，国家把污染物排放总量控制指标分解到各省、自治区、直辖市，然后再层层分解，最终分到各排污单位。其管理的基本程序是：排污申报登记；排污审核、核发排污许可证；证后监督管理；年度复审。重点行业排污许可证核发，有力助推打好污染防治攻坚战，2019年10月提前完成全国的城镇污水处理厂发证，推动了长江保护修复、渤海综合治理和城市黑臭水体治理。推进生活垃圾焚烧、家具制造工业等行业排污许可证核发，明确污染防治措施和环境管理要求，强化排放口精细化管理，提升了排污单位环境治理水平。

(三) 危险废物管理领域的改革

危险废物是工业化的伴生产物,对环境和人体健康存在潜在有害影响,是废物管理工作中的重点,处置监管不善会对生态环境安全造成重大威胁。同时,由于危险废物的性质多种多样,控制方式各有不同,而且可以通过影响空气、水源和土壤等方式,从各种渠道严重危害人体健康与环境,使得危险废物的管理成为一个全球性的难题。

近年来我国危险废物污染防治在社会职责分工、法规标准政策、利用处置能力和社会监督机制等方面打下了良好基础,但也面对着危险废物产生量巨大、利用处置能力结构失衡、处理利用水平不高、监管能力薄弱等问题。从外部条件看,新时代发展理念的转变、生态文明建设的加强、区域协同发展战略的实施,以及新技术革命的到来都为做好污染防治工作提供了有利条件,但是危险废物污染防治工作始终需要注意违法行为和邻避效应等可能造成的环境和社会风险。

当前,我国还处于工业化和城镇化发展的上升期,危险废物种类和数量都呈现出不断增长的趋势,危险废物环境事件也进入了高发期。新形势下,如何坚持问题导向,突破危险废物污染防治瓶颈,全面提升危险废物污染防治水平,成为亟待我们解决的重要命题。2013年,最高人民法院和最高人民检察院出台《关于办理环境污染刑事案件适用法律若干问题的解释》(2019年修订),明确了危险废物非法处置的入刑标准,使危险废物监管工作的法律牙齿更加锋利,全国各地在此基础上办理了一系列危险废物非法排放刑事案件,进一步强化了企业的危险废物防治主体责任。

健全固体废物污染环境防治的相关法律。我国固体废物每年的产生量大、历史积存量多,固废总底数不清、固体废物非法转移、倾倒屡禁不止,固体废物的污染风险隐患加剧。1995年制定实施的《中华人民共和国固体废物污染环境防治法》历经2004年、2013年、2015年和2016年4次修订(改),在防治固体废物污染、促进经济社会可持续发展方面发挥了极大的作用。2019年6月,国务院常务会议审议通过《中华人民共和国固体废物污染环境防治法(修订草案)》,并提请十三届全国人大常委会第十一次会议进行初次审议。考虑到不同法律的定位，固废法修订突出无害化主线并以全过程无害化为核心目标具有合理性。无害化的内涵包括无害于生态环境和无害于人体健康，同时无害化的要求应贯穿固废产生、收集、贮存、运输、资源化利用和最终处置等各个环节。危险废物名录、危险废物转移管理、危险废物经营单位管理等有关法规标准，也都在进行修订，危险废物污染防治的法治基础正在日趋完善。

三、建立自然资源的高效利用制度

自然资源是生态系统的基本要素，也是生产和生活的重要物质源泉。全面建立资源高效利用制度，根本目的在于改善资源约束趋紧的局面，兼顾长远利益与短期利益、局部利益与全局利益，以资源的可持续利用支撑经济社会可持续发展。2018年国家机构改革中新组建了自然资源部和由其管理的国家林业和草原局，统一行使全民所有与自然资源资产所有者职责及所有国土空间用途管制和生态保护修复职责，实现对山水林田湖草等自然要素及生态系统的用途管制和综合治理，面对新时期资源环境挑战，更需要夯实资源管理制度基础，建立资源高效利用长效机制，不断提升资源治理效能。自然资源的高效利用制度，至少包括自然资源的产权制度、资产管理制度、监督体制。

（一）建立健全自然资源产权制度

自然资源产权是对自然资源所有、使用、处分和收益等权利的规范与约束，自然资源资产产权制度就是关于自然资源资产产权主体、客体、权利内容的设立、取得、变更、流转和保护等的一系列规范的总称。我国自然资源管理进程中，长期存在资源资产所有权人不到位、权益落实难等问题，导致资源无序开发、保护不力。党的十八届三中全会明确提出建立自然资源资产产权制度，这是资源资产化、资源保护权责明晰等一系列资源管理工作的基础。党的十八届三中全会开启了我国自然资源资产产权制度改革实践和探索工作，随后出台的一系列文件从法律法规、具体措施等方面推动资源产权制度改革不断完善。

2019年4月，中共中央办公厅、国务院办公厅印发了《关于统筹推进自然资源资产产权制度改革的指导意见》（以下简称《指导意见》），该文件延续了《生态文明体制改革总体方案》提出的健全产权体系、确权登记等基础性工作，继续推进自然资源资产管理体制、分级行使所有权体制等内容，更加突出依托国土空间规划的资源整体保护、统一调查监测评价融合市场机制和政府监管，体现了资源管理和生态保护的系统性思维，以及统筹保护和发展的可持续发展思维；更加强调党的领导、健全法律体系，不断提升以法治为基础的资源治理体系。

第一，健全自然资源资产产权体系，明晰主体、拓展权能。按照所有权和使用权适度分离原则，继续探索土地经营权入股、抵押，宅基地所有权、资格权、使用权"三权分置"，油气探采合一权利制度，海域使用权立体分层设权，从而理顺和丰富权能、创新权益的实现形式。在分级行使所有权体制方面，《指导意见》指出研究建立国务院自然资源主管部门行使、委托省级和市（地）级政府代理行使自然资源资产所有权的资源清单和监督管理制度，农村集体所有自然资源资产由农村集体经济组织代表集体行使所有权，明确产权主体，力求有效解决所有权具体行使主体不明确、权益不落实等问题。

第二，建立自然资源统一调查、评价、监测制度。自然资源调查旨在摸清资源家底，实现有效管理和统一规划，调查内容包括资源的数量、质量、类型、规模、问题等。针对部分自然资源分类、调查评价标准不统一、家底不清甚至交叉重叠等问题，《指导意见》提出统一自然资源分类标准、自然资源调查监测评价制度和组织实施全国自然资源调查。此外，2019年自然资源部在系统梳理、整合原国土资源、海洋、测绘地理信息、城乡规划等有关统计调查制度基础上，出台《自然资源综合统计调查制度》及土地、矿产、海洋、海洋经济、地质勘查及地质灾害、测绘地理信息、国家自然资源督察、自然资源管理8套专业统计调查制度，形成较为完备的自然资源统计调查制度体系。

第三，建立自然资源统一确权登记制度。土地使用权、承包经营权、流转权与森林、林木、林地、草地、矿产等其他资源登记交叉冲突，影响了产权的合理配置。2016年中央全面深化改革领导小组第二十九次会议审议通过了《自然资源统一确权登记办法（试行）》，该办法分总则、自然资源登记簿、自然资源登记一般程序、国家公园、自然保护区、湿地、水流等自然资源登记，以试点先行、分阶段推进模式，对水流、森林以及探明储量的矿产资源等自然资源的所有权统一进行确权登记。这一时期不动产登记机构、登记簿册、登记依据和信息平台"四统一"全面实现。2019年7月印发的《自然资源统一确权登记暂行办法》，强调通过自然资源统一确权登记，划清各类自然资源资产所有权主体、不同层级政府行使所有权边界和不同资源类型的边界，并提出计划用5年时间，从自然保护地、重要生态功能区、全民所有单项自然资源，再过渡到对全部国土空间内的自然资源登记全覆盖，为资源有效保护、合理利用、流转交易等提供基础支撑。

为确保改革积极稳妥，中央选择国家生态文明实验区（福建、贵州、江西）、国家公园（青海三江源）、水流（宁夏、甘肃疏勒河流域、陕西的渭河、江苏的徐州、湖北的宜都）和湿地（甘肃和宁夏）、重点林区（黑龙江大兴安岭以及吉林延边等地）等12个省32个区域开展试点，重点对国家公园、水流、湿地、林地和矿产资源等方面展开探索。2018年2月，试点省份完成试点工作，探索了以管理界限划分登记单元，有效实现管理权与所有权分离，建立了自然资源确权数据库和相关细化的技术规范，服务于自然资源保护和监管。

（二）建立健全自然资源资产管理制度和监管体制

自然资源资产管理旨在实现资源有偿使用，维护资源财产权益；资源监管体制解决的是资源无序利用的"市场失灵"问题。建立自然资源资产管理制度和资源监管体制，明确国土空间的自然资源资产所有者、监管者及其责任，是实现资源资产价值的重要保障，是确保自然资源管理"两统一""两职责"得到落实的具体措施。

资源所有者与监管者分开是资源资产管理和保护工作的一项重大改革。2016年12月中央全面深化改革领导小组第三十次会议审议通过了《关于健全国家自然资源资产管理体制试点方案》，提出按照所有者和管理者分开和一件事由一个部门管理的原则，将所有者职责从自然资源管理部门分离出来，集中统一行使，负责各类全民所有自然资源资产的管理和保护。2017年印发的《关于创新政府配置资源方式的指导意见》，要求区分自然资源资产所有者和监管者职能，依照法律规定，由国务院代表国家行使所有权，探索建立中央和地方政府分级代理行使所有权职责体制。党的十九大报告首次提出设立国有自然资源资产管理和自然生态监管机构，整合分散的全民所有自然资源资产所有者职责，符合山水林田湖草系统治理的要求。

目前，我国基本摸清了主要门类的自然资源数量，建立了不同门类自然资源的调查评价、监测统计、区划规划、用途管制、节约集约利用、资源保护、生态修复、考核评价、确权登记、有偿使用等管理制度体系；自然资源部门"统一行使全民所有自然资源资产所有者职责，统一行使所有国土空间用途管制和生态保护修复职责"提供了有利的体制机制保障。

四、加强生态系统的保护和修复

生态是统一的自然系统，是不同形式的各种自然要素相互联系、相互影响、相互依存而实现循环的自然链条，由山水林田湖草组成的系统，各个因子之间，存在着复杂的相互依存、相互促进、相互制约的关系。为此，党的十九届四中全会明确提出，要健全生态保护和修复制度，"统筹山水林田湖草一体化保护和修复，加强森林、草原、河流、湖泊、湿地、海洋等自然生态保护"的要求，在生态环境的治理与修复中必须将山水林田湖草作为一个完整的生态系统，以系统思维和系统工程实施整体保护修复，以实现生态系统的整体功能提升与质量改善，"生命共同体"理念要求从过去的单一要素保护修复转变为以多要素构成的山水林田湖草系统治理与保护修复。

山水林田湖草是生命共同体，在生态保护与修复工作中，必须以系统思维推进系统工程。为切实推进我国生态系统的保护与修复工作，自党的十八大以来，中央及相关各部委出台了一系列的法规、政策与制度，分别从矿山、天然林、草原、耕地、跨流域的河湖等方面积极探索治理方案与管护措施。从2016年出台的《探索实行耕地轮作休耕地制度试点方案》《关于加快建立流域上下游横向生态保护补偿机制的指导意见》《关于健全生态保护补偿机制的意见》，到2019年颁布的《林草局关于促进林草产业高质量发展的指导意见》《关于建立以国家公园为主体的自然保护地体系的指导意见》等，相关政策的实施与推行，充分体现了我国在推进生态文明建设方面的力度与决心。就目前各项政策的实施效果来看，我们已取得了一定的成绩，但是仍要清醒地认识到我国当前面临的严峻生态环境问题还没有得到根本性的解决，矿山污染、水质恶化、林草退化、耕地减少等生态问题依然严重，必须继续加强生态文明的制度体系建设，用制度的力量来保障生态文明建设的成果。而在进一步健全生态保护和修复制度方面，必须从全局角度寻求新的治理之道，坚持用系统思维统筹生态环境问题的治理与修复，实现"多规合一"，以筑牢生态安全屏障。

在具体的生态保护与修复工作中，以矿山环境治理恢复、土地整治与土壤污染修复、流域水环境保护治理、区域生态系统综合治理修复等为重点内容，以景观生态学方法、生态基础设施建设、近自然生态化技术为主流技术方法，因地制宜设计实施路径。同时，在我国重点区域实施重大生态系统保护和修复工程，健全完善山水林田湖草系统治理和保护管理制度，以生态系统治理体系和治理能力现代化提升生态系统健康与永续发展水平，不断满足人民日益增长的优美生态环境需要。比如，构建以国家公园为主体的自然保护地体系，健全国家公园保护制度。加强长江、黄河等大江大河生态保护和系统治理。再比如，开展大规模国土绿化行动，加快水土流失和荒漠化、石漠化综合治理，保护生物多样性，筑牢生态安全屏障。除国家重大项目外，全面禁止围填海。目前，跨流域跨地区的水生态系统治理通过大江大河的修复以及生态保护补偿试点等制度的实施已取得了较好的成效，天保工程的成功实施也让我国天然林得到了有效的休养生息，草原与矿山的治理还在进一步的完善当中，而耕地的保护与修复则仍处于需要各地严格控制增量用地、积极盘活存量用地、节约集约用地的状况，以确保我国耕地的安全。

五、严明生态环境的保护责任

我国在生态环境保护责任制度方面已经进行了一系列改革创新探索，接下来应进一步完善生态文明目标考核制度，实行生态环境损害责任终身追究制度，完善自然资源资产负债表的编制与运用，开展领导干部自然资源资产离任审计，健全环境保护管理制度。对于领导干部来说，实行生态环境损害责任终身追究制，能够强化领导干部树立权责一致的意识，规范领导干部环境决策行为，最终推动环境决策科学化和法治化。

(一) 建立生态文明目标考核体系

生态文明目标考核体系创新旨在建立体现生态文明的目标体系、考核办法、奖惩机制，有利于促进党政领导干部树立绿色的政绩观和发展观。2015年国务院印发了《生态文明体制改革总体方案》，标志着生态文明目标考核体系成为我国生态文明制度建设的一项重要工作。方案提出"建立生态文明目标体系。研究制定可操作、可视化的绿色发展指标体系、生态文明建设目标评价考核办法，把资源消耗、环境损害、生态效益纳入经济社会发展评价体系。根据不同区域主体功能定位，实行差异化绩效评价考核"，其核心目的是改变以国内的生产总值为单一"指挥棒"的现状，让生态文明目标评价考核结果发挥重要作用，使其成为领导干部的综合考核评价以及干部奖惩、任免的重要依据。生态文明建设要想真正落在实处，就必须建立和完善生态文明目标考核体系，使其成为全国生态文明建设的"指挥棒"。2016年国务院发布的《生态文明建设目标评价考核办法》中提出："生态文明建设目标评价考核在资源环境和相关的生态领域基础上综合开展并采取评价和考核相结合的方式，实行年度评价、五年考核"，随之《生态文明建设考核目标体系》和《绿色发展指标体系》也正式发布，"一个办法、两个体系"的制定成为我国生态文明建设目标考核工作开展的重要依据。

(二) 探索编制自然资源资产负债表

自然资源资产负债表是我国健全自然资源资产管理制度的重要内容，同时也是我国生态文明体制改革的重要基础。探索编制自然资源资产负债表，可为生态环境损害责任终身追究制和领导干部自然资源资产离任审计的实行提供技术支撑，也可为生态文明目标考核体系提供依据。领导干部自然资源资产离任审计、生态环境损害责任终身追究等诸多工作都以其为支撑才能得以开展。2013年，党的十八届三中全会通过了《中共中央关于全面深化改革若干重大问题的决定》，其中明确提出"加快建立国家统一的经济核算制度，编制全国和地方资产负债表"及"探索自然资源资产负债表,对领导干部实行自然资源资产离任审计"的要求。2014年起至今,全国各地区先后开展了自然资源资产负债表编制的相关研究,并在试点地区探索负债表的实际应用,逐渐形成一套较为成熟的自然资源资产负债表编制方法和应用模式。目前,我国自然资源资产负债表框架、价值核算等研究已在一定程度上达成共识,对自然资源资产负债表的研究呈纵深研究趋势,基于我国生态文明建设对自然资源核算的新需求对自然资源负债进行了界定,以法定责任和底线任务的标准提出了自然资源负债的确认原则,为我国自然资源资产负债表编制的"难题"提供了一种新的观点。

(三)开展领导干部自然资源资产离任审计

现行的审计是党和国家监督体系的重要组成部分。为促进自然资源节约集约利用和生态环境安全,推动领导干部切实履行自然资源资产管理和生态环境保护责任,需创新建立符合我国国情的中国特色社会主义审计制度。开展领导干部自然资源资产离任审计既是我国生态文明制度建设的重要内容,可促进自然资源节能集约利用和生态环境安全,可促进领导干部切实履行资源环境保护责任,是完善我国自然资源和生态环境监管体制的保障,也是中国特色社会主义审计制度的重要内容。《生态文明体制改革总体方案》作为生态文明制度建设的顶层设计,明确要求将领导干部自然资源资产离任(任中)审计纳入完善生态文明绩效评级考核和责任追究制度之中,将其列为生态文明制度"四梁八柱"体系的重要内容。为此,国家陆续出台系列规章制度,积极推进领导干部自然资源资产离任(任中)审计。《领导干部自然资源资产离任(任中)审计规定(试行)》(以下简称《规定》)正式出台。这是我国生态文明建设领域的重要节点,也是中国特色社会主义审计发展历程中的重大事件,《规定》为建立经常性的领导干部自然资源资产离任(任中)审计制度奠定了坚实基础,为审计机关更好地参与建设美丽中国的战略任务创造了有利条件、提供了重要契机。

(四)建立健全中央生态环境保护督察制度

完善自然资源和生态环境监管体制,健全环境保护管理制度,是生态文明建设的坚实保障，是为了适应人民群众日益增长的生态环境需求和爆发式增长的环境监管执法任务而出台，是各项生态环境保护责任制度推出的坚实保障。其中，中央环境保护督察制度就是环境保护管理制度的重要内容。中央环境保护督察制度是指国家有关机构对法律法规、政策标准的实施现状，以及对严重污染事件、生态环境损害事件的处理情况进行监督和检查的行为规范，由中央全面深化改革领导小组所提出，是中共中央及国务院关于推进生态文明建设和生态环境保护的一项重大制度安排。生态环境保护督察制度具有以下功能：能够有效地监督并反馈各个地方对国家环境法律法规、政策、环境标准的执行情况，能够及时地处理相关环境污染现象，能够更好地处理生态破坏事件，实现跨区域的环境污染和生态破坏的协同处理。

  党政同责、一岗双责，是中央环境保护督查最重要也是最核心的准则，集中体现了地方党委和政府对于生态环境保护具体工作中的职责与关系，是集经济发展与环境保护于一体的科学抉择。2015年7月，中央全面深化改革领导小组第十四次会议审议通过了《环境保护督察方案（试行）》，环保督察机制在此次会议中鲜明地被提出，该机制要求各地方党委及政府环境保护的主体责任，必须切实推动生态文明建设、实现绿水青山就是金山银山的美好蓝图。2015年底，第一轮中央环境保护督察成功启动，实现了对31个省份以及新疆生产建设兵团的全覆盖，20个省份成功开展了"回头看"，专项督察紧紧围绕污染防治7大标志性攻坚战役和有关突出领域系统展开。2019年6月，生态环境保护督察制度的建设进行到了试点阶段并取得了阶段性的成果，中共中央及国务院印发了《中央生态环境保护督察工作规定》，明确规定生态环保督察的基本任务，规范了环保督察的主要内容、详细划分督察有何职责，清晰界定了督察权限，明确介绍了督察程序。《中央生态环境保护督察工作规定》全面彰显了中央坚定推动环保督察的决心，生态文明建设体制发展到了新的阶段，它作为中央环保督查的顶层设计，为环保督查更深远更长久的发展提供了厚实的基础。

第六章

国家治理保障论

党的十九届四中全会部署规划了坚持和完善中国特色社会主义制度、推进国家治理体系和治理能力现代化的总体目标和重大举措。推进国家治理体系和治理能力现代化，需要一系列的坚强保障。

第一节　加强党对国家治理现代化的领导

加强党的领导，是实现国家治理体系和治理能力现代化的根本保障。在党的领导下完善中国特色社会主义制度、推进国家治理体系和治理能力现代化，能够最大限度地保证各项工作"不跑偏"，始终沿着正确的方向前行；能够最大程度地"集众智"，由党中央统一谋划，发挥全党全国智慧，整体推进，及时制订调整完善各项方案，确保改革取得实效。具体来说，党对国家治理体系和治理能力现代化的领导着重体现在几个方面：强化制度意识，维护制度权威；着力提高制度执行力；加强制度自信宣传教育，以及建设高素质专业化干部队伍。

一、强化制度意识维护制度权威

十九届四中全会《决定》要求切实强化制度意识，维护制度权威。这对于全面深化改革、塑造良好政党形象、推进国家治理体系和治理能力现代化等具有重要的积极意义。

(一)制度意识具有引导作用

什么是制度?制度的含义十分丰富,简单地说,制度是行为规范。其作用在于调节关系,规范行为,保证治理顺利进行。制度所包含的范围非常广泛,从横向上来讲,制度贯穿经济、政治、社会、文化等各个领域,体现出多样性;从纵向上来讲,制度又可以分为根本制度、基本制度、具体制度以及工作机制等,体现出层次性。在马克思主义看来,制度是个人交往的历史产物。在不同历史时期,随着社会生产力的发展,社会的存在方式也在发生相应变化。人类社会的制度就在其中形成和发展,因而具有了历史性的内容。制度是人类文明活动的客观前提和基础,对人类文明活动具有整合和规范作用。意识,指的是人们的思想、思维和观念。在唯物主义看来,意识不是凭空产生的,是社会存在于人们头脑中的反映。它来源于实践,是对实践经验的概括和总结。

综合来看,所谓制度意识,就是人们对于制度的观念性认识和心理评价倾向。它包括对制度的认识和理解、对制度所确定内容的愿望和情绪、对遵从和违反制度行为的评价和看法等。制度意识既可以在集体的角度上理解,呈现为一种集体意识;也可以在个体的角度上理解,表现为个人观念。

对"制度"的重视,久已有之。《资治通鉴》中讲:"经国序民,正其制度";生活中人们说:"没有规矩,不成方圆",这些都讲了制度的重要性,也都蕴含一定的制度意识。

中国共产党自1921年成立到今天,已经是近百年的大党。从成立以来,我们党就始终高度重视思想建设,提高党员干部的政治素质;注重组织建设,不断发展壮大我们的队伍;强调作风建设,加强同人民群众之间的血肉联系。但是有那么一段时间,正如邓小平指出的那样,我们党的一些好的传统没有坚持下来,也没有形成严格的完善的制度。究其根本,制度意识比较薄弱是很关键的因素。

与意识一样,制度意识也不是凭空产生的。制度意识的形成和发展受到许多因素的制约,如客观的环境和条件、个人的素质和主观认识水平,以及传统文化的影响,等等。中国具有两千多年的封建社会历史,传统的礼治特别注重纲常伦理等人际关系的社会规范,并以君王的权威为依归。传统文化中的这种思想如草蛇灰线一样影响着当代人的思维方式,表现在重人治轻法治的观念并没有彻底消除，导致人们遇到问题时，习惯绕着制度走，以及不严格按照制度办事。

制度环境、制度意识、制度建设和制度执行是相辅相成的。辩证唯物主义认为，社会存在决定社会意识，实践是认识的基础，同时，社会意识对于社会存在具有强大的反作用。制度意识在一定的社会实践中形成与发展，然而，它一旦形成之后，就会发挥出相对独立的价值，对于制度建设和制度执行具有巨大的引导作用，直接关乎这个国家的现代化进程。只有内化于心，才能外化于行。制度意识问题不解决好，制度建设和制度执行问题就难以解决好。

强化制度意识，蕴含着两层基本内涵：一是强化主体对制度的认知和认同，二是强化主体对制度的尊崇，即将制度内化为自觉遵循的行为准则。中国共产党作为领导中国特色社会主义事业的最高政治力量，作为掌握治国理政权力的执政党，应该强化制度意识；领导干部作为"关键少数"，更应带头严格遵守制度和纪律。

（二）领导干部带头尊崇制度

尊崇制度是制度意识的本质要求，也是对社会公众的普遍要求，但领导干部身份独特、影响突出，其思想和作风对党员和群众具有很强的示范作用。所以，要使社会公众尊崇制度，首先就要求领导干部起好带头作用。正如习近平总书记要求的那样："越是领导干部，越是主要领导干部，越要自觉增强法规制度意识，以身作则，以上率下。"[1]领导干部尊崇制度的意识强，其领导的地区、部门、单位的工作就出色、制度建设就富有成果。

实践证明，制度建设直接关系党和国家的存亡、改革开放和社会主义建设事业的兴衰以及干部队伍建设的好坏。领导干部必须对制度建设和制度执行的重要意义有深刻的把握，对制度本身有充分的理解，才能够在认知的基础上，自觉遵从各类制度规则和要求。

党和人民在长期实践探索中形成了中国特色社会主义制度体系，我国国家治理一切工作和活动都按照中国特色社会主义制度展开。尊崇制度，领导

---

[1]《习近平关于全面从严治党论述摘编》，中央文献出版社2016年版，第111页。

干部首先就要坚持人民代表大会制度这一根本政治制度、共产党领导的多党合作和政治协商制度、民族区域自治制度、基层群众自治制度等基本政治制度，以及党的集中统一领导、人民当家作主、全面依法治国和民主集中制等重要制度。

党章和党规党纪是中国共产党的纪律规范，也是中国特色社会主义政治制度体系的重要组成部分。尊崇制度，对领导干部来说，当然包括强化自觉遵守党章和党规党纪的意识。要自觉学习党章、遵守党章，不断加强党性修养；要自觉遵守党的纪律，首先要遵守党的政治纪律，最重要的是自觉做到"两个维护"。

（三）构建科学的制度体系

制度权威，指的是以国家政权为核心的政治管理主体地位得到了社会力量的认可和支持，从而表现出的对政治管理客体的制约能力。这种权威，往往是基于信仰、社会舆论或者外在的强制力量，从而实现人们对制度的服从。它除了具有一般性权威的认同性、自愿服从性等特征外，还具有合法强制性的特征。

国家治理体系和治理能力现代化离不开制度权威。首先，没有制度权威，国家治理就难以开展。国家治理的重要内容在于运用各种制度去引导、规范社会公众的各种活动，以最大限度增进公共利益。而公众是否愿意接受制度的引导和规范，首先，要看公众是否认同制度，是否认同制度设计和制度安排是代表公共利益的。其次，国家治理的持续性，还要看各项制度是否得到有效实施，这同样也离不开制度权威。

那么，制度如何有权威？有几个关键要素：第一，制度体系本身的科学合理是维护制度权威的前提。科学合理一方面是体现在单项制度本身，充分反映人民群众的利益，能够符合现实需要；另一方面体现在各种制度之间的相互协调。制度功能的充分发挥，既依赖于各个制度的独立发挥作用，又依赖于相互协调基础之上的共同发挥作用。此外，制度体系的科学合理还体现在制度能够结合社会变化及时予以调整。第二，制度权威离不开一定的社会文化基础，社会成员形成尊崇制度、执行制度的文化氛围，只有当制度不是"墙上挂挂，笔头画画"的一纸空文的时候，制度才真正具有权威。第三，制度具有严肃性。制度不是任人拉扯的弹簧,严格的执行和问责机制是维护制度权威的关键。

改革开放以来,我国在治理过程中,进行了一系列的制度设计和制度安排,覆盖了国家治理的全领域,贯穿国家治理的全过程。我国国家治理取得的成就,说明了这些制度总体上是科学有效的,这些制度发展是制度权威增强的基础与前提。

在既定的中国特色社会主义制度环境中,具体的制度安排应注意坚持两大基本原则,一是与既定的基本制度的价值目标保持一致;二是各具体的制度安排之间相互协调。在具体的制度构建中,两大原则又体现为协调性、严密性、可执行性、公正性和相对稳定性五个具体原则。这些具体原则是对制度化实践经验和规律的总结,遵循这五个原则,有助于构建良性运行的制度体系。

制度要具有协调性。制度是一个系统,没有相互依赖、相互配套、相互制约的制度,制度的强制性和权威性就难以显现出来。所谓协调性,是指制度体系本身要能够体现并维护制度的权威,要能够符合根本制度所确立的价值标准。如果政出多门,制度落实中需要多部门协同,容易出现推诿扯皮现象,难以形成合力。其关键性解决方案是做到坚持中国特色社会主义根本制度、基本制度、重要制度相互衔接,以制度的系统性推动治理体系和治理能力全面提升,确保各项制度都能在国家治理体系总框架内有效运行。

制度要具有严密性。在制度建设过程中,区分制度的结构和层次,如基本制度与具体制度、具体制度与程序性规则、法律规则与实施细则,以及不同领域的制度规则相互之间的协调。

制度要具有可执行性。制度如果过于笼统,停留在原则性的规定,提出"禁止""反对""不准"等条文,但没有具体到应该如何做的程序性规则,往往缺少强制性的约束力;或者只有定性的要求,没有定量的要求,解释弹性比较大,实施中就容易产生扭曲变形的情况。

制度要具有公正性。负责制度制定的部门如国家机关和政府工作部门,在制度的初创阶段要进行认真的调查研究,广泛地听取民意,并经过相关领域专家的论证分析。这样才能增强社会成员对于制度的认同感,提升公众遵守制度的自觉性。如果制度仓促出台,难以平衡和保障社会各方利益,容易导致制定公布的制度规则难以获得公众认同，无法真正落实和执行。

制度要具有相对稳定性。要事先做好规划，形成相互关联、内在衔接的制度网络，一旦制度制定好以后就使其持续发挥作用，保持制度的稳定性。特别是涉及国家治理各个领域的总体性制度，必须具有长期指导性，不能出现朝令夕改的情况。同时，也要对现实的变化和社会成员的现实需求保持敏锐性，随时弥补制度的漏洞和短板，在动态的发展变化中保证社会运行始终有章可循。

（四）形成遵从制度的文化

制度本身不会自动运行。制度权威的形成不仅依托于科学合理的规则和规定，还需要深厚的文化支撑。文化是制度的基础。必须要将制度的规则、规范等进入到人的认知和心理当中，将制度的价值规范因素内化到人的自我意识中，使得人们增强认同感，进而采取社会行动，维护制度权威。否则，如果人们没有建构起对制度的认同，那么制度就会形同虚设，权威也很难建立。也就是说，遵从制度的文化这一"软环境"对制度权威的形成和维护具有重要的保障作用。

注重以社会主义核心价值观为引领。社会主义核心价值观是社会主义核心价值体系的高度凝练和集中表达，是引领社会风气、消除不良社会风气的关键所在。价值观的传播和引领，往往是潜移默化的，能够起到和风细雨润无声的影响。党的有关工作部门应充分依托各种形式的媒介，尤其是要注重结合时代的特点、受众的特点，在传播的方式方法上多下功夫，将社会主义核心价值观逐渐内化为人们的信念和认同感，进而成为一种自觉的思想意识和行为习惯，从而为制度权威营造良好的社会氛围并提供坚实的社会保障。

注重发挥法治的促进和保障作用。党和政府大力推进公正的法律体系建设，以法制承载文化理念，以党纪与国法为依据惩恶扬善，这是社会风气改善的根本屏障。在执法执纪的过程中，党是整个社会的表率，党的各级领导同志又是全党的表率。如果党的各级领导干部没有使法律规则内化为自觉意识和自觉行为，法律就会成为一纸空文，更谈不上在全社会形成尊崇制度的优良风气。

注重以伦理规范为依托。需要完善社会伦理规范体系，推进社会公德、职业道德、家庭美德、个人品德教育，倡导爱国、敬业、诚信、友善等基本道德规范，使现代伦理规范在社会成员中不断地内化为个人的道德素养，并成为其行为的有效价值尺度和内驱动力。

二、着力提高制度执行力

制度执行力，指的是执行制度并使其发挥既定作用的各方面能力。注重制度执行体现了马克思主义哲学的实践品格，是我们党一以贯之进行强调并长期坚持的优良传统。党的十八大以来，狠抓制度执行成为推进国家治理体系和治理能力现代化的鲜明特色，以习近平同志为核心的党中央推动制度执行力得到了显著提升。党的十九届四中全会《决定》要求，要"健全权威高效的制度执行机制，加强对制度执行的监督，坚决杜绝做选择、搞变通、打折扣的现象"。着力提高制度执行力需要发挥干部的带头示范作用，完善制度执行机制、加强制度执行监督，以及查处违反制度的行为等来进一步释放制度优势。

（一）大力发挥领导干部的表率作用

领导干部是社会公众关注的重点人物，是制度执行的主要主体。要提高制度执行力，领导干部应当发挥表率作用，行动先于一般干部，标准高于一般干部，要求严于一般干部，这会影响和带动社会公众自觉遵守制度。

牢固树立政治敏锐性和大局意识，提高制度执行的自觉性。党的路线、方针、政策大多数是以制度的载体表现出来的，只有不折不扣地执行这些制度，才能保证党中央国务院的大政方针得到贯彻落实，才能实现"最先一公里"和"最后一公里"的无缝对接，实现政令畅通。如果领导干部自觉超越局部的、地方的、部门的利益考虑，站在大局上想问题，就会提高制度执行的自觉性。

既要有原则性，又要有灵活性，提高制度执行的水平。贯彻落实制度，要像习近平总书记要求的那样，"防止徒陈空文、等待观望、急功近利，必须有时不我待的紧迫意识和夙夜在公的责任抓实，再抓实"。但同时，"既不能以灵活性损害原则性，又不能以原则性束缚灵活性"[①]。应当处理好制度执行与创造性开展工作之间的关系，积极主动将党的领导主张和重大决策部署转化为领导决策、工作机制和管理方式方法，发挥制度的功能和价值，推动经济社会发展。对于领导干部来说，这既是对素质的检验，也是对水平的考验。

领导干部自觉接受组织和群众监督，不仅要带头遵守制度，还必须坚持原则、敢抓敢管，维护制度严肃性和权威性，坚决同一切违反制度的现象作斗争。

（二）健全制度执行机制

制度执行不力，结果就是"制度空转"或者"制度虚置"。其具体表现林林总总，归纳起来主要有：第一，"选择性执行"，即对自己有利的制度就执行，对自己不利的制度就不执行。第二，"表面化执行"，只做表面文章，形式搞得轰轰烈烈，具体措施不到位。第三，"半截子执行"，即执行不全面、不彻底、不到位，只执行一部分和执行到一定程度。第四，"加码式执行"，在细化国家相关政策和法律法规的原则性规定中，人为地增加原本没有的内容，使制度目标、调整范围超出了原定界限。第五，"僵化式执行"，不依据本地方或本部门的特殊情况、具体问题具体分析，而采取"一刀切"的做法；一旦出现抵制落实制度的行为活动，不勇于承担责任、及时纠错，而是置之不理，甚至想尽办法推卸责任，放任制度执行的中断，导致制度执行有始无终，从而造成制度失灵。

产生上述现象具有多方面的根源，有机制问题，也有思想问题。既有陈旧的教条主义、主观主义思想作祟，又是新形势下形式主义、不作为的突出表现。杜绝制度执行不力问题，需要按照国家治理现代化的新要求，健全制度执行机制。

完善制度建设程序。从源头上来说，制度建设既要发扬民主，也要实行正确集中。一旦形成制度，必须坚决贯彻落实，更不能以持有不同意见为由拒不执行决策或故意拖延。

改进制度宣传方式。制度出台后，既要宣传制度规定了什么，又要宣传

---

① 《习近平谈治国理政》第 1 卷，外文出版社 2018 年版，第 107 页。

制度如何执行、如何落实、如何监督，最大限度地扩大制度的透明度和影响力，帮助制度执行主体熟悉和了解，拓展制度的普及率和知晓率。

结合干部的考核任用。把领导干部执行制度情况，贯彻中央重大决策和部署作为干部考核评价、职务晋升的重要指标。对于制度执行情况良好、贯彻中央决策态度坚决的干部予以激励重用；对于制度执行情况较差，甚至对抗中央决策部署的干部予以惩处。

注重干部的相关培训。党员干部牢固树立"制度面前人人平等"的意识，坚决破除"特殊党员"思想，在制度面前要求普通党员干部做到的，党员领导干部必须首先做到，自觉以普通党员身份参加组织生活，模范带头执行各项制度，为普通党员干部做出示范。

落实干部的容错机制。领导环境往往瞬息万变，成文的、定型的制度难以穷尽事物的发展变化和地区部门差异等。高质量的执行不是生搬硬套地执行，而是以推动工作发展为导向的创新执行。要摒弃"不求无功但求无过"的机械执行，就要落实好中央关于建立完善干部容错机制有关精神，让真正能够创新创业的干部成为执行的主力军，从而造就一支高素质专业化的国家治理干部队伍。

（三）加强制度执行监督

加强对制度执行情况的监督，是健全党和国家监督体系的重要组成部分，也是强化制度执行必不可少的环节。

加强执行的绩效考核。绩效考核和督查督办，是提高制度执行主体履职尽责主动性的有力手段。针对当前绩效考核指标体系不同程度上存在的重速度轻质量、重显绩轻潜绩等问题，精准定位导致执行低效能的突出问题，设置科学考评的指标，改善绩效考核系统，将督查与考核有机结合起来，不断提升执行效能管理的科学化水平。

强化执行的组织监督。自上而下对制度执行的监督是行之有效的做法，其重点是检查宪法、国家根本制度、基本制度和各项重要制度，以及党章和党内法规等是否得到遵守和贯彻落实。形式主要是中央和上级组织开展的定期或不定期监督检查、开展政治巡视和巡察等。

扩大执行的信息公开。制度执行和政务运行信息的公开透明，将有助于强化对制度执行的监督。打破各个部门之间存在的"信息孤岛",统一各部门信息共享的种类、标准、范围、流程,加快推进政务信息联通共用,使制度执行不走样、不跑偏。同时,运用现代科学技术手段,开拓社会公众监督执行的渠道。

注重执行的日常监督。把制度执行情况纳入党风廉政建设责任制检查考核和领导干部述职述廉内容。既要加强对新颁布制度执行情况的监督检查,也要加强对那些虽然颁布已久,但仍属现行有效制度执行情况的监督检查。

(四)查处违反制度的行为

严肃性是制度的灵魂。习近平总书记要求,"制度一经形成,就要遵守,坚持制度面前人人平等、执行制度没有例外,坚决维护制度的严肃性和权威性"。①必须认真地按照制度办事,制度面前人人平等,决不搞特权主义。

违反制度的行为和人不受惩罚,就会造成"破窗效应",从而严重损害制度权威。习近平总书记指出,"很多问题,不是没有政策规定,而是有政策规定却不执行。有些政策规定是约束性的,有些明确是刚性要求,却成了'稻草人',成了摆设。这样就会形成'破窗效应',打碎一块玻璃没人管,最后所有玻璃都会被打碎,因为打了不受惩罚"。②总结党内出现一些违纪案件,不少干部从违反规矩开始,慢慢走向犯罪道路。违反制度必受惩罚,才能更好地维护制度权威,也是爱护干部的一种表现。

根据《中国共产党问责条例》的总体要求,完善重大问题干部终身责任追究机制,细化问责条款,突出处罚措施,对于玩忽职守、拒不执行制度,选择性执行的人员依法依规进行惩罚。对影响全局利益、给国家和社会造成重大影响和损失的,要进行严厉的惩处。

三、加强制度自信宣传教育

制度自信,是在制度认知的基础上产生的对制度的强烈认同,是制度意

---

① 《十八大以来党的重要文献选编》(上),中央文献出版社 2014 年版,第 318 页。
② 《习近平关于严明党的纪律和规矩论述摘编》,中央文献出版社 2016 年版,第 73 页。

识的最高境界。坚定中国特色社会主义制度自信，认清我们的制度优势，能够自觉抵御一些西方国家的"价值输出"和"颜色革命"等思潮和做法。同时，制度自信并非盲目自满，而是有清醒认识，怀着强烈的使命感，努力不断发展和完善中国特色社会主义制度。

（一）认识制度优势

党的十九届四中全会明确了组成制度体系的根本制度、基本制度和重要制度，这些制度具有鲜明的中国特色，是人类政治文明在中国大地上的生动展现。党的十九届四中全会还凝练和总结了国家制度和治理体系13个方面的显著优势。

新中国成立以来，从社会主义制度基本确立，到改革开放以来中国特色社会主义制度不断完善和发展的过程中，中国共产党领导和依靠人民，用几十年时间走完了西方发达国家几百年走过的工业化进程，极大地解放和发展了社会生产力，显著增强了经济实力和综合国力。中国从一个封闭落后、"一穷二白"的国家发展成为世界第二大经济体。与此同时，作为世界上最大的发展中国家，长期处于社会主义初级阶段的国家，我们经受住了来自自然灾害、政治事件、重大公共卫生事件等的重大考验，承受住了来自外部环境的巨大冲击。中国共产党领导和依靠人民，胜利渡过了一个又一个难关，创造了以经济持续快速发展和社会长期稳定为显著特征的"中国之治"。

中国发展进步的成就和趋势，是在不断发展和完善着的中国特色社会主义制度保障和推动下实现的，这一国家治理成就与中国特色社会主义制度之间的客观联系，构成了中国特色社会主义制度自信的重要实践依据。

中国的制度和国家治理体系所蕴含的价值性、人民性、科学性等，这是构成制度自信的理论逻辑。中国的制度和国家治理体系坚持马克思主义为指导。中国共产党自成立之日起，就始终坚持将马克思主义作为实践的指南，将马克思主义的政党理论、国家理论作为我国制度和国家治理体系建立和完善的基本理论依据，这些基本理论明确了共产党在国家制度和治理体系中的核心领导地位。

中国的制度和国家治理体系遵行马克思主义群众观点，将人民性作为最根本的价值立场和实践取向，明确了人民群众在国家制度和治理体系中的主人翁地位，使中国制度和治理体系能够代表最广大人民的根本利益，能够凝聚最广大人民的磅礴伟力,能够赢得最广大人民的认同和支持。

(二)加强研究和宣传

加强对中国特色社会主义制度的理论研究和宣传教育,让中国特色社会主义制度的本质特征和优越性为全党全社会全国人民所充分认识,为坚定制度自信提供坚实的基础。

研究要坚持历史的方法,联系的方法。习近平总书记指出:"中国特色社会主义不是从天上掉下来的,是党和人民历尽千辛万苦、付出巨大代价取得的根本成就。"[①] 要将中国特色社会主义制度置于特殊的历史环境中去研究,讲清楚中国特色社会主义制度形成的历史必然性问题,揭示中国特色社会主义制度运行的内在机理。中国特色社会主义制度是在长期革命、建设和改革实践中形成和发展起来的,有着深厚的实践基础,反映着历史的必然。

研究要坚持辩证唯物主义和历史唯物主义的立场、观点和方法。我们不能脱离道路、理论和文化的历史与现实、继承与发展来看待中国特色社会主义制度。中国特色社会主义制度有显著优势,也有一些需要不断完善的地方。既反对忽视我国经济社会发展的现实条件,从而陷入制度自卑的做法,又反对忽视远大目标任务,从而陷入制度自负的做法。要把握好度,既要尊重历史,尊重客观事实,也不偏离历史,脱离客观实际。

宣传教育要旗帜鲜明,提高针对性。引导党员干部充分认识中国特色社会主义制度的本质特征,着重解读中国特色社会主义制度和国家治理体系的历史底蕴、显著优势和实践成果,引导党员干部科学把握中国特色社会主义制度的优越性。

宣传教育还要注重强化意识,提高实效性。充分利用各种媒介、各种技术手段,运用我国经济、政治、文化、社会、生态文明等各个方面治理的丰富案例和翔实数据,加大对国家治理效能的宣传,全方位、多层次、立体化展示中国治理所取得的巨大成就,使得社会公众筑牢制度自信。

---

① 《习近平谈治国理政》第 2 卷,外文出版社 2017 年版,第 36 页。

(三）推进制度完善

中国特色社会主义制度是国家的根本制度，具有长期性、稳定性，但其具体制度和体制机制需要随着实践的发展而不断丰富发展。这就要求我们准确把握坚持与完善、守正与创新的辩证统一，把坚定制度自信和不断改革创新有机统一起来，在保持中国特色社会主义制度和国家治理体系的稳定性和延续性的基础上，继续加强具体制度、具体体制机制的改革创新。

推进制度完善，要具有强烈的忧患意识。无数政党和国家治国理政的经验教训告诉我们，任何历史性、全局性错误和失败的发生，就在于贪图安逸、不思进取、乐享其成。习近平总书记指出："当前，我国正处于一个大有可为的历史机遇期，发展形势总的是好的，但前进道路不可能一帆风顺，越是取得成绩的时候，越是要有如履薄冰的谨慎，越是要有居安思危的忧患，绝不能犯战略性、颠覆性错误。"①

在推进制度完善的过程中，要怀有明确的问题意识。比如，我们的经济基础与上层建筑之间的关系还存在不相适应的方面；一些具体的体制机制、管理方式等方面与发达国家相比，还有一定的差距，等等。因此，要坚持从实际出发，以解决问题为导向，以发现和提出问题为出发点，以解决问题为落脚点。

推进制度完善，要善于运用调查研究，经常和广大人民群众面对面交流，直接了解第一手资料，又善于运用大数据等先进方式方法，准确、系统把握民情民意。

推进制度完善，要发挥人民群众的首创精神。人民群众是国家的主人，他们为党和国家事业的发展贡献了力量和聪明才智。各级领导干部要尊重群众的首创精神，善于从中总结带有规律性、制度性的经验。同时，各地区、部门及其基层单位，在实际工作中也积累了不少好的经验、好的做法和行之有效的具体规章。各级领导干部要善于把这些宝贵的经验，上升为具体制度和体制机制。

---

① 《习近平关于总体国家安全观论述摘编》，中央文献出版社2018年版，第14—15页。

（四）领导干部尤其要坚定制度自信

领导干部作为中国特色社会主义制度的建设者、实施者、捍卫者，坚定制度自信至关重要。

领导干部坚定制度自信，根本在于增强"四个意识"、坚定"四个自信"、做到"两个维护"。中国共产党领导是中国特色社会主义最本质的特征，是中国特色社会主义制度的最大优势，党是最高政治领导力量。党的领导制度是我国的根本领导制度，在中国特色社会主义制度和国家治理体系中具有统领地位。必须坚持总揽全局、协调各方的党的领导制度体系，把党的领导落实到国家治理各领域各方面各环节。必须坚决贯彻执行坚定维护习近平总书记核心地位、坚定维护党中央权威和集中统一领导的各项制度，自觉在思想上政治上行动上同以习近平同志为核心的党中央保持高度一致。

领导干部坚定制度自信，关键在于在特色社会主义伟大实践中，善于结合自己的本职工作，在行动中执行遵守各项制度，把我国制度优势更好转化为国家治理效能。领导干部是党和国家各项工作的组织者、推动者，中国特色社会主义制度主要依靠各级领导干部贯彻落实。如果没有良好的治理能力，再好的制度和治理体系也难以发挥作用。坚持和完善中国特色社会主义制度、推进国家治理体系和治理能力现代化，不仅要在建立完善的制度体系上下功夫，而且要在不断提高治理效能上求实效。

四、建设高素质专业化干部队伍

党对国家治理体系和治理能力现代化的领导，最终要通过一支高素质专业化的干部队伍实现。

（一）贯彻落实新时期好干部标准

好干部要有硬标准。党的十八大以来，习近平总书记着眼进行具有许多新的历史特点的伟大斗争、推进党的建设新的伟大工程和中国特色社会主义伟大事业，着眼于国家治理体系和国家治理能力现代化，对干部队伍建设提出了一系列要求。

习近平总书记在不同场合对好干部的标准做出了要求，主要包括"信念坚定、为民服务、勤政务实、敢于担当、清正廉洁""三严三实""忠诚、干净、担当""心中有党、心中有民、心中有责、心中有戒"以及"铁一般信仰、铁一般信念、铁一般纪律、铁一般担当"等，尽管论述角度各自有所侧重，但可以概括为政治过硬和本领高强两个基本方面的要求。

（二）突出提高干部的治理能力

党的十九届四中全会《决定》中提出，要"把提高治理能力作为新时代干部队伍建设的重大任务"，"提高推进'五位一体'总体布局和'四个全面'战略布局等各项工作能力和水平"。在党的十九大报告提出的八大执政本领的基础上，决定中增加了提高广大干部"斗争本领"的要求。对于干部治理能力的提高而言，这是总依据。

面对新时代新形势新任务，干部的本领有适应的一面，也有不适应的一面，而且，随着形势和任务不断发展，适应的一面正在下降，不适应的一面正在上升。与此同时，在前进道路上，我们面临的风险考验只会越来越复杂，越是在这个时候，越需要我们加强干部的思想淬炼、政治历练、实践锻炼、专业训练，让干部在重大斗争一线的风吹浪打中、在重大攻坚任务的摔打磨炼中、在大局大战大考的严峻考验中，站稳政治立场、提高政治能力、积累政治经验，不断提高治理能力和治理水平。

（三）加快人才制度和政策创新

人才是经济社会发展的重要推动力，在更大的范围内创造一个更加公平、宽松、有序的制度环境，最大限度激发释放人才活力，把各类优秀人才集聚到党和国家事业中来，是推进国家治理体系和治理能力现代化的重要组成内容。

要确立人才引领发展的战略地位，更大规模、更有成效地培养我国改革开放和社会主义现代化建设急需的各级各类人才。当前，迫切要培养造就一大批具有国际水平的战略科技人才、科技领军人才、青年科技人才和高水平创新团队；要大力培育支撑中国制造、中国创造的高技能人才队伍。

遵循社会主义市场经济规律和人才成长规律，着力破除束缚人才发展的思想观念，建立更为灵活的人才管理机制，打通人才流动、使用、发挥作用中的体制机制障碍，充分激发各类人才的创造活力。

向用人主体放权，为人才松绑，使各方面人才各得其所、各尽所长。完善好人才评价"指挥棒"作用，为人才发挥作用、施展才华提供更加广阔的天地。坚持党管人才原则，广开进贤之路，把党内和党外、国内和国外等各方面优秀人才吸引凝聚起来，努力形成人人渴望成才、人人努力成才、人人皆可成才、人人尽展其才的良好局面。

第二节　坚持总体国家安全观

党的十八大以来，以习近平同志为核心的党中央对中国国家安全最突出的理论贡献，就是在波澜壮阔的伟大实践中科学创立了总体国家安全观重大战略思想，系统回答了作为快速发展中的社会主义大国，如何既解决好大国发展进程中面临的安全共性问题，同时又处理好中华民族伟大复兴关键阶段面临的特殊安全问题这一重大时代命题。这是在我们党的历史上首次确立的系统完整的国家安全指导思想，把马克思主义国家安全理论推进到新阶段，成为习近平新时代中国特色社会主义思想的有机理论构成，不仅为中国国家安全提供了科学指南，也为推进其他方面工作提供了思维理念方法的重要指引，是有效防范化解重大风险的战略遵循，实现了我们党对共产党执政规律、社会主义建设规律和人类社会发展规律认识的历史性飞跃。

一、坚持底线思维、统筹发展与安全

习近平总书记指出："增强忧患意识，做到居安思危，是我们治党治国必须始终坚持的一个重大原则。我们党要巩固执政地位，要团结带领人民坚持和发展中国特色社会主义，保证国家安全是头等大事。"总体国家安全观是习近平在2014年中央国家安全委员会第一次全体会议上首次提出的。2017年，坚持总体国家安全观作为十四个基本方略之一写进党的十九大报告中，写进

修改后的《中国共产党章程》。这是党的十九大报告的重要历史贡献：在我们党的历史上，国家安全理论第一次写进党代会的报告；在我们党的思想谱系上，国家安全理论第一次作为独立的部分写进党的指导思想。2019年1月21日，在省部级主要领导干部"坚持底线思维着力防范化解重大风险"专题研讨班开班式上，他强调要坚决贯彻总体国家安全观，就防范化解政治、意识形态、经济、科技、社会、外部环境、党的建设等领域重大风险作出了深刻分析、提出了明确要求。党的十九届四中全会更是将推进国家治理体系和治理能力现代化提升到前所未有的高度，明确提出完善国家安全体系、提升防范抵御国家安全风险能力的战略任务并做出战略部署。总体国家安全观是在深刻总结古今中外维护国家安全理论与实践的基础上，将马克思主义基本立场观点方法成功运用于新时代中国国家安全实践形成发展升华的典范，是具有深厚党的传统底蕴和鲜明时代特征的科学理论体系。

（一）坚持底线思维　增强忧患意识

增强忧患意识，做到居安思危，是我们党在不懈奋斗中总结出的历史经验和治国理政的重要原则，同时也是马克思主义政党区别于其他形形色色政党的显著特征。当前，我国正处于由大向强的关键时期关键阶段关键当口。这一时期鲜明特点就是历史机遇稍纵即逝，风险挑战如影随形。中华民族伟大复兴之路绝不是只有鲜花和掌声的坦途，而是遍布杂草荆棘、沟沟坎坎的大道。世界百年未有之大变局与我国深刻复杂之变单相互交织、相互激荡，各种可以预见和不可预见的风险挑战不会更少只会更多，甚至会遇到难以想象的惊涛骇浪。对此，习近平总书记多次告诫全党：要做到"安而不忘危，存而不忘亡，治而不忘乱"。"昨天的成功并不代表着今后能够永远成功，过去的辉煌并不意味着未来可以永远辉煌"，"越是取得成绩的时候，越是要有如履薄冰的谨慎，越是要有居安思危的忧患，绝不能犯战略性、颠覆性错误"。[①] 必须深刻认识党面临的"四大考验"的长期性和复杂性，必须深刻认识党面临的"四大危险"的尖锐性和严峻性。忧患意识缺失或不强，一旦重

---

① 《习近平关于总体国家安全观论述摘编》，中央文献出版社2018年版，第15页。

大风险重大危机来临，没有任何的预见、任何的准备，就会陷入惊慌失措的困境，就会付出极为沉重的代价。

坚持底线思维是增强忧患意识的根本要求和集中体现。国家安全是守底线，守的是不发生系统性风险的底线，守的是党和国家事业的最后一道防线。习近平总书记指出："各种风险我们都要防控，但重点要防控那些可能迟滞或中断中华民族伟大复兴的全局性风险，这是我一直强调底线思维的根本含义。"①要不断增强坚守底线的坚定性自觉性。牢牢坚持党的领导、坚持中国特色社会主义，绝不走封闭僵化、改旗易帜的老路邪路，绝不在根本性问题上犯颠覆性错误。保持战略定力，坚持和平发展，不信邪不怕邪，不惹事不怕事，不做交易不吞苦果，坚决捍卫国家主权、安全、发展利益。"我们要坚持走和平发展道路，但决不能放弃我们的正当权益，决不能牺牲国家核心利益。任何外国不要指望我们会拿自己的核心利益做交易，不要指望我们会吞下损害我国主权、安全、发展利益的苦果。"②"托底""守底""保底"，努力争取最好的结果。凡事从最坏处准备，把困难估计得更充分一些，把预案做得更周密一些，力争不出现重大风险或在重大风险出现时扛得住、过得去，确保在风险可控范围内实现战略目标。

（二）坚持人民安全、政治安全、国家利益至上的有机统一

习近平总书记指出："人民安全是国家安全的宗旨，政治安全是国家安全的根本，国家利益至上是国家安全的准则。"③人民是维护国家安全的不竭动力和根本归宿，偏离了人民的中心地位，离开了人民的坚强支持，国家安全就是无源之水、无本之木。人民安全高于一切，只有紧紧依靠人民、服务人民，不断满足人民的安全需要，不断提高人民的安全感，充分发挥人民的积极性、创造性，才能夯实国家安全的群众基础、增强国家安全的内在动力。政治安全的核心是制度安全和政权安全，最根本的就是维护中国共产党的领导和执政地位、维护中国特色社会主义制度。根深才能叶茂，本固才能枝荣。要清

---

① 中共中央宣传部：《习近平新时代中国特色社会主义思想三十讲》，学习出版社2018年版，第334页。
② 《习近平关于总体国家安全观论述摘编》，中央文献出版社2018年版，第259页。
③ 《习近平谈治国理政》第3卷，外文出版社2020年版，第218页。

醒认识到，无论风险如何传导如何变幻，最终指向的是政治安全这个心脏。苏联解体已经留下了极为沉痛的教训。必须要提高政治站位、强化政治责任，牢牢守住政治安全这个根本，将"四个意识""四个自信""两个维护"落实到贯穿于各领域工作的全过程和各方面。以国家利益至上为准则，就是把国家利益作为制定国家安全战略的出发点，更坚决更有效地维护好国家利益尤其是核心利益。总之，人民安全需要提升到哪里，国家利益边界拓展到哪里，我们党领导的国家安全保障就要跟进到哪里。

（三）坚持统筹发展和安全两件大事

发展是第一要务，国家安全是头等大事，两者已经融为一体，是伟大事业的一体两面。一方面，发展是安全的基础，发展是硬道理，不发展就是最大的不安全；另一方面，安全是发展的条件，安全也是硬道理，是国家繁荣发展、民族兴旺发达的前提保障。1989年，邓小平指出："中国一定要坚持改革开放，这是解决中国问题的希望。但是要改革，就一定要有稳定的政治环境。中国的问题，压倒一切的是需要稳定。没有稳定的环境，什么都搞不成，已经取得的成果也会失掉。"①1993年，他又指出："国家发展了。十二亿人口怎样实现富裕，富裕起来以后财富怎样分配，都是大问题。题目已经出来了，解决这个问题比解决发展起来的问题更困难。"②

习近平总书记深刻指出："过去，我们常常以为，一些矛盾和问题是由于经济发展水平低、老百姓收入少造成的，等经济发展水平提高了、老百姓生活好起来了，社会矛盾和问题就会减少。现在看来，不发展有不发展的问题，发展起来有发展起来的问题，而发展起来后出现的问题并不比发展起来前少，甚至更多更复杂了。新形势下，如果利益关系协调不好、各种矛盾处理不好，就会导致问题激化，严重的就会影响发展进程。"③这一重要论述充分说明，实现创新协调绿色开放共享发展的前提保障是国家安全和社会稳定。丢掉了这个前提，失去了这个保障，一切都无从谈起。尤其是，我国发展起来以后，在前进的道路上单纯运用发展的办法很难全面解决好综合性、系统性、复杂

---

① 《邓小平文选》第3卷，人民出版社1993年版，第284页。
② 《邓小平年谱（1975—1997）》（下），中央文献出版社2004年版，第1364页。
③ 习近平：《在党的十八届五中全会第二次全体会议上的讲话（节选）》，《求是》2016年第1期。

性的问题。这就要求我们在面对过去遗留的问题、现在攻坚克难的问题以及将来遇到可以预见但更多是难以预见问题时,不仅要用好用足发展的办法,还要有安全的思维、安全的框架、安全的能力,把发展和安全两者有机结合起来,两手抓,两手都要硬。

(四)坚持共同、综合、合作可持续的全球安全观

当今世界处于百年未有之大变局,正在经历冷战后的最深刻变革,面临的不稳定性不确定性更加突出。习近平总书记指出,变革会催生新的机遇,但变革的过程往往充满着风险挑战,人类又一次站在了十字路口。和平、发展、合作、共赢是时代潮流,但时代潮流中也有险滩、暗礁,各类风险挑战加速积聚。世界经济增长动能不足,大国竞争博弈日趋激烈,热点问题此起彼伏,非传统安全难题接踵而来,各种社会思潮交织碰撞,复杂严峻逐步成为全球安全的新常态。

习近平总书记指出,一个时代有一个时代的问题。问题本身不可怕,关键是采取正确的办法来解决问题。建设一个普遍安全的世界是中国倡导全球安全观的目标和价值取向。只有摒弃冷战思维、打破强权逻辑、超越结盟模式,坚持普遍安全、合作安全、走共同道路,才是真正破解安全难题的根本之道。共同,就是不同国家的安全得到尊重和保障;综合,就是统筹维护传统领域和非传统领域安全;合作,就是通过对话合作促进各国和本地区安全;可持续,就是坚持发展和安全并重以实现持久安全。尤其是在当前,要牢牢牵住全球安全治理体系滞后和治理能力不足这个"牛鼻子",以合作共建为原则实现持久安全,以改革创新为动力实现共同治理,以法治精神为核心实现公平正义,以互利共赢为基础实现平衡普惠,推动全球安全治理体系朝更加公平合理有效的方向发展。

(五)坚持伟大斗争,增强斗争本领

坚持伟大斗争,是总体国家安全观的核心要义,是防范化解风险挑战的必然要求。习近平总书记指出:"我们党在内忧外患中诞生,在磨难挫折中成长,在攻坚克难中壮大,敢于斗争、敢于胜利,是中国共产党人鲜明的政治

品格，也是我们的政治优势"。① 社会是在矛盾运动中前进的，有矛盾就会有斗争。这是任何人在任何时候在任何情况下都回避不掉、否认不了的客观规律。任何贪图享受、消极懈怠、回避矛盾、掩盖问题的思想和行为都是错误的，最终都会危及党的执政地位、危及国家安全。必须进行具有许多新的历史特点的伟大斗争，是在党的十八大报告中首次提出的。在此基础上，党的十九大报告作了新的理论概括，明确提出要统揽伟大斗争、伟大工程、伟大事业、伟大梦想。"四个伟大"是相互贯通、相互作用，不可分割的有机整体。排在第一位的是伟大斗争，它是统揽"四个伟大"的根本前提。

之所以强调伟大斗争，其关键在于当前我国已经进入重大风险凸显期。对此，习近平总书记进行了深刻论述。2017年，他在主持召开国家安全工作座谈会时指出，我们正在推进具有许多新的历史特点的伟大斗争、党的建设新的伟大工程、中国特色社会主义伟大事业，时刻面对各种风险考验和重大挑战。2018年，他在庆祝改革开放四十周年纪念大会上指出，我们现在所处的，是一个船到中流浪更急、人到半山路更陡的时候，是一个愈进愈难、愈进愈险而又不进则退、非进不可的时候。必须勇立潮头、奋勇搏击。2019年，他在中央党校中青年干部培训班开班式上又进一步指出，在前进道路上我们面临的风险考验只会越来越复杂，甚至会遇到难以想象的惊涛骇浪。我们面临的各种斗争不是短期的而是长期的，至少要伴随我们实现第二个百年奋斗目标全过程。②

中国共产党人的斗争有方向、有立场、有原则，从来都是直奔矛盾问题、风险挑战而去。站在新征程上，凡是危害中国共产党领导和我国社会主义制度的各种风险挑战，凡是危害我国主权、安全、发展利益的各种风险挑战，凡是危害我国核心利益和重大原则的各种风险挑战，凡是危害我国人民根本利益的各种风险挑战，凡是危害我国实现"两个一百年"奋斗目标、实现中华民族伟大复兴的各种风险挑战，我们必须进行坚决斗争，而且必须取得斗争胜利。斗争是一门艺术。维护国家安全，既是实力较量又有策略运用，既要政治过硬又要本领高强，既要敢于斗争又要善于斗争。要学懂弄通做实习

---

① 习近平:《在湖北省考察新冠肺炎疫情防控工作时的讲话》,《求是》2020年第7期。
② 《习近平谈治国理政》第3卷，外文出版社2020年版，第226页。

近平新时代中国特色社会主义思想，掌握贯穿其中的马克思主义立场观点方法，提高战略思维、历史思维、辩证思维、创新思维、法治思维、底线思维能力，筑牢掌握敢于斗争、善于斗争的思想根基和理论武器。要加强政治历练、实践锻炼、斗争磨炼，做"战士"不做"绅士"，在大是大非面前敢于亮剑，在矛盾冲突面前敢于迎难而上，在危机困难面前敢于挺身而出。要提高把握方向、把握大势、把握全局、把握策略方法的本领，增强政治敏锐性和政治鉴别力，科学预见形势发展走势和隐藏其中的风险挑战。坚持有理有利有节，原则问题寸步不让，策略问题机动灵活，以斗争谋求合作，在斗争中争取共赢。

二、防范化解重大风险

党的十九大报告，把防范化解重大风险摆在三大攻坚战的首位。2019年1月21日，习近平总书记在省部级主要领导干部坚持底线思维着力防范化解重大风险专题研讨班开班式上讲话强调，要深刻认识和准确把握外部环境的深刻变化和我国改革发展稳定面临的新情况新问题新挑战，坚持底线思维，增强忧患意识，提高防控能力，着力防范化解重大风险，保持经济持续健康发展和社会大局稳定，为决胜全面建成小康社会、夺取新时代中国特色社会主义伟大胜利、实现中华民族伟大复兴的中国梦提供坚强保障。

（一）全面识别风险

风险识别是防范化解重大风险的起点。防范化解重大风险，首先要知道风险是什么、在哪儿。风险识别的任务，就是对各种潜在的和现实的风险进行全面辨识和系统整理分析，分门别类进行归类，形成完整的风险列表。

习近平总书记强调："要加强城乡安全风险辨识，全面开展城市风险点、危险源的普查，防止认不清、想不到、管不到等问题的发生。"[①]最大的风险是没有风险意识。做好风险识别工作，需要增强想象力，从不同来源、不同领

---

① 《习近平就安全生产和汛期安全防范作重要指示 安全生产一丝一毫不能放松》，《人民日报（海外版）》2016年7月21日。

域、出现时间、持续时间等,穷尽各种可能,全面识别各类风险。

伴随着经济社会的不断发展,人类社会已经成为一个复杂的巨系统。增强想象力,要求各级领导干部善于从系统综合的角度,识别风险之间的连锁联动效应。习近平总书记指出,各种风险往往不是孤立出现的,很可能是相互交织并形成一个风险综合体。"各种矛盾风险挑战源、各类矛盾风险挑战点是相互交织、相互作用的。如果防范不及、应对不力,就会传导、叠加、演变、升级。"[①] 为此,必须充分发挥想象力,进行全方位、多角度、多层次、360度无死角"扫描",尽可能减少风险遗漏现象发生。

(二)准确评估风险

风险评估是防范化解重大风险的第二个环节。风险评估的任务就是"对症",即科学分析风险的可能性和严重性,通过风险比较、排序,在风险矩阵中确定各类风险的具体位置,从而准确界定风险的等级。

习近平总书记强调,要清醒认识面临的风险和挑战,把难点和复杂性估计得更充分一些,把各种风险想得更深入一些,把各方面情况考虑得更周全一些,搞好统筹兼顾。做好风险评估工作,需要增强敏感力,保持高度警觉,科学分析、准确定级。在评估风险的可能性时,既要运用常态思维进行分析,也要运用非常态思维进行研究;在评估风险的严重性时,既要评估当前影响和损失,也要评估各种次生衍生后果;既要评估客观损失(人员伤亡、经济损失、环境影响等),也要评估主观影响(敏感程度、社会影响、政治影响、媒体关注度等)。

增强敏感力,要求我们在评估风险时,必须始终保持高度警惕,运用底线思维的方法,从最坏处着想,准确界定风险的等级,防止误估、错估问题的发生。

(三)科学管控风险

风险管控是防范化解重大风险的第三个环节。风险分类分级后,究竟该怎么办,如何有针对性采取管控措施?风险管控要采取风险保留、风险降低、

---

① 《习近平谈治国理政》第2卷,外文出版社2017年版,第222页。

风险转移、风险规避等不同方法，对各级各类风险分类施策。

习近平总书记强调："对可能发生的各种风险，各级党委和政府要增强责任感和自觉性，把自己职责范围内的风险防控好，不能把防风险的责任都推给上面，也不能把防风险的责任都留给后面，更不能在工作中不负责任地制造风险。"① 做好风险管控工作，需要增强责任感，不同部门、不同地域、不同行业基于合理的权责分工，齐心协力、齐抓共管，对重大风险进行联防联控、协同应对。

增强责任感，要求不同部门、不同地域、不同行业进行跨界合作，形成齐抓共管、协同应对的整体合力。在现实中，面对跨界风险，由于管理边界模糊、职责不清、责任交叉，不同地区、不同部门、不同层级、不同岗位之间容易出现推诿扯皮、各自为政的现象，导致风险管控不力，升级失控。

（四）精准沟通风险

风险沟通是防范化解重大风险的第四个环节。风险既是客观的，又是主观的。风险沟通的任务，就是通过充分的互动交流，校正公众的风险感知偏差，引导公众形成正确的风险感知，采取恰当的风险管控行为。

习近平总书记指出，要坚持群众观点和群众路线，拓展人民群众参与公共安全治理的有效途径。做好风险沟通工作，需要增强引导力，通过有效沟通，推动公众形成正确的风险认知、合理的风险预期和恰当的风险防控行为。

风险在向社会传播扩散的过程中，可能会发生扭曲。面对风险扭曲的现象，政府必须建立与公众的良性双向风险交流机制，通过充分的信息交流，让公众准确理解风险、主动防控风险。特别是在全媒体时代，公众获取信息的渠道更加多元、便捷，更是对及时准确发布风险信息、积极主动做好风险交流提出了全新挑战。这就要求按照及时、公开、透明的原则，主动增强风险沟通的传播力、引导力、影响力、公信力，减少谣言传播，塑造公信力。

（五）实时监测风险

风险监测是防范化解重大风险的第五个环节。风险不是一成不变的，它

---

① 习近平：《在党的十八届五中全会第二次全体会议上的讲话（节选）》（2015 年 10 月 29 日），《求是》2016 年第 1 期。

会随着时间空间的变化而不断变化。风险监测的任务，就是及时跟踪、动态感知、实时监控风险态势，做到态势清、情况明。

重大风险往往会经历一个孕育生成、发展演变、升级失控的演化过程。现实中的诸多事例也表明，重大风险事件的发生往往都是量的积累结果。"聪者听于无声，明者见于未形。"察觉力体现的是对事态发展的预见能力，即科学感知形势变化，见微知著，防微杜渐。预判力是领导重要的能力。

习近平总书记强调："力争把风险化解在源头，不让小风险演化为大风险，不让个别风险演化为综合风险，不让局部风险演化为区域性或系统性风险，不让经济风险演化为社会政治风险，不让国际风险演化为国内风险。"[①]做好风险监测工作，需要提高对风险的动态监测、及时更新、实时预警能力，有针对性地采取防控措施，做到控制在基层、化解在萌芽、解决在当地，防止风险升级恶化。

三、有效应对突发事件

当代社会是一个高风险社会，各种突发事件频发并发。预防和减少突发事件的发生，控制、减轻和消除突发事件引起的严重社会危害，保护人民生命财产安全，维护国家安全、公共安全、环境安全和社会秩序，是国家治理的重要保障。

（一）加强预防与应急准备

预防与应急准备以"防发生"为目标，重点要提高对突发事件的防备能力，也就是通过持续开展源头治理、应急准备等常态化工作，实现"未病先防""无急要应"。预防与应急准备主要包括源头防范、风险管控、应急准备等任务。

预防与应急准备是最基础、最经济、最根本的应急管理工作。荀子曰："防为上，救次之，戒为下。"意思是，在事情没有发生之前未雨绸缪是为预

[①] 习近平：《在党的十八届五中全会第二次全体会议上的讲话（节选）》（2015年10月29日），《求是》2016年第1期。

防；事情或其征兆刚出现就及时采取措施加以制止，防止事态扩大是为补救，事情发生后再行责罚教育称为惩戒；预防为上策，补救次之，惩戒为下策。他强调标本兼治，釜底抽薪，从根本上避免或减少突发事件的发生。不管对危机的警戒和准备是自发的，还是法律所要求的，危机管理的关键是危机预防。

习近平总书记强调，当领导干部就是要有担当意识，我为什么经常讲底线思维？就是要有充分准备，要有戒惧之心，要有忧患意识，有的事万一发生了会怎么样，然后对万一要有所防范。做好突发事件预防与应急准备，要求我们牢固树立安全发展的理念，坚持统筹发展和安全两件大事，把安全贯穿在城乡规划、设计、建设、管理、运行的全过程，从根本上避免或减少突发事件的发生。同时，要坚持底线思维的方法，主动适应现代复杂条件下有效应对重特大突发事件的需要，"宁可备而无用，不可用时无备"，针对最坏的情况，做好最充分的思想准备和工作准备，完善应急资源常态储备、紧急征用和跨区域调度程序，做到关键时刻应急资源"备得有、找得到、调得快、用得好"。

（二）加强监测与预警

监测预警强调在突发事件将发未发的"窗口期"，通过动态监测、实时预警，迅速采取有效的防灾避险措施，尽可能避免或降低突发事件造成的损害。监测预警主要包括突发事件监测和突发事件预警等任务。

《汉书·伍被传》云："聪者听于无声，明者见于无形。"监测预警要求我们提高对突发事件事态的预见力。毛泽东强调："坐在指挥台上，如果什么也看不见，就不能叫领导。坐在指挥台上，只看见地平线上已经出现的大量的普遍的东西，那是平平常常的，也不能算领导。只有当着还没有出现大量的明显的东西的时候，当桅杆顶刚刚露出的时候，就能看出这是要发展成为大量的普遍的东西，并能掌握住它，这才叫领导。"[①]

监测制度是做好突发事件应对工作，有效预防、减少突发事件的发生，

---

① 《毛泽东文集》第3卷，人民出版社1996年版，第394—395、396页。

控制、减轻和消除突发事件引起的严重社会危害的重要制度保障。做好突发事件监测，要求建立统一的突发事件信息系统，开展信息收集，信息的分析、会商和评估制度，以及上下左右互联互通和信息及时交流，从而有效整合现有资源，实现信息共享。同时，要建立健全监测网络，加大监测设施、设备建设，配备专职或者兼职的监测人员或信息报告员。

预警机制不够健全，是导致突发事件发生后处置不够及时、人员财产损失比较多的重要原因。突发事件预警是指根据有关突发事件的预测信息和风险评估，依据突发事件可能造成的危害程度、紧急程度和发展趋势，确定相应预警级别，发布相关信息、采取相关措施。突发事件预警包括预警级别制度、预警警报的发布权制度、预警警报后应当采取的措施等内容，其实质是根据不同情况提前采取针对性的预防措施。

（三）加强应急处置与救援

突发事件应急处置与救援以"防扩大"为目标，重点要提高对突发事件的控制性能力，也就是通过采取救助性、保护性、保障性、控制限制禁止性等措施，实现"既病防变""有急能应"。事中控制性能力，主要包括事态研判、信息报告、决策部署、组织指挥、舆论引导等任务。

习近平总书记强调："对突发事件要临危不惧、沉着冷静、敢于负责，关键时刻要亲临现场、靠前指挥、果断处置。"[1]应急处置与救援是全周期应急管理过程中最紧迫、最困难的阶段，情况复杂、信息不明，决策者面临一系列难题。

突发事件应急处置与救援通常是一个多主体参与、大兵团行动的过程，需要统筹协调、周密部署。第一，要在事件发生后第一时间迅速开展分析研究，判明情况，善于在纷繁复杂的局势中抓住主要矛盾，从变化中把握发展趋势，从而做到"对症下药"。第二，要按照"即到即报、及时核实、加强研判、随时续报，不许迟报、漏报、谎报、瞒报"的总体要求，做到"首报要快、续报要准、终报要全"，提高信息报告的速度和质量。第三，要根据突发

---

[1] 习近平：《做焦裕禄式的县委书记》，《学习时报》2015年9月7日。

事件特点和现场情况,快速进行目标取舍,研究确定应急处置措施。第四,要组建强有力的应急指挥部,做好人员分工、资源配置和机构设置,统一领导、统一指挥、统一行动,确保应急处置与救援工作有力有序有效地进行。第五,要把握全媒体时代舆论传播的规律和特点,把握好新闻发布的"时度效",主动对相关各方进行沟通,营造良好的社会氛围,牢牢把握舆论主动权。

（四）加强事后恢复与重建

突发事件事后恢复与重建阶段以"防反弹"为目标,重点要提高对突发事件的恢复性能力,也就是通过持续恢复重建、调查学习等工作,从突发事件非常态转为常态,实现"愈后防复""应后能进"。事后恢复性能力,主要包括恢复重建、调查学习等任务。

恢复重建强调通过科学规划,精心组织实施,建设更加美好的家园,提高全社会的韧性,实现长远可持续发展。恢复重建处在承上启下的位置,既是应急处置与救援的结束,也是新一轮预防准备的开始。做好恢复重建工作,既要圆满善后,做好群众工作,防止"死灰复燃",留下后遗症,发生各种次生、衍生事件,也要科学设计重建规划,把事发地区建设得更美好,让事发地区的群众生活得更美好;既要重建物质家园、自然家园,也要重建社会家园、精神家园。

调查学习强调抓住突发事件发生后的六个月改革"窗口期",通过客观公正的调查和全面深入的整改,"吃一堑长一智",真正在历史的灾难中实现历史的进步。毛泽东指出:"错误和挫折教训了我们,使我们比较地聪明起来了,我们的事情就办得好一些。任何政党,任何个人,错误是难免的,我们要求犯得少一点。犯了错误则要求改正,改正得越迅速,越彻底,越好。"[①]突发事件发生后进行应对的过程,也是暴露问题、发现问题、解决问题的持续改进过程。做好调查学习,要求我们比平时学得更多,学得更快,学得更好,真正把个别人、少数人的经历,变为大多数人、全社会共同的财富。

---

① 《毛泽东选集》第 4 卷,人民出版社 1991 年版,第 1480 页。

第三节　坚持党对人民军队的绝对领导

党对军队绝对领导的原则和制度，蕴含着人民军队的建军初心，体现着人民军队的性质宗旨，决定着人民军队的建设发展，是人民军队永远不变的军魂，也是党和人民事业从胜利走向胜利的重要保证。

党的十九大把"坚持党对人民军队的绝对领导"上升为新时代坚持和发展中国特色社会主义的一条基本方略，党的十九届四中全会强调"坚持和完善党对人民军队的绝对领导制度，确保人民军队忠实履行新时代使命任务"。新时代坚持和发展中国特色社会主义、推进国家治理体系和治理能力现代化，必须始终坚持并不断完善党对人民军队的绝对领导制度，确保人民军队始终在党的绝对领导下行动和战斗，全面履行新时代人民军队的使命任务，为实现"两个一百年"奋斗目标、实现中华民族伟大复兴的中国梦提供坚强力量保证。

一、人民军队最高领导权和指挥权属于党中央

《中共中央关于坚持和完善中国特色社会主义制度、推进国家治理体系和治理能力现代化若干重大问题的决定》指出，人民军队是中国特色社会主义的坚强柱石，党对人民军队的绝对领导是人民军队的建军之本、强军之魂。这一论断深刻揭示了人民军队在维护社会主义红色江山中的重要地位作用，阐明了党对人民军队绝对领导的极端重要性。"国家大柄，莫重于兵。"人民军队领导权和指挥权，关乎党和国家前途命运，关乎中国特色社会主义事业发展。党对军队绝对领导的根本原则和制度，核心是军队最高领导权和指挥权属于党中央。

党章和宪法明确："中国共产党坚持对人民解放军和其他人民武装力量的绝对领导""中华人民共和国中央军事委员会领导全国武装力量""中央军事委员会实行主席负责制"。事在四方，要在中央。党中央具有一锤定音、定于一尊的权威。党章和宪法从根本上规定了人民军队最高领导权和指挥权属于党中央。面对强国强军的时代要求，面对国家安全环境深刻变化，只有始终坚

持人民军队最高领导权和指挥权属于党中央,坚持党对军队绝对领导的一系列原则和制度,才能把党的政治优势和组织优势转化为制胜优势,使人民军队始终在党的指引下前进。坚持党对人民军队的绝对领导,"绝对"二字最关键,强调的就是唯一性、彻底性和无条件性。

首先,党对人民军队绝对领导是彻底的领导。党对人民军队绝对领导是纵向到底、横向到边的全面领导。纵向到底,就是军队的最高领导权和指挥权属于党中央,中央军委实行主席负责制,党在团以上部队和相当于团以上部队的单位设立委员会,在营和相当于营的单位设立基层委员会,在连和相当于连的单位设立支部,形成了一个上下贯通、覆盖全面的严密组织系统,使党的领导能够从中央直达基层、直达士兵。横向到边,就是党对人民军队的绝对领导涵盖军事、政治、后勤、装备、训练、科研等各方面各领域,贯穿军队建设、改革和军事斗争准备各环节全过程。也就是说,人民军队一切组织、一切人员、一切部门、一切工作都必须置于党的绝对领导之下。

其次,党对人民军队绝对领导是唯一的领导。人民军队是党缔造的,一诞生便与党紧紧地联系在一起,始终在党的绝对领导下行动和战斗。90多年来,人民军队能始终保持强大凝聚力、向心力、创造力、战斗力,经受住各种考验,战胜各种困难,不断从胜利走向胜利,最根本的就是坚定不移听党话、跟党走。我们党在领导人民军队的伟大实践中,形成的党对人民军队绝对领导制度,其本质内涵就是中国共产党是人民军队唯一的领导者和指挥者,人民军队必须完全地置于中国共产党的领导之下,最高领导权和指挥权属于党中央。我国宪法明确,中央军委领导全国武装力量,中央军委实行主席负责制。这就从制度上明确了全国武装力量由中央军委主席统一领导和指挥。中央军委实行主席负责制,从根本上保证了"兵权贵一",保证了党牢牢掌控军队最高领导权和指挥权,是坚持党对人民军队绝对领导的根本实现形式。

再次,党对人民军队绝对领导是无条件的领导。讲党对人民军队绝对领导的无条件性,就是说无论战争形态怎么演变、军队建设内外环境怎么变化、军队组织形态怎么调整,党对人民军队绝对领导的根本原则和制度必须始终不渝坚持;无论遇到什么风险挑战,无论平时还是战时,都必须毫不动摇地坚持党指挥枪的原则。这就要求人民军队任何时候、任何情况下都必须与党中央、中央军委保持高度一致,一切行动听从党中央、中央军委的指挥,不讲价钱不打折扣地贯彻党中央、中央军委的决策指示,真正做到党叫干什么就干什么、党不允许干什么就坚决不干。

最后,坚持人民军队最高领导权和指挥权属于党中央,第一位的是全面深入贯彻军委主席负责制。中央军委实行主席负责制,由中央军委主席负责中央军委全面工作,领导指挥全国武装力量,决定国防和军队建设一切重大问题,确保了集中统一领导和高效决策指挥。这是党和国家军事领导制度长期发展的重大成果,凝结着我们党建军治军的宝贵经验和优良传统,体现了"兵权贵一、军令归一"的治军统兵规律,是坚持党对人民军队绝对领导的根本实现形式,在党领导军队的一整套制度体系中处于最高层次、居于统领地位。党的十八大以来,党中央、中央军委通过一系列体制设计和制度安排,推动贯彻军委主席负责制严起来、实起来。特别是党的十九大把"中央军事委员会实行主席负责制"写入党章,使这一领导体制在党的根本大法中确立下来,为贯彻落实军委主席负责制进一步提供了根本制度支撑。进入新时代,必须全面深入贯彻军委主席负责制,确保党中央牢牢掌握对人民军队的最高领导权和指挥权,永葆人民军队性质、宗旨、本色。

二、健全人民军队党的建设制度保障

党对军队绝对领导的原则和制度,蕴含着人民军队的建军初心,体现着人民军队的性质宗旨,决定了人民军队的建设发展,是人民军队永远不变的军魂,也是党和人民事业从胜利走向胜利的重要保证。党的十九届四中全会审议通过的《中共中央关于坚持和完善中国特色社会主义制度、推进国家治理体系和治理能力现代化若干重大问题的决定》(以下简称《决定》)对健全人民军队党的建设制度体系作出了明确部署。抓好贯彻落实,总体是贯彻新时代党的建设总要求,以党章为根本,遵循《决定》对健全人民军队党的建设制度体系作出了明确部署。围绕坚持和完善党对人民军队的绝对领导制度,全面深入贯彻军委主席负责制,突出修订军队党的建设条例这个主干制度,完善军队党的政治建设、思想建设、组织建设、作风建设、纪律建设制度,形成维护党中央权威和集中统一领导,确保党对人民军队绝对领导的党的建设制度体系。

第一，完善军队党的思想政治建设制度。全面贯彻政治建军各项要求，修订军队政治工作条例以及理论学习、思想政治教育等方面制度，全面规范军队党的工作和政治工作，确保全军官兵始终坚持正确政治立场、政治方向、政治原则、政治道路，在政治合格上永远过硬。坚持用习近平新时代中国特色社会主义思想武装官兵，牢固习近平强军思想在国防和军队建设中的指导地位，使全军官兵增强"四个意识"、坚定"四个自信"、做到"两个维护"，贯彻军委主席负责制，在任何时候任何情况下都与党中央、中央军委保持高度一致。突出抓好军魂培育，形成基本理论灌输、党史军史学习、优良传统熏陶、纪律制度规范、日常行为养成于一体的工作格局，尤其要巩固和拓展"不忘初心、牢记使命"和"传承红色基因、担当强军重任"主题教育成果，并作为永恒课题，形成长效机制，打牢官兵听党话、跟党走的思想根基，让红色血脉代代相传。打好意识形态领域斗争主动仗，坚持用马克思主义占领思想文化阵地，坚决抵制"军队非党化、非政治化"和"军队国家化"等错误政治观点，划清是非界限，站稳政治立场，确保部队绝对忠诚、绝对纯洁、绝对可靠。

第二，完善党领导人民军队的组织体系。党的力量来自组织，党对人民军队的绝对领导必须靠坚强的组织体系来实现。我们党在人民军队团以上部队和相当于团以上部队的单位设立委员会，在营和相当于营的单位设立基层委员会，在连和相当于连的单位设立支部，实行党委统一的集体领导下的首长分工负责制，形成了从党中央、中央军委到基层党组织上下贯通的严密组织体系，确保了党的领导直达基层、直达官兵。无论战争形态怎么演变军队建设内外环境怎么变化、军队组织形态怎么调整，必须毫不动摇坚持党委制、政治委员制、政治机关制，坚持党委统一的集体领导下的首长分工负责制，坚持支部建在连上，同时适应形势任务发展变化，适应军队体制编制，调整、研究、解决好战区党委、军兵种党委、战区军种党委职责界面切分。"军旅营"体制下营党委作用发挥下级单位党组织建设等新情况新问题，进一步完善军队党委（支部）工作规范，建设坚强有力的党组织。尤其要聚焦能打仗、打胜仗，完善党委（支部）领导备战打仗的工作制度，健全战斗力标准统筹资源的运行机制，突出议战、议训，开展实战化训练等重点，完善党委（支部）工作和考核评价体系，全面提高各级党委（支部）研战谋战、练战为战的本领。

第三，完善军队干部队伍建设制度。政治路线确定之后，干部就是决定的因素。育好人、选好人、用好人是坚持党对人民军队绝对领导的组织保证和关键所在。坚持党管干部、组织选人，坚持德才兼备、以德为先，坚持五湖四海、任人唯贤，坚持事业为上、公道正派，贯彻对党忠诚、善谋打仗、敢于担当、实绩突出、清正廉洁的军队好干部标准，构建具有军队特色的素质培养体系、知事识人体系、选拔任用体系、从严管理体系、正向激励体系，建设忠诚、干净、担当的高素质专业化干部队伍。结合军官职业化制度改革，优化干部职业发展管理制度，健全考核评价体系，完善军官晋升资格和任职资格制度，统筹构建进、训、升、调和待遇保障政策制度，让各类干部各安其位顺畅发展。健全完善优秀年轻干部培养选拔机制，从制定规划、重点培养、动态管理等方面做出制度安排，始终保持军队干部队伍活力，强化党组织对选人、用人的把关作用，加强对各级各类干部的全方位考核，突出政治标准和打赢能力，从严把好政治关、品行关、作风关、能力关、廉洁关，确保枪杆子永远掌握在忠于党的可靠的人手中。

第四，完善军队党的作风纪律建设制度。作风优良才能塑造英雄部队，作风松散可以搞垮常胜之师，必须深刻把握军队党的作风纪律建设特殊要求，坚定不移推进正风、肃纪、反腐、惩恶。在推动作风建设抓常抓细抓长上下功夫，健全落实中央八项规定和军委十项规定精神的长效机制，健全基层风气、训风、演风、考风等监察机制，坚决铲除形式主义、官僚主义，坚决遏制享乐主义、奢靡之风。在严明纪律规矩上下功夫，坚持纪严于法、纪在法前，把纪律和规矩挺在前面，构建完善的纪律规定，同时深入开展纪律教育，加强执纪监督党员干部知敬畏、存戒惧、守底线，用铁的纪律推动全面从严巡视、巡察、审计等方面的制度机制，完善权力运行制约和监督体系，全面从严治党、全面从严治军。在推进反腐败斗争上下功夫，健全纪检、监察建立廉政风险防范预警机制，坚持无禁区、全覆盖、零容忍，坚持重遏制强高压、长震慑，形成不敢腐、不能腐、不想腐的有效机制，绝不让腐败分子在军队有藏身之地。

三、在军队建设各领域全过程贯彻党的绝对领导

贯彻党对人民军队的绝对领导，制度优势是最大优势，而制度要发挥作

用，关键在于落实，坚持党对军队的绝对领导不是一句空洞的口号，必须落实在行动上，以行动来检验。坚持人民军队最高领导权和指挥权属于党中央，必须严明政治纪律和政治规矩，不断增强"四个意识"、坚定"四个自信"、做到"两个维护"，贯彻军委主席负责制，确保政令、军令畅通。要坚决贯彻"五个必须"要求，对党中央、中央军委和军委主席的决策部署决不允许合意的就执行、不合意的就不执行，决不允许先斩后奏，决不允许口是心非、阳奉阴违，决不允许打擦边球、搞变通、打折扣，搞上有政策、下有对策那一套。军队领导干部尤其是高级干部，在坚持人民军队最高领导权和指挥权属于党中央这个重大原则问题上，必须头脑特别清醒、态度特别鲜明、行动特别坚决，以身作则、以上率下，用模范行动感召带动部队，确保全军任何时候任何情况下都坚决听从军委主席指挥、对军委主席负责。

把党对人民军队的绝对领导贯彻到军队建设各领域全过程，前提和基础是推动党对人民军队的绝对领导具体落实到军队各项政策制度之中。军事政策制度调节军事关系、规范军事实践、保障军事发展，涉及军队建设各领域、各方面、各环节，具有根本性、全局性、基础性作用。当前一项十分重要的任务，就是全面贯彻党中央、中央军委决策部署，集中力量推进军事政策制度改革，以确保党对人民军队绝对领导为指向，以战斗力为唯一的根本的标准，以调动军事人员积极性、主动性、创造性为着力点，建立健全中国特色社会主义军事政策制度体系。

首先，建立健全维护党中央权威和集中统一领导，确保党对人民军队绝对领导的军队党的建设制度体系。坚持党的领导，就必须加强党的建设，这是我们党在长期实践探索中得出的最重要的结论。要贯彻新时代党的建设总要求，以党章为根本遵循，完善军队党的政治建设、思想建设、组织建设、作风建设、纪律建设制度，为确保军队政治上水平过硬提供牢靠制度保障。全面贯彻党中央关于坚持党的领导、加强党的建设、全面从严治党的一系列决策部署，把贯彻古田全军政治工作会议、军委党的建设会议精神的新探索、新经验，通过政策制度固化下来，确保党从思想上政治上牢牢掌握和建设部队。党的力量来自组织，组织强则军队强。我们党在领导人民军队的长期过程实践中，逐步形成了包括实行党委制、政治委员制、政治机关制，实行党委统一的集体领导下的首长分工负责制,实行支部建在连上等在内的一整套制度体系。要在继续坚持这些行之有效的制度的同时,适应改革后军队党组织体系结构、类型设置、职能配置等发生的重大变化,党的建设面临的新情况新问题,不断健全党领导人民军队的组织体系,锻造坚强有力的党组织和高素质专业化干部队伍,确保枪杆子始终掌握在忠于党的可靠的人手中。健全权力运行制约和监督体系,完善纪检、监察、巡视、巡察制度机制,着力构建不敢腐、不能腐、不想腐的长效机制,坚定不移推进正风肃纪、反腐惩恶。

其次,建立健全基于联合、平战一体的军事力量运用政策制度体系。我国国家安全的内涵外延、时空领域、外部因素都发生了深刻变化,安全需求的综合性、全域性、外向性特征更加突出,军事安全与其他安全领域的关联性、互动性明显增强,军队担负的使命任务不断拓展,军事力量运用常态化、多样化特征日益凸显。必须适应国家安全战略需求,聚焦能打仗打胜仗,创新军事力量运用,以刚性的政策制度把备战打仗"指挥棒"立起来,有效塑造态势、管控危机、遏制战争、打赢战争。军事战略是指导军事力量建设和运用的纲领,强军兴军必须坚持战略先行。要深入贯彻新时代军事战略方针,与时俱进创新发展军事战略指导,配套完善重大安全领域军事战略,构建新时代军事战略体系。现代战争基本作战形式是一体化联合作战,战场空间全域多维,作战要素高度联动,作战节奏空前加快,作战管理更加精细。要着眼能打仗、打胜仗,加强联合作战指挥体系和能力建设,制定联合作战纲要、联合作战指挥纲要、联合作战行动法规,完善专业领域作战法规,构建新一代联合作战条令体系。现代战争突发性强,联打散、快吃慢的背后,靠的是一整套完善的战备制度作支撑。要着眼常备不懈、平战兼顾、有序衔接,调整完善战备制度,统一战备等级,完善战备值班体系,健全战备情况处置规定,加强实战化军事训练,全面提高部队战备水平和建设质量,有效应对各方向各领域安全威胁和突发情况,真正做到召之即来、来之能战、战之必胜。

再次,建立形成聚焦打仗、激励创新、军民融合的军事力量建设政策制度体系。当前军队建设正处在由数量规模型向质量效能型、由人力密集型向科技密集型转变的关键阶段,必须通过军事力量建设政策制度创新,配置好、发展好、运用好战斗力诸要素，推动形成现代化战斗力生成模式，加快提升国防和军队现代化建设水平。着眼构建现代军事力量体系，统筹解放军现役部队和预备役部队、武装警察部队、民兵建设，建设强大的现代化陆军、海军、空军、火箭军和战略支援部队、联勤保障部队，建设现代化武装警察部队。统筹军队各类人员制度安排，加强军事人力资源制度体系设计，建立军官职业化制度，改革文职人员制度、兵役制度，优化军人待遇保障制度，构建完善军人荣誉体系，让一切战斗力要素的活力竞相迸发，让一切军队现代化建设的源泉充分涌流。加快军民融合深度发展步伐，坚持安全与发展相统一、富国与强军相统一、经济与国防相统一，同步推进军民融合发展体制和机制改革、体系和要素融合、制度和标准建设，完善军民融合发展组织管理体系、工作运行体系、政策制度体系，构建一体化的国家战略体系和能力。完善国防科技创新和武器装备建设制度。深化国防动员体制改革，构建在党中央集中统一领导下、军地既各司其责又密切协同的国防动员新格局。健全党政军警民合力强边固防工作机制，建设强大稳固的现代边海空防。完善双拥工作和军民共建机制，加强军政军民团结。

最后，建立健全精准高效、全面规范、刚性约束的军事管理政策制度体系。随着国防资源投入不断增加，军队技术构成日益向信息化、智能化转型，特别是改革开放后军队力量更加多样、要素更加多元、运行更加复杂，迫切需要加快推进以效能为核心、以精确为导向的军事管理革命，建立起一整套适应信息化战争和履行使命要求的新的管理模式，全面提高军事系统运行效率，提高国防资源使用效益，提高军事力量建设和运用效能。战略管理是军事管理的枢纽。强化军委战略管理功能，健全军委重大决策咨询、论证、评估及其配套政策，强化需求牵引规划、规划主导资源配置，健全完善需求、规划、预算、执行、评估既相互独立相互制约又相互衔接相辅相成的制度机制。强化军费集中统管和宏观调控，调整优化军委机关和军兵种预算权责，构建配置科学、用管分离、执行规范、监督严格的军费管理制度。加强中国特色军事法治建设，推进法规制度建设集成化、军事法规法典化，推进军事司法制度改革，构建系统完备、严密高效的军事法规制度体系、军事法治实施体系、军事法治监督体系、军事法治保障体系。

第四节　坚持"一国两制"和推进祖国统一

"一国两制"是中国特色社会主义的一个伟大创举。香港、澳门自回归祖国之日起，就已重新纳入国家治理体系，成为直辖于中央的享有高度自治权的地方行政区域。从概念上说，"一国两制"有多重含义。它是中国政府处理香港、澳门事务的基本方针，也是中央对香港、澳门一系列方针政策的总称；是中央治理香港、澳门两个特别行政区的基本制度，也是解决台湾问题、实现祖国和平统一的重要制度；是党领导人民正在推进的伟大实践，也是关系到中华民族伟大复兴的伟大事业。从制度层面讲，香港、澳门回归祖国以来，依照宪法和基本法设置的特别行政区制度已经确立，中央对特别行政区实行管治的体制机制逐渐健全，特别行政区内部的制度机制总体运行良好。事实证明，"一国两制"是香港、澳门保持长期繁荣稳定的最佳制度。

党的十九届四中全会《决定》在深入总结"一国两制"实践经验的基础上，从制度层面特别是中央对特别行政区实行管治的层面，对推进"一国两制"实践作了系统的制度设计和工作部署。党的十九届四中全会《决定》把"坚持'一国两制'，保持香港、澳门长期繁荣稳定，促进祖国和平统一"作为我国国家制度和治理体系所具有的13个显著优势之一，充分表明了"一国两制"在我国国家制度和治理体系中的特殊重要地位。"一国两制"作为一项制度创新，与其他任何新生事物一样，也需要在实践中经受检验，并不断加以完善。

一、全面准确贯彻"一国两制"方针

党的十九届四中全会《决定》指出，要"全面准确贯彻'一国两制''港人治港''澳人治澳'、高度自治的方针"。这是总结香港、澳门回归祖国以来"一国两制"成功实践得出的一条基本经验。要把准治港治澳的正确方向，确保"一国两制"实践不变形、不走样，必须在贯彻"一国两制"方针上做到全面准确。在思想认识上，必须坚持"一国"是实行"两制"的前提和基础，"两制"从属和派生于"一国"并统一于"一国"之内的基本逻辑；必须坚持

严格依照宪法和基本法对香港特别行政区、澳门特别行政区实行管治的法治原则；必须坚定维护国家主权、安全、发展利益，维护香港、澳门长期繁荣稳定的根本宗旨。

（一）依法治港治澳，维护宪法和基本法确定的宪制秩序

这是治港治澳的基本理念和原则。习近平总书记指出，依法治理是最可靠、最稳定的治理，要善于运用法治思维和法治方式进行治理。从港澳来说，依法治理，首要的是要严格依照宪法和基本法办事。因为宪法和基本法共同构成特别行政区的宪制基础，是"一国两制"方针法律化的集中体现，是特别行政区一切制度的最顶层设计，在特别行政区整个法律体系中居于最高地位，确立了特别行政区新的宪制秩序。特别行政区的一切行政、立法、司法行为都必须符合宪法和基本法，以宪法和基本法的规定作为最高准则。全社会都应该自觉尊崇宪法和基本法、遵守宪法和基本法的规定、维护宪法和基本法的权威。

（二）处理好坚持"一国"原则和尊重"两制"差异的关系

首先，必须把坚持"一国"原则和尊重"两制"差异结合起来。要牢固树立"一国"意识，坚守"一国"原则，切实维护国家安全，正确把握和处理中央和特别行政区的关系，绝不容忍任何挑战"一国两制"底线的行为。习近平总书记2017年7月1日在庆祝香港回归祖国20周年大会暨香港特别行政区第五届政府就职典礼上明确宣示："任何危害国家主权安全、挑战中央权力和香港特别行政区基本法权威、利用香港对内地进行渗透破坏的活动，都是对底线的触碰，都是绝不能允许的。"在"一国两制"下，香港、澳门特别行政区居民应当尊重国家主体实行的中国特色社会主义制度，包括坚持中国共产党领导这一核心内容在内的政治制度，内地人民也应该切实尊重香港、澳门实行的各具特色的资本主义制度，尊重港澳居民依法享有的各种权利和自由。在"一国"之内，两种制度应当也完全能够做到长期并存、融合相处。

其次，必须把维护中央对特别行政区全面管治权和保障特别行政区高度自治权结合起来。我国实行单一制的国家结构形式，中央对包括香港、澳门特别行政区在内的所有地方行政区域具有全面管治权。香港、澳门两个特别

行政区享有的高度自治权不是固有的,而是来源于中央授权。2014年6月,《"一国两制"在香港特别行政区的实践》白皮书发表后,经过广泛讨论,人们对这一点的认识更深刻了。不能将中央的全面管治权与特别行政区的高度自治权对立起来,更不能以特别行政区的高度自治权对抗中央的权力。与此同时,特别行政区依法享有的高度自治权,包括行政管理权、立法权、独立的司法权和终审权,也应当得到充分尊重和切实保障。

最后,必须把发挥祖国内地坚强后盾作用和提高特别行政区自身竞争力结合起来。港澳的繁荣发展从来都与祖国密切相关,港澳也为国家的改革开放和现代化建设作出了重大而独特的贡献。在港澳应对亚洲金融危机、"非典"疫情、国际金融危机等风险的过程中,祖国内地提供了强有力的支持。对港澳来说,祖国内地的坚强后盾作用是永恒不变的。香港、澳门特别行政区政府和社会各界人士只要站高望远,聚焦发展,把国家发展带来的重大机遇、内地各方面的大力支持与港澳所具有的高度法治化、市场化、专业化、国际化等优势相结合,不断提升自身竞争力,就一定能在日趋激烈的国际国内竞争中立于不败之地。

(三)完善特别行政区同宪法和基本法实施相关的制度和机制

坚持以爱国者为主体的"港人治港""澳人治澳",提高特别行政区依法治理能力和水平,是依法治港治澳的制度要求和主体要求。随着"一国两制"实践的不断深入,中央和特别行政区都有责任在全面检视宪法和基本法实施情况的基础上,进一步完善相关制度和机制,该制定的法律要制定,该修改的法律要修改,该废除的法律要废除,该补充的制度要补充,该配套的机制要配套。其中,香港特别行政区行政长官和立法会普选制度为社会各界所关注。无论有关政改工作何时重启,都必须遵守基本法有关规定和全国人大常委会2014年8月31日通过的《关于香港特别行政区行政长官普选问题和2016年立法会产生办法的决定》。以爱国者为主体实行"港人治港""澳人治澳",是全面准确贯彻"一国两制"方针的必然要求。必须确保行政长官由中央信任的爱国者担任,符合爱国爱港或爱国爱澳、中央信任、有管治能力、香港或澳门社会认同等标准。特别行政区行政、立法、司法机关也必须以爱国者为主组成。行政长官领导的管治团队作为治理特别行政区的第一责任人,需要不断提高依法治理能力和水平。中央将继续坚定不移地支持行政长官和特别行政区政府依法施政，发展经济，改善民生，维护法治，推进民主，促进和谐，实现良政善治。

二、不断完善"一国两制"制度体系

党的十八大以来，以习近平同志为核心的党中央站在战略和全局的高度，谋划和推进治港治澳的制度建设，形成了许多新的制度成果。2014年8月31日，全国人大常委会有关决定确定了香港特别行政区行政长官普选的基本制度。2016年11月7日，针对香港特别行政区立法会部分议员违规宣誓的行为，全国人大常委会主动对香港基本法第104条有关规定作出解释，明确了香港特别行政区公职人员宣誓的有关制度。2019年2月26日，中央人民政府就禁止"港独"组织"香港民族党"运作向香港特别行政区行政长官发出公函，表明了中央的有关立场和意见，进一步确立了中央就涉及中央与特别行政区关系的重大事项发出指令的制度和机制。澳门特别行政区也完成了国歌法本地立法，设立了维护国家安全委员会，正在开展配套立法工作，在制度建设上取得重大进展。全面准确贯彻"一国两制"方针，必须从有利于港澳长治久安的战略和全局高度进一步加强顶层设计，健全中央依照宪法和基本法对特别行政区行使全面管治权的制度，完善"一国两制"制度体系。

（一）依法行使宪法和基本法赋予中央的各项权力

把宪法和基本法赋予中央的各项权力切实用起来，是落实中央全面管治权的重要途径，也是依法治港治澳的题中应有之义。宪法和基本法明文规定属于中央的权力主要包括：（1）特别行政区的创制权。包括根据宪法第31条的规定，设立特别行政区，并规定特别行政区实行的基本制度。（2）特别行政区政府的组织权。比如，中央对特别行政区行政长官和主要官员具有任免权，而且是实质性的。要完善中央对行政长官和主要官员选拔、任命、监督、罢免等相关制度和程序。（3）特别行政区基本法的制定、修改、解释权。香港回归祖国以来，全国人大常委会对香港基本法有关条文已经进行了5次解释。基本法解释权的行使不应取决于某些人的主观好恶，而应根据实际需要决定,该解释就解释。(4)对特别行政区高度自治的监督权。重点是监督特别行政区的法律和政权机关的活动是否违背宪法和基本法、违背"一国两制"。比如,全国人大常委会可对特别行政区立法机关制定的法律行使备案审查权,批准或备案特别行政区行政长官和立法会产生办法修正案,对特别行政区终审法院法官和高等法院首席法官的任命和免职进行备案。(5)向特别行政区行政长官发出指令权。中央可就基本法规定的有关事务对行政长官发出指令。(6)外交事务权。中央负责管理与特别行政区有关的外交事务。(7)防务权。中央负责管理特别行政区的防务。(8)决定在特别行政区实施全国性法律。全国人大常委会可对基本法附件三所列在特别行政区实施的全国性法律作出增减。(9)宣布特别行政区进入战争或紧急状态。全国人大常委会可宣布战争状态或依法决定特别行政区进入紧急状态,中央政府在紧急状态下可发布命令将有关全国性法律在特别行政区实施。(10)中央还可根据需要向特别行政区作出新的授权。上述权力的行使都需要加以制度化、规范化、程序化。

(二)建立健全特别行政区维护国家安全的法律制度和执行机制

维护国家安全是全面准确贯彻"一国两制"方针的核心要求,是特别行政区的宪制责任。在特别行政区建立健全维护国家安全的法律制度,完善相关执行机制,有其实际需要。澳门已经完成基本法第23条立法,建立了维护国家安全委员会及其办公室,并主动在立法会选举法中增加"防独"条款,还将制定和修改相关配套立法。香港尚未完成基本法第23条立法,也未设立相应执行机构,这也是近几年来"港独"等本土激进分离势力的活动不断加剧的主要原因之一。建立健全维护国家安全的法律制度和执行机制,强化执法力量,已成为摆在香港特别行政区政府和社会各界人士面前的突出问题和紧迫任务。2020年6月30日,十三届全国人大常委会第二十次会议表决通过《中华人民共和国香港特别行政区维护国家安全法》,将该法列入香港基本法附件三,由香港特别行政区在当地公布实施。这是一件合民情、顺民意、奠定香港繁荣稳定之基的重大举措,在"一国两制"制度实践中具有里程碑的意义。

（三）健全特别行政区行政长官对中央政府负责的制度

根据基本法的规定，行政长官既是特别行政区政府的首长，也是特别行政区的首长，既要对特别行政区负责，也要对中央负责。这种"双首长"和"双负责"的定位，决定了行政长官在"一国两制"下特别行政区的治理中具有重要地位，承担统领责任。一方面，要完善行政长官对中央负责的制度安排，包括完善中央就基本法规定的有关事务对行政长官发出指令的制度，完善行政长官向中央述职制度、向中央报告特别行政区有关重大事项的制度等；另一方面，要在特别行政区落实以行政长官为核心的行政主导体制，完善公务员管理制度，支持行政长官和特别行政区政府依法施政，确保行政长官代表整个特别行政区对中央负责的要求落到实处。

（四）完善香港、澳门融入国家发展大局同内地优势互补、协同发展机制

香港、澳门融入国家发展大局，是新时代国家改革开放的客观需要，也是香港、澳门自身发展的必然选择。毋庸讳言，香港的经济社会发展已遇到一些困境，房屋土地供应短缺，贫富差距悬殊，社会阶层流动性减弱，特别是不少青年人在住房和学业、就业、创业等方面面临较大困难和压力。囿于地域、经济结构和体量、市场空间等条件，香港、澳门仅靠自身力量难以解决这些影响社会稳定和长远发展的深层次矛盾和问题。这需要港澳各界人士与时俱进，转变观念，调整心态，破除"内地化""边缘化"等迷思，积极融入国家发展大局，借助内地广阔的市场、强劲的发展态势，为自身发展拓展新空间，增添新动力，借力破解经济民生难题。中央将进一步完善支持香港、澳门同内地优势互补、协同发展的政策体系；推动粤港澳大湾区制度机制创新，率先实现要素便捷流动；注重发挥香港、澳门参与共建"一带一路"的独特作用；完善便利香港、澳门居民在内地学习、创业、就业、生活的政策措施；健全香港、澳门与内地在各领域深入开展交流合作的各种机制。在保持"一国两制"和香港、澳门原有制度特色不变的前提下促进香港、澳门与内地协同发展，必将使香港、澳门居民有更多获得感、幸福感和安全感。

（五）增强香港、澳门同胞国家意识和爱国精神

香港、澳门回归祖国是一个重大历史转变，从宪制秩序到政权机构，从舆论环境到社会主流价值观，都应当顺应这一历史转变，适应"一国两制"实践要求。香港、澳门特别行政区政府和社会各界应当围绕加强宪法和基本法教育、国情教育、中国历史和中华文化教育，完善相关的教育制度和体制机制，不断增强全社会特别是公职人员和青少年的国家意识和民族认同。特别是要正视长期以来香港在国民教育方面存在的缺失，切实加强青少年的爱国主义教育，关心、引导、支持、帮助青少年健康成长。

（六）完善防范和遏制外部势力干预港澳事务和破坏活动的体制机制

外部势力一直在通过多种方式干预港澳事务，在港澳进行分裂、颠覆、渗透、破坏活动。例如美国国会推动《2019年香港人权与民主法案》，公然以国内法方式为美国长期干预香港事务提供新链接，为香港反对派和激进势力更加肆无忌惮地从事反中乱港活动提供保护伞，并为利用香港问题牵制和遏制中国发展提供新筹码。对此，必须针锋相对，与特别行政区政府建立健全反干预协同机制，绝不能任由外部势力在香港、澳门为所欲为。

三、坚定推进祖国和平统一进程

推进祖国和平统一进程、完成祖国统一大业，是中华民族伟大复兴的必然要求。"一国两制"是党领导人民实现祖国和平统一的一项重要制度，实现祖国统一是历史必然，充分发挥中国特色社会主义制度优势，做好新时代对台工作，坚定推进祖国和平统一进程，是当代中国国家治理的重要内容。《决定》关于"坚持和完善'一国两制'制度体系，推进祖国和平统一"的部署，充分展现了中国特色社会主义制度优势，充分体现了党中央对对台工作的集中统一领导，为新时代推进祖国和平统一进程提供了坚实制度保障。

（一）坚持党对对台工作的集中统一领导

对台工作事关党和国家事业全局。必须坚持党对对台工作的集中统一领

导，自觉增强"四个意识"、坚定"四个自信"、做到"两个维护"，切实把思想和行动统一到以习近平同志为核心的党中央决策部署上来。要坚决贯彻落实《决定》精神，统筹调动各地区各部门资源和力量，共同开创新时代对台工作新局面，在坚定推进祖国和平统一进程的实践中，为坚持和完善中国特色社会主义制度、推进国家治理体系和治理能力现代化作出应有贡献。

（二）推动两岸就和平发展达成制度性安排

推动两岸关系和平发展是坚持"和平统一、一国两制"方针的必然要求，是实现和平统一的必由之路。习近平总书记在《告台湾同胞书》发表40周年纪念会上的重要讲话中提出探索"两制"台湾方案、就推动两岸关系和平发展达成制度性安排。台湾岛内有关政党、团体和界别代表性人士积极响应，与大陆各界人士开展对话协商，达成携手实现和平统一、共同致力民族复兴、巩固共同政治基础、深化两岸融合发展、加强两岸基层交流等多项共识。岛内一些政党、团体积极探索"一国两制"台湾方案。在两岸同胞共同努力下，平等协商、共议统一已经迈出重要第一步，势不可当。在一个中国原则基础上，继续同台湾各党派、团体和人士就两岸政治问题和推进祖国和平统一进程的有关问题开展对话沟通，广泛交换意见，寻求社会共识，在聚同化异中逐步解决两岸长期存在的政治分歧问题，推动两岸就和平发展达成制度性安排。

（三）保障台湾同胞福祉的制度安排和政策措施

两岸同胞血脉相连。亲望亲好，中国人要帮中国人。习近平总书记强调，要在对台工作中贯彻好以人民为中心的发展思想，对台湾同胞一视同仁，像为大陆百姓服务那样造福台湾同胞。我们要从台湾同胞尤其是基层民众的现实需求出发，持续拓展两岸经济文化交流合作，不断丰富完善相关制度安排和政策措施。要继续积极为台胞广泛参与大陆经济社会建设创造条件，依法保障台胞权益。要为台胞台企参与"一带一路"建设、粤港澳大湾区建设、京津冀协同发展、长三角区域一体化发展、海南自贸区（港）建设等国家重大发展战略，提供政策指引，搭建更多渠道平台。要着力提升台湾居民居住证社会功能应用，支持福建自贸试验区、平潭综合实验区、昆山深化两岸产业合作试验区及其他台商投资集中地区在为台胞台企提供同等待遇上出台更多先行先试政策措施。要积极推进两岸经济合作制度化，打造两岸共同市场，并在推动两岸应通尽通、福建沿海地区同金门马祖"小四通"、两岸社会保障和公共资源共享以及两岸邻近或条件相当地区基本公共服务均等化、普惠化、便捷化方面，加强顶层设计，出台相关政策。2018年2月28日，国务院台湾事务办公室、国家发展和改革委员会对外发布《关于促进两岸经济文化交流合作的若干措施》。2019年11月4日，国务院台湾事务办公室、国家发展和改革委员会经商中央组织部等20个有关部门，出台了《关于进一步促进两岸经济文化交流合作的若干措施》。两岸交流合作的持续扩大、两岸融合发展的持续深化，必将加深两岸利益联结，促进同胞心灵契合，夯实和平统一基础。

（四）坚持团结广大台湾同胞共同反对"台独"促进统一

广大台湾同胞都是中华民族一分子，是发展两岸关系、推进统一进程的重要力量。我们要坚持寄希望于台湾人民的方针，一如既往尊重、关爱、团结和依靠台湾同胞。要扩大两岸同胞尤其是基层民众和青少年交流，增进相互理解，拉近心理距离。要团结台湾同胞共同传承弘扬中华优秀传统文化，坚定民族伟大复兴的共同信念，增进台湾同胞对两岸命运共同体的认知和对祖国和平统一的认同。祖国大陆是所有爱国统一力量的坚强后盾，要积极引导台湾同胞争当堂堂正正的中国人，认真思考台湾在中华民族伟大复兴中的地位和作用，积极参与到推进祖国和平统一的正义事业中来。

"台独"分裂势力及其图谋和行径是台海和平稳定的最大威胁，是两岸关系和平发展的最大障碍，严重损害台湾同胞的切身利益和中华民族的整体利益，是与全民族为敌，逆历史潮流而动，绝不可能得逞。我们坚决维护国家主权和领土完整，决不容忍国家分裂的历史悲剧重演，决不为各种形式的"台独"分裂活动留下任何空间。我们要坚持底线思维，保持高度警惕，有效防范化解台海重大风险，继续团结广大台湾同胞，反对形形色色的"台独"分裂图谋和行径，共同维护、携手迈向祖国和平统一的光明前景。

第五节　坚持和完善独立自主的和平外交政策

坚持和完善独立自主的和平外交政策，不断健全党的对外工作领导体制机制，不断提高应对国际局势和处理国际事务的能力，是推进国家治理体系和治理能力现代化的重要内容。立足新时代新方位，必须统筹国内国际两个大局，高举和平、发展、合作、共赢旗帜，积极推进中国特色大国外交，坚定不移维护国家主权、安全、发展利益，坚定不移维护世界和平、促进共同发展，为实现"两个一百年"奋斗目标、实现中华民族伟大复兴提供更加有力的保障，为推动构建新型国际关系、推动构建人类命运共同体作出中国贡献。

一、健全党的对外工作领导体制机制

坚持以维护党中央权威为统领，加强党对对外工作的集中统一领导，是习近平新时代中国特色社会主义思想的重要内容，也是不断开创中国特色大国外交的必然要求。新形势下推进对外工作，必须始终以习近平外交思想为根本遵循，不折不扣地执行以习近平同志为核心的党中央制定的对外方针政策，确保各项对外工作始终沿着党中央确定的政治方向前进，形成党总揽全局、协调各方的对外工作"大协同"局面。

（一）健全党的对外工作领导体制机制的重要意义

健全党的对外工作领导体制机制是坚持和完善党的领导制度体系的重要方面。中国共产党领导是中国特色社会主义最本质的特征，是中国特色社会主义制度的最大优势。党是最高政治领导力量，必须坚持党政军民学、东西南北中，党是领导一切的。必须坚决维护党中央权威，健全总揽全局、协调各方的党的领导制度体系，把党的领导落实到国家治理领域各方面各环节。对外工作是内政的延续，关乎国家的主权、安全和发展利益，关乎国家的国际形象和地位，必须坚持外交大权在党中央，加强党对对外工作的集中统一领导。

健全党的对外工作领导体制机制是新时代对外工作取得历史性成就的根本保证。世界正处于百年未有之大变局，人类社会正在经历新一轮大发展、大变革和大调整，我们面临的历史机遇前所未有，面临的风险和挑战也前所未有。面对国际形势风云变幻，只有切实加强党的集中统一领导，才能在错综复杂的国际形势变化中增强定力、把握主动，才能始终聚焦党和国家中心工作，全面服务国家发展大局。党的十八大以来，在以习近平同志为核心的党中央的引领下，我国对外工作攻坚克难、砥砺前行、波澜壮阔，开创性地推进中国特色大国外交，打赢了不少大仗硬仗，办成了不少大事难事，取得了许多历史性成就。实践证明，国际形势越复杂，外交工作肩负的责任越重，面临的困难和挑战越大，就越要坚决维护习近平总书记在党中央和全党的核心地位，坚决维护党中央权威和集中统一领导，把党的集中统一领导贯彻落实到对外工作的方方面面。

（二）健全党的对外工作领导体制机制的基本要求

坚持外交大权在党中央。习近平总书记强调，外交是国家意志的集中体现，必须坚持外交大权在党中央。对外工作是党和国家工作中政治性最强的工作之一，确保正确政治方向至关重要。对外工作必须以党的方向为方向，以党的意志为意志，外交战线各级党组织和广大党员必须牢固树立"四个意识"，坚决做到"两个维护"，更加紧密地团结在以习近平同志为核心的党中央周围，更加坚定地维护以习近平同志为核心的党中央的权威，更加自觉地在思想上政治上行动上同以习近平同志为核心的党中央保持高度一致，更加扎实地把党中央的对外方针政策部署落到实处，不断推动中国特色大国外交取得新发展新成就。

深入学习贯彻习近平外交思想。思想是行动的先导，理论是实践的指南。要坚持学思用贯通、知信行统一，从实践中来、到实践中去，切实以习近平外交思想指导外交工作实践，坚决贯彻落实习近平总书记的外交决策部署。要用习近平外交思想的最新理论武装头脑，引导我们不断加强中国特色大国外交的理论建设、机制建设、能力建设、法治建设，进一步提高外交治理体系和治理能力现代化水平，为破解外交重点难点问题提供智力支持，为开创中国特色大国外交新局面提供不竭动力。

全面推进对外工作体制机制建设。习近平总书记强调，对外工作体制机制改革是推进国家治理体系和治理能力现代化的内在要求。随着中国与外部世界联系日益增多，外交外事工作涉及的领域不断增加，参与主体不断增多，日益形成涵盖政治、经济、文化、体育、环境等多领域多部门的"大外交"体系。这就需要加强党中央对对外工作集中的统一领导，统筹协调党、人大、政府、政协、军队、地方、人民团体等的对外交往，统筹协调驻外机构各方面各领域工作。其目的，就是要在党中央领导下，加强党总揽全局、协调各方的对外工作"大协同"格局，建立涵盖各领域对外工作的统筹协调和管理体制，形成对外工作"一盘棋"，确保党中央外交大政方针和战略部署贯彻落实，确保外交外事工作的权威性、协调性、科学性、操作性，充分调动全党全国各方面力量和资源，凝聚起协调推进对外工作的强大合力，为新时代的中国特色大国外交贡献力量。在中央全面深化改革总体部署下，中央外事工作领导小组改为中央外事工作委员会，推进对外工作体制机制改革取得重要成果，加强了党中央各领域各部门各地方对外工作的统筹协调，确保了对外大政方针和战略部署得到有力贯彻执行。

不断加强涉外法治建设。要加强涉外工作法务制度，加强国际法研究和运用，尽快补足我国在国际法领域核心人才短缺、理论创新不够、现实运用不足等短板，在国际法研究、制定、运用上与我国外事工作的要求相适应、与我国大国地位相匹配。坚持外交为民，以人民为中心，加强和完善领事保护制度，坚持不懈打造海外民生工程，建立健全境外公民和机构安全保护工作机制，保障重大项目和人员机构安全，维护中国公民和企业在外旅行、工作、学习、生活的安全和正当权益。

不断增强外交外事工作能力。要全面学习、理解和落实党中央对对外工作的顶层设计和战略部署，不断提高用习近平外交思想指导外交实践的能力，着力提高驾驭复杂国际形势和处理繁重涉外事务的能力。要不断提高形势研判力，坚持正确的历史观、大局观、角色观，善于从林林总总的国际表象乱象中发现演进规律，把脉世界大势。要不断提高战略谋划力，善于统筹国内国际两个大局，善于不断推进外交理论和实践创新，善于从全局高度谋划和优化外交总体布局。要不断提高战略实施力，能够最大程度实现外交目标和能力的相互匹配，能够综合运用政治、经济、文化等各种资源和手段全面推进外交议程。要不断提高公共外交力,善于向国际社会讲好中国故事,善于处理与政府间国际组织和非政府间国际组织的关系,擅于同国外媒体、智库、商界等各领域人士的交往合作。

二、坚定不移走和平发展道路

世界繁荣稳定是中国的机遇,中国发展也是世界的机遇。坚定不移走和平发展道路,通过争取和平国际环境发展自己,又通过自身发展维护和促进世界和平,是我们党根据时代发展潮流和我国根本利益需要作出的战略抉择。十九届四中全会《决定》再次坚定承诺,坚持奉行防御性的国防政策,永远不称霸,永远不搞扩张,永远做维护世界和平的坚定力量。①

(一)坚持和平发展道路是中国的战略抉择

坚定不移走和平发展道路,是中国对国际社会关注中国发展走向的主动回应。中国旨在向世界表明,中国不走过去欧洲大国殖民世界的老路,不走德意日法西斯穷兵黩武的老路,不走美苏称霸世界的老路,中国要以和平发展超越西方历史上一再出现的"国强必霸"传统崛起模式,走出一条主动参与经济全球化并与世界各国实现共同发展的新路。同时,坚定不移走和平发展道路更是中国人民对实现自身发展目标的自信和自觉。正如习近平总书记所言,这种自信和自觉,来源于中华文明的深厚渊源,来源于对实现中国发展目标条件的认知,来源于对世界发展大势的把握。

和平发展道路是继承中国历史文化传统的必然选择。中华民族是热爱和平的民族,没有天定命运的思想,没有扩张称霸的传统。和合理念是中华文明的核心和精髓,和平、和睦、和谐的追求深深植根于中华民族的精神世界之中,深深溶化在中国人民的血脉之中。张骞出使西域,郑和七下西洋,带去的是中华灿烂文化,成就的是中国与世界和平相处的佳话。进入近代以来,中华民族曾饱受外敌欺凌,经历了百年的屈辱和苦难,更加深知世界和平与安宁的重要。中国需要和平,就像人需要空气一样,就像万物生长需要阳光

---

① 《中国共产党第十九届中央委员会第四次全体会议文件汇编》,人民出版社2019年版,第62页。

一样。坚持走和平发展道路，是对几千年来中华民族贵和尚和文化传统的继承和发扬，也是中国人民从近代以后苦难遭遇中得出的必然结论。

和平发展道路是中国追求发展的必然选择。中国经济持续发展，中华民族伟大复兴稳步推进，中国的世界地位和影响也在显著提升，但中国仍处于并将长期处于社会主义初级阶段的基本国情没有变，中国是世界最大发展中国家的国际地位没有变。发展不平衡不充分的问题仍然突出，经济结构转型尚未完成，发展质量效益还有待提高，民生问题和生态环境保护任重道远，全面依法治国任务依然繁重，国家治理体系和治理能力还有待提升。中国国情决定了中国必须集中力量推进现代化，集中精力解决发展和民生问题，始终需要和平稳定的国际环境，始终需要奉行互利共赢的对外开放战略。即使中国将来强大起来，和平依然是发展的基本前提，开放依然是中国的基本国策，共赢依然是中国外交的基本追求。

和平发展道路是顺应世界发展潮流的必然选择。随着世界多极化、经济全球化、文化多样化、社会信息化深入发展，世界早已形成你中有我、我中有你、一荣俱荣、一损俱损的命运共同体。世界潮流，浩浩荡荡，顺之则昌，逆之则亡。历史告诉我们，一个国家要发展繁荣，必须把握和顺应世界发展大势，反之必然会被历史抛弃。什么是当今世界的潮流？习近平总书记明确指出，答案只有一个，那就是和平、发展、合作、共赢。随着改革开放的不断深入和经济社会的不断发展，中国与世界的关系在发生深刻变化，我国同国际社会的互联互动也已变得空前紧密，我国对世界的依靠、对国际事务的参与在不断加深，世界对我国的依靠、对我国的影响也在不断加深。中国走和平发展道路，正是在这一时代大背景下做出的必然选择。

（二）坚持和平发展道路的内涵与特征

中国的发展是和平的发展。中国发展需要和平的外部环境，同时中国发展本身又是维护世界和平的积极力量。中国始终坚持独立自主的和平外交政策，在和平共处五项原则基础上积极发展同世界各国的友好合作。中国始终坚持主权平等和相互尊重，坚决反对霸权主义和强权政治，不以意识形态和社会制度划线，不以国家大小、强弱、贫富论亲疏，不与任何国家和国家集团结盟。中国始终积极发展全球伙伴关系，志同道合是伙伴，求同存异也是伙伴，推动建设相互尊重、公平正义、合作共赢的新型国际关系。正如习近平主席在第七十届联合国大会上所承诺的那样，中国将始终做世界和平的建设者，坚定走和平发展道路，无论国际形势如何变化，无论自身如何发展，中国永不称霸、永不扩张、永不谋求势力范围。

中国的发展是开放的发展。中国始终强调以自身力量从事经济建设，以自身国情民情为基础探寻发展道路，以自身立场为准绳思考并处理与外部世界的关系，都体现出对独立自主精神的一贯弘扬和坚持。需要指出的是，中国所倡导的自主自立精神并不是对外部世界的孤立和封闭，而是在独立自主的基础上与世界携手发展。中国改革开放的成功离不开深度融入世界，中国未来发展同样需要更为全面更为深入的对外开放，这也是中国之所以倡导"一带一路"国际合作、搭建上海进口博览会，不断坚持互利共赢开放战略并坚定反对保护主义和单边主义的重要背景。习近平总书记一再承诺，站在新的历史起点，中国开放的大门只会越开越大。

中国的发展是追求互利共赢的发展。中国的发展离不开世界，世界的发展和繁荣也需要中国。所谓互利共赢，就是要在对外开放中坚持共同发展，扩大同各国各地区利益汇合点，坚持在世界发展进程中实现自身发展，坚持以自身发展促进世界共同发展，努力走出一条追求自身利益与促进世界共同利益相辅相成、相互促进的发展道路。习近平总书记指出，每个国家在谋求自身发展的同时，要积极促进其他各国共同发展。世界长期发展不可能建立在一批国家越来越富裕而另一批国家却长期贫穷落后的基础之上。只有各国共同发展了，世界才能更好发展。那种以邻为壑、转嫁危机、损人利己的做法既不道德，也难以持久。中国推动共建"一带一路"、设立丝路基金、倡议成立亚洲基础设施投资银行等，目的就是支持各国实现互利共赢和共同发展。

（三）和平发展需要有"底线思维"

党的十八大以来，习近平总书记更加注重深化对和平发展道路的认识和把握，不断丰富和平发展战略思想，创造性地实现了"两个内在统一"，使中国坚持走和平发展道路变得更加清晰、更加坚定。

把坚持走和平发展道路同坚决捍卫国家核心利益内在统一起来。有的国家、有的势力、有的舆论片面解读中国和平发展道路，以为中国把走和平发展道路作为国家战略抉择，就会束缚维护国家利益的决心、手段和能力；以为中国关于走和平发展道路的对外宣示，是不愿或不敢采取非和平手段来捍卫自己的核心利益。习近平总书记在强调继续坚持走和平发展道路的同时，更加明确强调，坚持走和平发展道路决不能放弃我们的正当权益，决不能牺牲国家核心利益。任何外国国家不要指望我们会拿自己的核心利益做交易，不要指望我们会吞下我国主权、安全、发展利益的苦果。

把坚持走和平发展道路同积极倡导和推动世界各国共同走和平发展道路内在统一起来。中国的和平发展道路要走得通走得顺，需要世界其他国家也要走和平发展道路；需要把世界的机遇转化为中国的机遇，把中国的机遇转变为世界的机遇；需要争取和平国际环境发展中国，又以中国发展维护和促进世界和平。只有各国都摒弃冷战思维和零和思维，只有各国都走和平发展道路，大家才能共同发展，国与国才能和平相处。因此，习近平总书记多次向世界明确表达，中国走和平发展道路，其他国家也都要走和平发展道路。走和平发展道路不是中国一家的"独舞"，而是相关国家的"双人舞""多人舞"。

对和平发展道路理念的新发展，表达了中国对世界的善意期望，希望中国的和平发展能有一个良好的外部环境，希望其他国家能够理解和支持中国的和平发展事业；同时也向国际社会清晰传达了中国的战略底线，希望其他国家尊重中国的核心利益而不至于出现对华战略误判。坚持走和平发展道路但也要有"底线思维"，体现了中国坚持独立自主和平外交政策的一贯承诺，体现了东方中国对世界和平与发展的责任担当，同时也表达了中国坚定维护国家核心利益的决心，体现了 21 世纪中国外交的应有风骨。

三、推动构建新型国际关系

如果说和平发展道路是中国走出的一条大国成长新路，那么推动构建新型国际关系则是中国携手世界走出的一条国与国交往新路。其内涵，就是要秉持相互尊重、公平正义、合作共赢原则，建设对话而不对抗、结伴而不结盟的全球伙伴关系网络。

（一）新型国际关系思想的产生与发展

新型国际关系思想是一个不断发展、丰富和完善的过程，大致有三个节点。

新型国际关系思想的提出和初步形成。2012年2月，时任国家副主席的习近平访美时就提出，中美应努力把两国合作伙伴关系塑造成21世纪的新型大国关系。2013年3月，习近平主席在莫斯科国际关系学院演讲时，首次提出各国应共同推动建立以合作共赢为核心的新型国际关系，指出合作共赢体现为共享尊严、共享发展、共享安全保障。2014年6月习近平主席出席和平共处五项原则发表60周年纪念大会并发表主旨讲话，明确提出推动建立新型国际关系，共同建设合作共赢的美好世界，呼吁各国坚持主权平等、坚持共同安全、坚持共同发展、坚持合作共赢、坚持包容互鉴、坚持公平正义，首次把相互尊重、公平正义、合作共赢的理念予以并列提出。

新型国际关系思想成为新时代中国外交理论与实践的重要内容。在2014年中央外事工作会议上，习近平总书记明确提出要坚持合作共赢，推动建立以合作共赢为核心的新型国际关系，把合作共赢理念体现到政治、经济、安全、文化等对外合作的方方面面。2015年9月，习近平主席在纽约联合国总部出席第70届联合国大会一般性辩论并发表题为《携手构建合作共赢新伙伴 同心打造人类命运共同体》的重要讲话，首次在全球性多边舞台全面阐述构建以合作共赢为核心的新型国际关系，打造人类命运共同体。首次把新型国际关系与人类命运共同体相提并论，推动构建合作共赢新型国际关系由此成为推动构建人类命运共同体的基本路径。

新型国际关系思想上升为新时代中国特色社会主义思想的组成部分。2017年10月，党的十九大报告明确提出，中国特色大国外交要推动构建新型国际关系，推动构建人类命运共同体。中国将高举和平、发展、合作、共赢的旗帜，恪守维护世界和平、促进共同发展的外交政策宗旨，坚定不移在和平共处五项原则基础上发展同各国的友好合作，推动建设相互尊重、公平正义、合作共赢的新型国际关系。新型国际关系的内涵由"以合作共赢为核心"扩展为"相互尊重""公平正义""合作共赢"三大方面。2019年10月，党的十九届四中全会从国家治理体系和治理能力现代化的角度，再次强调推动建设相互尊重、公平正义、合作共赢的新型国际关系。

（二）新型国际关系的丰富内涵

构建新型国际关系的实质是要走出一条国与国交往的新路，并将为构建人类命运共同体开辟道路，创造条件。其核心内涵是相互尊重、公平正义、合作共赢。其内在逻辑是相互尊重是前提，公平正义是准则，合作共赢是目标。

相互尊重是前提。相互尊重有两个层面的含义：一是各国主权完全平等，即国家不分大小、强弱、贫富一律平等，各国相互尊重主权领土完整，相互尊重核心利益和重大关切问题，在国际交往中多做换位思考，不干涉别国内政，不做恃强凌弱、强买强卖；二是尊重人类文明多样性，尊重不同文明的差异性和互补性，特别是要尊重各国不同历史文化传统和发展阶段性特点，尊重各国发展道路的自主选择，推动不同发展道路的交流互鉴，既不能定于一尊，也不能生搬硬套。正如鞋子合不合脚，自己穿了才知道。一个国家的发展道路合不合适，只有这个国家的人民才最有发言权。

公平正义是准则。公平正义有两条实现路径：一是要坚定维护以《联合国宪章》为核心的当代国际关系基本准则，如主权平等、和平解决争端、不干涉内政，坚决摒弃丛林法则、弱肉强食、赢者通吃，同时坚持多边主义，支持联合国在国际事务中发挥核心作用；二是推动国际秩序朝着更加公正合理的方向发展，特别是支持扩大发展中国家在国际事务中的代表性和发言权，积极为发展中国家仗义执言，在国际多边体系中维护发展中国家的应有地位和权益。

合作共赢是目标。随着经济全球化深入发展，各国命运紧密相连，利益休戚与共。面对复杂严峻的全球性挑战，任何国家都无法独善其身，唯有共担风险，共同应对，才能互利合作，共同发展。要树立建设伙伴关系的新思路，摒弃冷战对峙和强权政治旧思维，实现各国守望相助、同舟共济；要秉持双赢、多赢、共赢的新理念，超越零和竞争、赢者通吃的理论窠臼，倡导各国扩大利益交集，做大共同利益蛋糕；要坚持共商共建共享的原则，坚持多边主义，坚持以开放包容求发展，反对以邻为壑，反对保护主义和单边主义行为。在当前全球经济持续低迷、经济全球化出现逆流的背景下，中国不断推进互利共赢的开放战略，通过"一带一路"、上海国际进口博览会等平台深化全球合作，始终坚持"拉手"而不是"松手"，坚持"拆墙"而不是"筑墙"，推动全球产业链、价值链、供应链更加完善，共同建设开放型世界经济。

（三）推动构建新型国际关系的重大意义

弘扬了中国优秀传统文化和中国外交优良传统。中国文化弘扬"仁者爱人"（《孟子·离娄下》），既强调"己所不欲，勿施于人"（《论语·颜渊》）的克己慎行，也倡导"己欲立而立人，己欲达而达人"（《论语·雍也》）的推己及人。新中国成立以来，中国及时提出和平共处五项原则，同亚非国家一道共同倡导万隆会议十项原则，提出对发展中国家提供发展援助的八项原则。长期以来，中国坚定捍卫《联合国宪章》的基本准则，积极支持联合国发挥更加重要的作用，在国际交往中坚持以相互尊重、讲信修睦为基本，以合作共赢、共同发展为目标，为维护世界和平、推动世界发展作出了积极贡献。

丰富和发展了中国特色大国外交的理论与实践。习近平外交思想是一个科学的理论体系，它旗帜鲜明地回答了中国应当推动建设什么样的世界、构建什么样的国际关系，中国需要什么样的外交、怎样办好新时代外交等一系列重大理论和实践问题。新时代中国外交的追求，就是要为中华民族伟大复兴提供更加有力的保障，为推动构建人类命运共同体作出更大贡献。其实现路径，则是在发展上坚持走和平发展道路，在国际关系中坚持推动构建新型国际关系。在习近平外交思想中，两个"构建"有着内在的逻辑联系，即推动构建新型国际关系是实现推动构建人类命运共同体的基本路径，是在国际关系中携手推动构建人类命运共同体的具体实践，因而能够为构建人类命运共同体开辟道路，创造条件。

为国际社会贡献了新的国际关系伦理和规范。大国奉献给世界的，不只是商品、技术和资本，还有更为深层次的思想、观念、制度，以及伦理和道德精神。中国积极倡导相互尊重、公平正义、合作共赢新型国际关系，用最为精练的语言向世界表达了一种新型国际关系伦理，为全球伦理价值观的塑造贡献了中国智慧。西方传统现实主义基于国际社会"丛林法则"和国家"理性人"的假定，认为国家的根本目标是实现自身权力和利益的最大化，极大影响了西方国家的战略思维，不同形态的帝国主义、霸权主义、殖民主义、冷战思维、零和思维、单边思维，都体现了西方烙印的权力观、利益观、秩序观。当前部分西方国家民粹主义情绪不断膨胀，单边主义和保护主义不断抬头，给经济全球化和全球治理带来了许多不确定不稳定性因素。国际关系会走向何方？在世界不断发展但又乱象纷呈的时代，中国旗帜鲜明地倡导相互尊重、公平正义、合作共赢的新型国际关系，就是要为21世纪国际关系指明方向，为国与国交往提供基本遵循。新型国际关系思想是对现有国际秩序及国际关系伦理的积极补充和修正，为国际社会贡献了新的国际关系伦理和规范，因而具有广泛而深刻的世界意义。

四、完善全方位外交布局

以推动构建人类命运共同体思想为引领，中国积极推动构建相互尊重、公平正义、合作共赢的新型国际关系，努力打造对话不对抗、结伴不结盟的全球伙伴关系网络。在此背景下，中国外交战略布局进一步优化，实现外交战略目标的理念、原则、方式和途径有了许多新的发展和创新。我们要谋大势、讲战略、重运筹、把全方位外交工作做得更好。

（一）构建总体稳定、均衡发展的大国关系框架

中美关系是世界上最重要、也是最复杂的双边关系之一。美国前总统特朗普政府执政以来，中美关系在多个领域出现更加复杂的态势，特别是中美贸易战火的持续，以及美国加大对中国高科技企业的打压，更是让世人担心中美两个大国的关系及其对世界的影响。我们要看到，当前美国战略界对华战略定位发生了显著变化，对华政策发生了显著调整，中美关系的竞争性一面显著增强。如果说以前中美关系是"合作+竞争"，以合作为主，那么当前及今后相当长时期里将是"竞争+合作"，以竞争为主。随着中美实力的接近，中美双方在权力、规则、观念层面的竞争可能还会继续增长，对此我们要有清醒的认识和充分的战略准备。同时也要看到，中美两国固然存在诸如大国权力竞争、地缘政治冲突和意识形态差异的结构性矛盾以及诸多现实利益分歧，但中美也存在高度的经济互补、密切的人文交流以及一系列深化合作、管控分歧的对话与合作机制。中美关系的重要性早已超过双边关系范畴，攸

关两国人民的福祉和亚太地区乃至世界的和平、稳定、繁荣，一个稳定发展的中美关系是两国人民和国际社会的共同期待。历史早已证明，中美两国合则两利，斗则俱伤。因此，中国明确提出构建不冲突不对抗、相互尊重、合作共赢的中美新型大国关系，推动双方在相互尊重基础上管控分歧，在互惠互利基础上拓展合作，共同维护中美关系协调、合作与稳定的正确方向。

中俄关系是世界上互信程度最高、协作水平最高、战略价值最高的一组大国关系，是新型大国关系的典范。双方始终坚定支持对方维护核心利益，继续秉持"结伴而不结盟"的原则，不断深化全方位全球性战略合作。习近平同志就任国家主席后首访俄罗斯，以及近年来中俄高层互信的继续增进，表明中国已经从全球地缘战略格局的大视野来发展中俄战略合作。中俄两国在能源、高铁、航天航空等大项目合作上取得突破性进展，政治互信和经济合作更趋平衡发展。习近平总书记同普京总统建立了密切的工作关系和良好的个人友谊，近年来保持年均5次会晤的频率，中俄关系达到历史上的最好时期。一个高水平运作的中俄战略关系，对于确保世界大国关系的战略平衡、推动国际体系更为公正合理发展都有着重大意义。

欧洲是多极化世界的重要一极。要牢牢把握中欧全面战略伙伴关系正确方向，继续推进和平、增长、改革、文明四大伙伴关系建设。要同"金砖国家"深化战略伙伴关系，巩固经贸财金、政治安全、人文交流"三轮驱动"合作框架，拓展"金砖+"合作，推动"金砖国家"在共同维护世界和平与发展，捍卫国际公平正义，坚持多边主义和多边贸易体制等方面发挥更大作用。

（二）深化同周边国家关系

周边地区是中国安身立命之所，是中国发展繁荣之基。运筹好周边国家关系，继续巩固睦邻友好、不断深化互利合作，有助于维护国家的主权、安全和发展权益，有助于维护和拓展中国发展的重要战略机遇期。以习近平同志为核心的党中央把周边提升到一个极为重要的战略地位，强调要更加奋发有为地从战略布局上推进周边外交，打造中国与周边国家命运共同体。在2013年10月底召开的周边工作会议上，习近平总书记对周边外交工作进行了全面的规划和部署，明确强调，我国周边外交的基本方针，就是坚持与邻为善、以邻为伴，坚持睦邻、安邻、富邻，突出体现亲、诚、惠、容的理念。要坚持睦邻友好，守望相助；讲平等、重感情；常见面，多走动；多做得人心、暖人心的事，使周边国家对我们更友善、更亲近、更认同、更支持，增强亲和力、感召力、影响力。

周边国家工作的重要方面，是要本着互惠互利的原则同周边国家编织更加紧密的共同利益网络，把双方利益融合提升到更好水平，夯实地区和平、稳定与发展的共同利益基础。中国同周边国家共同努力，以建设好丝绸之路经济带、21世纪海上丝绸之路为抓手，不断加快基础设施互联互通，推动与周边国家的产能合作与人文交流，努力使中国同周边国家政治关系更加友好、经济纽带更加牢固、安全合作更加深化、人文联系更加紧密，使周边国家成为中国可靠的战略依托。近年来，中国—东盟自贸区建设稳步推进，上合组织的合作继续深化拓展，中国同中亚国家实现了战略伙伴关系的全覆盖，同南亚国家关系总体不断发展，中国与周边国家命运共同体建设稳步推进。

（三）深化同发展中国家团结合作

有效运筹中国外交大棋局，还要注重发扬"外线作战"的战略思维，不断积累构筑国际统一战线的历史经验。在新时期，发展中国家不仅是中国"走出去"的重要目的地，也是中国外交可以借助甚至是依靠的重要力量。借助发展中国家的外交支持，中国能够拓展战略回旋空间，缓解美国和个别周边国家对中国进行的牵制、防范和遏制，推动实现全球战略平衡，从而改善和优化中国面临的国际环境。2013年3月，习近平同志在访非时提出"真实亲诚"的对非合作理念，在同年10月24日召开的周边外交工作座谈会及2014年11月28日召开的中央外事工作会议上，更为全面地阐述了"正确义利观"，要求在处理同发展中国家关系时做到义利兼顾，要讲信义、重情义、扬正义、树道义。在2018年中央外事工作会议上，习近平总书记专门强调，广大发展中国家是我国在国际事务中的天然同盟军，要坚持正确义利观，做好同发展中国家团结合作的大文章。

中国积极践行"真实亲诚"的对非合作理念，全面推进与非洲国家的互利合作与共同发展，由此推动中非合作不断迈向新的发展阶段。在2018年中非合作论坛北京峰会上，习近平总书记提出中非携手打造责任共担、合作共赢、幸福共享、文化共兴、安全共筑、和谐共生的中非命运共同体，为此中国决定在未来3年和今后一段时间提供600亿资金重点实施"八大行动"，全面推动非洲的和平与发展。中国同样重视发展与中东国家的关系，2016年初习近平主席访问中东三国并在阿盟发表演讲，从中国的视角回答了中东向何处去的"中东之问"，为中东的和平稳定注入了新能量，为中东的发展带来了新机遇。在拉美方向，习近平同志已经三次访问拉美，中拉搭建起了集体对话机制，中国同多个拉美国家建立了全面战略伙伴关系，中拉关系得到全面、稳步增长。中国提出并践行"正确义利观"，体现了帮扶发展中国家的无私仁义，体现了维护世界和平与发展的国际正义，体现了新时期推动建设人类命运共同体的责任和道义。

五、坚定不移维护世界和平、促进共同发展

中国是一个发展中国家，也是一个大国。中国在追求自身发展的同时，始终把为人类作出更大贡献作为自己的庄严承诺，把促进世界和平与发展视为自己的神圣职责，在推动世界经济增长和减贫，提供国际发展援助，参与国际安全治理，以及应对全球气候变化等方面，承担了力所能及的国际责任。中国将始终做世界和平的建设者、全球发展的推动者、全球治理的贡献者、国际秩序公平公正的维护者。

（一）中国是世界和平的建设者

中国一直是联合国维和机制的坚定支持者和参与者，是联合国维和行动的第二大出资国，也是联合国安理会5个常任理事国中派出维和人员最多的国家。中国在2015年宣布设立总额为10亿美元的中国—联合国和平与发展基金，承诺加入联合国维和能力待命机制并组建8000人维和待命部队。中国积极参与在亚丁湾和索马里海域的国际护航行动，截至2020年7月，已先后派遣了35期护航编队，圆满完成1319批船舶护航任务。中国还建设性参与热点难点问题的解决，在朝核问题、缅甸罗兴亚人问题、阿富汗问题、巴以冲突、叙利亚问题、南苏丹冲突等问题上积极发挥促谈促和的积极作用，同

时向有关方面提供必要的人道主义援助。

(二)中国是全球发展的推动者

当今世界,各国相互依赖不断发展,各国经济融合是大势所趋。中国始终坚持以开放求发展,以合作求共赢,坚持奉行互利共赢的开放战略,坚决反对一切形式的保护主义、单边主义,推动全球产业链、供应链、价值链更加完善,共同推动经济全球化深入发展。中国提出并推进"一带一路"国际合作,目的就是要为世界发展提供新的合作平台,通过设施联通和产能合作助推各国改善发展条件、释放发展潜能、相互分享发展机遇。2013年至2018年,中国与"一带一路"伙伴国的货物贸易进出口总额超过6万亿美元,年均增长率高于同期中国对外贸易增速,占中国货物贸易总额的比重达到27.4%;中国企业对相关国家直接投资超过900亿美元,完成对外承包工程营业额超过4000亿美元。作为一个负责任的发展中大国,中国始终把发展中国家作为履行大国责任的重点区域,逐步增加对外投融资规模,注重帮助发展中国家解决民生、减贫和发展问题。在2018年中非合作论坛北京峰会上,中国再次承诺向非洲提供600亿资金,支持中非双方在产能转移、基础设施建设、人力资源开发等领域重点实施"八大行动",帮助非洲国家解决基础设施滞后、资金短缺、人才不足的发展瓶颈。

(三)中国是全球治理的积极贡献者

在经济全球化时代,世界和平、发展与合作继续深入发展,但各种传统安全和非传统安全威胁也在不断显现,诸如恐怖主义、气候变化、重大传染性疾病等多种形式的全球治理危机给人类带来新的严峻挑战。中国秉持共商共建共享的全球治理观,携手各国特别是广大发展中国家共同应对各种风险和挑战。在2014年西非暴发埃博拉疫情后,中国政府率先紧急驰援,不仅向疫情严重地区及周边共计13个国家提供了4轮价值超过1.2亿美元的援助,派遣了1200多名医护人员,还注重帮助相关非洲国家建立了专业化的疾病防控实验室。自新冠肺炎疫情暴发以来,中国在有效防控国内疫情的同时,高举"人类卫生健康共同体"的旗帜,积极推动国际社会联防联控。中国第一时间接受世卫组织专家组来华开展工作,调研疫情防控情况;第一时间向世卫组织分享了病毒基因序列信息，及时向有关国家和地区通报疫情。中方向世卫组织捐款捐物，支持世卫组织向发展中相关疫情国家提供援助；向多个受疫情冲击的国家派遣医疗专家团队，向它们提供急需的口罩、药品、防护服等防疫物资，在推动国际公共卫生合作方面发挥了积极的引领作用。

（四）中国是国际秩序公平公正的维护者

中国的积极角色体现为两点：一是"维护"，二是"塑造"。中国坚定维护以联合国宪章宗旨和原则为核心的国际秩序，支持联合国在全球事务中发挥更加重要的作用。中国也认识到，当前国际秩序还存在事实上的不公平、不公正，新兴经济体和发展中国家的代表权和发言权没有得到应有的尊重，国际政治领域仍然存在单边主义和强权政治，因此世界各国还需要携手推动国际秩序更加公平公正的发展。其路径有二：第一，着眼改革国际机制的"存量"，即不断推动诸如世界银行、IMF、WTO等重大国际机制的改革和完善，推动G20更加有效应对重大全球性发展和治理问题；第二，着眼提供"增量"，不断打造和完善诸如金砖组织、亚投行等多边合作机制，不断塑造和提升诸如上海合作组织、中非合作论坛、中阿合作论坛、中拉合作论坛、中国与中东欧"17+1"国家合作，以及多种形式的中国与东盟国家合作机制等集体磋商与合作机制。

中国特色大国外交，有与时俱进的外交理论创新，更具全球视野的大战略布局，也在不断展现更有中国气度的大国责任。中国积极倡导认真践行对发展中国家的正确义利观，深入参与全球治理及全球治理体系变革，为世界和平、发展和治理作出更大贡献，都体现了中国不断提升的大国责任精神。中国外交的主要任务无疑是维护并增进中国的国家利益，同时也更加重视彰显大国责任；中国外交以实现中华民族伟大复兴为历史使命，同时也积极推动建设人类命运共同体。如果说，中国成功实现自身14亿人口的减贫与发展本身就是对世界发展的重大贡献，那么中国在实现自身发展的同时又更加积极推动世界的共同发展，则是中国对世界的又一重大贡献。中国发展造福自身，也正在惠及世界。

第七章

国家治理成效论

制度是定国安邦的根本。制度兴则国家兴,制度强则国家强,制度稳则国家稳。中国之治的密码,正在于中国之制。中国经济快速发展奇迹和社会长期稳定奇迹,从根本上说正是中国特色社会主义制度的奇迹。中国特色社会主义制度是马克思主义发展史、人类政治文明史上的伟大创造,是中国共产党和中国人民的伟大创造。评价一个制度好不好,实践是最高标准,人民最有发言权。中国特色社会主义制度是被长期实践证明了的好制度,是实现社会主义现代化、创造人民美好生活的唯一制度选择。无论什么风险挑战都不能动摇我们一以贯之完善发展中国特色社会主义制度的信心和决心。

第一节 中国之制与中国之治

"中国之制"就是中国特色社会主义制度体系,"中国之治"就是依据中国特色社会主义制度体系推进国家的有效治理。"中国之制"和"中国之治"内在关联、密不可分,没有中国特色社会主义制度体系,就不会有中国治理奇迹,中国之治源于中国之制。

一、制度是治国之重器

制度是治国之重器,良制是善治之前提。国家制度是治国安邦的根本法度和基本遵循,是维持社会秩序和良性运行的根本保障。没有社会秩序,一个社会就不可能运转。制度安排或工作规则形成了社会秩序,并使它运转和生存。制度的完善程度是衡量一个国家和社会成熟程度的标准，也是人类进步的重要标志。邓小平指出："制度问题是带有根本性、全局性、稳定性和长期性的问题。制度好可以使坏人无法任意横行，制度不好可以使好人无法充分做好事，甚至会走向反面。"①一个国家治理的好坏主要决定于制度，好的制度才有好的治理。当今世界，风险多样善变，只有从制度上做好常态化防范和应对准备，才能有效控制风险对国家和社会生活的冲击，防止引发更大的动荡和损失。从世界格局和国际环境来看，国家竞争博弈日趋激烈，逆全球化潮流兴起，贸易保护主义势力抬头，突发性公共事件频发，不稳定不确定不安全因素上升。从国家发展和国内矛盾来看，我们在实现中华民族伟大复兴和建设社会主义现代化强国的征程上，处于船到中流浪更急、人到半山路更陡的时候，处于一个愈进愈难、愈进愈险，而又不进则退、非进不可的时候。"战胜前进道路上的各种风险挑战，必须在坚持和完善中国特色社会主义制度、推进国家治理体系和治理能力现代化上下更大功夫"②。历史和现实经验告诉我们，中国特色社会主义制度和国家治理体系适合中国国情、具有鲜明的比较优势和巨大优越性，应对和化解各种风险挑战，必须发挥好制度的作用和优势，努力将矛盾消除于未然，将风险化解于无形。

建设高度的制度文明，是建设社会主义现代化强国的题中应有之义。当今世界正在经历百年未有之大变局，社会主义中国要在21世纪立于不败之地，顺利实现"两个一百年"奋斗目标，建成富强民主文明和谐美丽的社会主义现代化强国，不仅要创造出比资本主义更高的物质文明，还要建设高度的政治文明、制度文明；不仅要实现工业、农业、国防、科技等器物层面的现代化，还要实现制度现代化、治理现代化，提升中国特色社会主义的制度软实力和制度竞争力，彰显中国特色社会主义的制度感召力和制度优越性。世界不太平，中国也不能独善其身。维护国家安全，最根本的就是维护政权安全、社会主义制度安全，无论什么风险挑战都不能动摇我们一以贯之坚持和发展中国特色社会主义制度的信心和决心。

制度竞争是国家间最根本的竞争。制度竞争力，是一个国家的核心竞争

---

① 《邓小平文选》第2卷，人民出版社1994年版，第333页。
② 《中国共产党第十九届中央委员会第四次全体会议文件汇编》，人民出版社2019年版，第29页。

力。制度优势是一个国家最大的优势,制度落后则是一个国家最大的落后。中国过去不是和平演变的隔缘体,今天也不是"颜色革命"的绝缘地。国家安全的核心是政治安全,政治安全的核心是政权安全、制度安全。现代强国都把政治安全作为国家安全的根本和国家核心利益,政治安全决定和影响着经济安全、军事安全等其他方面的安全,而维护国家政治安全首先要维护政权安全、制度安全。对于中国而言,中国的历史发展和现实国情决定了必须坚持中国共产党的领导,坚持社会主义制度,这是维护国家政治安全的核心。为确保国家政权正常运转、政治制度有效实施,提供和谐有序的社会环境,我们必须始终坚持党对一切工作中的领导,始终坚持马克思主义在意识形态领域的主导地位,警惕资本主义意识形态的破坏颠覆活动;我们必须始终坚持人民民主专政,坚持社会主义道路,严厉打击威胁政治安全特别是制度安全的国内外势力。

21 世纪世界竞争的核心是两种制度之间的竞争。进入新时代,随着中国和平崛起,西方话语中的"中国威胁论"直接指向中国的社会制度、价值观念和发展模式,两种制度、两条道路较量带来的竞争和摩擦有增无减。美国等西方国家的思维逻辑是这样的:随着中国国门的打开,人员往来、经贸往来增多,中国将不可避免地和西方趋同,实现经济自由化(私有化),最后实现政治自由化(即三权分立、多党制)。但中国的发展超出了西方"政治雷达"的探测范围,中国没有如韩国、日本曾经发生的那样,走上西方期待的道路,反而更加坚定地走自己的路,这是美国等西方国家无法接受的现实。2012 年以来,中国自信地靠近世界舞台中央,对世界的贡献开始实现由量变到质变的升华,对全球治理的贡献将由硬实力向软实力转变,积极推动全球治理的理论创新、制度创新和实践创新,这进一步触动了西方的政治神经,中国面临政治安全形势更加严峻。中国作为一个负责任大国,一方面要坚定不移完善发展中国特色社会主义制度体系,推进国家治理体系和治理能力现代化;另一方面也要坚定不移推动全球治理体系的改革,参与国际规则的制定,引导全球治理体系朝着更加公平合理的方向发展。在维护制度安全方面,既要坚持和巩固中国特色社会主义制度,发挥制度优势;也要提防国外意识形态的渗透侵蚀,增强制度话语权,提升国家的核心竞争力,切实维护政权安全、制度安全。

二、中国之治来之不易

1796年农历正月初一，乾隆退位，嘉庆登基；1799年，乾隆驾崩，标志着古代中国最后一个盛世——康乾盛世正式结束。从1800年到1949年的150年间，中国进入"无人管得了"的乱世阶段。这时的中国，山河破碎、内忧外患，国将不国、民不聊生。

从内忧来说，19世纪上半叶，白莲教起义、太平天国起义、捻军起义相继爆发，从此国无宁日，大清帝国走到了崩塌的边缘。19世纪末，以"扶清灭洋"为口号的义和团运动登场，结果是"清"没扶起来，"洋"也没灭掉。进入20世纪初，革命党人领导的旧民主主义革命搅翻中国，大清帝国风雨飘摇；1911年，辛亥革命完成对大清国的最后一击，大清王朝土崩瓦解。封建王朝的覆灭并没有带来期待中的治世，中国依然处于乱世之中。1912年，各省独立，护国战争开始；1916年，军阀混战，北伐战争开始；1921年，为挽救民族危亡，为救民于水火，中国共产党成立，有组织的工人运动正式登上历史舞台；1928年，中华民国统一中国，但各路军阀各自为战、各自为政，各打小算盘；1932年，"国中国"伪满洲国成立，末代皇帝重登帝位；1936年，西安事变爆发，国民政府最高统帅遭软禁；1940年，国民政府内讧分裂，汪伪政权建立；1946年，外蒙古正式独立，国民政府撕毁和平协议，三年内战打响。

从外患来说，1840年，第一次鸦片战争爆发，英国劳师远征，大清国门洞开，签订第一个丧权辱国的《南京条约》；1856年，第二次鸦片战争爆发，英法联军长驱直入皇城北京，火烧圆明园，沙皇俄国趁乱拿走150万平方公里土地；1883年，中法战争爆发，"法国不胜而胜，中国不败而败"；1894年，中日甲午战争打响，北洋水师全军覆没，签订臭名昭著的《马关条约》；1900年，八国联军入侵北京，签订《辛丑条约》，中国彻底沦为半殖民地半封建社会；1931年，日军进犯东北，东三省沦陷，局部抗战开始；1937年，卢沟桥事变爆发，全面抗战开始，随后国民政府迁都重庆，大半个中国落入虎口。

在西方列强的重重蹂躏下，中华民族5000多年累积起来的民族自信轰然坍塌，碎满一地。

可见，100多年来，中华民族内忧外患不断，社会一盘散沙，没有谁管得了，也没有谁管得住，晚清政府管不好，北洋政府管不好，旧式军阀管不好，国民政府也管不好。100多年来，中国政治舞台上各种政治势力轮番登场，但大都是昙花一现，成为"其兴也勃焉、其亡也忽焉"的匆匆过客。近代中国，中国人苦苦追寻救亡图存之路，农民革命、实业救国、君主立宪、旧式民主革命、复辟帝制等各条道路都走过了，西方的议会制、多党制、总统制等各种制度都尝试了，改良主义、自由主义、社会达尔文主义、无政府主义、实用主义、民粹主义、工团主义等各种主义都试过了，结果都行不通，中国依然处于乱世之中。

古语有云："天下大势，治乱相替而已。"大乱之后必有大治，历史呼唤真正合格的使命担当者。在历史的反复比较中，在各种主义、各条道路的反复权衡中，在各派政治力量的反复较量中，在中国人民的反复选择中，在中国人民反抗封建统治和外来侵略的激烈斗争中，在马克思列宁主义同中国工人运动的结合过程中，1921年中国共产党应运而生。在中国共产党的领导下，中国人民赢得民族独立、人民解放的伟大斗争，建立了中华人民共和国，中国实现了从几千年封建专制政治向人民民主的伟大飞跃。

中华人民共和国的成立，是近代以来中国由乱到治的伟大历史转折。中国共产党统一领导的制度体系和治理体系逐步确立，全国秩序焕然一新，根本扭转了困扰中国长达一个多世纪的内忧外患局面。新中国成立后，中央人民政府宣告：废除一切不平等条约，取消外债，外国军队退出中国领土领空领水，不承认外国使领馆的地位；确立了"另起炉灶""打扫干净屋子再请客""一边倒"的新中国外交方针，彻底推翻了压在中国人民头上的三座大山，中国社会实现了由乱到治的历史性转变，久经磨难的中华民族走上了重塑民族自信、走向民族复兴的伟大历史征程。

新中国70多年来，我国政治稳定、经济发展、社会和谐、民族团结，开创了"中国之治"的新境界，同世界上一些地区和国家不断出现乱局形成了鲜明对照。党的十九届四中全会指出，"中国共产党自成立以来，团结带领人民，坚持把马克思主义基本原理同中国具体实际相结合，赢得了中国革命胜利，……建立和完善社会主义制度，形成和发展党的领导和经济、政治、文化、社会、生态文明、军事、外事等各方面制度，加强和完善国家治理，取得历史性成就。"①党的十八大以来，我们党领导人民统筹推进"五位一体"总体布局、协调推进"四个全面"战略布局，推动中国特色社会主义制度更加完善、国家治理体系和治理能力现代化水平明显提高，为政治稳定、经济发展、文化繁荣、民族团结、人民幸福、社会安宁、国家统一提供了有力保障。这说明，我国国家治理体系和治理能力总体上是好的，是基本适应我国国情和发展要求的。同时，我们也要看到，相比我国经济社会发展要求，相比人民群众期待，相比当今世界日趋激烈的国际竞争，相比实现国家长治久安，我国国家治理体系和治理能力还有许多亟待完善改进的地方。

三、中国之治的制度密码

"中国之制"和"中国之治"的内在关联具有鲜明的同构性，本质上是一个有机的统一体。"中国之制"为"中国之治"提供制度基础，"中国之治"则是"中国之制"优越性的集中体现，二者相生相成、相互促进。

"中国之制"形成于中国革命、建设和改革的具体实践，是中国共产党和中国人民的伟大创造。新民主主义革命时期，我们党创建了新民主主义经济、政治、文化制度；土地革命时期，中华苏维埃共和国临时中央政府颁布了临时宪法大纲、土地法令、婚姻法令和相关经济政策；抗日战争时期，以延安为中心、以陕甘宁边区为代表的抗日民主政权建立了"三三制"，以巩固和扩大抗日民族统一战线；解放战争时期，党进一步探索各项制度，相继建立和完善了党的集体领导制度、报告制度和解放区的选举制度、土地改革制度等，为新中国社会主义制度的创立积累了宝贵的经验。新中国成立后，党团结带领人民制定《中国人民政治协商会议共同纲领》，颁布了1954年《中华人民共和国宪法》，完成了社会主义改造，创建了社会主义政治、经济、文化等基本制度，实现了从新民主主义制度向社会主义制度的根本转变，带来了中国

---

① 《中国共产党第十九届中央委员会第四次全体会议文件汇编》，人民出版社2019年版，第18页。

历史上最深刻最伟大的社会变革,为当代中国一切发展进步奠定了根本政治前提和制度基础。改革开放以来,党领导人民坚持走中国特色社会主义道路,创立、发展、完善了中国特色社会主义制度。特别是党的十八大以来,我国逐步形成了以党的领导制度体系为统领的根本制度、基本制度、重要制度等一套系统完备的制度体系,实现了从国家管理到国家治理的历史性进步,为国家治理体系和治理能力现代化奠定了制度基础,为社会主义现代化建设提供了制度保障。

"中国之治"的密码,正在于"中国之制"。天上不会掉馅饼,从来没有无缘无故的奇迹。中国经济快速发展奇迹和社会长期稳定奇迹,从根本上说正是中国特色社会主义制度的奇迹。"中国之治"是中国特色社会主义制度优越性的集中体现。中国特色社会主义制度体系体现了党的基本理论、基本路线、基本方略,始终坚持人民立场,代表人民利益,站在人民一边,全心全意为人民服务,为政治稳定、经济发展、文化繁荣、民族团结、人民幸福、社会安宁、国家统一提供了有力保障。具体来说,在中国特色社会主义制度体系框架下,党的领导制度体系确保党的先锋队性质和为人民服务的宗旨永不变色,为"中国之治"提供了强大的政治保证;人民当家作主制度体系确保国家的一切权力属于人民,为"中国之治"奠定了坚实的群众基础;中国特色社会主义法治体系确保实现社会公平正义,为"中国之治"提供了有力的法治保障;中国特色社会主义行政体制确保一切行政机关为人民服务、对人民负责、受人民监督,为"中国之治"打造了人民满意的执政主体;社会主义基本经济制度是确保国家经济命脉掌握在人民手中实现共同富裕的价值目标,为"中国之治"奠定了坚实的物质基础;繁荣发展社会主义先进文化的制度确保文化为人民服务、为社会主义服务,为"中国之治"塑造了良好的人文环境;统筹城乡的民生保障制度确保改革发展成果更多更公平惠及全体人民,为"中国之治"构建了有效的减震带;共建共治共享的社会治理制度确保人民安居乐业、社会安定有序,为"中国之治"塑造了和谐的社会环境;生态文明制度体系确保人与自然和谐共生,为"中国之治"提供了良好的生态环境;党对人民军队的绝对领导制度体系确保人民军队为人民的性质、宗旨、本色,为"中国之治"提供了强大的军事保障;"一国两制"制度体系确保捍卫中华民族共同体和中华儿女共有精神家园,为"中国之治"划定了不可逾越的重要底线；独立自主的和平外交政策确保人民享有和平安宁的国际环境，为"中国之治"营造了良好的外部条件；党和国家监督体系确保党和人民赋予的权力始终用来为人民谋幸福，为"中国之治"提供了清廉的政治环境；等等。正是在上述制度体系的保障下，我国迎来了政通人和、国泰民安的善治局面。

"中国之制"的最大优势是中国共产党领导，"中国之治"的最大密码是中国共产党领导。28年艰苦卓绝的新民主主义革命验证了一条真理：没有共产党，就不可能建立新中国。毛泽东曾深刻指出，"中国共产党是全中国人民的领导核心。没有这样一个核心，社会主义事业就不能胜利。"[①] 新中国70多年乘风破浪的历史验证了一个结论：没有共产党，就不可能建设和发展新中国。中国共产党的领导制度体系是"中国之治"的首要原因，是新中国成立70多年发生历史巨变的决定性因素。70多年来，正是因为始终坚持党的集中统一领导，我们才能实现国家高度统一和各民族空前团结，彻底结束旧中国四分五裂、一盘散沙的局面；才能使社会主义国家政权不断巩固，人民当家作主的地位和权利得到有力保障和维护；才能使我国国民经济长期保持高于世界经济同期平均增长水平向前发展，不断刷新经济发展的世界纪录；才能有力维护国家主权、安全和民族尊严，彻底结束中国近代以来屈辱外交的历史。正是因为始终坚持党的集中统一领导，我们才能实现伟大历史转折、开启改革开放新时期，才能成功开辟中国特色社会主义新时代和开启中华民族伟大复兴新征程，才能成功应对一系列重大风险挑战、克服无数艰难险阻，才能有力应变局、平风波、战洪水、防非典、抗地震、化危机、战新冠，不断开辟"中国之治"新境界。

党的十八大以来，以习近平同志为核心的党中央励精图治，不断提高党治国理政的水平，解决了许多长期想解决而没有解决的难题，办成了许多过去想办而没有办成的大事，确保国家治理沿着正确方向前进。习近平总书记深刻把握国家制度与国家治理的辩证关系，一以贯之完善发展中国特色社会主义制度，推动国家治理体系和治理能力现代化，以"中国之制"保证人民当家作主、参与国家治理的权利，在东西方比较中展现了中国特色社会主义

---

① 《建国以来毛泽东文稿》第6册，中央文献出版社1992年版，第488页。

的制度优势;以"中国之制"克服了改革发展的艰难险阻,冲破了国际国内的惊涛骇浪,在纷繁复杂的世界局势中彰显了"中国之治"的独特魅力。

第二节 制度优势与治理效能

中国特色社会主义制度是具有鲜明比较优势和巨大优越性的制度,我们既要坚持好、巩固好经过长期实践检验的我国国家制度和国家治理体系,又要完善好、发展好我国国家制度和国家治理体系,不断把我国制度优势更好转化为国家治理效能。

一、国家治理的两大奇迹

新中国成立70多年来,我们党领导人民创造了世所罕见的经济快速发展奇迹和社会长期稳定奇迹,中华民族迎来了从站起来、富起来到强起来的伟大飞跃。可以这么说,"在人类文明发展史上,除了中国特色社会主义制度和国家治理体系外,没有任何一种国家制度和国家治理体系能够在这样短的历史时期内创造出我国取得的经济快速发展、社会长期稳定这样的奇迹。"[1]

先来看经济快速发展奇迹。新中国成立70多年来,我国大踏步赶上时代,中华民族书写了人类历史上最伟大的发展故事,用几十年时间走完了发达国家几百年走过的工业化进程,跃升为世界第二大经济体,综合国力、科技实力、国防实力、文化影响力、国际影响力显著提升,人民生活显著改善,中华民族以崭新姿态屹立于世界的东方。

新中国成立70多年来,中国经历了人类历史上最快的财富增长。2019年,中国经济体量超过14万亿美元,稳居世界第二大经济体,大致相当于同期2.5个日本,3个德国,4个英国(法国),5个印度,6个意大利,7个加拿大,8个俄罗斯,9个韩国,10个澳大利亚。改革开放以来,中国与世界最大经济

---

[1] 《习近平谈治国理政》第3卷,外文出版社2020年版,第124页。

体美国的差距也显著缩小，1978年，美国的GDP超过中国25倍；2019年，改革开放40年之后，中国经济体量达到了美国的66%。根据世界银行、国际货币基金组织等国际机构预测，再过10年左右，中美经济体量将迎来剪刀差的拐点。

新中国成立70多年来，中国消费市场比肩美国。衡量一国是否强大，消费能力是一个重要的评价指标。根据国家统计局2020年初公布的数据，2019年我国社会消费品零售总额一项超过了41.2万亿元人民币（约合5.97万亿美元），创下了历史新高。同期，美国这一数据是6.23万亿元美元，中美两国差距前所未有接近。近几年，中国消费市场年均增长率保持9%左右，据此推算，未来两至三年这一数据超过美国是大概率事件。中国消费市场崛起，一个突出亮点就是电商的异军突起，2019年网上零售额超过11万亿元人民币，这个数字是美国的两倍还要多。中国消费市场的崛起，意味着中国经济的内生动力和发展韧劲增强了，意味着中国抵御国际市场风险、抵御大国威胁遏制的能力增强了，也意味着拥有世界最大市场的中国对国际市场的号召力、吸引力、塑造力增强了，这是前所未有的历史性变化。

新中国成立70多年来，中国建成了世界上最完整的工业产业链条，拥有了世界上最强大的工业制造能力。据联合国的统计，世界上30个工业大类，500个工业小类，中国的工业体系是世界上最完整的。2010年，中国制造业总产值超过美国，成为世界第一制造业大国。2018年，中国制造业产值超过美国、日本、德国之和。中国制造业的崛起，为中华民族伟大复兴奠定了坚实基础，提供了重要保障。

新中国成立70多年来，中国的科技事业取得了长足进步，呈现跟跑、并跑、领跑并存的局面。近年来，我国科技进入迅猛发展期，重大创新成果不断涌现，一些重要领域跻身国际并跑行列，部分领域达到国际领先水平。中国的5G技术世界领先，成功跻身世界高科技产业链、价值链的顶端位置。中国高铁运营里程世界第一，高铁设备自产率接近90%，远超其他高铁强国。中国特高压输变电技术全球唯一，量子通信技术全球唯一，北斗导航系统全球组网成功，天宫、蛟龙、天眼、悟空、墨子、大飞机等重大科技成果相继问世，移动支付、共享产品全球领先。这些都表明，我国科技发展已经站在新的历史起点上，科技创新能力正从量的积累向质的飞跃转变、从点的突破向系统能力提升转变，具备了从科技大国迈向科技强国的重要基础。

新中国成立70多年来，中国的扶贫事业取得历史性成就。8亿多人脱离了贫困，约占整个世界脱贫人数的80%。特别是党的十八大以来，脱贫攻坚开创新局面，精准扶贫精准脱贫方略落地生效，脱贫攻坚战取得决定性胜利。到2020年底，中国有信心、有决心、有能力打赢脱贫攻坚战，如期全面建成小康社会，在中国历史上第一次完全消灭绝对贫困。到那时，中国将在世界上立起一座新的历史丰碑，为全世界的减贫事业提供一个新的成功样本，为广大发展中国家做好扶贫开发工作贡献中国智慧、提供中国方案。

新中国成立70多年来，中国国际地位显著提升，迎来了从世界体系边缘走近世界舞台中央的伟大飞跃。回溯19世纪上半叶以来的整个历史，中国国际方位的百年变迁，可以分为四个阶段。第一个阶段：1840年以前，中国处于资本主义世界体系的外围，中国主导的朝贡体系与西方建构的威斯特伐利亚体系比肩而立、互不相关，中国与西方构成"我—他"的非对象性关系，中国在封闭的朝贡体系中自娱自乐、自我欣赏、自我陶醉。第二个阶段：1840—1949年，在西方炮舰之下，中国主导的朝贡体系自动瓦解，中国被动世界化，处于资本主义世界体系的边缘，中国与西方构成"我—你"的主客体关系，西方为主、中国为客，西方主导、中国服从，缺乏自主性、独立性。第三个阶段：1949—2012年，中国自主融入世界，不管是前30年作为一个独立的主体参与苏联主导的社会主义阵营，还是后30年自主加入西方主导的世界体系之中，都有一个共同特点：中国处于世界体系的边缘，但不为任何大国所操控，保持自身的独立性、自主性，不拿原则做交易，不以牺牲核心利益为代价。第四个阶段：2013年以来，中国国际方位发生历史性翻转，前所未有靠近世界舞台中央，中国与西方构成"我们"的主体间性关系，中华民族从地域性民族上升为世界历史民族，有能力承担起与其自身国力和大国地位相匹配的世界历史使命。

再来看社会长期稳定奇迹。新中国成立70多年来，我国长期保持社会和谐稳定、人民安居乐业，成为国际社会公认的最有安全感的国家之一。

新中国成立70多年来，中国共产党连续稳定执政70多年，执政根基持续巩固，创造了古今中外历史上罕见的政治稳定奇迹。与西方轮流执政的政党制度不同，中国始终坚持一党执政、多党参政的新型政党制度，有效规避了党派政治斗争，确保始终将人民利益和国家利益摆在首要位置，同时也极大提高了行政效率，确保了政策制定执行的连贯性与稳定性。与部分一党专政的社会主义国家不同，中国共产党积极聆听民主党派与无党派人士的建议与诉求，接受民主党派与无党派人士的批评与监督，不断增强执政的科学性与民主性。面对改革开放、市场经济等外部环境考验与脱离群众、消极腐败等内部考验，中国共产党敢于正视问题、直面问题，以劈波斩浪的政治魄力，坚持全面从严治党，坚持自我革命，以零容忍的态度惩治腐败，塑造了良好的执政党形象，巩固了党的执政地位，创造了一个总体稳定的政治局面。

新中国成立70多年来，中国共产党始终坚持以人民为中心，不断保障和发展民生，创造了和谐稳定的社会局面。自古以来，吃饭问题就是影响社会和谐稳定的重要因素。20世纪80年代末，中国人民的温饱问题基本得到解决，20世纪90年代中期，中国人民生活总体达到小康水平。进入21世纪，党和国家提出全面建成小康社会的宏伟目标，2019年脱贫攻坚战取得决定性进展，全面小康指日可待。教育问题是影响社会和谐稳定的又一重要因素。1986年，中国颁布实施义务教育法，全面普及九年义务教育，截至2018年，义务教育普及程度已达到世界高收入国家的平均水平。与此同时，中国教育结构不断优化、教育事业全面发展，中西部和农村教育明显加强。就业是民生之本，中国就业形势不容乐观，党和国家制定一系列就业政策，以经济发展带动就业，优化经济结构扩大就业规模，鼓励广大劳动自主创业择业，建立健全相关就业扶持制度，城镇登记失业率保持较低水平。另外，中国城乡居民收入持续上涨，增长速度超过经济发展速度，中等收入群体不断扩大，覆盖城乡居民的社会保障体系基本建立，人民健康和医疗卫生水平大幅提高，人民群众基本实现有病可医。

概言之，新中国成立70多年来，中国创造了经济快速发展奇迹和社会长期稳定奇迹，这归功于中国特色社会主义制度，归功于我国国家制度和国家治理体系的显著优势。

二、国家制度的显著优势

我国国家制度和国家治理体系具有多方面的显著优势，党的十九届四中全会《决定》概括为 13 个方面的显著优势。

党领导一切的最大优势。党的十九届四中全会《决定》指出,我国国家制度和国家治理体系具有"坚持党的集中统一领导,坚持党的科学理论,保持政治稳定,确保国家始终沿着社会主义方向前进的显著优势"。[①] 中国共产党领导是中国特色社会主义最本质的特征,是中国特色社会主义制度的最大优势。强大的政治领导力、思想引领力、组织行动力、战略规划力、自我革命力,是中国共产党领导优势的重要体现,是理解中国之治的重要视角。绕开了中国共产党,就无法理解中国经济快速发展奇迹和社会长期稳定奇迹,就无法解开中国故事背后的真正密码,就无法理解自 20 世纪上半叶以来中国已经发生的、正在发生的和将要发生的一切。

人民当家作主的政治优势。党的十九届四中全会《决定》指出,我国国家制度和国家治理体系具有"坚持人民当家作主,发展人民民主,密切联系群众,紧紧依靠人民推动国家发展的显著优势"。人民是真正的主人,民主是社会主义的生命,人民民主是中国共产党高举的旗帜。人民当家作主是社会主义民主政治的本质和核心,中国共产党领导人民实行人民民主,就是保证和支持人民当家作主。我们党始终坚持国家一切权力属于人民,动员和组织人民参与管理国家和社会事务、管理经济和文化事业;始终坚持扩大人民民主,健全民主制度,丰富民主形式,拓宽民主渠道,扩大公民有序政治参与;始终坚持群众路线,密切同人民群众的联系,倾听人民呼声,回应人民期待,不断解决好人民最关心最直接最现实的利益问题,凝聚起最广大人民的智慧和力量。

全面依法治国的法治优势。党的十九届四中全会《决定》指出,我国国家制度和国家治理体系具有"坚持全面依法治国,建设社会主义法治国家,切实保障社会公平正义和人民权利的显著优势"。法治是治国理政的重要方式,是国家治理领域的一场深刻革命。我们党坚持依法治国、依法执政、依法行政共同推进,坚持法治国家、法治政府、法治社会一体建设,实现科学立法、严格执法、公正司法、全民守法,不断将法治中国建设推向前进;坚持公平正义的法治价值,坚持法治为民的核心理念,让人民群众在每一项法

[①] 《中国共产党第十九届中央委员会第四次全体会议文件汇编》,人民出版社 2019 年版,第 19—20 页。

律制度、每一个执法决定、每一宗司法案件中都能感受到公平正义，切实维护和保障人民的合法权益。

全国一盘棋的集中优势。党的十九届四中全会《决定》指出，我国国家制度和国家治理体系具有"坚持全国一盘棋，调动各方面积极性，集中力量办大事的显著优势"。中国能办大事，也办成了许多别国办不了的大事，成功的秘诀之一在于我国社会主义制度具有集中力量办大事的鲜明政治优势。邓小平同志指出，"社会主义同资本主义比较，它的优越性就在于能做到全国一盘棋，集中力量，保证重点。"① 习近平总书记指出，我们"最大的优势就是我国社会主义制度能够集中力量办大事。这是我们成就事业的重要法宝"。② 在一些社会主义建设的重要领域、关键行业、重大工程上，仅仅依靠某一地区或部门的力量是难以办到的，必须举全国之力才能完成。随着中华民族复兴伟业的不断推进，中国特色社会主义制度集中力量办大事的优势将更为显著。

中华民族共同体的团结优势。党的十九届四中全会《决定》指出，我国国家制度和国家治理体系具有"坚持各民族一律平等，铸牢中华民族共同体意识，实现共同团结奋斗、共同繁荣发展的显著优势"。中国是一个多民族国家，五十六个不同民族，构成中华民族共同体，这是我们的国族优势。中华民族共同体意识具有超越性的特征，超越民族、宗教和地域，本质是全体中华儿女的精神家园。漂泊世界各地的华人，一提到中华民族，就有了归家的感觉，这是亿万中华儿女的精神之乡。

公有制、按劳分配为主体的经济优势。党的十九届四中全会《决定》指出，我国国家制度和国家治理体系具有"坚持公有制为主体、多种所有制经济共同发展和按劳分配为主体、多种分配方式并存，把社会主义制度和市场经济有机结合起来，不断解放和发展社会生产力的显著优势"。社会主义基本经济制度涵盖了所有制关系、分配方式、资源配置方式等重要方面，丰富和发展了公有制的实现形式，丰富和发展了社会财富、社会资源的分配方式，实现公平与效率、秩序与活力的有机统一。坚持和发展社会主义基本经济制度，有助于激发经济社会发展活力，克服经济领域的风险挑战，拓展社会主

---

① 《邓小平文选》第3卷，人民出版社1993年版，第16页。
② 《习近平关于科技创新论述摘编》，中央文献出版社2016年版，第35页。

义现代化的发展空间，进一步解放和发展社会生产力，充分彰显社会主义制度的优越性。

构筑精神家园的文化优势。党的十九届四中全会《决定》指出，我国国家制度和国家治理体系具有"坚持共同的理想信念、价值理念、道德观念，弘扬中华优秀传统文化、革命文化、社会主义先进文化，促进全体人民在思想上精神上紧紧团结在一起的显著优势"。核心价值观是一个民族赖以维系的精神纽带，是一个国家共同的思想道德基础，没有共同的核心价值观，一个民族、一个国家就会魂无定所、行无依归。能否构建具有强大感召力的核心价值观，关系社会和谐稳定，关系国家长治久安。我们党坚持走中国特色社会主义文化发展道路，建设具有强大凝聚力和引领力的社会主义意识形态，大力倡导社会主义核心价值观，用核心价值观凝心聚力，发展中国特色社会主义文化，推动中华优秀传统文化创造性转化、创新性发展，推动社会主义文化繁荣兴盛，提高国家文化软实力，坚定文化自信，建设社会主义文化强国。

人民中心、共同富裕的发展优势。党的十九届四中全会《决定》指出，我国国家制度和国家治理体系具有"坚持以人民为中心的发展思想，不断保障和改善民生、增进人民福祉，走共同富裕道路的显著优势"。以人民为中心是中国共产党的根本政治立场，是中国共产党治国理政的根本理念，是贯穿习近平新时代中国特色社会主义思想的一根红线。在中国，"人民"是真正的主人，代表人民利益是中国共产党的最高利益所在，始终站在人民一边是中国共产党的崇高使命所系。中国共产党始终是人民利益的忠实代表者，站在人民立场上想问题、作决策、做事情、干事业。共同富裕是社会主义的本质规定，是中国特色社会主义的根本原则。贫穷不是社会主义，两极分化也不是社会主义。邓小平指出，"社会主义不是少数人富起来、大多数人穷，不是那个样子。社会主义最大的优越性就是共同富裕，这是体现社会主义本质的一个东西。"[①] 如果搞两极分化，情况就不同了，民族矛盾、区域间矛盾、阶级矛盾都会发展，相应地中央和地方的矛盾也会发展，国家就可能出乱子。

激发社会活力的改革优势。党的十九届四中全会《决定》指出，我国国家制度和国家治理体系具有"坚持改革创新、与时俱进，善于自我完善、自

---

① 《邓小平文选》第 3 卷，人民出版社 1993 年版，第 364 页。

我发展，使社会始终充满生机活力的显著优势"。①改革是一个国家、一个民族的生存发展之道，是社会发展的动力，不改革只有死路一条。回顾改革开放以来的历程，每一次重大改革都给党和国家发展注入新的活力、给事业前进增添强大动力，党和人民的事业在不断深化改革中波浪式向前推进。当前改革的复杂程度、敏感程度、艰巨程度明显加深，我们党坚定不移高举改革开放的旗帜，坚持全面深化改革，不断破解我国发展面临的风险挑战和现实问题，推动经济社会持续健康发展。

聚天下英才而用之的人才优势。党的十九届四中全会《决定》指出，我国国家制度和国家治理体系具有"坚持德才兼备、选贤任能，聚天下英才而用之，培养造就更多更优秀人才的显著优势"。人才是第一资源，没有人才强国，不可能建成社会主义现代化强国。人才问题关乎中国特色社会主义事业发展，关乎中华民族伟大复兴。在一定意义上，建设人才强国也就是建设社会主义现代化强国。党中央高度重视人才制度和人才管理体系的建设，坚决遏制选人用人不正之风，培养和选拔优秀人才，造就一大批高素质人才队伍，为人尽其才创造良好社会环境，充分发挥人才资源的积极效用，为增强国家的综合实力和国际竞争力提供智力支持，为夺取新时代中国特色社会主义伟大胜利提供人才支撑。

党指挥枪的安全优势。党的十九届四中全会《决定》指出，我国国家制度和国家治理体系具有"坚持党指挥枪，确保人民军队绝对忠诚于党和人民，有力保障国家主权、安全、发展利益的显著优势"。我们党在新形势下的强军目标是建设一支听党指挥、能打胜仗、作风优良的人民军队。听党指挥是灵魂，决定军队建设的政治方向；能打胜仗是核心，反映军队的根本职能和军队建设的根本指向；作风优良是保证，关系军队的性质、宗旨、本色，这是党加强建军治军的聚焦点和着力点。进入新时代，中国军队依据国家安全和发展战略要求，坚决履行党和人民赋予的使命任务，为巩固中国共产党领导和社会主义制度提供战略支撑，为捍卫国家主权、统一、领土完整提供战略支撑，为维护国家海外利益提供战略支撑，为促进世界和平与发展提供战略支撑。

---

① 《中国共产党第十九届中央委员会第四次全体会议文件汇编》，人民出版社2019年版，第20—21页。

"一国两制"、和平统一的民心优势。党的十九届四中全会《决定》指出,我国国家制度和国家治理体系具有"坚持'一国两制',保持香港、澳门长期繁荣稳定,促进祖国和平统一的显著优势"。[①]"一国两制"是国家的一项基本国策,实现了香港、澳门的和平回归和繁荣发展,港澳同胞对国家发展和民族复兴的信心不断增强,对国家的认同感和向心力不断加强。"一国两制"在香港、澳门的成功实践表明其是解决历史遗留的香港、澳门问题的最佳方案,是香港、澳门回归后保持长期繁荣稳定的最佳制度。"和平统一、一国两制"也是解决台湾问题的基本方针,是实现国家统一的最佳方式,符合包括台湾同胞在内的中华民族的整体利益。

构建人类命运共同体的外交优势。党的十九届四中全会《决定》指出,我国国家制度和国家治理体系具有"坚持独立自主和对外开放相统一,积极参与全球治理,为构建人类命运共同体不断作出贡献的显著优势"。西方主导的国际体系是依附格局和中心—边缘结构,不符合世界历史的发展潮流,不符合国际社会的普遍诉求,不符合全球正义的价值追求。构建人类命运共同体,是21世纪筹划人类命运的唯一选择。推动构建人类命运共同体,是中国对国际秩序观和全球治理观的创新与发展,是中国为建设美好世界而推动的顶层设计,也是中国为完善全球治理体系而给出的"中国方案"。这一方案源于中国,成果属于世界,贡献惠及世界。构建人类命运共同体,创新了全球治理的思维方式,开辟了世界秩序的宏大愿景,标识了大国外交的未来方向,开启了人类文明的崭新形态。

三、制度优势转化为治理效能

如何更好地推动国家制度优势转化为国家治理效能?如何持续地推动"中国之制"走向"中国之治"?主要从以下几个方面着力。

一是坚持社会参与、共同治理。党的十九届四中全会《决定》针对我国国家制度和国家治理体系,既总结强调了13个方面的显著优势,又明确提出了一个总体目标和13个坚持和完善,其中一个就是"坚持和完善共建共治共

[①] 《中国共产党第十九届中央委员会第四次全体会议文件汇编》,人民出版社2019年版,第21页。

享的社会治理制度,保持社会稳定、维护国家安全"。共建共治共享就是要引导全社会共同参与、共同治理,维护校园安全,保持社会稳定离不开多方的共同治理。社会治理方面有很多新意,是与时俱进的。党的十九届四中全会《决定》强调了社会治理不单单是党委和政府的事情,是全社会需要共建、共治、共享的事情。这需要党委领导、政府负责、社会协同、公众参与,需要人人有责、人人尽责、人人享有的社会治理共同体,通过共同体来实现社会治理的目标。

二是坚持深化改革,补齐制度短板。新时代全面深化改革,必须以坚持和完善中国特色社会主义制度、推进国家治理体系和治理能力现代化为主轴,深刻把握我国发展要求和时代潮流,把制度建设和治理能力建设摆到更加突出的位置,继续深化各领域各方面体制机制改革,推动制度更加成熟定型,推进国家治理体系和治理能力现代化。党的十九届四中全会《决定》提出了"固根基、扬优势、补短板、强弱项"四大任务,为新时代完善发展中国特色社会主义制度指明了方向,必须毫不动摇地贯彻实施。《决定》还提出13个"坚持和完善",这里包括"坚持"和"完善"两层意思,"坚持"说明这13个方面制度体系都有"稳"的一面,不能推倒重来,另起炉灶;"完善"说明这13个方面制度体系都有"变"的任务,都存在进一步完善发展的空间。"坚持"主要就是"固根基、扬优势",不能改的坚决不改,保持制度定力;"完善"主要就是"补短板、强弱项",该改的、能改的大胆地改,尤其是具体制度以及体制机制,还有不少短板和弱项,有些甚至成为制约发展和稳定的瓶颈,必须把各方面制度、体制机制、操作程序等完善起来,搞好集成总装,使中国特色社会主义制度优势更加显著,使各方面制度更加成熟更加定型。

三是坚持"四个治理",协同推进。党的十九届四中全会《决定》提出系统治理、依法治理、综合治理、源头治理,这是确保制度优势转化为治理效能的重要方法论。系统治理就是运用系统性原则和方法进行治理。国家治理是一项复杂的系统工程,要求运用系统论、工程学的观点去认识治理的各要素、各部分形成的结构,所处的层级,所产生的功能,以及它们之间互联互动的关系;依法治理就是运用法治原则和法治方式进行治理。依法治理是依法治国对治理实践的必然要求,是为了保证治理主体依法管理国家和社会事务,实现国家治理的制度化、法治化;综合治理就是多部门联手、运用多种方法手段对某一领域或某一专项工作开展治理。综合治理体现了事物固有的全局性、整体性特征；源头治理就是对治理对象抓住其本源问题进行彻底整治，通俗地说，源头治理就是要治本，从根本上解决问题。"四个治理"是一个有机整体，协同推进，不可偏废。

四是强化制度意识，维护制度权威。制度自信源于对制度的理性认同和执着信念，是制度优势得以发挥的重要社会心理基础，唯有大多数社会成员增强制度认同、坚定制度自信，各项制度才能得到自觉遵守、严格执行、切实维护，制度优势才能更好转化为治理效能。观念决定态度，思想决定行为。全社会形成尊崇制度、敬畏制度的文明环境，牢固树立制度意识，才会有遵守制度的行动自觉，才会赋予制度以权威，制度才能在国家治理中更好地发挥化解矛盾、构建秩序、引导行为的积极作用。制度权威以法理为基础，是法治国家有序运转的可靠保障，制度权威一旦遭到破坏，法治就无法成为国家治理的基本方式，国家就会陷入治理低效和社会失序的泥潭。要把制度优势转化为治理效能，必须强化制度意识，自觉维护制度权威。

五是坚持实践第一，整治形式主义。制度的生命力在于执行。从政有经，令行为上。好的制度只有落实才能呈现出好的效果。党的十九届四中全会描绘了坚持和完善中国特色社会主义制度、推进国家治理体系和治理能力现代化的美好蓝图，制定了制度建设的时间表、路线图。现在最重要的就是抓好落实。国家治理面临复杂、繁重的任务，不同地方、不同部门、不同领域都有其特殊性，单纯采取"一刀切"的方式来应对，片面追求效率和政绩，忽视了具体实际，最终将导致治理混乱或者治标不治本的结果。因此，在挥墨"中国之治"的宏伟蓝图中，我们需要做的事情还有太多，毛泽东同志说："世界上怕就怕'认真'二字，共产党就最讲'认真'。"[①] 只有全党全社会自觉尊崇制度、严格执行制度、坚决维护制度、加强执行监督，才能把制度优势转化为国家治理效能。

当前，优化社会治理不能搞花架子，来不得半点形式主义。形式主义背离人民中心立场，危害人民根本利益，同我们党的性质宗旨和优良作风格格不入，是党和人民的大敌。形式主义是作风问题，更是政治问题。形式主义无所谓好坏之分，无论何种形式主义都是违背事物发展规律的，都会给党和

---

① 《毛泽东年谱》第 3 卷，中央文献出版社 2013 年版，第 249 页。

人民的事业造成严重损失。形式主义是一个顽症，形式主义之弊非一日之寒，从根子上解决形式主义也非一日之功。形式主义具有顽固性、反复性、多样性、变异性，整治形式主义要紧盯老问题和新表现，全面检视、靶向治疗，加强源头治理和制度建设，进一步把广大干部干事创业的手脚从形式主义的束缚中解脱出来。要从讲政治高度整治形式主义官僚主义，深化治理贯彻党中央决策部署只表态不落实、维护群众利益不担当不作为，特别是漠视人民群众生命安全和身体健康等突出问题。整治形式主义要久久为功、善作善成。我们必须站在事关党的执政基础、事关党的生死存亡、事关实现两个百年奋斗目标和中华民族伟大复兴的政治高度来认识形式主义、官僚主义的危害，拿出刀刃向内、自我革命的勇气、决心和魄力，坚决向形式主义顽瘴痼疾开刀，确保社会治理满足人民美好生活期待，确保国家制度优势转化为治理效能。

第三节　制度坚守与制度自信

制度自信也就是对国家制度体系的信心、执着与坚守。中国特色社会主义制度自信建立在历史认知、现实评判和未来预期相统一的基础之上，表现为对中国特色社会主义制度的历史选择充分肯定，对中国特色社会主义制度的现实表现充分认可，对中国特色社会主义制度的发展前景充分期待。

一、制度自信的历史逻辑

中华民族在几千年历史演进中创造了灿烂的古代文明，产生形成了一整套包括朝廷制度、郡县制度、土地制度、税赋制度、科举制度、监察制度、军事制度等各方面制度在内的国家制度和国家治理体系，为周边国家和民族所学习和模仿。进入近代以来，封建统治腐朽无能，帝国主义列强入侵，导致中国逐步成为半殖民地半封建社会，统治中国几千年的君主专制制度陷入全面危机。为了救亡图存，为了改变中国的前途命运，无数仁人志士开始探寻新的国家制度和国家治理体系，尝试了君主立宪制、议会制、多党制、总统制等各种制度模式，但都以失败而告终。历史表明，在中国，对腐朽没落的旧制度，改良修补之路走不通，照搬西方政治制度模式也行不通，必须彻底推翻剥削阶级统治广大人民的政治制度，实行人民当家作主的新型政治制度。

中国特色社会主义制度，就是中国共产党团结带领中国人民在推翻帝国主义、封建主义和官僚资本主义的反动统治之后，创造性地运用马克思主义国家学说，在不断探索和实践中建立起来的保证亿万人民当家作主的全新国家制度。这一制度发端于我们党领导新民主主义革命时期在根据地执政的宝贵实践，经历了新中国成立后29年、党的十一届三中全会后32年、党的十八大以来8年这三个大的历史阶段，是党和人民长期奋斗、接力探索、历尽千辛万苦、付出巨大代价取得的。

第一个阶段，从新中国成立到党的十一届三中全会前，我们党确立了人民当家作主的国家制度，建立起社会主义基本制度，探索适合国情的社会主义建设道路，为当代中国一切发展进步奠定了根本政治前提和制度基础。1949年9月，中国人民政治协商会议第一届全体会议通过的具有临时宪法作用的《中国人民政治协商会议共同纲领》，确立人民民主专政为新中国国体，确立人民代表大会制度为新中国政体，还确立了中国共产党领导的多党合作和政治协商制度，确立了在统一的多民族国家内实行民族区域自治制度。1954年9月，第一届全国人民代表大会第一次会议的召开，标志着作为新中国根本政治制度的人民代表大会制度正式确立。这次会议通过的新中国第一部宪法，对人民民主专政的国家性质和人民代表大会制度的根本政治制度，对中国共产党领导的多党合作和政治协商制度、民族区域自治制度等国家基本政治制度作出了更为完备的规定。1956年，随着社会主义改造基本完成，我国确立了社会主义基本制度，成功实现了中国历史上最伟大最深刻的社会变革。这29年，党领导人民建立的国家制度，总体上适合中国实际、适应我国当时的经济基础，虽然还存在初创阶段的不成熟、不完善，但它开创性地建立了人民当家作主的新型国家制度，这是很了不起的。

第二个阶段，党的十一届三中全会开启了改革开放历史新时期，也开启了中国特色社会主义制度自我完善和发展的历史新征程。从那以后40多年来，党带领人民积极推进党的领导体制和经济体制、政治体制、文化体制、社会体制、生态文明体制、军事体制等方面改革，不断完善和发展中国特色社会主义制度，国家治理体系的活力和效率不断提升。比如，健全和完善党和国家的领导制度，健全和完善我国根本政治制度，健全和完善我国基本政治制度，健全和完善我国社会主义基本经济制度，健全和完善中国特色社会主义法治体系，等等。

第三个阶段，党的十八大以来，通过统筹推进"五位一体"总体布局、协调推进"四个全面"战略布局，推动中国特色社会主义制度更加完善、国家治理体系和治理能力现代化水平明显提高，为党和国家事业发生历史性变革提供了有力保障。比如，坚持和加强党的全面领导，进一步健全维护党中央权威和集中统一领导的制度，坚持和完善全面从严治党制度，坚持和完善中国特色社会主义法律体系，坚持和完善人民当家作主的制度。此外，在坚持和完善经济、文化、社会、生态文明、军事、外事等方面制度上，也都取得历史性进展。

总体来说，中国特色社会主义制度是从五千年接续的政治文化传统中走过来的，是从近代以来中国人民反抗外来侵略争取民族独立解放的斗争中走过来的，是从社会主义事业的艰苦创立和艰辛探索中走过来的，是党和人民在长期实践探索中形成的科学制度体系。历史和现实告诉我们，只有社会主义才能救中国，只有中国特色社会主义才能发展中国，只有中国特色社会主义制度才是实现中华民族伟大复兴的唯一制度选择。这是历史的结论，也是我们坚定制度自信的底气所在。

二、制度自信的现实逻辑

制度自信不是喊出来的，而是干出来的。进入新时代，中国特色社会主义制度自信，关键取决于制度建设成效和国家治理效能。从历史唯物主义观点看，一个好制度归根到底要表现在社会生产力的发展上，人民物质文化生活的改善上，国家综合国力的提升上，社会的长期稳定上。新中国成立70多年来，我国从一穷二白到经济总量稳居世界第二，从人民温饱不足到进入世界中等收入国家行列，从农业大国到工业制造业第一大国，从物资短缺到成为全球货物贸易老大,从对外封闭到参与全球治理,从跟随经济全球化步伐到立于经济全球化潮头,从世界体系边缘到前所未有地走近世界舞台中心,从动荡不安的乱世到国际社会公认的最有安全感的国家之一,中国用几十年时间走完了发达国家几百年走过的工业化历程,综合国力、科技实力、国防实力、文化影响力、国际影响力显著提升,人民生活显著改善,中华民族以崭新姿态屹立于世界的东方。这样的奇迹,在世界范围内、在人类历史上都是罕见的;这样的奇迹,绝不是"瞎猫碰死耗子"可以碰上的,一定有其内在的制度因素。当今世界,要说哪个制度能够自信的话,那中国特色社会主义制度是最有理由自信的。中国奇迹,是支撑制度自信的深刻基础。

中国奇迹,从根本上说正是中国特色社会主义制度的奇迹。中国道路的成功,不能忽略中国共产党的治理优势,不能忽略中国特色社会主义制度体系,不能忽略国家治理体系和治理能力。相对于三权分立、多党竞选、轮流坐庄的西方政治制度和治理模式,中国特色社会主义制度和国家治理体系具有鲜明的比较优势。特别是这一制度具有社会整合的能力,可以有效整合社会资源,集中力量办大事,避免了西方的"极化"政治和"否决政体";这一制度具有战略规划的定力,可以保持大政方针的稳定性、连续性,对攸关长远的事情"一届接着一届干""一张蓝图绘到底",避免了西方"一届对着一届干""一届隔着一届干"的制度恶果;这一制度强调决策执行的效率,对认准的事情有序推进,不争论、不折腾,拿事实说话,这在那些为反对而反对的西方议会制度和政党体制下是不可想象的;这一制度具有选贤任能的优势,可以保证国家领导层有序更替,避免了西方在执政团队选拔中受制于财团牵制、民粹裹挟、党派割裂等弊端。

邓小平同志20世纪80年代曾说:"我们中国要用本世纪末期的二十年,再加上下个世纪的五十年,共七十年的时间,努力向世界证明社会主义优于资本主义。我们要用发展生产力和科学技术的实践,用精神文明、物质文明建设的实践,证明社会主义制度优于资本主义制度,让发达的资本主义国家的人民认识到,社会主义确实比资本主义好。"[①]今天,距离邓小平同志划定的时间节点虽然还有三十年时间,但世所罕见的中国奇迹,中国之治与西方之

---

① 《邓小平年谱(1975—1997)》(下),人民出版社2004年版,第1255页。

乱的强烈对比，已经足以支撑起中国特色社会主义制度自信。

三、制度自信的理论逻辑

社会形态演变是一个自然历史过程，社会主义是人类社会发展的必然趋势。马克思主义认为，资本主义社会是"人类社会的史前时期"，是最后一种立足私有制基础上的社会形态。未来新社会，不是用一种剥削制度去代替另一种剥削制度，而是要结束一切剥削压迫制度，最终建立一个没有阶级剥削和阶级压迫的全新社会制度，开辟人类自觉创造历史的新时代。这个新社会新制度，经典作家称之为共产主义。今天，我们正处于共产主义社会的第一阶段——社会主义阶段，准确地说是正处于并将长期处于社会主义初级阶段。这一阶段离完全的共产主义还很远，与未来理想社会制度之间还有很大间距，但那不是否定现实社会主义制度的理由。苏联制度模式的失败，只是僵化模式的失败，绝不意味着社会主义制度的失败。今天，中国已经站立于人类社会制度的崭新地平线上，展望无限美好的光明前景，我们有什么理由不自信。

中国特色社会主义制度是中国共产党人将马克思主义国家学说与中国制度建设的具体实际成功结合的典范，是马克思主义制度理论中国化的伟大成果。新中国成立以来，在几代中国共产党人的接力探索中，马克思主义关于无产阶级政治统治理论和政治解放理论在中国转化为党的领导制度体系，关于无产阶级新型民主和新型专政理论转化为人民当家作主制度体系，关于无产阶级利用自己的政治统治夺取资产阶级全部资本的理论转化为社会主义基本经济制度，关于无产阶级文化革命理论和社会主义新文化理论转化为社会主义先进文化制度，关于社会物质生活关系决定国家与法的理论转化为中国特色社会主义法治体系，关于人民利益观和城乡关系理论转化为统筹城乡的民生保障制度，关于无产阶级暴力革命理论和军事理论转化为党对人民军队的绝对领导制度，关于无产阶级政党建设理论和社会公仆理论转化为党和国家监督体系，等等，这些制度的创立和形成为马克思主义国家制度理论的本土化、民族化、现实化树立了成功样本，为其他社会主义国家的制度建设创造了中国经验、贡献了中国智慧。

中国特色社会主义制度不是别的什么制度，而是名副其实的社会主义制度,是科学社会主义制度学说与中国具体实际相结合的制度产物。恩格斯曾经说过:"所谓'社会主义社会'不是一种一成不变的东西,而应当和任何其他社会制度一样,把它看成是经常变化和改革的社会。"①特别是在中国这样经济文化落后的半殖民地半封建的东方大国夺取全国政权、建立社会主义制度,是马克思主义发展史上的崭新课题,更要把马克思主义制度学说同中国制度建设具体实际结合起来,不断探索实践,不断改革创新,建设有本国特色的社会主义制度。新中国成立70多年来,中国特色社会主义制度随着实践的深入和发展,越来越焕发出强大生机活力。从马克思主义发展史来看,中国特色社会主义制度是马克思主义国家学说的伟大成果,是社会主义制度史上的伟大创造,是具有坚实学理支撑和鲜明中国特色的先进制度,我们完全有理由自信。

四、制度自信的人民逻辑

一个国家的制度代表谁、为了谁、依靠谁、服务谁,这是一个根本的问题、原则的问题。人民性是中国特色社会主义制度的本质属性。中国特色社会主义制度源于人民、为了人民、代表人民、依靠人民、服务人民,在人类制度文明史上第一次科学回答了"制度代表谁、为了谁、依靠谁、服务谁"这个首要的基本问题。人民是我们最大的靠山,中国特色社会主义制度的创立是人民的选择,中国特色社会主义制度的发展完善也是基于人民的利益和意愿。中国特色社会主义制度是捍卫社会正义的根本制度安排,是维护广大人民根本利益的可靠制度载体和坚实制度倚靠,是"保证亿万人民当家作主的新型国家制度"②。社会主义制度的建立,人类第一次近距离触摸到公平正义,人民第一次成为自己命运的主人。我国是工人阶级领导的、以工农联盟为基础的人民民主专政的社会主义国家,国家的一切权力属于人民。始终代表最广大人民的根本利益,保证人民当家作主,是我国国家制度和国家治理体系的本质属性,也是中国特色社会主义制度和国家治理体系区别于西方资本主义制度和治理体系的根本所在。

---

① 《马克思恩格斯全集》第37卷,人民出版社1971年版,第443页。
② 习近平:《坚持、完善和发展中国特色社会主义国家制度与法律制度》,《求是》2019年第23期。

中国特色社会主义制度坚持党的领导、人民当家作主、依法治国有机统一，把党的领导作为人民当家作主和依法治国的根本保证，把人民当家作主作为社会主义民主政治的本质特征，把依法治国作为党领导人民治理国家的基本方式，推动三者统一于我国社会主义民主政治伟大实践。习近平总书记强调："民主不是装饰品，不是用来做摆设的，而是要用来解决人民要解决的问题的。"[1]我国的人民当家作主制度，具体地、现实地体现在中国共产党执政和国家治理之中，具体地、现实地体现在党和国家机关各个方面、各个层级的工作之中，具体地、现实地体现在人民依法通过各种途径和形式管理国家事务、管理经济文化事业、管理社会事务的实践之中，是服务全体人民、保障全体人民根本权益的制度，而不是为某一个特定阶级、特定集团利益服务的制度。这正是中国特色社会主义制度有效运行、不断完善、巩固发展的根基所在，也是中国特色社会主义制度深受人民拥护和信赖的关键所在。哈佛大学肯尼迪政府学院 2020 年 7 月发布《理解中国共产党韧性：中国民意长期调查》，报告显示，中国民众 2003—2016 年对中央政府的满意度持续提升，2016 年达到 93.1%。美国皮尤中心最新民调显示，2019 年度中国民众对政府的满意度超过 86%，为全球最高，远高于世界平均水平的 47%。政府满意度折射出来的，正是人民对中国特色社会主义制度和国家治理体系的高度认可和充分信赖，这是我们坚定制度自信的人民逻辑。

2020 年，全球新冠肺炎疫情大考背后的制度逻辑值得深思。在突如其来的疫情面前，我们在极少数人和绝大多数人的利益拉锯中，我们站在最大多数人的一边；在资本逻辑和人民逻辑的利益博弈中，我们站在人民的一边；在经济发展和生命健康的利益冲突中，我们选择人民至上、生命至上，果断按下经济暂停键；在形式民主与实质民主的矛盾关系中，我们始终坚持形式与实质的统一，更加强调实质正义，处理新冠肺炎疫情阻击战中不担当、不作为、乱作为、慢作为的干部数千人。与此相反，绝大多数西方国家在极少数人和绝大多数人的利益拉锯中，在资本逻辑和人民逻辑的利益博弈中，在经济发展和生命健康的利益冲突中，在党派选举与社会正义的激烈对弈中，在人民形式上有权、实际上无权的民主悖论中，西方国家往往选择服从"资

---

[1]《习近平谈治国理政》第 2 卷，外文出版社 2017 年版，第 296 页。

本"的逻辑,服从一党一己之私利,服从选举之目的,盲目重启经济,盲目甩锅推责,付出了惨重的生命代价;有的西方国家在积极抗疫与全民免疫中游离不定,甚至敢冒天下之大不韪,以牺牲全民健康为代价,选择全民免疫的消极策略,给国民带来难以承受之重。某些西方国家的执政团队抗击疫情普遍存在不担当、不作为、乱作为、慢作为现象,民怨沸腾却无人为此负责,唯一被免职的还是一位为民代言的美军舰长,真是对西方制度优越论、普世价值论的极大讽刺。民意不可欺,民心是最大的政治。美国知名公关公司爱德曼2020年7月25日发布信任度调查显示,中国民众对本国政府信任度达95%,比2020年1月提升了5个百分点,在受访国中排第一;美国为48%,排倒数第二。这是中美两国人民对本国政府在疫情应对、公共危机治理方面作出的公允评价,孰优孰劣高下立见,我们有理由自信。

五、制度自信的世界视野

从制度属性和制度构成来比较,中国特色社会主义制度是中国共产党和中国人民的伟大创造,为人类制度文明作出了原创性的中国贡献。这种原创性在于:它创造了一套以社会主义为性质定向的成套制度体系,动摇了资本主义制度文明和制度体系的普世地位;它创造了一套一党领导、多党参政合作的新型政党制度,打破了西方政党模式的唯一性;它创造了一套以人民利益为价值取向的制度体系,不同于资本逻辑操控的西方制度;它创造了一套民主与集中有机结合的制度体系,超越了党争纷沓、相互倾轧的西方民主制度;它创造了一套公有制与多种所有制共同发展、按劳分配与多种分配方式并存、社会主义与市场经济有机结合的基本经济制度,超越了西方基本经济制度;它创造了一套以和平外交为主轴的外交政策,摆脱了西方制度的霸权逻辑和"修昔底德陷阱"。如此这些说明,中国特色社会主义制度不是舶来品、飞来峰,而是具有自主知识产权的中国创造,我们完全有理由自信。

从制度效能来比较,中国特色社会主义制度是一套与西方制度完全异质、却更加成功的现代制度体系。中国以不同于西方的国家制度和国家治理体系,花费比西方少得多的时间,付出比西方小得多的代价,没有经历类似西方的经济危机、政治危机和社会危机,取得了比西方更大的成绩,中国制度的样本意义是其他国家难以比肩的。它拓展了发展中国家走向现代化的途径，宣告了"全球化＝西方化""现代化＝西方化"的简单和偏颇，给那些既希望加快发展又希望保持自身独立性的国家和民族提供了全新的制度方案、治理模式；它展示了"中国之治"的美好图景，给那些正处于经济停滞、民族分裂、政局动荡中的国家和人民提供了重要启迪，给那些迷信西方制度、总是幻想向"西天取经"的国家和民族提供了重要警醒，给那些热衷制度输出、到处制造颜色革命的国家和政府注入了一剂清新剂；它激活了世界社会主义运动的生机活力，在全世界高高举起了中国特色社会主义伟大旗帜，指明了摆脱全球资本统治的全新出路，推动世界社会主义运动进入新阶段。比较西方制度，中国风景正好。中国特色社会主义制度的巨大成功具有鲜明的世界历史意义，我们完全有理由自信。

制度自信，说到底是一种理性的自信、清醒的自信，是一种兼收并蓄、开放包容的自信。自美其美是自信，美人之美也是自信。故步自封是不自信的表现，孤芳自赏是盲目自信的表现。正视自身制度的不足，吸收人类政治文明的优长，才能取长补短、不断完善发展。那种以自傲为特征、以普世为使命的西方制度观不是真正的自信，以自恋为取向、以封闭为特征的狭隘制度观也不是真正的自信。我们之所以对中国特色社会主义制度有自信，一个重要方面就在于我们善于吸收其他制度的长处，善于坚守自身的长处，善于把别人的长处与自己的长处相结合，结果一定比别人更好。

第四节　制度选择与制度评价

制度好是国家之幸，是人民之福。如何选择一个好的制度，如何评价一个制度好不好，涉及制度选择的依据和制度评价的标准问题。马克思主义认为，社会制度的选择有其客观的依据，社会制度的评价有其客观的标准，绝不是一个仁者见仁、智者见智的问题。

一、制度选择的依据

世界上没有适用一切社会的制度模式，符合自己国情和传统的制度就是最好的制度。常言道，鞋子合不合脚，自己穿了才知道。各个国家选择什么样的国家制度，是由这个国家的现实国情、文化传统和历史命运决定的，应当由各个国家的人民说了算。我们选择中国特色社会主义制度好不好、对不对，中国人民最清楚，也最有发言权。习近平总书记反复强调："一个国家的发展道路合不合适，只有这个国家的人民才最有发言权。"[①]我们在这个重大政治问题上一定要有定力、有主见，决不能自失主张、自乱阵脚。

制度选择必须坚持中国立场，从中国实际出发。中国选择什么样的制度体系和治理模式，不能脱离特定社会政治条件来选择，不能从某个所谓经典文本或启蒙思想家的本本出发，不能从他国的制度样本出发，不能听信西方某些政客、学者或媒体的忽悠，不能追求千篇一律、定于一尊。习近平总书记指出："在政治制度上，看到别的国家有而我们没有就简单认为有欠缺，要搬过来；或者，看到我们有而别的国家没有就简单认为是多余的，要去除掉。这两种观点都是简单化的、片面的，因而都是不正确的。"[②]西方好的东西，在西方之外是否具有实践合理性，是否具有客观真理性，这是一个实践的问题，有待实践验证的、悬而未决的问题。任何对的东西都有自己的作用范围和价值限度，一旦超出自己的适用范围和作用领地，哪怕是往前迈出一小步，甚至就是荒谬绝伦的东西。任何国家，期待突然搬来一座政治制度上的"飞来峰"，在理论上是错误的，在实践上已经被证明是灾难性的，我们千万不能在这个根本性问题上重蹈某些国家覆辙，犯颠覆性错误。

中国特色社会主义制度是契合中国国情的最优选择。选择以什么样的制度来建设国家，事关根本、事关全局、事关长远。中国是一个国情极为独特的国家，960万平方公里的超大国土面积，14亿多人口的超大人口规模，纵贯5000年的超长历史纵深，未曾断裂的文化血脉，多民族多宗教的复杂社会结构，坎坷多舛的独特历史命运，在全世界是独一无二的。治理这样的国家，我们能照谁的模式办？谁又能告诉我们怎么办？设计我国的社会主义制度，

---

① 《习近平谈治国理政》，外文出版社2014年版，第315页。
② 习近平：《在庆祝全国人民代表大会成立60周年大会上的讲话》，人民出版社2014年版，第15页。

要坚持从国情出发、从实际出发，不能割断历史，不能枉顾国情，不能设想搬来一座制度上的"飞来峰"。中国特色社会主义制度体系，没有延续我国传统社会制度的母版，没有简单套用马克思主义经典作家设想的制度模板，也不是苏联等其他国家社会主义制度体系的再版，更不是西方国家现代制度体系的翻版，而是社会主义制度的中国版。新中国成立70多年特别是改革开放40多年来，我国制度建设向世界说明了一个道理，治理一个国家，推动一个国家实现现代化，并不是只有西方制度模式这一条道，各国完全可以走出自己的道路来。中国共产党领导和社会主义制度，是我们治国理政的本根。我们推进国家治理体系和治理能力现代化，绝不是西方化、资本主义化。在坚定中国特色社会主义制度自信上，我们就是要"咬定青山不放松，任尔东南西北风"。

二、制度评价的标准

评价一个制度好不好，实践是最高标准。当今世界存在着两个根本不同的制度体系，一个是社会主义制度，一个是资本主义制度，以西方的制度模式为标准评判中国是不恰当的，用西方的民主模式剪裁中国是不适宜的，只能拿事实来说，实践最有说服力。实践标准，具体包括三个方面：生产力标准，人民利益标准，社会稳定标准。

其一，生产力标准是衡量制度是非优劣的根本标准。"生产力标准"主要是物的标准，主要是从社会物质财富增长和社会进步的尺度来衡量和判断事物和社会实践活动价值的。生产力是社会存在的基础，是社会发展的决定力量。因此，对一切社会实践活动和一切工作的价值评价，对一个国家的制度体系和治理体系的评价，首先要着眼于生产力的发展，把握"是否有利于发展生产力"这一根本标准。毛泽东指出："中国一切政党的政策及其实践在中国人民中所表现的作用的好坏、大小，归根到底，看它对于中国人民的生产力的发展是否有帮助及其帮助之大小，看它是束缚生产力的，还是解放生产力的。"[1]邓小平在我国改革开放之初说："不管你搞什么，一定要有利于发展生

---

[1] 《毛泽东选集》第3卷，人民出版社1991年版，第1079页。

产力"。"社会主义经济政策对不对,归根到底要看生产力是否发展,人民收入是否增加。这是压倒一切的标准。"①习近平总书记强调:"生产力是推动社会进步最活跃、最革命的要素,生产力发展是衡量社会发展的带有根本性的标准。"②他还说:"解放思想,解放和增强社会活力,是为了更好解放和发展社会生产力。"③只有不断做大"蛋糕",奠定更加坚实的物质基础,才可能有足够的物质财富去分好"蛋糕"。制度改革、体制改革、机制改革,最根本的目标就是解放和发展生产力,因此评价、判断国家制度和治理体系的成败得失就在于是否达到了这一预期的目标。对中国特色社会主义制度体系究竟怎么看,关键看实践,事实胜于雄辩。这个"事实"首先是生产力的发展。生产力标准是制度评价的根本标准,凡是有利于生产力发展和推动社会进步的,就是应当肯定的;反之,则是应当否定的。综合国力的增强,人民生活的改善等,都要建立在生产力发展的基础之上。离开了生产力的发展,一切都是空谈。把是否有利于生产力的发展作为根本标准,不仅体现了实效原则,也把对制度的评价奠定在唯物史观的基石之上,与用抽象的口号和理性来裁判划清了界限。

以生产力标准来评价中国特色社会主义制度,改革开放40多年来,我们破除旧的体制和机制的束缚,极大解放和发展了生产力,经济建设取得巨大成就。到2019年底,我国国内生产总值已达到近100万亿元,人均达到1万美元,发展成为世界第二大经济体。我国拥有世界上最完整的工业产业链条、最强大的工业制造能力。在2010年,中国制造业产值就超过美国,成为全球制造业第一大国。中国已成为世界经济的动力之源和稳定之锚,对世界经济增长的贡献率达30%以上,超过美国、日本和欧盟之和。我们大力实施创新驱动发展战略,建设创新型国家取得一批重大科技成果。开放型经济新体制逐步健全完善,对外贸易、外商投资、外汇储备均稳居世界前列。总之,社会主义的一个优越性,就是"生产力比资本主义发展得更快一些、更高一些,"④改革开放奠定我国社会主义的强大物质基础,取得了极大成功,这说明

---

① 《邓小平文选》第2卷,人民出版社1994年版,第314页。
② 习近平:《坚持历史唯物主义不断开辟当代中国马克思主义发展新境界》,《求是》2020年第2期。
③ 《习近平谈治国理政》,外文出版社2014年版,第92—93页。
④ 《邓小平文选》第3卷,人民出版社1993年版,第63页。

中国特色社会主义制度是一个好制度。

其二,人民利益标准是衡量制度是非优劣的最高标准。"人民利益标准"主要是人的标准,主要是从人们的生活和人的全面发展来衡量社会制度和一切工作的。制度改革也好,生产力发展也好,最终要使人民群众受益,生活水平改善提高,有利于促进人的全面发展。这是最终、也是最高的标准。毛泽东曾指出:"共产党人的一切言论行动,必须以合乎最广大人民群众的最大利益,为最广大人民群众所拥护为最高标准。"[1]邓小平认为,各项工作的成效"要最终体现到人民生活水平上"[2],要给人民看得见、摸得着的实际利益。习近平总书记指出,全面深化改革要以"增进人民福祉为出发点和落脚点"。"党的一切工作必须以最广大人民根本利益为最高标准。我们要坚持把人民群众的小事当作自己的大事,从人民群众关心的事情做起,从让人民群众满意的事情做起,带领人民不断创造美好生活"[3]。人民是历史的主体,也是价值的主体,这决定我们必须坚持以人民为中心,坚持以人为本的执政理念。坚持人民利益标准,就是坚持党的根本宗旨,就是坚持"一切为了人民,一切依靠人民"的群众史观。完善和发展中国特色社会主义制度,推进国家治理体系和治理能力现代化,就是要"让改革发展成果更多更公平惠及全体人民","多谋民生之利,多解民生之忧,在幼有所育、学有所教、劳有所得、病有所医、老有所养、住有所居、弱有所扶上不断取得新进展,不断促进社会公平正义,不断促进人的全面发展、全体人民共同富裕。"[4]

以人民利益标准来评价中国特色社会主义制度,改革开放40多年来,是人民群众获利最多、生活改善最大、民生保障提高最快的时期,人民的获得感、幸福感和安全感显著增强。特别是党的十八大以来,我们党坚持以人民为中心的发展思想,坚决打赢脱贫攻坚战,进度符合预期,成就举世瞩目。到2020年4月底,我国已有河北、山西、内蒙古、吉林、黑龙江、河南、湖

---

[1] 《毛泽东选集》第3卷,人民出版社1991年版,第1096页。
[2] 《邓小平文选》第3卷,人民出版社1993年版,第355页。
[3] 习近平:《决胜全面建成小康社会 夺取新时代中国特色社会主义伟大胜利——在中国共产党第十九次全国代表大会上的报告》,《人民日报》2017年10月28日。
[4] 习近平:《在党的十九届一中全会上的讲话》,《求是》2018年第1期。

南、海南、重庆、西藏、陕西、青海、湖北、江西、安徽等15个省区市的贫困县，实现了全部脱贫摘帽。深化教育改革，教育事业不断发展，中西部地区和农村教育得到明显改善和加强。受益于经济的高质量发展，改革创新红利的释放，以及稳就业政策的发力，就业状况持续改善。城乡居民收入增长快于经济增长，中等收入群体继续扩大。覆盖城乡居民的社会保障体系基本建立，人民健康、医疗卫生服务水平大幅提高，保障性安居工程稳步推进。社会治理体系不断完善，社会保持和谐稳定，人民群众安居乐业。总体来说，改革开放以来，全体人民共享改革发展成就，人民群众获得感显著提升，这说明中国特色社会主义制度是一个好制度。

其三，社会稳定是衡量制度是非优劣的重要标准。社会和谐，政局稳定，这是压倒一切的大事情。邓小平早就指出，"我们评价一个国家的政治体制、政治结构和政策是否正确，关键看三条：第一是看国家的政局是否稳定；第二是看能否增进人民的团结，改善人民的生活；第三是看生产力能否得到持续发展"[1]。在这里，第一条和第二条都涉及社会和谐稳定、人民安居乐业这个标准。"中国的问题，压倒一切的是需要稳定"，[2]没有稳定的政治局面、社会局面，什么事情也干不成，已经取得的成果也会失掉。改革开放40多年来，我国能够在创造了一个又一个彪炳史册的人间奇迹，能够在取得一个又一个惊羡全球的伟大成就的同时又保持了社会稳定，其中一个很重要的原因就是我们始终高度重视处理好改革发展与稳定的关系。只有社会稳定，改革发展才能顺利推进；只有改革发展不断推进，社会稳定才能具有更坚实的基础。改革开放40多年来，我们始终坚持把改革力度、发展速度和社会可承受程度统一起来，始终坚持把改善人民生活作为正确处理改革发展稳定关系的结合点，始终坚持在保持社会稳定中推进改革发展，通过改革发展促进社会稳定。忽视社会和谐稳定必然付出沉重代价，在这方面，一些国家的教训当引以为戒。比如，乌克兰独立前是苏联的工业重镇，发展基础和条件非常好，核武库仅此美国和俄罗斯，具备航母、战略轰炸机、战略运输机等设计制造能力，

---

[1] 《邓小平文选》第3卷，人民出版社1993年版，第213页。
[2] 《邓小平文选》第3卷，人民出版社1993年版，第284页。

但是在一波又一波的颜色革命操弄下，经过近 30 年的折腾国民经济依然没有恢复到解体前的水平。

以社会稳定标准来评价中国特色社会主义制度，新中国成立以来特别是改革开放 40 多年来，我们创造了社会长期稳定奇迹，没有发生系统性的经济危机、政治危机、社会危机，这是世界公认的，任何势力都无法否认的。社会主义革命和建设时期，我国经受了抗美援朝战争、三年困难时期、"文化大革命"、唐山、邢台大地震等重大考验；改革开放新时期，我国又经受了 1997 年亚洲金融危机、1998 年特大洪灾、1999 年北约轰炸我国驻南联盟大使馆、2003 年非典重大疫情、2008 年四川汶川特大地震和国际金融危机等重大考验，在党中央坚强领导下，人民共和国经受住了种种严峻考验，保持了国家政治和社会大局稳定，取得了革命、建设、改革的一系列重大成就。党的十八大以来，在以习近平同志为核心的党中央坚强领导下，面对世界经济复苏乏力、局部冲突和动荡频发、全球性问题加剧的外部环境，面对我国经济发展进入新常态、美国对我国发起贸易战等一系列深刻变化，面对党面临的重大风险考验和党内存在的突出问题，面对汹涌而至的新冠疫情，我国始终坚持稳中求进工作总基调，迎难而上、开拓进取，继续战胜前进道路上的各种风险挑战，取得改革开放和社会主义现代化建设的历史性成就，全国到处呈现一派政治稳定、经济发展、文化繁荣、民族团结、人民幸福、社会安宁的景象。这同世界上一些国家社会分裂不断加剧甚至造成严重的政治动荡，形成了极为鲜明的对比。概言之，新中国一路走来，任凭风雨吹打，我自岿然不动，不断从胜利走向新的胜利，这说明中国特色社会主义制度是一个好制度。

三、保持制度定力

保持制度定力，就是要毫不动摇坚持社会主义制度，毫不动摇坚持和发展中国特色社会主义。在道路、制度、方向、立场等重大原则问题上，旗帜要鲜明，态度要明确，不能有丝毫含糊，真正做到"任凭风浪起，稳坐钓鱼船"。在前进道路上，咬定青山不放松，坚持独立自主，既不走封闭僵化的老路，也不走改旗易帜的邪路，坚定不移走中国特色社会主义道路，一以贯之坚持和完善中国特色社会主义制度。

中国特色社会主义制度是当代中国发展进步的根本制度保障，是具有鲜明中国特色、明显制度优势、强大自我完善能力的先进制度。新中国成立以来特别是改革开放以来，中国的发展成就惊艳世界，用几十年时间走完了发达国家几百年走过的工业化历程，把不可能变成了可能。中国的成功，在一定意义上说，就是中国特色社会主义制度的胜利。历史和实践告诉我们，中国特色社会主义制度和国家治理体系是一套行得通、真管用、有效率的制度和治理体系，是实现社会主义现代化、创造人民美好生活的唯一制度选择。实践也充分证明，我国国家制度和国家治理体系具有多方面的优势，它将顶层设计与基层实践相结合，将传统文化与现代化建设相衔接，是科学规范的制度体系，是系统完备的制度体系，是运行有效的制度体系。

中国特色社会主义制度是特色鲜明、富有效率的，但还不是尽善尽美、成熟定型的。中国特色社会主义事业不断发展，中国特色社会主义制度也要与时俱进。我们说坚定制度自信，不意味着制度尽善尽美；我们说保持制度定力，不意味着制度不需要改革；当然，我们说要改革完善，也不意味着从根本上改变社会主义制度、另起炉灶。习近平总书记指出："我们全面深化改革，不是因为中国特色社会主义制度不好，而是要使它更好；我们说坚定制度自信，不是要固步自封，而是要不断革除体制机制弊端，让我们的制度成熟而持久。"[1]中国特色社会主义制度取得了巨大成功，但它并没有封闭自我完善发展的历史空间，也没有结束人类对制度文明、政治文明的探索，而是在实践中不断开辟着通往更高政治文明、更好社会制度的道路，不断夯实着制度自信的实践基础。随着中国特色社会主义进入新时代，我国社会主要矛盾已经转化为人民日益增长的美好生活需要和不平衡不充分的发展之间的矛盾，我国国家治理面临许多新任务新要求，必然要求中国特色社会主义制度和国家治理体系更加完善、不断发展。

党的十九届四中全会审议通过的《中共中央关于坚持和完善中国特色社会主义制度、推进国家治理体系和治理能力现代化若干重大问题的决定》（以下简称《决定》），为新时代建设更加成熟更加定型的中国特色社会主义制度作出了战略部署，是指导我国国家制度建设的纲领性文献。按照《决定》要

---

[1] 《习近平关于社会主义政治建设论述摘编》，中央文献出版社2017年版，第8—9页。

求着力构建系统完备、科学规范、运行有效的制度体系，就一定能完成推动中国特色社会主义制度更加成熟更加定型的重大任务，为增强制度自信奠定更加坚实的基础。首先要坚持"总体目标"不动摇。《决定》提出的坚持和完善中国特色社会主义制度、推进国家治理体系和治理能力现代化的"三步走"总体目标，凝聚了几代中国共产党人的意愿和心血，体现了以习近平同志为核心的党中央对完善国家制度和国家治理体系的战略眼光和政治定力，必须毫不动摇地贯彻实施。其次要突出"四个治理"不偏废。党的十九届四中全会提出的系统治理、依法治理、综合治理、源头治理，是对我国长期治国理政实践的经验总结，也是将我国制度优势转化为治理效能、推动各方面制度更加成熟更加定型的重大任务，必须毫不动摇地贯彻实施。最后要抓好"四大任务"不松懈。《决定》提出了"固根基、扬优势、补短板、强弱项"四大任务，为新时代完善发展中国特色社会主义制度指明了方向，必须毫不动摇地贯彻实施。

当然，制度成熟定型是一个动态的发展过程，治理体系和治理能力的现代化也是一个动态的发展过程，既不可能一蹴而就，也不可能一劳永逸。我们提出的国家制度和国家治理体系建设的目标必须要随着实践的发展不断与时俱进，既不能过于理想化、急于求成，也不能盲目自信、故步自封。必须要在聆听时代声音，把准时代脉搏，回应时代呼唤中不断检验和发展中国特色社会主义制度，在认真研究和吸收借鉴人类制度文明的有益成果中不断完善和发展中国特色社会主义制度，为实现中华民族伟大复兴中国梦提供坚强有力的制度保障，为推动人类制度文明发展进步作出中国的原创性贡献。

历史不会终结，制度建设永远在路上。中国特色社会主义制度和国家治理体系，是我们党团结带领中国人民在不断探索实践、不断改革创新中形成的，也必须和必然在改革创新中走向更加成熟更加完善。新征程上，我们必须以开拓进取精神，久久为功，善做善成，把党的十九届四中全会描绘的宏伟蓝图绘就在中华大地上，为坚持和完善中国特色社会主义制度写出新的时代篇章，为坚定中国特色社会主义制度自信夯实底座、厚植根基，为实现"两个一百年"奋斗目标提供根本制度保障。

第五节　统筹疫情防控与经济社会发展

新冠肺炎疫情在全球蔓延，对世界各国国家制度、国家治理体系和治理能力都是一次大考。疫情应对的成效，从一个侧面反映了国家治理的能力和水平。疫情在我国发生以来，以习近平同志为核心的党中央高度重视，科学判断形势，精准部署安排，强力推动落实，全国疫情防控阻击战取得了重大战略成果。回顾我国应对新冠肺炎疫情实践，科学分析中国特色社会主义制度和国家治理体系在这场大考中的表现，对于坚持和完善中国特色社会主义制度、推进国家治理体系和治理能力现代化无疑具有重要意义。

一、应对疫情防控的根本遵循

新冠肺炎疫情发生以来，习近平总书记在领导全党全国人民开展疫情防控的人民战争、总体战、阻击战的过程中，发表了一系列重要讲话，科学回答了疫情防控为了谁、依靠谁、如何防控、如何统筹推进疫情防控工作和经济社会发展等一系列重大问题，是习近平新时代特色社会主义思想在疫情防控中的应用、丰富和发展，为疫情防控工作的有序开展提供了根本指引。其要点包括以下几个方面。

坚持党的领导。中国共产党的领导是中国特色社会主义制度的最大优势，党中央集中统一领导是疫情防控工作取得胜利的根本保证。疫情防控之初，中央就印发了《关于加强党的领导、为打赢疫情防控阻击战提供坚强政治保证的通知》，成立应对疫情工作领导小组，向湖北等疫情严重地区派出指导组，从政治上、组织上保证了党对疫情防控工作的统一领导。习近平总书记要求，必须加强党中央集中统一领导，各级党委和政府要加强统一领导、统一指挥，各级党政领导干部特别是主要领导干部要坚守岗位、靠前指挥，做到守土有责、守土尽责。正是在党中央的坚强领导下，立足地区特点和疫情形势因应施策，把武汉和湖北作为全国主战场，对其他省份加强分类指导，严守"四道防线"，步步推进、层层深入，形成了全面动员、全面部署、全面加强疫情防控的战略格局，疫情防控斗争才一步步取得胜利。

坚持以人民为中心。人民高于一切，生命重于泰山。习近平总书记反复强调要把人民群众生命安全和身体健康放在第一位，把疫情防控作为当前最重要的工作来抓，突出人民利益高于一切的价值理念。他既要求应收尽收、全力救治患者，又督促做好一线医务人员生活、安全、人文关怀等各方面工作；既关心前线的物资补给，全方位开展统筹调度，又紧盯全国老百姓的生活供应，多举措稳定市场，还时刻关注着特殊群体、贫困人口的生产生活，出台一系列保障措施。"以人民为中心"作为新时代中国特色社会主义的核心理念，在疫情防控过程中得到充分体现。

坚持全民抗疫。打赢疫情防控这场人民战争，必须紧紧依靠人民群众。习近平总书记要求，广泛动员群众、组织群众、凝聚群众，全面落实联防联控措施，构筑群防群治的严密防线。在这场没有硝烟的战争中，广大党员冲锋在前，广大医务工作者日夜奋战，人民解放军闻令而动，广大公安干警、疾控工作人员、社区工作者坚守岗位，广大新闻工作者深入一线，广大志愿者真诚奉献，社会各界和港澳台同胞、海外侨胞纷纷捐款捐物。正是因为始终坚持群众观点，走群众路线，才凝聚起万众一心的抗疫合力，在新时代的特殊战场上创造了"人民战争"的奇迹。

坚持全面抗疫。疫情防控不只是医药卫生问题，而是全方位的工作，是总体战。习近平总书记要求，既要做好疫情防控重点工作，加强重点地区疫情防控，提高收治率和治愈率，降低感染率和病死率，加大科研攻关力度，又要做好维护社会稳定工作，全力维护正常经济社会秩序、医疗救治秩序，扎实做好社会安全稳定工作，切实维护正常交通秩序；既要做好宣传教育和舆论引导，坚定战胜疫情信心，壮大网上正能量，有效影响国际舆论，又要保持经济平稳运行，积极推动企业复工复产，推动重大项目开工建设，着力稳定居民消费。[①]

坚持统筹抗疫。推进疫情防控和经济社会发展工作是两个大局，需统筹考虑、协调推进。习近平总书记强调，推进疫情防控，要紧紧抓住事关全局的重要因素，坚决打好湖北保卫战、武汉保卫战，全力做好北京疫情防控工

---

① 习近平：《在中央政治局常委会会议研究应对新型冠状病毒肺炎疫情工作时的讲话》，《求是》2020年第4期。

作，科学调配医疗力量和重要物资，加快科技研发攻关，扩大国际和地区合作，提高新闻舆论工作有效性，切实维护社会稳定。推进经济社会发展工作，要统筹内需和外需，统筹返岗复工和脱贫攻坚，统筹金融市场和实体经济，统筹一二三产业，统筹经济发展和社会秩序恢复①。随着疫情防控形势的发展，中央又要求落实常态化疫情防控举措，全面推进复工复产工作。习近平总书记对疫情防控和经济社会发展工作两个大局通盘考虑，两条战线一体部署，为我们最终获得胜利提供了强有力保障。

坚持精准抗疫。疫情防治成败系于精准。早在2020年1月25日，习近平总书记就提出坚定信心、同舟共济、科学防治、精准施策的重大要求。在疫情防控工作中，要"分类指导各地做好疫情防控工作""不断完善诊疗方案""依法科学有序防控"；在复工复产工作中，要分区分级精准复工复产，因地因企因人分类帮扶，提高政策精准性，劳务输出地和输入地要精准对接；在宏观政策方面，宏观政策重在逆周期调节，节奏和力度要能够对冲疫情影响，防止经济运行滑出合理区间，防止短期冲击演变成趋势性变化；等等。这一系列要求，就是要确保以精准的政策措施有效克服困难、解决问题。

坚持科技抗疫。人类同疾病较量最有力的武器就是科学技术，人类战胜大灾大疫离不开科学发展和技术创新。习近平总书记将科研和物资生产比喻为疫情防控一线外的另一条战线，他从加强药物、医疗装备研发和临床救治相结合、推进疫苗研发和产业化链条有机衔接、统筹病毒溯源及其传播途径研究、做好患者康复和隔离群众的心理疏导工作、完善平战结合的疫病防控和公共卫生科研攻关体系、坚持开展爱国卫生运动、加强疫情防控科研攻关的国际合作等方面指明了科研攻关工作重点②，为战胜病魔注入强大能量。

坚持改革抗疫。应对新冠肺炎疫情挑战离不开改革这个最大动力。习近平总书记在中央全面深化改革委员会第十二次会议上的讲话中，从强化公共卫生法治保障、改革完善疾病预防控制体系、改革完善重大疫情防控救治体系、健全重大疾病医疗保险和救助制度、健全统一的应急物资保障体系等方面提出具体要求，推动完善重大疫情防控体制机制，健全国家公共卫生应急

---

① 习近平：《在统筹推进新冠肺炎疫情防控和经济社会发展工作部署会议上的讲话》，《人民日报》2020年2月24日。

② 习近平：《为打赢疫情防控阻击战提供强大科技支撑》，《求是》2020年第6期。

管理体系，提高应对突发重大公共卫生事件的能力和水平[①]。中央全面深化改革委员会第十三次会议又审议通过了《关于健全公共卫生应急物资保障体系的实施方案》《关于推进医疗保障基金监管制度体系改革的指导意见》。他反复要求要针对这次疫情暴露出来的短板和不足，不失时机推动改革，加快各方面体制机制建设，加快国家治理体系和治理能力现代化进程。他特别强调，要着力完善城市治理体系和城乡基层治理体系，树立"全周期管理"意识，努力探索超大城市现代化治理新路子[②]。

坚持法治抗疫。依法治国是党领导人民治理国家的基本方式，疫情防控工作离不开法治。习近平总书记指出："疫情防控越是到最吃劲的时候，越要坚持依法防控，在法治轨道上统筹推进各项防控工作，保障疫情防控工作顺利开展。"[③]在中央全面依法治国委员会第三次会议上，习近平总书记明确要求各级党委和政府要全面依法履行职责，坚持运用法治思维和法治方式开展疫情防控工作，在处置重大突发事件中推进法治政府建设，提高依法执政、依法行政水平。会议通过的《关于依法防控新型冠状病毒感染肺炎疫情、切实保障人民群众生命健康安全的意见》，从立法、执法、司法、守法各环节明确了重点任务，为疫情防控工作提供了法治保障。

坚持共同抗疫。病毒没有国界，疫情不分种族[④]，世界各国是休戚与共的命运共同体。习近平总书记指出，公共卫生安全是人类面临的共同挑战，重大传染性疾病是全人类的敌人，需要各国携手应对，全面加强国际合作，凝聚起战胜疫情的强大合力。他呼吁构建人类卫生健康共同体，并提出坚决打好新冠肺炎疫情防控全球阻击战、有效开展国际联防联控、积极支持国际组织发挥作用和加强国际宏观经济政策协调等4点倡议[⑤]。

坚持党建抗疫。越是关键时刻，越要从严治党。习近平总书记指出，能不能打好、打赢这场疫情防控的人民战争、总体战、阻击战，是对各级党组

---

① 习近平：《全面提高依法防控依法治理能力　健全国家公共卫生应急管理体系》，《求是》2020年第5期。
② 习近平：《在湖北省考察新冠肺炎疫情防控工作时的讲话》，《求是》2020年第7期。
③ 习近平：《全面提高依法防控依法治理能力　健全国家公共卫生应急管理体系》，《求是》2020年第5期。
④ 习近平：《团结合作是国际社会战胜疫情最有力武器》，《求是》2020年第8期。
⑤ 习近平：《携手抗疫　共克时艰——在二十国集团领导人特别峰会上的发言》，《人民日报》2020年3月27日。

织和党员、干部的重大考验。他要求各级党委要在这场严峻斗争的实践中考察识别干部，激励引导广大党员、干部在危难时刻挺身而出、英勇奋斗、扎实工作，经受住考验，紧紧依靠人民群众坚决打赢疫情防控阻击战。他对反对形式主义、官僚主义、加强执纪问责都提出了明确要求。他强调各级干部特别是领导干部必须增强必胜之心、责任之心、仁爱之心、谨慎之心，让党旗在防控疫情斗争第一线高高飘扬。

习近平总书记关于疫情防控工作的重要论述内涵丰富、思想深刻、要求明确，这11个方面只是一个初步的梳理。这些方面是一个有机整体，其中，党的领导是抗疫斗争胜利的根本保证，以人民为中心是抗疫斗争的价值指向，其他9个方面是抗疫斗争各方面的具体方略。

二、应对疫情检验了国家治理能力

习近平总书记指出："防控工作取得的成效，再次彰显了中国共产党领导和中国特色社会主义制度的显著优势。"① 党的十九届四中全会从13个方面系统总结了我国国家制度和国家治理体系的显著优势。这些显著优势，在我国疫情防控和复工复产工作中进一步得到实践检验。

一是党的集中统一领导的政治优势。中国共产党的领导是中国特色社会主义制度的最大优势，维护党中央权威和集中统一领导是社会主义事业取得胜利的根本政治保证。从理论看，马克思主义认为，社会主义必然代替资本主义的历史进程不会自动实现。无产阶级只有建立代表自己阶级利益的先进政党，在这一先进政党领导下形成强大力量，才能完成砸碎资本主义旧制度、建立社会主义新制度的历史使命。同样，社会主义制度的建立和建成，也离不开共产党的领导。从实践看，在我国这样一个超大规模人口的国家实现现代化，是一场深刻而复杂的历史变革。如果没有一个核心力量整合资源、协调利益、解决矛盾，是不可能实现的。党的领导制度是统揽性制度，是我国国家制度和国家治理体系的优势之源。这次疫情防控工作中，坚持党中央的

---

① 习近平：《在统筹推进新冠肺炎疫情防控和经济社会发展工作部署会议上的讲话》，《人民日报》2020年2月24日。

集中统一领导，充分发挥基层党组织的战斗堡垒作用和党员的先锋模范作用，彰显了党的政治领导力、思想引领力、群众组织力、社会号召力。党的集中统一领导，为确保这场疫情防控取得最后胜利提供了强有力的政治引领。

二是以人民为中心的理念优势。国家制度和国家治理体系的首要问题是国家权力属于谁、国家治理为了谁。国家权力属于剥削阶级还是广大人民，国家治理为了少数人还是多数人，决定了国家制度和国家治理体系的根本价值取向。从国家的历史形态看，奴隶制国家把奴隶视为会说话的工具，其治理是为了奴隶主阶级的野蛮统治；封建国家的治理尽管也标榜"民贵君轻"，但实质上是为了维护封建统治者的统治，是为了维护和延续统治权力，是"以权力为中心"的治理；资本主义国家的治理尽管标榜"自由、平等、博爱"，但实质上是维护资产阶级利益的，其治理体系是围绕资本运行设计的，是"以资本为中心"的治理。社会主义是为无产阶级和广大劳动人民谋利益的制度，国家一切权力属于人民，相应地，社会主义国家治理是"以人民为中心"的治理。这次疫情防控工作始终把人民群众生命安全和身体健康放在第一位，凸显了中国特色社会主义制度和国家治理体系的价值基础。

三是集中力量办大事的举国体制优势。疫情防控之初，党中央就把这场疫情防控视为人民战争，动员全社会的力量投入这场疫情防控阻击战。党中央成立领导小组，国务院成立联防联控机制，统一协调军队、部门、地方，集中调配物资资源、防护设备、医务人员、科研力量，最大力度地治疗患者，最大范围地阻断疫情扩散和跨区域传播。中央对湖北省实行了"一省包一市"的对口援助，集中组织恢复和扩大医疗必需品的生产，统一部署防控措施，统一步调进行社会治理，共同维护社会秩序。防疫斗争的实践充分证明，坚持全国一盘棋，调动各方面积极性，集中力量办大事，是中国特色社会主义制度和国家治理体系的显著优势，是我们打赢疫情防控总体战的坚强保证。

四是发挥好"两只手"作用的经济体制优势。社会主义市场经济体制优势主要在于，既充分发挥市场在资源配置中的决定性作用，又更好发挥政府的积极作用。疫情防控过程中，医疗必需品生产能力在春节后短期迅速恢复和提升，靠的就是这样的优势。国有企业作为中国特色社会主义的重要物质基础和政治基础，在这次疫情防控中发挥了"关键时候听指挥、拉得出，危急关头冲得上、打得赢"的重要作用。在这次疫情防控中，我国经济体制上的市场、政府两只手的优势，国有、民营两个方面积极性的优势都得到很好的发挥。另外，我国完善的产业体系、巨量的市场空间、充分的人力资源、强劲的增长动力使得我国经济也具有较强的抗风险能力，对稳住经济长期向好的基本面，保持总体可控起到压舱石作用。

五是万众一心、众志成城的集体主义文化优势。马克思指出，"只有在集体中才可能有个人自由"①。集体主义是社会主义处理国家、集体和个人利益关系的基本原则。"既然正确理解的利益是整个道德的基础，那就必须使个别人的私人利益符合于全人类的利益。"② "人人为我，我为人人"。我国文化传统讲求群己统一，我国人民更注重集体价值，更注重服从规则，与更为注重个体权利、个人自由的西方文化形成鲜明对比。疫情防控过程中，充分展示了中华民族团结一心、守望相助，一方有难、八方支援，人心齐、泰山移的宝贵精神品质，体现了政府服务人民、人民信任政府的良性互动关系，凸显了中华民族共同体的力量，书写了新时代中华民族伟大精神的美好篇章。

六是覆盖全民的医疗保障体系优势。更高水平的医疗卫生服务是人民美好生活需要的重要内涵，是人民群众的根本利益之所在，也关系到公共安全。新世纪以来，我们坚持应保尽保原则，逐步推行城乡居民基本医疗保险全覆盖，稳步提高医疗保障水平。我们坚持医疗卫生事业的公共性质，保持大多数医疗机构的公立属性。我们加强医疗卫生领域科学研究，不断完善传染性疾病控制体系。这些涉及民生的制度安排，为疫情防控提供了宝贵的医疗队伍保障、物资保障和资金保障。

七是群防群治、联防联控的社会治理制度优势。党委领导、政府负责、民主协商、社会协同、公众参与、法治保障、科技支撑的社会治理体制，是我国国家制度和国家治理体系的显著优势。面对突如其来的疫情，在党中央统一领导下，中央和地方、政府和社会、灾区和非灾区、线上和线下紧急动员，迅速形成"上下贯通、军地协调、全民动员、区域协作"的疫情防控格局。各级防控力量向城乡社区下沉，以基层广大党员、干部、社区工作者、网格员、志愿者为主体开展网格化治理，进行地毯式排查，加上社区组织与

---

① 《马克思恩格斯全集》第3卷，人民出版社1960年版，第84页。
② 《马克思恩格斯全集》第2卷，人民出版社1957年版，第167页。

民间力量的作用,编织出一道"横向到边、纵向到底"的疫情防控网,有效阻隔了疫情的蔓延态势。社会治理"核心是人,重心在城乡社区",疫情防控中彰显了人人有责、人人尽责、人人享有的社会治理共同体的力量。

八是构建人类命运共同体的外交理念和政策优势。疫情发生以来,我国高度关注世界疫情发展,通过开展远程交流、派遣抗疫医疗专家组、提供物资援助等多种形式,积极参与抗疫国际合作,为各国和有关国际组织提供力所能及的支持和帮助。我国本着公开、透明和高度负责的态度,同各国分享抗疫经验,深化疫情防控国际合作,共同提升疫情应对能力。这些致力于构建人类卫生健康共同体的实践,是对推动构建人类命运共同体外交理念和政策的生动诠释。

总之,我国发挥中国特色社会主义制度和国家治理体系优势,体现出卓越的领导能力、超强的动员能力、坚决的执行能力、足够的供应能力。与西方国家相比较,我国国家制度和国家治理体系表现出人民性、集中性、连续性、协调性、高效性等十分鲜明的特色。正如世界卫生组织总干事谭德塞所说:"中方行动速度之快、规模之大,世所罕见,展现出中国速度、中国规模、中国效率,我们对此表示高度赞赏。这是中国制度的优势,有关经验值得其他国家借鉴。"

三、完善和发展国家治理体系

党的十九届四中全会《决定》要求,"着力固根基、扬优势、补短板、强弱项,构建系统完备、科学规范、运行有效的制度体系"。这次疫情大考,在充分发挥我国国家制度和国家治理体系显著优势的同时,在疫情信息发布、社会力量动员、物资准备、制度供给等方面也有一些缺点和不足。习近平总书记要求:"要针对这次应对疫情中暴露出的明显短板,总结经验、吸取教训,提高应对突发重大公共卫生事件的能力和水平。"[①]

一是完善疫情发现、报告、发布方面的制度。公共卫生危机管理,要充

---

① 习近平:《在统筹推进新冠肺炎疫情防控和经济社会发展工作部署会议上的讲话》,《人民日报》2020年2月24日。

分发挥一线临床医生的预警作用,改变层层上报制度,简化报告层次,建立更为快速直接的疫情报告通道。疫情数字公布要责任到人,实行行政首长扎口统计公布制度,对数字的统计报告要给出较为充分的时间,遏制"家丑不可外扬"或"报喜不报忧"的现象,对做假者要严肃追责。

二是明晰中央和地方在疫情防控中的责任。鉴于疫情防控工作的特殊性质,该项工作不适合属地管理、层级管理,宜纳入国家垂直管理。在疫情防控具体事务方面,中央和地方要有适当划分。譬如,这次疫情防控工作中不少地方人大常委会都在出台疫情防控期间打击违法犯罪方面的规定,一些地方省级层面协商健康码互认等,这些工作中央层面做比地方各自为政更能节约行政资源,也有利于法制统一。另外,也出现了一些该地方做的事情地方没自主权的情况。

三是建立完善以城市为中心的社会治理体系。改革开放以来,我国城镇化率稳步提升,截至2019年末达到60.60%。城市成为人口、产业、资本、数据的密集载体,同时公共卫生事件也从农村转向城市。要加快智慧城市建设,完善城市教育、医疗服务体系,加强应急物资储备,提升城市公共设施功能多样性,加强流动人口管理服务,提高城市治理现代化水平。

四是完善充分发挥社会力量作用的制度。完善突发事件发生时期捐赠财物收发相关制度,明确捐赠人和受捐人的规范要求,适度放松对民间慈善组织的要求。在应急救援预案中,要建立受赠人单位影子组织架构,对财物的接收、分发、流通、回收、公布、监管等建立规范的流程,并定期预演,避免暴力强捐、卡抢物资、资源沉淀等情况发生。对进入疫情严重地区的志愿者和社会组织,也要有一套管理与服务、进入与退出的制度安排。

五是全面提升基层社会治理能力。从这次疫情防控实践看,社区发挥着基础性作用,而基层权责不对称也是这次暴露出来的突出问题。要坚持责任和能力相匹配的原则,为社区工作提供人财物保障,打通社区与公共交通、公共教育、公共医疗等部门的通道,发展志愿者队伍,完善社区居家隔离、管理和服务功能,提升社区工作信息化水平,增强社区的基层治理能力。

六是加强变舆情监测和网络治理。互联网自媒体时代没有秘密可言。舆情监测重在科学解释疏导,把实情公布出来,谣言就会不攻自破。要注重舆情的快速反应,对事实该澄清的及时澄清,对谣言该追责的及时追责,快速化解人们的情绪和疑问,以防小事拖大,大事拖难。

七是提升决策和执行能力。这次疫情防控中,一些地方存在决策朝令夕改的问题,基层工作也存在过度治理、违法治理等问题,执行中形式主义、官僚主义现象时有发生,一些干部的能力也看出不少欠缺。笔者认为,要在编写应急预案上下足功夫,避免"临时抱佛脚式"的盲目决策。另外,在医疗、教育等专业性很强的部门的主要领导,一般情况下应由有专业背景的干部担任较为适宜。

习近平总书记指出:"一个国家选择什么样的治理体系,是由这个国家的历史传承、文化传统、经济社会发展水平决定的,是由这个国家的人民决定的"[1]。抗击疫情实践充分证明,中国特色社会主义制度和国家治理体系,是符合中国国情、有效管用、得到人民拥护的国家制度和国家治理体系。我们既不能妄自菲薄,也不能妄自尊大,既要坚定中国特色社会主义制度自信,又要不断革除体制机制弊端,让我们的国家制度和国家治理体系成熟而持久。

第六节 减贫成就与治理经验

新中国成立70多年来,中国共产党把减贫作为国家治理的重要组成部分,以战略规划为引领,适时调整减贫模式,构建了高效的执行体系和完善的要素支撑体系,抓牢减贫重点领域补短板强弱项,贫困治理取得了巨大成功。中国减贫取得历史性成就,创造了丰富的精神财富,坚定了"不忘初心、牢记使命"的奋斗宗旨,体现了马克思主义政党人民至上的根本立场,彰显了中国共产党领导是中国发展最大的政治优势,证明了中国特色社会主义道路的正确性,彰显了幸福生活是奋斗出来的思想观念,锻炼了干部勇于担当的政治品格。中国减贫产生了巨大的世界影响,大大加快了全球减贫进程,为世界消除贫困提供强大信心,为全球政党治理贫困提供了国际典范,为世界减贫特别是发展中国家减贫提供了中国经验和理论借鉴。

---

[1] 《习近平谈治国理政》,外文出版社2014年版,第105页。

一、中国减贫取得历史性成就

消除贫困,自古以来就是人类梦寐以求的理想。新中国成立后的 70 多年,贫困治理作为国家治理的重要组成部分,取得了巨大成功,这与中国共产党对马克思主义反贫困理论的发展与创新分不开,与中国共产党的使命担当分不开。

(一)对马克思主义反贫困理论的发展与创新

马克思恩格斯研究分析资本主义贫困问题,是从制度层面切入的。他们认为,造成无产阶级贫困的根本原因在于资本主义生产资料私有制,要根除贫困,就必须消除资本主义生产资料私有制。1842 年,恩格斯在《英国工人阶级状况》中揭露了资产阶级对无产阶级进行残酷剥削和压迫的情况,这是马克思恩格斯研究反贫困理论的开始马克思研究政治经济学的"初心",就是源于对贫困问题的关注。在《1844 年经济学哲学手稿》中,马克思提出了雇佣劳动者是"最贫困的商品"的论断,深刻地揭露了无产阶级贫困化及贫困积累的根本原因在于资本主义雇佣劳动下的资本剥削[1]。在《共产党宣言》中,马克思恩格斯对资本主义社会贫穷问题的根源进行了系统的揭露与批判,并对工人阶级如何消除贫困进行了深入思考。

新中国成立后,中国共产党对马克思主义反贫困理论进行了发展与创新。新中国成立之初,毛泽东同志主张,通过改造生产资料私有制、开展人民公社化运动来解决社会主义贫困问题,尽管有曲折,但这是中国共产党人反贫困的大胆探索积累了经验。改革开放时期,邓小平同志强调,社会主义特点不是穷,而是富,但这种富是人民共同富裕,并提出"一部分地区、一部分人可以先富起来,带动和帮助其他地区、其他的人,逐步达到共同富裕"[2]的反贫困理论。中国特色社会主义进入新时代,习近平总书记进一步提出:"消除贫困、改善民生、实现共同富裕,是社会主义本质要求。"[3]这一论述与马克思主义反贫困理论一脉相承,是新时代中国共产党对马克思主义反贫困理论

---

[1] 参见马克思:《1844 年经济学哲学手稿》,人民出版社 1979 年版,第 11—12 页。
[2] 《邓小平文选》第 3 卷,人民出版社 1993 年版,第 149 页。
[3] 《习近平关于扶贫论述摘编》,中央文献出版社 2018 年版,第 3 页。

的创新与发展,在习近平总书记扶贫理论体系中处于重要位置。这些重要论述,反映了新中国成立后我们党在不同时期对马克思主义反贫困理论的重大创新和发展,有力指导了我国不同时期的扶贫工作。

(二)绝对贫困问题得到历史性解决

第二次世界大战结束以来,消除贫困始终是广大发展中国家面临的重要任务[①]。杰弗里·萨克斯在《贫困的终结:我们时代的经济可能》一书中,曾乐观地表示我们这一代人有可能到2025年结束极端贫困现象。但实际上,消除贫困仍然是当今世界面临的最大全球性挑战,当今世界仍有8亿多人生活在极端贫困之中,贫困及其衍生出来的饥饿、疾病等系列难题依然困扰着许多发展中国家。新中国刚成立时,国家一穷二白,是世界上最贫困的国家之一。根据合国统计资料显示,1949年,中国人均国民收入仅有27美元,不足整个亚洲人均国民收入44美元的2/3,大多数中国人处于极端贫困状态。

新中国成立70多年来,党中央高度重视减贫工作,出台实施了一系列中长期扶贫规划,从救济式扶贫到开发式扶贫再到精准扶贫,探索出一条符合中国国情的农村扶贫开发道路,取得了历史性的成就。新中国成立初期,为快速扭转落后贫困的局面,党带领人民迅速恢复生产,在较短时间内基本解决了吃饭问题。但到1978年末,按当年价现行农村贫困标准衡量,中国当时是世界上贫困人口数量最多的国家,贫困人口达到7.7亿人,农村贫困发生率高达97.5%[②]。改革开放后,中国成立了专门的扶贫机构,开始了大规模、有组织、有计划的扶贫工作,到2012年末,农村贫困人口大幅减少,按照现行农村贫困标准我国农村贫困人口降至989万人,农村贫困发生率降至10.2%[③]。特别是党的十八大以来,我国实施了精准扶贫精准脱贫战略,全面打响了脱

---

① 《十八大以来重要文献选编》(中),中央文献出版社2016年版,第717页。
② 《国际地位显著提高国际影响力持续增强——新中国成立70周年经济社会发展成就系列报告之二十三》,中国政府网,2019年8月9日,http//www.stats.gov.cn/tjsj/zxfb/201908/t20190809_1694202.html。
③ 《人民生活实现历史性跨越阔步迈向全面小康——新中国成立70周年经济社会发展成就系列报告之十四》,中国政府网,2019年8月9日,http//www.stats.gov.cn/tjsj/zxfb/201908/t20190809_1690098.html.

贫攻坚战,脱贫攻坚创造了历史上最好的减贫成绩,到2019年底,贫困人口减少到551万人[①],贫困发生率降至0.6%[②]。经过8年接续奋斗,脱贫攻坚目标任务如期完成,中华民族千百年来的绝对贫困问题得到历史性解决。

(三)区域整体性减贫成效明显

贫困是个复杂的综合性问题,致贫因素有很多,既有主观的问题,也有客观条件的制约。新中国成立70多年来,各地区社会经济不断发展,贫困问题逐步得到解决。但我国地域辽阔,受自然资源、历史发展差异等诸多因素影响,贫困具有明显的区域性特征,中西部地区整体性贫困相对突出。特别是一些老少边穷地区,自然环境恶劣,交通设施落后,脱贫的困难程度很大。20世纪80年代中期,我国开始聚焦贫困区域,实施减贫战略。特别是党的十八大以来,党中央加大了对贫困地区尤其是深度贫困地区的扶持力度,推进东西部地区协作扶贫,区域性整体减贫成效明显。

区域性整体贫困得到解决。到2019年底,贫困地区农村贫困人口为362万人,比2012年底减少了5677万人;农村贫困发生率从2012年底的2.2%下降至2019年底的1.4%,年均下降3.1个百分点。[③] 从东部、中部、西部地区看,农村贫困人口显著减少。从2012年底到2019年底,东部地区农村贫困人口从1367万人减少到47万人,中部地区从3446万人减少到181万人,西部地区从5086万人减少到323万人,分别减少1320万人、3265万人和4763万人。从各省份来看,2019年各省贫困发生率普遍下降至2.2%及以下。其中,贫困发生率在1%~2.2%的省份有7个,包括广西、贵州、云南、西藏、甘肃、青海、新疆;贫困发生率在0.5%~1%的省份有7个,包括山西、吉林、河南、湖南、四川、陕西、宁夏[④]。

---

① 《国新办就决战决胜脱贫攻坚有关情况举行新闻发布会》,http://www.cpad.gov.cn/art//2020/3/11/art_2241_441.html。
② 李克强:《政府工作报告——2020年5月22日在第十三届全国人民代表大会第三次会议上》,人民出版社2020年版,第3页。
③ 方晓丹:《从居民收支看全面建成小康社会成就》,《人民日报》2020年7月27日。
④ 方晓丹:《2019年全国农村贫困人口减少1109万人》,《人民日报》2020年1月23日。

（四）贫困地区农村居民收入快速增长

新中国成立初期，农村居民生活困苦，收入水平低下，收入渠道单1949年，我国农村居民年人均可支配收入只有44元，收入主要来源于家庭经营收入。改革开放后，农村居民收入进入快速增长期，收入渠道增多。2012年全国农村居民人均可支配收入达到8389元，比1978年实际增长了11.5倍，收入来源由集体工分收入和家庭经营收入为主转为家庭经营、工资和转移性收入并驾齐驱。党的十八大以来，农村居民收入继续保持较快增长，尤其是贫困地区农村居民收入实现快速增长，贫困人口发展能力持续提升，收入渠道进一步拓宽。

贫困地区农村居民收入实现快速增长。2019年贫困地区农村居民人均可支配收入为11567元，是2012年的2.22倍。集中连片特困地区农村居民人均可支配收入增速高于全国农村增速。2019年集中连片特困地区农村居民人均可支配收入为1144元，增长11.5%，比全国农村高19个百分点。2013—2019年，贫困地区农村居民人均可支配收入增速分别为16.6%、12.7%、11.7%、10.4%、10.5%、10.6%、11.5%，年均名义增长12.0%，除价格因素，年均实际增长9.7%，实际增速比全国农村平均增速高2.2个百分点。2019年贫困地区农村居民人均可支配收入是全国农村平均水平的72.2%，比2012年提高10.1个百分点，与全国农村平均水平的差距进一步缩小[1]。随着扶贫方式的多样化，比如水利扶贫、电力扶贫、旅游扶贫等方式的增加，资产性收入也逐渐成为贫困地区农村居民的一个主要收入来源。随着收入的快速增长，贫困地区农村居民生活消费水平显著提高，生活条件不断改善，生活质量全面提高。贫困群众"两不愁"质量水平明显提升，"三保障"突出问题总体解决。贫困地区群众出行难、用电难、上学难、看病难、通信难等长期没有解决的老大难问题普遍得到解决，义务教育、基本医疗、住房安全有了保障[2]。

---

[1] 方晓丹:《2019年全国农村贫困人口减少1109万人》,《人民日报》2020年1月23日。
[2] 习近平:《在决战决胜脱贫攻坚座谈会上的讲话》,《人民日报》2020年3月7日。

二、中国减贫的实践经验

新中国成立后,特别是改革开放以来,中国共产党带领中国人民走出了一条有中国特色的扶贫减贫之路,积累了丰富的实践经验。

(一)重视战略规划引领

中国共产党历来十分重视从战略全局高度着手制定国家发展方略,扶贫开发计划就是纳入整体考虑的重大战略性问题。中国减贫实践经验首要的一点就是制定扶贫开发战略规划,其重要意义已经被国际社会所认可。1986年,国家成立国务院贫困地区经济开发领导小组,领导和组织在全国范围内有计划、大规模的扶贫开发工作,开启了开发式扶贫的新阶段。1994年颁布《国家八七扶贫攻坚计划》,这是中国政府制定的首个系统性减贫规划。此后,又分别于2001年和2011年制定了《中国农村扶贫开发纲要(2001—2010年)》《中国农村扶贫开发纲要(2011—2020年)》。党的十八大以来,以习近平同志为核心的党中央坚持规划引领,出台了系列规划举措。2015年11月,中共中央、国务院颁布《中共中央国务院关于打赢脱贫攻坚战的决定》,提出了打赢脱贫攻坚战的总体要求和具体方略。2016年11月,国务院印发《"十三五"脱贫攻坚规划》,阐明了"十三五"时期我国脱贫攻坚的总体思路、基本目标、主要任务和重大举措。2018年6月,中共中央国务院又印发了《关于打赢脱贫攻坚战三年行动的指导意见》,对2018—2020年的脱贫攻坚工作作了全面部署,进一步明确了各项工作的任务书、路线图和时间表。这些战略规划的出台,为我国扶贫开发工作明确了方向和措施,有力地指导了我国的减贫工作。

(二)适时调整减贫模式

在不同的历史时期,结合具体情况制定相应的减贫模式,这是中国成功减贫的一条重要经验。中国的扶贫模式经历了"救济式扶贫""开发式扶贫"到"精准扶贫"的阶段演变,扶贫模式的变化体现了扶贫理念的适时更新和与时俱进。随着中国减贫的推进,瞄准贫困群体成为减贫政策制定的出发点,"精准"显得尤为重要。2013年,习近平总书记首次提出精准扶贫。精准扶贫是习近平总书记关于扶贫工作重要论述的精髓，是我国打赢脱贫攻坚战的基本方略。精准扶贫是一套内涵丰富、逻辑严密的思想体系，是对传统扶贫开发方式的根本性变革，是国家贫困治理体系现代化的建设①。贫困瞄准的偏离与漏出是国际贫困治理实践中的难题。由于受各种因素的干扰，在贫困治理实践中如何准确地瞄准贫困群体在操作上一直都非常困难。这一问题也是中国过去农村扶贫开发工作中备受困扰的问题之一。精准扶贫很好地解决了这个问题，精准扶贫的关键是要把扶贫对象摸清搞准，通过建档立卡，实现了贫困人口的精准识别。精准扶贫取得巨大成效，关键在于精准，在于能够做到六个精准，即扶持对象精准、项目安排精准、资金使用精准、措施到户精准、因村派人精准、脱贫成效精准。脱贫攻坚贵在精准、重在精准，通过六个精准，中国脱贫攻坚很好地解决了"扶持谁、谁来扶、怎么扶、如何退"的问题，确保各项政策好处落到扶贫对象身上，取得了显著的成效。

（三）构建高效的执行体系

习近平总书记强调："到 2020 年现行标准下的农村贫困人口全部脱贫，是党中央向全国人民作出的郑重承诺，必须如期实现，没有任何退路和弹性。"②这是一场硬仗，没有好的执行体系，很难完成。党的十八大以来，党和国家构建了"中央统筹、省市负总责、市县抓落实"的扶贫开发工作机制，分工明确、责任清晰、任务到人，形成了高效的执行体系。党中央、国务院主要负责统筹制定扶贫开发大政方针，出台重大政策举措，规划重大工程项目。省级（自治区、直辖市）党委和政府对扶贫开发工作负总责，抓好目标确定、项目下达资金投放、组织动员、监督考核等工作。市（地）党委和政府要做好上下衔接、域内协调督促检查工作，把精力集中在贫困县如期摘帽上。县级党委和政府承担主体责任，县委书记和县长是第一责任人，做好进度安排、项目落地、资金使用、人力调配、推进实施等工作。中央和国家机关各部门要按照部门职责落实扶贫开发责任，充分运用行业资源做好扶贫开发工作。军队和武警部队要发挥优势，积极参与地方扶贫开发。同时，为确保工作成效，又建立了脱贫攻坚责任体系、监督体系和考核评估体系。

---

① 黄承伟：《脱贫攻坚伟大成就彰显我国制度优势》，《红旗文稿》2020 年第 8 期。

② 习近平：《在决战决胜脱贫攻坚座谈会上的讲话》，《人民日报》2020 年 3 月 7 日

（四）建立完善的要素支撑体系

扶贫开发是个综合系统，需要人、财、物等要素的支持，中国脱贫攻坚构建了完善的扶贫财政、金融、用地、人才等要素保障体系。习近平总书记强调："按照脱贫攻坚要求，明显增加扶贫投入。扶贫开发力度，要同打赢脱贫攻坚战的要求相匹配。"[1]增加扶贫要素投入，完善减贫要素保障体系至关重要。党的十八大以来，我们建立了完善的减贫要素保障体系。一是构建和完善财政扶贫政策体系。加大对"三区三州"等深度贫困地区、重点贫困地区的转移支付力度，一般性转移支付资金、各类涉及民生的专项转移支付资金和中央预算内投资向贫困地区和贫困人口倾斜。加大财政资金整合力度，充分发挥项目的整体优势。二是构建和完善金融扶贫政策体系。大力发展普惠金融，增加贫困地区金融服务的可获得性。鼓励和引导商业性、政策性、开发性、合作性等各类金融机构加大对扶贫开发的金融支持。三是创新和完善扶贫开发用地政策。在有条件的贫困地区，支持开展未利用地开发利用试点。加大城乡建设用地增减挂钩支持力度，鼓励贫困地区搞好区域基础设施建设。四是发挥科技和人才在扶贫中的重要作用。加大科技扶贫力度，解决贫困地区特色产业发展和生态建设中的关键技术问题。同时，创新体制机制，大力激发贫困地区闲置的生产要素。

（五）抓牢减贫重点补短板强弱项

针对贫困地区的致贫根源，突出抓重点、补短板、强弱项，强化对重点地区、重点领域、重点产业的投资和帮扶力度。扶贫开发工作既要全面推进，又要突出重点，这样才能将好钢用到刀刃上取得显著效果，各地脱贫攻坚战的关键是补短板强弱项。一是加强贫困地区基础设施建设。党的十八大以来，中国农村基础设施建设成效显著，绝大多数自然村实现了通公路、通电、通电话、通自来水、通天然气、通宽带网络。二是加大贫困地区生态环境保护。坚持扶贫开发与生态保护并重，通过实施重大生态工程建设、加大生态补偿力度、大力发展生态产业、创新生态扶贫方式等，切实加大对贫困地区、贫困人口的支持力度，实现脱贫攻坚与生态文明建设"双赢"。三是推进贫困地

---

[1] 《十八大以来重要文献选编》(下)，中央文献出版社2018年版，第48页。

区特色产业发展。因地制宜,发展特色产业扶贫是贫困地区探索脱贫致富的主要途径,包括农林产业扶贫、旅游扶贫、电商扶贫、资产收益扶贫、科技扶贫等。四是重点支持特殊贫困地区发展统筹推进集中连片特困地区规划实施,集中建设一批区域性重大基础设施和重大民生工程。

三、形成了符合中国国情的扶贫开发制度体系

制度是人类社会活动的规范体系,是上层建筑的重要组成部分[①]。新中国成立70多年来,我国的贫困治理取得决定性成就,绝对贫困问题和区域性整体贫困得到历史性解决,一个根本性原因就是我们逐渐形成了一套符合中国国情的扶贫开发制度体系。这套制度体系,是党和人民在长期实践探索中形成的科学制度体系,是中国特色社会主义制度的重要组成部分。我国的减贫实践证明,这是一套行得通、真管用、有效率的扶贫开发制度体系,是当代中国减贫治理的根本制度保障。习近平总书记指出:"总的看,我们在脱贫攻坚领域取得了前所未有的成就,彰显了中国共产党领导和我国社会主义制度的政治优势。"[②]

(一)建立健全脱贫攻坚责任体系

习近平总书记指出,坚持党的领导,强化组织保证。脱贫攻坚,加强领导是根本。因此,党中央全面加强对脱贫攻坚的领导。一方面,建立中央统筹、省负总责、市县抓落实的管理体制。中央统筹,"主要是管两头,一头是在政策、资金等方面为地方创造条件,另一头是加强脱贫攻坚效果监管。""省负总责"则是要求省(市自治区)作为承上启下的一级重要行政机构,要从实际出发把中央的统一部署转化为本省市自治区的实施方案,这一方案既要"上接天线(对接好中央重大方针政策的精神实质)",又要"下接地气(符合本省市自治区的实际情况)",确保党中央的决策部署得以在本行政区域内的贯彻执行。"市县抓落实",强调的是各个县(市区)要从结合本

---

① 任理轩:《当代中国发展进步的根本制度保障》,《人民日报》2019年11月28日。
② 习近平:《在决战决胜脱贫攻坚座谈会上的讲话》,《人民日报》2020年3月7日。

地实际，因地制宜把中央和省、市、自治区关于脱贫攻坚的决策部署进一步转化为"施工图"，从而把各项政策措施贯彻落实到基层。另一方面，建立健全"一把手负责制"，要求"落实脱贫攻坚一把手负责制，省市县乡村五级书记一起抓"。中西部22个省份党政主要负责同志向中央签署脱贫攻坚责任书，立下军令状（省以下参照这一做法，层层签订责任状）。党的十八大以来，党中央要求各省市区"一把手"向中央签军令状的只有脱贫攻坚这一项。此外，鉴于贫困县党委和政府在脱贫攻坚中地位的特殊性，党中央还作出了严格的规定，作为一线总指挥的贫困县党政一把手攻坚期内必须保持稳定。这一制度安排，使中央关于脱贫攻坚的重大决策部署得以层层分解，形成横向到边（各个有关部门）、纵向到底（从省级一直至村级），责任明确、分工具体的责任落实机制，有效避免了各种"中梗阻"现象的发生，为脱贫攻坚的顺利推进提供了坚实制度保证。

（二）建立健全脱贫攻坚政策体系

围绕贯彻落实《关于打赢脱贫攻坚战的决定》，国务院制定实施《"十三五"脱贫攻坚规划》，中央办公厅、国务院办公厅出台13个配套文件，中央和国家机关各部门出台100多个政策文件或实施方案，内容涉及产业扶贫、易地扶贫搬迁、劳务输出扶贫、交通扶贫、水利扶贫、教育扶贫、健康扶贫、金融扶贫、农村危房改造等。各地也相继出台和完善了"1+N"的脱贫攻坚系列文件，把党中央、国务院的各项政策落实落细。以广西为例，2016年广西就出台了"1+20"的系列配套文件。这一系列文件结合广西实际，以"攻坚五年，圆梦小康"为主题，紧紧围绕"扶持谁、谁来扶、怎么扶、如何退"四个关键问题来设计脱贫攻坚路线图，创新提出了实施"八个一批"（即：扶持生产发展脱贫一批、转移就业扶持脱贫一批、移民搬迁安置脱贫一批、生态补偿脱贫一批、教育扶智帮助一批、医疗救助解困一批、低保政策兜底脱贫一批、边贸政策扶助脱贫一批），推进扶贫移民搬迁行动等"十大行动"（即：特色产业富民行动、扶贫移民搬迁行动、农村电商扶贫行动、农民工培训创业行动、贫困户产权收益行动、基础设施建设行动、科技文化扶贫行动、金融扶贫行动、社会扶贫行动、农村"三留守"人员和残疾人关爱服务行动）。各市县再根据中央和自治区的统一部署，对"八个一批"和"十大行动"提出实施细则,使脱贫攻坚战得以在基层扎实推进。

(三)建立健全资金投入保障体系

一是坚持政府财政投入为主,多渠道增加资金投入。党的十八大以来,中央财政专项扶贫资金年均增长20%以上,2018年达到1061亿元;省级财政专项扶贫资金年均增长30%以上;2016年至2018年,共安排地方政府债务资金2200亿元用于脱贫攻坚;扶贫小额信贷累计发放4437亿元,扶贫再贷款累计发放1600多亿元;贫困地区建设用地增减挂钩节余指标流转累计收益590多亿元。以政府投入为主体,多渠道的资金投入体系业已形成。二是加大扶贫资金整合力度。针对扶贫资金投入使用中的"小散乱"问题,给贫困县更多扶贫资金整合使用的自主权,支持贫困县围绕本县突出问题,以脱贫攻坚规划为引领,以重点扶贫项目为平台,把专项扶贫资金、相关涉农资金、社会帮扶资金捆绑使用,改变了过去"打酱油的钱不能买醋"的现象,有效提高了资金整合使用的效率。2016年至2018年贫困县累计整合财政涉农资金用于脱贫攻坚超过1万亿元。三是完善资金管理,确保扶贫资金用在"刀刃"上。国务院扶贫开发领导小组及中央有关部门出台了"财政专项扶贫资金绩效评价办法""扶贫资金审计办法"等文件,对扶贫资金管理使用和监督提出了具体要求。在实践中,以"两个一律"(即省、市、县扶贫资金分配结果一律公开,乡、村两级扶贫项目安排和资金使用情况一律公告公示)为抓手,加大群众和社会对扶贫资金管理使用的监督力度。同时,各级纪检监察和审计部门也不断加大对扶贫领域腐败问题(尤其是对贪污、挪用、挤占扶贫资金等违纪违法行为)的查处,大力营造"阳光扶贫、廉洁扶贫"的良好社会氛围。

(四)建立健全脱贫攻坚工作体系

围绕"扶真贫、真扶贫、真脱贫"目标,不断建立和完善"扶持谁、谁来扶、怎么扶和如何退"的工作体系,扎实推进脱贫攻坚。一是出台精准识别办法,组织开展建档立卡,切实解决好"扶持谁"的问题。根据中共中央办公厅和国务院办公厅联合下发的《关于创新机制扎实推进农村扶贫开发工作的意见》以及国务院扶贫办下发的《扶贫开发建档立卡工作方案》,按照

"按照县为单位、规模控制、分级负责、精准识别、动态管理的原则",2014年各省、市、自治区组织开展了逐村逐户的贫困人口识别工作,首次建立起全国统一的扶贫开发信息系统,使我国的贫困对象首次实现精准到户到人。此后,2015年、2016年各地还开展了精准识别"回头看",国务院扶贫办从2017年起每年开展一次贫困人口的动态调整,从而使贫困人口识别准确率进一步提升。二是完善干部驻村帮扶办法,派驻"第一书记"和驻村工作队(组),切实解决好"谁来扶"的问题。按照"每个贫困村都要派驻村工作队,每个贫困户都要有帮扶责任人"的要求,各地累计向贫困村选派第一书记43.5万名,选派驻村干部278万名。三是深化"五个一批"帮扶措施,深入推进分类施策,切实解决好"怎么扶"的问题。在深入贯彻落实《中共中央、国务院关于打赢脱贫攻坚战的决定》提出的各项帮扶措施基础上,根据脱贫攻坚战中存在的突出问题,2018年6月中央又出台了《关于打赢脱贫攻坚战三年行动计划的指导意见》,提出了强化到村到户到人帮扶举措的要求,创新推出产业扶贫、转移就业扶贫、易地搬迁扶贫、生态扶贫、教育扶贫、健康扶贫、危旧房改造扶贫、综合性保障扶贫、残疾人扶贫以及扶贫扶志等10个方面的帮扶措施,使"五个一批"的帮扶措施进一步具体化、精细化,进一步提高了帮扶措施的针对性和有效性。四是制定退出办法,严格考核评估,切实解决"如何退"的问题。建立严格、规范、透明的贫困退出机制。首先是设定时间表,实现有序退出。其次是留出缓冲期,贫困县、贫困村和贫困家庭退出后在一定时间内实行"摘帽不摘政策""摘帽不摘帮扶",使其有一个巩固提升自我发展能力的过程。再次是严格评估,评估过程中引入第三方来进行,以提高评估效果的客观公正性。最后是实行逐户销号,做到脱贫到人。

(五)建立健全合力攻坚动员体系

为充分调动社会各方面力量共同向贫困宣战,《中共中央、国务院关于打赢脱贫攻坚战三年行动的指导意见》(以下简称《意见》)提出:"坚持调动全社会扶贫积极性,充分发挥政府和社会两方面力量作用,强化政府责任,引导市场、社会协同发力,构建专业扶贫、行业扶贫、社会扶贫互为补充的大扶贫格局。"《意见》对动员社会力量参与脱贫攻坚作出了新部署:一是加大东西部扶贫协作和对口支援力度,要求把人才支持、市场对接、劳务协作、资金支持作为协作的重点。目前有东部 9 个省市对口帮扶西部 10 个省区,还组织 342 个东部经济较发达县(市、区)与西部 573 个贫困县实施"携手奔小康"行动。二是深入开展定点帮扶,要求强化帮扶责任,定点帮扶单位负责人要承担第一责任,把定点扶持县脱贫攻坚纳入本单位工作重点,出台具体帮扶措施。目前中央层面共有 310 个单位帮扶 592 个贫困县。各地区省市县党政机关、人民团体、国有企业等也承担有定点帮扶工作任务,并建立起"一帮一联"的帮扶联系户制度,把帮扶工作落实到每一个干部职工。三是扎实做好军队帮扶工作,突出加强"八一爱民学校"援建和军队系统医院帮扶贫困县医院等工作,目前全军和武警部队已在地方建立了 2.6 万多个扶贫联系点。四是激励各类企业、社会组织参与扶贫,重点要求深入推进民营企业"万企帮万村"和"光彩行动",目前全国共有 4.6 万家民营企业参与"万企帮万村"精准扶贫行动,结对帮扶 3.36 万个贫困村;加快建立社会组织帮扶项目与贫困地区需求对接机制等。五是大力开展扶贫志愿者服务活动,重点实施社会工作专业人才服务贫困地区系列行动计划,支持引导社会工作和志愿者服务力量积极参与精准扶贫,推进扶贫志愿服务的规范化、常态化、专业化。此外,国务院批准每年 10 月 17 日为我国扶贫日,通过设立全国脱贫攻坚奖奋进奖、贡献奖、奉献奖、创新奖,每年常态化表彰一批全国脱贫攻坚模范,总结推广一批精准扶贫精准脱贫成功案例,在全社会营造良好脱贫攻坚氛围。

(六)建立健全脱贫攻坚监督体系

为把脱贫攻坚的决策部署贯彻到实践中去,党中央把全面从严治党贯穿脱贫攻坚全过程和各个环节。出台了《脱贫攻坚督查巡查工作办法》,建立起多渠道全方位的督查巡查制度,坚持目标导向和问题导向相结合,着力解决脱贫攻坚工作过程中存在的突出问题,着力推动工作落实落细。党中央开展了脱贫攻坚专项巡视及其"回头看",巡视的内容包括落实党中央脱贫攻坚方针政策、落实党委(党组)脱贫攻坚主体责任、落实纪委监委(纪检监察组)监督责任和有关职能部门监管责任、落实脱贫攻坚过程中各类监督检查发现问题整改任务等,目的在于及时发现问题,推进问题整改到位,促进脱贫攻坚主体责任落到实处。纪检监察机关和组织部门立足职能责任,强化日常监督,持续深入开展扶贫领域腐败和作风问题专项治理，盯住形式主义、官僚主义问题不放，促进工作作风转变。各级人大其常委会组织人大代表开展各种形式的法律监督，国务院扶贫开发领导小组对各地开展定期不定期的脱贫攻坚督查巡查，促进各项工作的落实。全国政协以"双周协商"为平台，深入开展脱贫攻坚协商，8个民主党派中央充分发挥协商监督作用，对脱贫攻坚开展监督。此外，国务院扶贫办设立12317全国扶贫监督举报电话，配合人大、政协、民主党派、纪检监察、审计、检察开展监督工作，接受社会和媒体监督，并把各方面的监督结果运用到考核评估和督查巡查中。上述全方位的监督形成了合力，共同推动党中央脱贫攻坚决策部署的贯彻落实。

（七）建立健全脱贫攻坚考核体系

脱贫攻坚是必须完成的"硬任务"，完成这一"硬任务"必须有"硬办法"。为此，2016年2月，中共中央办公厅、国务院办公厅印发了《省级党委和政府扶贫开发工作成效考核办法》，从考核的适用范围、考核时间、考核实施主体、考核主要内容结果运用等方面提出了具体要求，考核主要内容包括：减贫成效，建档立卡贫困人口数量减少、贫困县退出、贫困地区农村居民收入增长情况；精准识别，建档立卡贫困人口识别、退出精准度；精准帮扶，对驻村工作队和帮扶责任人帮扶工作的满意度；扶贫资金，依据财政专项扶贫资金绩效考评办法，重点考核各省（自治区、直辖市）扶贫资金安排、使用、监管和成效等。2017年8月，国务院扶贫开发领导小组引发了《东西部扶贫协作考核办法》和《中央单位定点扶贫考核办法》，从考核目的、考核对象、考核主要内容、考核组织、考核步骤和结果运用等方面提出了具体安排。2017年9月，财政部和国务院扶贫办引发了《财政扶贫资金绩效评价》等。同时，为确保考核的客观公正，还创新实施了省际间交叉考核、第三方评估以及加强媒体暗访等办法，实行最严格的考核制度。各省市自治区根据中央的要求，也相应出台考核办法，加大对脱贫攻坚的考核评估。通过实施史上最严格的考核，达到了激励表彰先进，及时发现和解决问题，有效推进工作的目的。

后 记

《当代中国国家治理概论》是中共中央党校（国家行政学院）专项课题的研究成果。本书紧扣党的十九届四中全会精神，吸纳学术界的相关研究成果，围绕着坚持和完善中国特色社会主义制度，推进国家治理体系和治理能力现代化进行了比较系统深入地阐释。

党的十九届四中全会后，经科研部林振义主任动议，开始本书的编写工作。先是由相关领域的专家讨论拟定提纲，在科研部设立专项研究课题，马克思主义学院牵头组织编写，遴选确定了40多位专家组成编委会。在疫情期间，书稿不便集中讨论，编委会建立了编者微信工作群，组织网络视频会议，协调写作进度，确保写出质量、写出水准。参加编写工作的专家，克服各种困难，按时完成了工作。

参加本书初稿编写的有（按姓氏笔画为序）：丁元竹、马宝成、王向阳、王若磊、王海滨、王海燕、牛先锋、冯书泉、冯晨曦、祁述裕、孙东方、孙晓莉、杜庆昊、李志明、李志勇、李宏伟、李媛媛、杨伟东、肖立辉、吴小雪、宋雄伟、张占斌、张仕荣、张克、张勇、陈远章、陈曙光、范玉刚、罗建波、郑寰、赵柯、赵磊、胡颖廉、钟开斌、祝灵君、祝彦、贾世奇、郭强、黄锟、曹立、蒲实、樊吉社、樊继达、薛伟江。

参加本书统稿工作的同志有：张占斌、陈江生、祝灵君、孙晓莉、薛伟江、陈曙光、黄锟、李志勇、肖立辉、张勇、王若磊。

本书在编写过程中和完成初稿后，征求了以下同志的宝贵意见（按姓氏笔画为序）：丁茂战、于军、王成志、王洋、王新堂、王满传、冯鹏志、张志明、刘海涛、安令裕、许宝健、李文堂、李海青、时和兴、邱耕田、张忠军、张素峰、陈江生、林振义、卓泽渊、罗平汉、周为民、郝永平、秦刚、高祖贵、曹普、龚维斌、董青、韩庆祥、韩保江、樊秀萍、潘悦、戴小明。

后　记

　　当代中国国家治理是一个涵盖极广的课题，凝结着当代中国国家治理实践的智慧。本书吸收了《〈中共中央关于坚持和完善中国特色社会主义制度、推进国家治理体系和治理能力现代化若干重大问题的决定〉辅导读本》《中国制度面对面》《论中国特色社会主义制度》和《新时代·新思想》等书的成就，从国家治理总论、国家治理源流论、国家治理主体论、国家治理战略论、国家治理实践论和国家治理保障论、国家治理成效论等多方面进行分析和归纳，这是一个初步的探索。参加本书编写的专家付出了努力。但难免有未能囊括的内容，希望读者们提出宝贵意见和建议，以便我们不断修改完善。

　　最后，对所有参与本书编写的工作人员和提供完善修改建议的有关领导和专家学者表示感谢，对给予本书指导与帮助的领导、专家及学者们表示感谢！

编　者

2020 年 8 月